셈연구시리즈 **19**

말씀으로 기도하기 3
The Book of Psalms

시편 2
1~100편 중 50편

한국기독교교육교역연구원 편
조성욱, 유해룡, 오방식, 임창복 집필

사단법인 **한국기독교교육교역연구원**
www.kcemi.or.kr

── ● 본 교재 집필자 소개 ● ──

조성욱 / Ph. D., 충신교회 부목사, 히브리성서
유해룡 / Ph. D., 장로회신학대학교 교수, 영성신학
오방식 / Ph. D., 장로회신학대학교 교수, 영성신학
임창복 / Ph. D., 장로회신학대학교 명예교수, 기독교교육학

발간사

본 자료집 「말씀으로 기도하기 3-시편 2」는 사단법인 한국기독교교육교역연구원 주관으로 2006년 7월부터 1년간 장로회신학대학교의 교수님 여덟 분(강사문, 배희숙, 김문경, 최재덕, 유해룡, 오방식, 김영동, 임창복)이 함께 뜻을 모아 연구한 두 번째 결과물입니다.

'말씀으로 기도하기' 위원회의 목적은 성경에 나타난 기도의 원문과 그 내용을 성서적으로 연구한 후, 그 성경내용을 거룩한 읽기 등의 기도방법으로 훈련하여 일상생활에서 말씀으로 기도하는 운동을 범교회적으로 펼치는 데 있었습니다. 이는 2007년 평양부흥 100주년을 맞이하면서 본 연구원은 '말씀으로 기도하기'를 통하여 성령의 역사로 한국교회와 우리들이 새로운 소명으로 이 시대를 향하신 하나님의 교역에 동참하고자 이 위원회를 구성하였습니다.

'말씀으로 기도하기'의 기획 및 편집방침은 두 가지인데, 하나는 가능하면 신·구약 성경전체를 다룬다는 것이고 다른 하나는 복음서와 바울서신, 그리고 시편을 우선으로 연구한다는 것입니다. 본 위원회의 연구 활동을 세 단계로 나누기로 했습니다. 첫 단계에서 성서학 분야에서 원문 분석, 본문의 배경 및 주요내용을 일단 연구하면, 두 번째 단계에서는 영성훈련 전문가들이 첫 단계에서 연구한 내용을 중심으로 거룩한 읽기 방법으로 구체적인 '말씀으로 기도하기' 프로그램을 기도문까지 작성하였습니다. 세 번째 단계인 삶의 현장과의 적용 부분은 본 자료를 접하는 다양한 사람들의 삶의 자리에서 성령 하나님께서 말씀에로 친히 인도하시도록 자리를 비어 놓는 것이 더 효율적이라고 생각되어 본 서에 첨가하지 않았습니다.

본 자료집의 제복은 「말씀으로 기도하기 3-시편 2」인데, 여기서 '말씀으로 기도하기' 옆의 '3'이라는 숫자는 본원에서 출판한 영성훈련 프로그램 일련번호를 의미하는 것이고 '시편 2'는 시편 2편부터 100편 가운데 50편을 선별하여 '말씀으로 기도하기' 두 번째 출판이라는 표시입니다.

'말씀으로 기도하기'의 구조는 여섯 단계로 '기도에 임하기'(하나님의 임재를 기원, 찬송, 성경본문 읽기, 본문배경), '기도'(은총기도, 말씀읽기, 말씀묵상, 응답기도, 하나님의 임재 안에 머물기), '반추 및 성찰', '삶으로 나아가기', '본문의 주요내용', 그리고 '시편 찬송'으로 되어 있습니다.

본 연구원의 '말씀으로 기도하기'의 뿌리와 그 의미를 명료하게 하기 위하여 "말씀으로 기도하기의 뿌리와 의미"가 기재되어 있으니 참고하시기 바랍니다. 본 자료집의 효과적인 활용을 위한 지침과 함께 본 자료집의 특징 및 활용방법도 소개하오니 꼼꼼하게 읽으시고 잘 활용하시기를 바랍니다.

그리고 젊은 세대들과 인터넷이 더 편리한 분들을 위하여 본 연구원 홈페이지(http://www.kcemi.or.kr)에서 다락방을 클릭하시면 '말씀으로 기도하기'에 참여하실 수 있습니다. 만약 본 자료집만으로 기도하는 데 어려움이 있으면, 본 연구원 홈페이지 다락방에서 '말씀으로 기도하기' 동영상을 통하여 습득할 수 있습니다. '말씀으로 기도하기' 문서자료와 영상자료가 여러분의 많은 사랑을 받을 수 있기를 바랍니다.

「말씀으로 기도하기 3-시편 2」는 조성욱 박사, 유해룡 교수, 오방식 교수, 그리고 임창복 명예교수께서 집필해 주셨습니다. 모든 집필자들께 감사를 드립니다.

본 서의 각 장 마지막 부분에 있는 '한국 시편찬송가'는 '네덜란드 시편 찬송가'를 최윤배 교수가 초역한 후, 임창복 명예교수가 이 자료와 개역개정판 시편을 근거로 한글로 편역한 것입니다.

'네덜란드 시편 찬송가'는 1777년과 1969년 두 번에 걸쳐서 네덜란드 시편 찬송가 위원회에 의하여 출판되었습니다. 이 시편 찬송가는 칼빈(Jean Calvin)과 부처(Martin Bucer)가 활동했던 '스트라스부르그(Strasbourg) 시편 찬송가'와 칼빈이 활동했던 '제네바 시편 찬송가' 및 '리용(Lyon) 시편 찬송가'를 편집한 것입니다. 편집된 '한국 시편찬송가'를 장로회신학대학교 교회음악학과 조성환 교수께서 감수해 주셨으며, 이 찬송가의 오르간 반주는 장로회신학대학교 손귀호 초빙교수께서, 노래는 조성환 교수께서 수고해 주셨습니다. 자발적으로 수고해 주신 이 모든 이들에게 온 마음으로 감사를 드리고 싶습니다. 그리고 시편 오르간 반주와 노래는 본 연구원 홈페이지(www.kcemi.or.kr)에서 다운받아 사용하실 수 있습니다.

본 자료집의 시작과 과정 모두를 주관해 주시고 섭리해 주신 하나님께 온 마음으로 감사 드립니다. 사실 '말씀으로 기도하기' 자료집의 모든 것은 하나님의 은혜로 말미암아 가능하였던 것을 고백합니다. 앞으로 계속하여 '말씀으로 기도하기' 자료집이 출판될 예정입니다.

  이 자료집과의 만남으로 우리의 삶이 늘 하나님의 말씀 안에 머무르는 복이 임하기를 기원합니다.

2010년 5월 일

사단법인 한국기독교교육교역연구원 원장

임창복 명예교수

일러두기

본원에서는 현대 기독교인들이 성경말씀을 가지고 기도하는 데 실제적인 도움을 주기 위해 본 자료집을 워크북 형태로 발간하였습니다.

본 자료집은 묵상기도에 익숙하지 못한 기독교인들이 묵상기도에 익숙해지도록 하는 데 그 일차적인 목표를 두었으며, 성경말씀의 배경설명과 내용설명을 기도 전과 후에 배치함으로써 기도가 성경본문 본래의 의미와 의도에서 벗어나는 것을 최소화하려고 노력했습니다.

제2부에 예제 프로그램은 세 사람에 의하여 편집되었는데, 이는 기도의 형태나 구조에 대해 독자들이 선택할 수 있는 형태를 예시한 것입니다. 기도를 실제로 경험해 보시면서 그 세 가지 형태 중 자신에게 잘 맞는 타입이 있다면 그것을 선택하면 좋을 것이고, 만약 자기 자신에게 좀더 나은 대안이나 기도형태가 있다면 그렇게 해도 좋을 것입니다.

기도에 더욱더 익숙해진다는 것은 본 자료집에 소개된 기도의 형태나 구조에서 자유로워지면서 동시에 그 내용이 점점 더 풍성해지는 것을 의미합니다. 묵상기도 안에서 독자 여러분 개개인의 유일성과 독특성이 진리이신 예수 그리스도를 만나고 체험함으로 자신에게 가장 적합한 기도양식을 형성해 나가시길 염원합니다.

The Book of Psalms

발간사 / 3
일러두기 / 7

1부 말씀으로 기도하기의 뿌리 및 지침

1. 말씀으로 기도하기의 뿌리와 의미 / 13
2. 성경말씀 묵상기도 방법 / 21
3. 말씀으로 기도하기 지침 / 53

2부 시편 2 말씀으로 기도하기의 실제

1. 시편 2 : 1~12-묶인 매듭이 풀리려면 / 63
2. 시편 9 : 1~20-어려울수록 노래하라 / 68
3. 시편 11 : 1~7-피난처 있으니 / 74
4. 시편 13 : 1~6-탄식 안에 담긴 찬송 / 78
5. 시편 15 : 1~5-주님의 장막에 거할 자 누구입니까? / 83
6. 시편 19 : 1~14-하나님의 말씀에 젖어 봅니다 / 88
7. 시편 20 : 1~9-환난 날에 응답하시는 하나님 / 94
8. 시편 21 : 1~13-왕의 기도 / 100
9. 시편 24 : 1~10-왕이신 하나님께 드리는 기도 / 105

차 례

10. 시편 29 : 1~11-만물들아 주님을 노래하라 / 111
11. 시편 33 : 1~22-밝은 얼굴로 주의 다스리심을 노래하라 / 116
12. 시편 35 : 1~28-도망자의 기도 / 121
13. 시편 36 : 1~12-여호와의 종이 부른 노래 / 127
14. 시편 45 : 1~17-왕께 바치는 노래 / 132
15. 시편 47 : 1~9-비전의 노래 / 138
16. 시편 48 : 1~14-예루살렘에서 부르는 노래 / 143
17. 시편 49 : 1~20-깨달음의 은혜 / 148
18. 시편 50 : 1~15-아삽의 노래 / 154
19. 시편 52 : 1~9-위기를 만났을 때 부르는 노래 / 159
20. 시편 53 : 1~6-지식과 지혜의 만남 / 164
21. 시편 58 : 1~11-멸하지 마옵소서 / 170
22. 시편 68 : 1~13-하나님 앞에 뛰놀며 / 175
23. 시편 73 : 21~28-작은 용기 / 181
24. 시편 74 : 12~23-탄식시 / 186
25. 시편 75 : 1~10-찬송시 / 191
26. 시편 76 : 1~12-하나님은 누구신가? / 196
27. 시편 77 : 1~20-간구시 / 201
28. 시편 78 : 1~72-회중이 절기에 부르는 노래 / 206

The Book of Psalms

29. 시편 79 : 1~13-무너진 자리에서 부르짖는 탄원시 / 214
30. 시편 80 : 1~19-양과 포도나무의 기도 / 219
31. 시편 81 : 1~16-주를 청종했었더라면 / 225
32. 시편 82 : 1~8-공정한 재판을 수행하라 / 230
33. 시편 83 : 1~18-하나님만 지존하시도다 / 235
34. 시편 84 : 1~12-주의 장막에서 부르는 노래 / 240
35. 시편 85 : 1~13-하나님의 임재 찬송시 / 245
36. 시편 86 : 1~17-다윗의 기도 / 251
37. 시편 87 : 1~7-예루살렘을 노래하라 / 259
38. 시편 88 : 1~18-시인의 기도는 곧 나의 기도입니다 / 264
39. 시편 89 : 1~14-주의 언약을 기억하소서 / 270
40. 시편 90 : 1~17-하나님의 사람 모세의 기도 / 276
41. 시편 91 : 1~16-전능자의 그늘 아래 / 282
42. 시편 92 : 1~15-지존자여 / 288
43. 시편 93 : 1~5-주는 영원부터 계셨나이다 / 294
44. 시편 94 : 1~23-언제까지입니까? / 300
45. 시편 95 : 1~11-굽혀 경배하며 / 306
46. 시편 96 : 1~13-여호와께서 다스리시도다 / 312
47. 시편 97 : 1~12-여호와로 말미암아 기뻐하라 / 318
48. 시편 98 : 1~9-여호와 앞에서 / 324
49. 시편 99 : 1~9-여호와 하나님은 거룩하시도다 / 330
50. 시편 100 : 1~5-감사하라 / 336

제1부

말씀으로 기도하기의
뿌리 및 지침

1. 말씀으로 기도하기의 뿌리와 의미 / 13
2. 성경말씀 묵상기도 방법 / 21
3. 말씀으로 기도하기 지침 / 53

제1장
말씀으로 기도하기의 뿌리와 의미

　본 연구원에서 제안하고 있는 '말씀으로 기도하기'의 구조는 여덟 단계로 "기도에 임하기"(하나님의 임재를 기원, 찬송), "성경본문 읽기", "본문배경", "기도"(은총기도, 말씀읽기, 말씀묵상, 응답기도, 하나님의 임재 안에 머물기), "반추 및 성찰", "삶으로 나아가기", "본문의 주요내용", 그리고 "시편 찬송"으로 되어 있다. 본 '말씀으로 기도하기'의 뿌리와 그 의미를 알기 위하여 유대 전통과 성경적 배경으로부터 시작하여 초대교회와 중세교회, 그리고 종교개혁 초기에 이르기까지 '말씀으로 기도하기'의 역사적 배경을 간단히 살펴보고자 한다.

I. 유대 전통과 성경적 배경

　성경을 경건하게 읽는 전통은 초대교회 이전의 유대전통으로 거슬러 올라갈 수 있다.[1] 말씀을 '묵상'한다는 말은 구약성경의 곳곳에서 나타난다. 특히 하가라는 단어와 수아흐라는 단어에서 그 기원을 찾아볼 수 있다. 먼저 '하가'의 경우 시편 1 : 2, 19 : 14, 63 : 6, 그리고 여호수아 1 : 8에서 발견되는데 하가라는 단어가 동사형일 때는 '숙고하다', '궁리하다', '말하다', '속삭이다'라는 뜻으로 쓰였다. 아마도 묵상 중에 성경을

---

1) 허성준, 「수도원 전통에 따른 렉시오 디비나」(왜관 : 분도출판사, 2003), p. 35.

작은 소리로 읊조리며 낭송하였던 것으로 추정된다.[2] 다음으로 '수아흐'라는 단어는 창세기 24 : 3, 시편 77 : 6에서 발견되는데, '산출하다', '말하다', '묵상하다', '자신과 더불어 말하다'라는 뜻으로 쓰였다. 그러므로 이 단어는 어떤 문제를 마음으로 사색 또는 숙고하는 것을 말하는 것으로 오늘날 영어에서는 'meditate'(묵상, 숙고, 명상하다)라는 말로 사용되고 있다.[3]

이렇게 성서말씀을 읽고 묵상하는 기도생활은 이스라엘 사람들의 삶 속에서도 그대로 실천되었음이 성서에 나와 있다(신 6 : 4-9, 11 : 13-21, 31 : 9-13, 출 24 : 3, 민 15 : 37-41, 느 8 : 1-8). 예를 들어 신명기 6장과 11장을 보면, 하나님의 말씀을 무시로 마음에 뜻을 두어 옷깃에 매어 기호와 표를 삼으라고 권하고 있다. 이는 이스라엘 사람들의 일상의 삶 속에서 말씀 읽기와 묵상을 생활화하라는 권고로 볼 수 있다.

이러한 쉐마 본문은 유대인들의 개인기도와 예배에서 중요한 위치를 차지했다. 또한 출애굽기 24 : 3을 보면, 시내산에서 모세가 하나님으로부터 계약법전을 받아 이스라엘 백성에게 하나님의 말씀과 율례를 알리는 장면이 소개된다. 모세가 하나님의 말씀을 이스라엘 백성에게 전하자 그들이 그 모든 것을 준행하겠다고 다짐한다. 이 장면은 이스라엘 백성이 하나님의 말씀을 듣고 그대로 지키겠다는 정신을 반영한다. 한편 느헤미야 8 : 1~8을 보면, 이스라엘의 모든 백성이 수문 앞 광장에 모였을 때 학사 에스라가 율법책을 낭독해 주자 이스라엘 백성들이 그 뜻을 깨달아 우는 장면이 소개되고 있다.

이는 하나님의 말씀을 통하여 이스라엘 백성들이 하나님의 현존하심을 경험하고 있음을 암시한다. 이상에서 우리는 성서에서 '말씀낭독 – 말씀의 해설'(히브리어를 아람어로)의 형태를 볼 수 있는데, 이러한 형태는 하나님과 하나님의 백성들 사이의 만남을 가능하게 할 뿐만 아니라 하나님의 백성들로 하여금 자신들의 죄를 깨닫게 한다. 더 나아가 이러한 형태는 기쁨으로 하나님과의 만남을 가능하게 한다.

이러한 전통은 예수님 당시나 신약 초기 시대에 유대 회당에서 하나님의 말씀을 읽고 풀어 주는 형태로 계속되었다. 엔조 비앙키는 이러한 전통이 점차적으로 이스라엘 백성들이 안식일마다 희생제사 없이 말씀을 통해 하나님께 나아가는 예배를 확립하게 했으며, 더 나아가 말씀 자체이신 예수님 자신이 그의 말씀 속에 하나님의 현존(눅 4 : 14-21)을 실현시키심으로 거룩한 독서를 심화시켰다고 주장한다.[4] 이는 이런 형태의

---

2) 오방식, "어떻게 말씀으로 기도를 드릴 것인가?," 장로회신학대학교 논문, p. 3.
3) 오방식, 앞의 논문, p. 4.
4) 엔조 비앙키, *Prepare La Parola*, 이연학 역, 「말씀에서 샘솟는 기도」(왜관 : 분도출판사, 2001), p. 44.

회당예배에서 회당의 '거룩한 독서'가 예배의 핵심적 요소였음을 의미한다.

물론 이와 같은 회당 공동체적 거룩한 독서는 자연스럽게 개인적인 삶과도 연결되었다. 시편 1편을 포함한 구약의 여러 책에서는 말씀을 통한 개인 기도생활을 강조한다. 또한 신약의 디모데전서 4 : 6~16에서도 개인과 동시에 공동체적으로 말씀을 읽고, 해설 및 설명을 하고, 경건의 삶으로 개인과 공동체가 연결, 통합되는 차원을 강조하고 있다. 즉, 하나님의 말씀을 읽고—말씀을 해설함으로 가르치고—경건에 이르는 삶의 기도형태가 신·구약의 공적 예배와 개인적인 기도에서 행해지고 있었다고 볼 수 있다. 왜냐하면 성서적 관점에서 보면 하나님의 말씀은 모든 존재와 행위의 본질적 실재로써 항상 유효하며, 행동과의 갈등관계가 아닌 인간행동의 본질적 요소일 뿐이며, 인간행동의 지침으로 작용하기 때문이다.[5]

II. 초대교회

1. 교 부

라틴어로 'lectio divina'(거룩한 독서)의 뜻을 가진 헬라어를 처음으로 사용한 사람은 알렉산드리아의 오리겐으로 추정된다. 그는 "lectio를 모든 수행과 모든 영성 이해, 모든 관상의 꼭 필요한 기초"로 간주했다.[6] 이러한 오리겐의 관점은 대부분의 교부들에게 공통된 사항이었다. 오리겐은 성경말씀을 읽을 때 전인적으로 읽고 맛보라고 권했다. 이러한 독서법은 '주의', '집중', '기도'[7]가 필수적이었는데, 이는 성경말씀의 감추어진 의미를 발견하기 위한 것이었다. 오리겐의 이러한 독서법은 성경본문의 영적인 의미를 찾는다는 점에서 후세의 성경해석, 특히 금욕적 신비가들이었던 사막의 수도승들에게 영향을 끼쳤다.[8]

제롬 역시 그의 편지에서 "그대의 성경 독서는 기도로 말미암아 자주 멈추어야 한다."고 언급함으로 '말씀읽기와 기도가 공존해야 함'을 지적했다. 이는 'lectio'라는 라틴

---

5) 위의 책, p. 36.
6) 「기도와 전례」, 코이노니아 선집 5(왜관 : 분도출판사, 2004), p. 304에서 간접재인용, 이 내용의 기본 출처는 Garcia Colombas, *Reading God : Lectio Divina*(Schuyler : BMH Publication, 1994)이다.
7) 허성준, 앞의 책, p. 39.
8) Dictionnaire De Spiritualite, p. 476.

단어의 어원과도 일치한다. 명사 '렉시오'(lectio)는 동사 '레고'(lego)와 '레게'(legere)에서 파생된 것으로 "모으고 골라 낸 것들을 의식 안에 모은다."는 의미이다. 이는 성경말씀을 여러 번 읽으면서 암기할 본문을 골라 내고 독자에게 다가오는 실천적 의미를 묵상하는 것을 포괄한다고 볼 수 있다.[9]

이러한 렉시오 디비나는 기도 이후의 시간, 즉 일과 시간에는 끊임없는 말씀의 묵상과 되새김으로 연결되었다. 이와 같이 교부들은 한결같이 성경의 중요성을 강조했고, 이러한 전통은 후세의 수도원 공동체에서 정규적인 성경읽기 전통에 깊은 영향을 주었다.[10]

2. 수도승

3~4세기경부터 이집트 남북부 지역을 중심으로 수도승들이 나타났는데, 이러한 추세는 팔레스타인, 시리아, 그리고 소아시아 지역으로 퍼졌다. 이들은 독거하면서 제도화되고 타성에 젖은 신앙생활을 거슬러 예언자적인 삶을 추구했다. 그 대표적인 인물이 파코미우스와 안토니오였다. 이들에게는 '말씀을 먹는다'는 이미지가 일반적인 것이었다.[11] 이들은 성경말씀을 음식으로 비유하면서 그것을 맛보고 잘 소화시키는 과정을 성경말씀의 체화과정으로 이해했다. 또 성경대로 사는 삶을 중요시했고 이를 위해 마음으로 성경을 읽고 배웠다. 이들은 마음 깊은 곳에 성경을 소유하기 위해 성경을 끊임없이 읊조리면서 암송했다.

초기의 독거 수도승들은 4세기경에 차츰 수도공동체의 모습, 즉 수도회로 발전하였다. 최초로 공식적인 공동체로서의 수도회(회수도회) 창시자인 파코미우스는 수도생활을 시작하는 지원자에게 주님의 기도와 시편을 배우면서 암기할 것을 요구했다.[12] 그의 수도회에서는 정기적으로 수도원장들이 성경 해설과 강의를 맡았고 회원들은 이를 통해 '말씀읽기-해설-기도'를 더욱 쉽게 할 수 있었다고 한다. 이때 기도의 주된 방법은 마음으로 성경을 되새기는 형태였다. 이러한 기도는 묵상의 형태로 정규적인 수도회 일과표의 주요 부분을 차지하였다.

---

9) Ambrose Wathen, "Monastic Lectio," Monastic Studies, No. 12, 1976, p. 209. 「기도와 전례」, p. 306 참조.
10) 허성준, 앞의 책, p. 39.
11) Don Swenson, "Lectio Divina : From Abiding in the Word to this Word Abiding in Us," 「기도와 전례」, p. 327 참조.
12) 허성준, 앞의 책, p. 45.

서방의 첫 수도회를 창립한 베네딕토의 경우, 그의 "베네딕토 규칙서"에서 단순하게 성경말씀으로 돌아갈 것을 말하고 있다. 이전 시대의 수도회 규칙서들의 영향을 받은 그의 규칙서는 '렉시오 디비나'를 위해 하루 세 시간 정도를 할애하라고 언급하고 있다 (RB 48, 1).

엔서니 드멜로에 의하면, 전통적인 베네딕토 수도회의 렉시오 디비나는 '말씀 읽기(Lectio) – 묵상(Meditatio) – 기도(Oratio)'의 방법으로 행해졌다. 즉, 하나님의 현존 가운데 성경본문을 소리 내어 읽으면서 마음으로 듣고(lectio), 그 후 마음에 와 닿는 구절이 발견되면, 그 말씀을 계속 반복하고 되뇌어 마음속에 새겼다(meditatio). 마지막으로 하나님의 현존 안에 고요히 머물면서 주님께 응답하였다(oratio).[13]

3. 중세교회

초대교회와 교부시대의 성경읽기 전통은 중세시대에도 그대로 전승되었지만, 스콜라주의 신학이 등장하면서 '이성'의 중요성이 렉시오 디비나 전통에도 영향을 미치기 시작하였다. 구체적으로 살펴보면, 11~12세기에 접어들면서 수도회에서는 중세 이전의 본래 전통으로 되돌아가려는 운동이 전개되었다. 이때 카르투시오회, 시토회 등이 탄생하였고, 이들은 수도생활에서 기도와 독서, 그리고 일의 조화를 강조하며 성경의 학문적 연구를 반대하였다.

즉, 이들은 온 마음을 다해 성경을 읽으면서 직관을 통해 하나님을 만나려고 했다. 이러한 기도방법은 하나님과의 정감 있는 교분을 체험하게 했으며 관상에 이르게 했다. 이처럼 수도 전통에서의 렉시오 디비나는 학문적 또는 이성적 접근보다는 마음으로 읽고 맛보는 지혜를 더 선호했다.[14]

그러나 12~13세기에 접어들면서 렉시오 디비나는 쇠퇴기를 맞게 되는데, 이는 당시 스콜라 학문의 영향이었다. 당시 지성을 강조했던 도미니칸 등의 탁발 수도회들은 성경을 마음으로만 읽고 되새기기보다는 이성을 사용해 말씀에 대한 논증을 시작했다. 즉, 말씀을 묵상하면서 인간의 사고력, 즉 이성을 본격적으로 활용하기 시작한 것이다. 특히 카르투시오회 9대 원장이었던 귀고 2세(1188)는 '수도승의 사다리'라고 불리던 「관상생활에 대해 쓴 편지」라는 저서에서 영적 독서의 단계로 독서(lectio) – 묵상

---

13) 엔서니 드멜로, 「하나님께 나아가는 길」(서울 : 성바오로 출판사, 1986), pp. 131-136.
14) Dolores Dowling, "성독(Lectio) 식별을 위한 양식," 「기도와 전례」, p. 308 참조.

(meditatio) – 기도(oratio) – 관상(contemplatio)을 체계화하였다.[15]

영적 사다리의 첫 단계는 모든 관심을 집중하며 주의 깊게 하나님의 말씀을 '읽고 듣는' 단계이다. 두 번째 단계는 말씀 안에 감추어진 진리를 깨닫기 위해 적극적으로 인간의 이성을 사용하는 능동적인 단계이다. 귀고 2세는 이 두 번째 단계의 묵상에서 이성을 적극적으로 활용하고 있다. 세 번째 단계인 기도는 마음을 온전히 하나님께 향하여 그 말씀 안에 머무르며 응답하게 된다. 귀고 2세는 이 단계의 묵상이 말씀을 충분히 씹어 분해한 후 맛을 느끼는 단계라고 설명했다. 마지막 단계인 관상은 영혼이 자신을 벗어나 하나님과 함께 즐거움과 감미로움을 맛보는 단계이다.

이는 인간의 노력이 아닌 하나님의 선물로 주어지는 것이다. '독서, 묵상, 기도, 관상'이라는 네 가지 단계는 기도 안에서 각 단계가 반드시 순차적으로 이루어지는 것이 아니라 혼재되는 실재로써 경험하게 된다.

귀고 2세 이후 렉시오 디비나에서 본격적으로 이성을 활용하는 것이 '디보시오모더나'(Devotio Moderna) 운동에서 나타난다. 이 운동은 14세기 후반 네덜란드에서 일어난 종교부흥운동으로 독일, 프랑스, 이탈리아의 일부지역에 영향을 주었다. 이 운동의 신학적 강조는 가톨릭과 종교개혁 모두에 영향을 주었다.[16] 이 운동의 신학은 신앙의 본래적 단순성, 진실로 거룩한 삶을 위한 성직자로서의 소명, 내적 삶의 가치 등을 강조하면서 인간의 지식(이성), 기억, 상상력을 중요하게 활용[17]하여 기도하였다. 15세기 말에서 16세기 초에 이 운동에 연이어서 스페인의 로욜라 지방에서 태어난 이냐시오는 그의 「영신수련」에서 인간의 이성, 기억력, 상상력, 의지 등의 요소를 기도과정에서 활용하라고 강조한다. 게다가 그는 상기한 요소 외에 인간 내면의 심리적 움직임까지도 기도의 영역에 포함시킨다.[18]

이러한 과정을 거치면서 성경을 마음으로 읽고 되새기면서 말씀을 묵상했던 전통적 렉시오 디비나는 점차로 그 자취를 감추게 되었다. 렉시오 디비나가 점차로 그 자취를 감추게 된 또 하나의 다른 이유는 인쇄술의 발달로 인하여 말씀을 암송해야 하는 시대가 지나갔기 때문이었을 것이다.

---

15) 허성준, 앞의 책, p. 54.
16) http://www.etss.edu/hts/MAPM/info3.htm.
17) John Farina, *The Classics of Western Spirituality*(New York : Paulist Press, 1988), pp. 108–109, 188–189.
18) 로욜라의 이냐시오 자서전을 보면, 그의 회심 과정에서 내면의 심리적 변화를 자세히 설명하고 있다. 그는 이러한 경험을 바탕으로 인간의 심리적 움직임까지 그의 「영신수련」의 "영적 식별에 관한 규칙"에 반영시켰다. 「이냐시오 로욜라 자서전」(서울 : 이냐시오 영성연구소, 1997), pp. 45–47, 60–62 참조.

4. 종교개혁 시대부터 17~18세기

귀고 2세 이래 이성을 중요시했던 전통은 16세기 종교개혁자들의 기도생활과 신학에도 영향을 주었다. 이 영향은 루터에게도 마찬가지였다. 그는 말씀묵상에 있어서나 신학공부 방법론에서 지성의 역할을 강조하였으나, 지성을 통하여서는 말씀에 대한 온전한 깨달음에 이를 수 없다는 관점에서 '기도(oratio) – 묵상(meditatio) – 구체적인 삶의 자리에서 경험하게 되는 영적 시련(tentatio)'이라는 틀을 제시했다.[19] 이와 같이 하여 그는 말씀을 읽기 전에 기도(oratio)의 단계를 서두에 배치하여 성령의 조명을 구하는 것을 강조했다. 전통적 렉시오 디비나의 '읽기'(Lectio)와 '묵상'(meditatio)의 단계를 루터는 '묵상'(meditatio)으로 통합하였고, 또한 렉시오 디비나에서의 '관상'(contemplatio)의 단계 대신 루터는 '삶의 자리에서의 영적 시련을 통한 깨달음'(tentatio)의 단계를 포함시켰다.

그 이유는 루터에게 있어서 묵상만을 통해서는 하나님의 말씀을 온전히 깨달을 수 없고, 오직 구체적 삶의 자리에서 영적 시련을 통하여 온전히 깨닫게 된다는 사실 때문이라고 볼 수 있다.

이는 말씀의 감미로움을 맛보는 영역뿐만 아니라 지적, 사변적 영역과 구체적인 삶의 자리까지도 관상의 영역에 포괄했던 빅토르 휴고의 입장과 일맥상통한다.[20]

엔조 비앙키도 역시 16세기 이후 가톨릭에서 쇠퇴되었던 렉시오 디비나의 전통이 도리어 개신교에서 그 형태를 달리하면서 전승되었다고 말한다.[21]

지금까지 '말씀으로 기도하기'의 뿌리와 그 의미를 찾기 위하여 역사적으로 말씀을 읽고, 해석 및 설명하고, 경건의 삶으로 개인과 공동체가 연결, 통합되고 있음을 살펴보았다.

그 결과, 본 연구원의 '말씀으로 기도하기'는 성경에 나타나는 '말씀낭독 – 말씀의 해설 – 경건의 삶을 위한 훈련으로써의 기도'라는 형태의 고전적 기도방식을 계승한다고 볼 수 있다. 이는 성경말씀을 보면서 기도하는 행위를 강조하고 있는 렉시오 디비나의 뿌리와 연관이 있으나, 성경말씀을 마음으로 정감 있게 읽으며, 그 말씀과 삶의 통합을 추구하기 위하여 성경말씀 전체를 읽고, 이에 대한 배경과 주석을 통하여 기도가 성경

---

19) 강치원, "성 빅토르의 유고에게 있어서 거룩한 독서(Lectio Divina)," 한국교회사학회지 제20집, 2007, pp. 7–8.
20) 강치원, 위의 책, pp. 31–32.
21) 엔조 비앙키, 앞의 책, p. 57.

의 맥락에 그 뿌리를 두고 삶으로 배어 나오도록 하는 데 중점을 두고 있다.

그러므로 소개한 본 연구의 '말씀으로 기도하기'의 구조는 '기도에 임하기'(하나님의 임재를 기원, 찬송), '성경본문 읽기', '본문배경', '기도'(은총기도, 말씀기도, 말씀묵상, 응답기도, 하나님의 임재 안에 머물기), '반추 및 성찰', '삶으로 나아가기', '본문의 주요 내용', 그리고 '시편 찬송'인데, 이는 여덟 단계로 구성되어 있다.

본 연구원의 '말씀으로 기도하기'는 다음의 네 가지 특성이 있다.

첫째, 본 연구원의 '말씀으로 기도하기'는 기도에 임하기와 찬송 부르기를 독립시켜 첫 번째 단계에서 하나님의 임재를 의식하면서, 그 다음 단계에서 성경본문과 본문에 대한 배경설명을 한 번 읽는 순서를 가지고 있다는 점이다. 이것은 성경본문의 배경에 익숙하지 못한 현대인들에게 성경본문의 배경을 접하게 함으로써 기도의 맥락이 본문의 취지에서 벗어나는 것을 최소화하려는 노력의 일환이다.

둘째, 기도한 내용을 반추 및 성찰하는 단계를 제안한 점이다. 이는 기도에서 잡념과 기도가 뒤섞일 수 있는 우려를 고려한 것이고, 동시에 기도 안에서 경험한 하나님 체험을 심화시키는 과정을 고려하였다.

셋째, 기도 후 본문 주석을 읽도록 함으로써 기도 안에서 이성(지식)적 요소를 발전적으로 수용하고 또한 기도에 익숙하지 못한 기도자들을 위하여 본문 주석과 자신이 기도한 내용을 견주어 보는 시간을 제시함으로써 과거 기독교 공동체와의 교류를 갖도록 배려한 점이다.

넷째, 마지막 단계에서 본문을 압축한 내용의 시편 찬송을 제시함으로써 음률로 본문 내용을 다시 음미하면서 말씀의 생동력이 매일의 삶 속에 깊이 스며들도록 배려한 점이다.

제2장
성경말씀 묵상기도 방법

Ⅰ. 들어가는 말

"묵상은 어떤 것에 집중하는 방식, 즉 거룩한 것을 전달하는 말이나 대상에 집중하는 것이다. 묵상한다는 것은 어떤 것에 초점을 두고 침묵으로 시간을 보내는 것을 의미한다."[1] 사실 그리스도인에게 있어서 묵상기도란 외부로부터 아무런 방해를 받지 않고 하나님 말씀으로 하나님과 교제하면서 하나님의 임재 안에 거하면서 "성령 안에 있는 의와 평강과 희락"(롬 14 : 17)을 누리는 데 그 목적이 있다.

그런데 현대는 '시끄러움과 조급함과 혼잡함'의 사회이므로 묵상의 깊은 속으로 들어가는 데 방해를 쉽게 받는다.[2] 게다가 혹자의 경우 묵상기도는 오늘날 비현실적이며 어렵고 복잡하다고 생각하는 경향이 있는데, 묵상이란 영적 거장들만 추구하는 일이 아니라 인간의 자연스러운 활동, 즉 호흡과 같이 자연스럽고 중요한 일이며 동시에 '묵상은 흔히 아주 실재적이며, 아주 세속적인 통찰력'을 낳게 함으로써 일상생활에 긍정적 시각과 균형을 갖게 한다.[3] 흔히 묵상기도를 "종교적 형태의 심리학적 조종으로 보

---

1) Howard Rice, *The Pastor as Spiritual Guide*, 최대형 역, 「영성목회와 영적 지도」(서울 : 도서출판 은성, 2003), p. 61.
2) Richard J. Foster, *Celebration Of Discipline*, 황을호 역, 「영적 훈련과 성장」(서울 : 생명의 말씀사, 2004), p. 31.
3) 위의 책, pp. 39 – 40.

는 견해……"가 있는데, 묵상기도는 잠재의식을 개발하는 일을 하는 것이 아니라 성령의 역사로 "……우리를 사랑하시며 우리 가까이 계시는 분에 대하여, 그리고 우리에게 오셔서 우리를 자신에게로 이끄시는 분에 대하여" 그리고 그분, 즉 하나님 안에 거하는 일을 말한다.[4] 이러한 일, 즉 하나님의 임재 안에 있다는 것은 하나님에 의하여 변화받고 싶은 갈망이 있다는 것을 의미한다. 그러므로 자기 자신의 변화의 필요성을 느끼지 못하거나 변화에 대하여 두려워하고 변화하고 싶지 않은 사람은 묵상을 두렵게 생각한다. 왜냐하면 "묵상은 우리들로 하여금 우리들 자신이 살아 계신 하나님 앞에 나아갈 것을 요구하게 하며 하나님께서 지금 말씀하고 계시고 또한 우리들에게 말씀하기를 원하신다는 사실을 우리들에게 가르쳐……."[5] 주기 때문이다. 이런 관점에서 리처드 포스터는 "묵상을 위한 소원과 은혜 받기를 기도하는 일 없이 그냥 묵상을 시작할 수 있다고 생각하는 사람은 누구나 얼마 가지 않아 포기하게 될 것이다."[6]라고 말한다.

이런 관점의 기도와 묵상의 중요성을 디트리히 본회퍼는 최전선의 군인에게 쓴 편지에서 다음과 같이 말한다.[7]

> 날마다 내게 적용되는 하나님의 말씀을 고요히 묵상하는 시간은 (단 몇 분만이라도) 내 삶의 질서가 분명해지는 순간이다. 묵상은 평안과 인내와 기쁨의 원천이다. 그것은 우리 삶에서 질서에 공헌하는 모든 힘들을 한데 끌어오는 자석과도 같다. 그것은 깨끗한 표면에 구름과 태양을 비추는 깊은 물과도 같다. 묵상은 또한 우리 삶 속에서 자기 훈련, 침묵, 치유 및 만족의 영역에 지존하신 분을 모심으로써 그분을 섬기는 일이 된다.

묵상할 때 우리는 성경본문이나 영적인 책, 혹은 예수님의 모습, 십자가, 경치나 새소리 혹은 일몰과 같은 자연적인 대상을 묵상할 수도 있다. 이러한 대상을 묵상할 때에 우리는 침묵으로 몸과 마음, 그리고 영혼을 가라앉히고 성령의 임재하심으로 하나님이 우리 안에 현존하시기로 선택하신 모든 형태로부터 하나님을 맞아들이도록 우리 자신을 비우고 개방한다.[8] 여기서 우리가 자신을 비운다는 것은 "하나님과 하나님의 말씀이 들어갈 자리를 만들기 위해 마음을 깨끗하게 하거나 정화하는 과정……"이며, 그리

---

4) 위의 책, p. 41.
5) 위의 책, p. 43.
6) 위의 책, p. 44.
7) David E. Ross, *The Meditating Christian*, 양혜정 역, 「묵상하는 그리스도인」(서울 : 예수전도단, 2005), p. 37.
8) Howard Rice, *The Pastor as Spiritual Guide*, 최대형 역, 「영성목회와 영적 지도」, pp. 61-62.

고 마음을 깨끗하게 한다는 것은 "죄, 헛된 생각, 상상, 다른 이들에게 품은 악의 등 하나님과의 관계를 방해하는 모든 것들을 제거하여 마음을 온전히 하나님께 집중하는……"⁹⁾ 것을 의미한다. 개방한다는 말은 하나님과 하나님의 말씀이 우리 안에 들어와 풍성히 거하시게 하는 과정에 있다는 것을 의미한다. 이러한 과정 모두는 성령에 의해 가능한데, 우리는 이러한 과정을 성경에서 볼 수 있다.

그러므로 우리는 다음 2장에서 "성경에 나타난 묵상"에 관하여 다룰 것이다. 그리고 3상은 "성경말씀묵상 방법"을 "거룩한 독서"와 "상상력을 이용한 말씀묵상"으로 나누어서 다룰 것이다. 4장에서는 "향심기도"(Centering Prayer)를 "향심기도(Centering Prayer)의 원리", "향심기도의 변형적 작용", 그리고 "관조적 업무를 수용"으로 나누어서 다룬 후, 마지막 5장 "나가는 말"에서는 성경말씀 묵상기도생활을 지향하는 것은 하나님의 지속적인 현존에 거하는데, 그 목적을 두는 삶이므로 이러한 말씀묵상기도는 삶의 매 순간 성령의 역사로 하나님 말씀에 순종하는 삶을 어느 곳에서든지 살 수 있게 할 뿐만 아니라 우리의 내적 치유를 가능케 한다는 것을 강조할 것이다.

II. 성경에 나타난 묵상

"복 있는 사람은…… 주의 율법 안에 그 기쁨이 있고 밤낮으로 (하나님의) 율법을 묵상하는 자이다. 그들은 그 계절마다 열매를 맺는 물가에 심긴 나무와 같고 그 잎사귀는 시들지 않는다. 그들이 행하는 모든 것에서 그들은 번성한다."(시 1:1-3)에 근거해 볼 때, 말씀을 묵상하는 사람은 모든 면에서 번성할 것이고 계절에 따라 열매를 맺는 물가에 심겨진 나무와 같다고 성경에 나타나 있다. 성경에서 הָגָה(하가흐)와 שִׂיחַ(시아흐)라는 두 개의 다른 히브리어 용어가 58번 묵상을 말할 때 사용되는데, 이 용어들은 하나님의 말씀을 듣는 것, 하나님이 하신 일들을 반추하는 것, 하나님의 행동들을 익히는 것, 하나님의 법을 곰곰이 생각하는 것과 그 이상을 뜻한다.¹⁰⁾ 이 용어들이 내포하고 있는 각각의 의미 속에는 살아 계신 하나님과 만남의 결과로써 우리들의 변화된 행동이 강조되며, 성경적 의미의 묵상에 있어서 회개와 순종은 본질적인 특색이다.¹¹⁾ 이런

---

9) David E. Ross, *The Meditating Christian*, 양혜정 역, 「묵상하는 그리스도인」, pp. 41-42.
10) Richard J. Foster, *Celebration of Discipline : The Path to Spiritual Growth*(New York : HarperCollins Publishers, 1998), p. 15.
11) 위의 책.

관점에서 성경에 나타난 기독인의 말씀묵상은 하나님의 음성을 듣고 하나님의 말씀을 순종하는 능력이다. 이런 구체적인 예를 우리는 시편 119 : 97("내가 주의 법을 어찌 그리 사랑하는지요 내가 그것을 종일 작은 소리로 읊조리나이다"), 시편 119 : 148("주의 말씀을 조용히 읊조리려고 내가 새벽녘에 눈을 떴나이다"), 사무엘상 3 : 1~18, 열왕기상 19 : 9~18, 이사야 6 : 1~8, 예레미야 20 : 9, 그리고 신약에서 예수님께서도 '한적한 곳'으로 물러가서 묵상기도를 하신다(마 14 : 13). 예수님은 하나님과 같이 계시면서 하나님께 귀 기울이고 대화로 교제를 하신다.

창세기에 하나님께서 아담과 하와를 창조하시고 에덴동산에서 하나님은 그들과 함께 이야기를 하시고 동시에 그들은 하나님과 함께 대화를 하였다. 즉, 하나님과 아담, 그리고 하와는 서로 간의 교제가 이뤄지고 있었다. 그러나 아담과 하와가 하나님의 말씀을 불순종한 후 하나님과의 영속적인 교제가 파괴되었는데, 이는 아담과 하와가 하나님으로부터 숨어 있었기 때문이다. 이때 이후로 성경을 보면, 하나님께서 아벨, 노아, 아브라함과 말씀하시고, 행동하시고, 가르치시고, 안내하는 것을 우리는 볼 수 있다. 모세와는 친구와 이야기함 같이 하나님께서 대면하여 말씀하시며(출 33 : 11) 매우 가깝게 교제하시는 것을 볼 수 있다. 모세가 시내 산에서 십계명을 받으려 할 때, 하나님께서 모세에게 "너는 백성에게로 가서 오늘과 내일 그들을 성결하게 하며 그들에게 옷을 빨게 하고 준비하게 하여 셋째 날을 기다리게 하라 이는 셋째 날에 나 여호와가 온 백성의 목전에서 시내 산에 강림할 것임이니"라고 말씀하셨다(출 19 : 10 - 11). 셋째 날 아침에 우레와 번개와 빽빽한 구름이 산 위에 있고 나팔 소리가 매우 크게 들리니 진중에 있는 모든 백성이 다 떨었다(출 19 : 16). 그래서 이스라엘 백성들이 모세에게 "당신이 우리에게 말씀하소서 우리가 들으리이다 하나님이 우리에게 말씀하시지 말게 하소서 우리가 죽을까 하나이다"(출 20 : 19)라고 말한다. 구약에서 보면 모세 이후부터 이스라엘 백성은 직접적으로 하나님과의 대화 및 교제를 하기보다는 모세, 여호수아, 사사들, 선지자들을 통하여 하나님의 말씀을 듣고 교제하게 된다.

신약에 이르러 하나님의 아들 예수님은 하나님 나라의 실재를 임하게 하셨고 또한 하나님 나라의 실재를 가르치셨는데, 예수님은 왕과 구속 주 하나님 아버지와 살아 있는 관계를 이룩하셨다. 그래서 신약의 마가복음 1 : 15, 마태복음 3 : 2, 4 : 17, 10 : 7에 보면, "하나님 나라가 가까웠다." 혹은 누가복음 17 : 21에 보면 "하나님의 나라가 너희 안에 있다."라는 예수님의 하나님 나라 선포의 말씀을 우리는 볼 수 있다. 예수님께서 선포한 하나님의 나라는 예수 밖에 있는 것이 아니라 예수님 안에 실재하는 것이다.[12] 이것은 하나님과 예수님 사이의 매우 가까운 관계 및 교제를 의미하는 것 이상이다.

이것은 모든 일을 하는 데 있어서 하나님의 말씀을 듣고 어떤 상황 속에서도 예수님은 하나님의 말씀에 순종하는 것을 의미하는데, 이것이 가능할 수 있었던 것은 예수님의 말과 행동, 그리고 전 존재 자체가 하나님과 완전한 일치를 이루는 삶으로 하나님 나라를 선포하셨기 때문이다. 또한 "하나님의 나라가 너희 안에 있다"는 말은 예수님 안에 나타난 왕으로서 하나님의 주권적인 지배, 즉 하나님 나라의 실재에 응답하는 사람들은 그 나라의 경험을 그들 안에서 할 수 있다는 것을 의미한다.[13] 그러므로 이 말은 예수님의 하나님 나라 선포에 응답하는 사람들 안에는 왕으로서 그리고 아버지로서의 하나님과의 친밀한 관계가 형성되고 있다는 것을 뜻한다. 이런 관점에서 예수님의 하나님 나라 선포에 응답한 사람들에게는 하나님의 말씀을 듣고 순종하는 데 있어서 이스라엘 백성들처럼 사사나 선지자들이 필요하지 않다.

그러나 마태복음 3:2, 4:17, 마가복음 1:15에 보면, 예수님은 하나님 나라를 선포할 때 '회개하라'는 말을 먼저 사용한다. 여기서 회개하라는 말은 예수님 당시 유대인들은 선지자들이나 율법을 통하여 하나님의 뜻이 표현된다고 믿었다. 더 나아가 그들은 토라 전체를 하나님의 뜻이 계시된 변화될 수 없는 최고의 가르침이라고 믿었다. 그러므로 그들은 하나님의 뜻을 알고 순종하는 행동을 하기 위해서 토라의 가르침들을 전적으로 받아들였다. 이에 대하여 예수님은 하나님의 뜻이 예수님의 사역에서 선포되고 가르친 하나님 나라의 실재를 믿고 받아들이는 데 있다고 말씀하신다. 즉, 하나님의 뜻은 왕으로서의 하나님의 주권적인 지배를 받아들이는 데 있기 때문에 예수님은 그들에게 먼저 왕으로서의 하나님의 지배를 거부하는 것을 회개하고 그 지배에 응답하도록 촉구한다.[14]

예수님이 십자가의 고난을 받으시고 돌아가신 후 부활하시어 40일 동안 제자들에게 보이시며 하나님 나라의 일을 말씀하신다(행 1:3). 예수님께서 택한 제자들이 부활하신 예수님을 만나고 성령이 이들에게 임하여 "회개하여 각각 예수 그리스도의 이름으로 세례를 받고 죄 사함을 받으라 그리하면 성령의 선물을 받으리니……"라고 베드로는 말한다(행 2:38). 이처럼 신약에서는 부활하시어 성령을 통하여 우리를 통치하시고 다스리시는 예수 그리스도께서 그의 백성들을 가르치시고 인도하여 하나님 아버지

---

12) Ray S. Anderson, "A Theology for Ministry," ed., by Ray S. Anderson, *Theological Foundations for Ministry*(Michigan : William B. Eerdmans Publishing Compant, 1979), p. 23.
13) David Abernathy, *Understanding the Teaching of Jesus : Based on the Lecture Series of Norman Perrin in the Teaching of Jesus*(New York : The Seabury Press, 1983), p. 50.
14) Thomas Walker, *The Teaching of Jesus and the Jewish Teaching of His Age*(New York : Geirge H. Doran Company, 1923), p. 117.

와 깊은 교제를 하게 된다. 성경적 관점의 말씀묵상은 예수님께서 성경말씀을 통하여 우리에게 말씀하시고 행동하고 계시다는 것과 이 일은 지금도 부활하신 예수님께서 성령으로 임재하시어 우리가 사는 세상에서 계속하여 일하고 계시다는 놀라운 사실을 가능하게 한다. 예수 그리스도께서는 지금도 살아 계시고 우리들 사이에서 우리의 대제사장이 되시어 우리들의 죄를 용서하시고, 선지자로서 우리들을 가르치시고, 왕으로서 우리들을 다스리시고 지배하시며, 목자로서 우리들을 인도하고 계신다는 것을 우리는 성경의 하나님 말씀묵상으로 알 수 있게 된다.

로스(David E. Ross)는 성경에 나타난 묵상에서 세 가지 단어, 즉 '열라', '초점을 맞추라', '채우라'는 용어가 매우 중요하다고 말한다.[15] "내 눈을 열어서 주의 율법에서 놀라운 것을 보게 하소서"(시 119 : 18)라는 말씀은 성령이 우리의 눈을 열어 주어야 하나님 말씀 안으로 들어갈 수 있다는 것을 뜻한다. 이것은 능동적으로 우리 자아의 분석력과 지적 추론으로부터 멀어지면서 수동적인 상태로 되어 가는 과정인데, 이때 하나님으로부터 우리를 소원케 하는 요소들을 인식하게 된다. 이러한 요소들은 우리 안의 죄, 헛된 생각, 상상, 다른 이들에게 품은 악의 등 하나님과 우리 사이의 관계를 방해하는 모든 것들이다. 성경말씀묵상에서 수동적인 상태로 나아가게 되면, 성령의 역사로 이러한 요소들을 우리 안에서 내려놓게 될 뿐만 아니라 제거되어 마음을 온전히 하나님께로 향하게 한다. 이와 같은 수동적인 과정 속에서 하나님 말씀 안으로 들어갈 수 있는 길이 우리에게 열린다.

이것은 예수님께서 "보혜사 곧 아버지께서 내 이름으로 보내실 성령 그가 너희에게 모든 것을 가르치고 내가 너희에게 말한 모든 것을 생각나게 하리라"(요 14 : 26) 하신 것처럼 이 길은 성령의 계시에 의하여 가능하다. 이런 의미에서 '열라'라는 용어는 성령의 임재하심과 인도하심에 우리의 생각과 눈, 그리고 마음을 열어서 성령께서 하나님 말씀을 우리에게 가르치고 생각나게 하는 행동들을 내포한다. 그렇다면 "성경말씀묵상과 성경연구와는 무관한 것이 아닌가?"라는 질문을 하게 되는데, 로스는 이 물음에 대하여 성경연구와 말씀묵상은 병행해야 된다고 다음과 같이 강조한다.[16]

> 우리가 성경을 공부하는 이유는 지성(mind)을 사용하여 성경의 진리를 이해하고 파악함으로써, 하나님을 알고 그분의 진리에 순종하며 다른 사람을 가르치기 위함이다. 믿음의 교수들과 선생들이 신실하고 경건하게 성경을 연구해 왔기에 일반 성도들은 기독교의

---

15) David E. Ross, *The Meditating Christian*, 양혜정 역, 「묵상하는 그리스도인」, p. 43.
16) 위의 책, pp. 52 - 53.

진리를 더 잘 이해하고 적용할 수 있다. 우리는 온 생애를 다 바쳐 성경을 번역하고, 주석을 쓰며, 성경용어사전, 성경사전, 배경 연구 등을 편집한 학자들에게 무한히 감사해야 한다. …… 많은 학자들은 성경공부가 자연스레 묵상으로 흘러간다고 증언한다. 성경공부는 묵상의 장애물이 아니다. 오히려 성경말씀을 묵상하도록 이끈다. 성경공부와 성경묵상은 기능이 다르며, 어느 하나만으로는 온전하지 않다. 하나님은 우리의 마음에 빛을 비추셔서 우리 각자를 위한 그분의 메시지를 보게 하신다. 또한 말씀 속에서 그분을 만날 수 있게 하신다.

'초점을 맞추라'는 묵상하는 성경본문의 말씀에 우리의 초점을 맞추는 것을 뜻한다. 로스는 묵상에서 초점을 맞춘다는 것은 다이아몬드를 다 측면에서 자세히 관찰하는 것과 같다고 말한다.[17]

> 하나님의 말씀은 다이아몬드와 같아서 묵상하는 사람이 처음에는 이면, 다음에는 다른 면의 의미에 세심하게 집중할 때 계속해서 그 아름다움을 드러낸다. 하나님의 사랑의 높이와 자비의 깊이 및 은혜의 넓이와 길이를 묵상하는 자보다 더 잘 아는 사람은 없다. 매일 아침 성경 한 구절 앞에 앉을 때, 성령은 각 단어를 통해 하나님의 영광을 아는 지식의 빛을 비추신다. 하나님 말씀의 보석함이 열리고 각종 귀한 보석인 새로운 통찰력, 신선한 깨달음, 새 계시를 드러내는 것이다.

더 나아가 하나님을 향하여 열려 있는 우리의 마음속에서 성령께서 역사하시어 예수 그리스도의 말씀을 증언함으로 하나님을 아는 지식에 이른다. 이러한 하나님지식은 하나님 앞에 선 우리 자신을 아는 인간지식에로 인도한다. 이 두 가지의 지식은 너무나도 밀접하게 연결되어 있기 때문에 어느 쪽의 지식이 우선되는지 분별하기가 쉽지 않다. 그래서 칼빈은 "우리에 대한 지식으로부터 하나님에 대한 지식이 나온다고 말하기도 하고, 동시에 하나님에 대한 지식으로부터 우리에 대한 지식이 나온다고 말한다"[18]. 이와 같이 하여 묵상 가운데 "지성과 마음과 의지를 연결하는 통로가 열린다. 지성으로 받아들인 것이 마음에 들어가고, 의지를 거쳐 행동에 이른다."고 맥알파인(Campbell McAlpine)은 말한다.[19] 새로운 통찰력으로 묵상하는 우리는 계속하여 "예수 그리스도

---

17) 위의 책, p. 47.
18) John Calvin, 「기독교강요」(1559), ⅠiⅠ.
19) David E. Ross, *The Meditating Christian*, 양혜정 역, 「묵상하는 그리스도인」, p. 44에서 간접 인용.

께 집중하고, 그분께만 초점을 맞추며, 그분이 우리에게 하시려는 모든 말씀을 듣고, 그분의 임재를 즐긴다."[20]

'채우라'는 우리의 생각과 마음을 하나님의 말씀으로 채우는 일을 뜻한다. 여기서 묵상하는 사람은 하나님이 주시는 말씀 하나 하나를 천천히 마음에 두고 생각하고, 성령의 인도하는 대로 천천히 음미하면서 성령께서 주시는 모든 것을 받아들인다. 이때 우리는 예수 그리스도로 하여금 거하시도록 우리 자신의 마음 안에 감정적이며 동시에 영적인 공간, 즉 내적 성소를 허용함으로써 하나님과의 내적인 교제를 갖게 되며, 또한 우리 자신의 모든 삶 속에서 하나님의 실재를 경험하게 됨으로 삶의 변형을 갖게 된다. 하나님과 성경말씀 묵상하는 사람 사이의 이러한 내적 교제는 그 사람의 내적 인격성의 변화까지 초래한다.[21] 그러므로 묵상의 목적은 이러한 내적 교제가 늘 우리의 삶 속에 풍성하게 이뤄지도록 우리의 마음을 하나님의 말씀으로 채우고, 성령이 그 말씀을 우리 속사람에게 살아 있는 말씀으로 적용하시게 하는 훈련을 하는 데 있다.

'채우는 과정'에서 점차적으로 우리 자신의 능동적인 노력이 줄어들다가 자아의 노력이 중단되면, 하나님 앞에서 수동적 상태에 머무르게 된다. 잔느 귀용은 이러한 상태를 다음과 같이 말한다.[22]

> 이것은 수동적인 상태를 넘어선 것이다. 달리 표현한다면 이것은 바로 그러한 수동적인 상태의 궁극적인 목표이기도 하다. 당신이 전적으로 완전히 하나님께 흡수될 때까지, 당신이 성령님의 역사하심(impulse)에 완전히 내어 맡기기 시작하게 되는 것도 바로 이 시기부터이다. 당신은 모든 면에 있어서, 그리고 언제든지 하나님의 뜻에 전적으로 일치하여 있게 되는 것이다.
>
> 이것이 바로 연합이다. 즉, 거룩한 연합인 것이다. 이제 자아에 관한 일은 끝났다. 인간의 의지는 전적으로 수동적인 상태에 있으며, 하나님의 뜻의 모든 움직임에 따라 반응하게 된다.

성경말씀묵상의 완성은 성령 안에서 하나님과의 거룩한 연합으로 수동적인 상태에서 우리가 하나님의 말씀과 하나님의 뜻에 따라 사랑과 온 마음과 힘을 다하여 헌신적으로 응답하는 삶을 사는 것으로 드러난다.

---

20) 위의 책, p. 48.
21) Richard J. Foster, *Celebration of Discipline : The Path to Spiritual Growth*, p. 20.
22) Jeanne Guyon, *Experiencing the Depths of Jesus Christ*, 채수범 역, 「예수 그리스도를 깊이 체험하기」(서울 : 생명의 말씀사, 2004), p. 170.

Ⅲ. 성경말씀묵상 방법

성경말씀묵상 방법을 두 가지로 나누어서 다룰 것이다. 하나는 '거룩한 독서'이고, 다른 하나는 '상상력을 이용한 말씀묵상'이다. 성경을 경건하게 읽는 것은 고대 이스라엘 백성들에게 매우 중요한 것이었다. 그래서 모세를 통하여 하나님으로부터 주어진 하나님 말씀인 율법 책을 공적으로 낭독하고 온 마음으로 경청하였다. 이런 예를 우리는 우선 여호수아 8 : 34~35에서 볼 수 있다. "……여호수아가 율법책에 기록된 모든 것대로 축복과 저주하는 율법의 모든 말씀을 낭독하였으니 모세가 명령한 것은 여호수아가 이스라엘 온 회중과 여자들과 아이와 그들 중에 동행하는 거류민들 앞에서 낭독하지 아니한 말이 하나도 없었더라" 그 외에도 느헤미야 8 : 1~8에서도 에스라가 회중 앞에서 법전을 읽으며 풀이하는 내용을 우리는 볼 수 있다. 초대교회는 모든 성경말씀을 예수님 말씀과 삶에 근거하여 이해하였는데, 이런 예가 누가복음 4장에 나타난다.

회당에서 이사야 61 : 1~2을 찾아 유대회당의 법대로 읽으시고, 그 의미를 해석하시면서 이 말씀이 오늘 실현되었음을 가르치신다. 이러한 예수님의 증언으로 사람들이 놀란다. 이러한 흔적을 우리는 예수님의 제자들에게서도 볼 수 있는데, 허성준은 이에 대하여 다음과 같이 말한다.[23]

> 부활사건과 성령강림 후 제자들은 새롭고 놀라운 체험을 통해서 예수님의 기쁜 소식에 초점을 맞추고, 그분의 말씀과 행동에 대한 새로운 이해를 얻게 된다. 그러므로 그리스도교의 기원은 예수님의 기쁜 소식에 대한 사도들의 새로운 체험에 근거한다. 초대교회의 전례에서 하나님 말씀의 중요성은 특별히 강조되었다. 즉, 전례에서 무엇보다 먼저 성서가 읽혀졌으며, 그 다음 영적인 주석을 통해 그 말씀의 깊은 의미를 이해하게 되었다.

이와 같은 '거룩한 독서'가 12세기와 13세기부터 위기를 맞아 쇠퇴하여 15세기까지 명목을 유지하다가 16세기 이후부터는 사람들로부터 멀어지게 되었는데, 이에 대한 설명을 허성준으로부터 들으면 다음과 같다.[24]

> 렉시오 디비나는 12~13세기부터 위기를 맞아 쇠퇴하기 시작했다. 이때부터 여러 탁발수도회들, 즉 가난을 강조했던 프란치스코회나 지성을 강조했던 도미니코회 등이 출현했

---

23) 허성준, 「수도 전통에 따른 렉시오 디비나」(왜관 : 분도출판사, 2003), p. 37.
24) 위의 책, pp. 55-56.

다. 특히 스콜라 학문의 영향으로 수도자들은 렉시오 디비나 시간에 마음으로 성서말씀을 읽고 되새기며 기도하기보다는, 하나님 말씀에 대한 질의와 논증을 추구하기 시작했다. 그래서 중세 말에 수도승들은 말씀에 대한 스콜라 학문의 논리적 접근을 시도하는 사람들을 비판했으며, 그 이후에 등장하는 추론적 묵상 방법인 이냐시오 묵상법에 대해서는 매우 비판적인 입장을 취했다. 16세기 인문주의자들은 말씀에 대한 자구적, 역사적 의미를 탐구하는 비판적, 조직적 독서방법을 소개하기 시작했다. 이 방법은 성서에 대한 새로운 접근 방법으로, 향후 성서학의 발전에 크게 공헌한 것은 사실이다. 그러나 하나님 말씀에 대한 해석·신학·영성·사목이 어우러져 조화를 이루었던 고대의 훌륭한 유산, 말씀의 영적 의미에 대한 총체적이고 조화로운 중세적 접근 방법, 성서를 머리가 아니라 마음으로 읽고 되새김으로써 말씀과 삶이 분리되지 않았던 수도 전통에서의 렉시오 디비나 수행은 사람들에게서 점점 멀어져 갔다.

15세기까지 말씀묵상에서 묵상, 응답, 관상이 서로 얽혀 있었는데, 16세기로 들어가면서부터 '정신기도'(mental prayer)라는 말이 생기게 되었다. 이것은 "사고(思考)를 주로 하는 논리적 묵상, 의지의 행위를 중점으로 하는 정감적 기도, 하나님에게 몰입을 위주로 하는 관상으로……."[25] 나눈다. 여기서 묵상과 정감적 기도와 관상 세 가지는 한 기도에서 서로 얽혀 있는 다른 행위가 아니다. 이들은 "……각각 다른 지향과 방법과 목표를 갖는 완전히 다른 기도가 되었다"[26].

16세기 문예부흥으로 이와 같은 쇠퇴하여 가는 전통적 말씀묵상 방법을 그 당시 시대에 알맞은 형태로 변형하기에 이르렀다. 즉, 오관을 충분히 활용한 상상력을 가지고 말씀묵상하는 방법인데, 이것이 본 장에서 다룰 다른 하나의 말씀묵상 방법으로서 '상상력을 이용한 말씀묵상 방법'이다. 1522~1526년에 저술된 「이냐시오의 영성 수련」[27]

---

25) Thomas Keating, *Open Mind Open Heart*, 엄무광 역, 「마음을 열고 가슴을 열고」(서울 : 가톨릭출판사, 1997), p. 38.
26) 위의 책.
27) "첫째 주간에는 기억, 지성, 의지의 세 가지 힘을 이용하는 방법에 따라 논리적 묵상을 한다. 기억은 논리적 묵상의 주제로써 미리 선택한 어떤 지점을 회상하기 위함이다. 지성은 그 지점으로부터 얻어 내고자 하는 교훈을 숙고하기 위함이다. 의지는 교훈을 실행에 옮기기 위하여 그 지점에 바탕을 둔 결심을 하기 위함이다. 그렇게 함으로써 그 사람은 삶의 개혁을 가져온다. '영성수련'에서는 관상이란 말이 전통적인 의미와 다른 의미를 갖는다. 여기에서는 어떤 상상의 구체적인 사물을 응시하며, 성서 속의 인물이 실제로 현존하는 것처럼 보며, 그들이 말하는 것을 듣고, 그들의 말과 행동에 따라 반응하듯 하는 행동 등으로 구성되었다. 두 번째 주간을 위하여 제시된 이 방법은 정감적 기도를 발전시키기 위한 것이다. '영성수련'에서 세 번째 기도의 방법은 우리의 오감을 응용하도록 마련된 것이다. 이것은 묵상의 대상에 대하여 영 안에서 오감을 연속적으로 응용하는 것이다. 이 방법은 수련을 시작한 사람에게는 전통적 의미의 관상을 하도록 만들기 위한 것이며, 기도에 진보한 사람들에게는 영적 감각을 발전시키기 위한 것이다"(위의 책, p. 39).

에서 우리는 논리적 묵상, 정감적 기도, 그리고 관상으로 나눠진 세 가지 기도방법을 볼 수 있다. "이냐시오는 문예 부흥 시대의 새로운 사조인 세속적이고 개인주의적 정신을 교정하기에 적합한 영성 형성과 그 당시의 사도적 요구들에 적응하는 관상기도의 형태를 제공하기……" 원하여 영성수련에서 세 가지 기도방법을 제시하였다. 이것은 특별히 그리스도 예수의 말씀 가운데 요한복음 5장[28]의 이야기를 하나의 본보기로 택하여 마치 그 이야기의 사건이 지금 실제로 일어나고 있는 듯이 오관을 통한 추론적 묵상 방법이다.

1. 렉시오 디비나 : 거룩한 독서

헬라어 성서에서 하나님에 대한 경험적 지식을 강조하기 위하여 히브리어 דעת를 gnosis(靈智)로 번역하여 사용하였다.[29] 초기 기독교공동체에서 평신도와 수도자에게 렉시오 디비나(lectio divina)는 '거룩한 독서'라는 기도의 방법이 권장되었다. '거룩한 독서'는 성경을 읽는(lectio) 것인데, 그때 당시 이것은 성경을 경청하도록 하는 방식이었다. 성경을 경청한 후, 성경말씀을 깊이 성찰하는 meditation(묵상), 자발적 의지로 성찰한 것에 반응하는 oratorio(응답), 성찰과 의지의 활동이 순화되면서 하나님 현존 안에서 쉼 상태로 옮아가는 contemplatio(관상)의 단계가 있다. 그러나 묵상, 응답, 그리고 관상의 단계는 한 기도 시간에 동시에 나타날 수 있으며, 이 세 가지는 설로 얽혀 있다.[30]

이처럼 수세기 동안 발전되면서 '렉시오 디비나'란 용어는 성경묵상에 적용되어 6세기까지 상용어로 사용되었다. 이 당시 이 용어는 성 베네딕트에 의하여 수도원생활의 첫 번째 규칙을 형성하는 데 사용되었다. 이것이 성 베네딕트 규율(the Rule of St. Benedict)로 알려지게 되었는데, 그 시대 이후부터 이 규칙은 수도원적이거나 비수도원적이거나 간에 기독교인의 생활을 형성하는 데 깊은 영향을 끼쳤다. 성 베네딕트 규율은 세 가지 실천에 따라서 기독교인의 생활을 규정한다고 주디(Dwight H. Judy)는 말한다.[31]

---

28) "2. 상상력을 이용한 말씀묵상"에서 이것을 자세하게 다룰 것임.
29) Thomas Keating, *Open Mind Open Heart*, 엄무광 역, 「마음을 열고 가슴을 열고」, p. 35.
30) 위의 책, pp. 36-37.
31) Dwight H. Judy, *Christian Meditation and Inner Healing*(Ohio : OSL Publications, 2000), p. 65.

첫째, lectio divina 또는 신성한 말씀(성경)의 연구 둘째, opus dei, 하나님의 일(예배) 셋째, opus mannum, 손으로 하는 일(육체노동). 베네딕트의 전통에서 수도사들의 하루는 이러한 세 가지 기능들로 나뉘었다. 이러한 세 가지 기능들은 모든 기독교 공동체의 주요한 원리로 남아 있다. 기독교 공동체는 예배, 연구, 그리고 노동에 대한 균형 잡힌 주의 없이는 잘 기능하지 않는다.

렉시오 디비나(lectio divina)의 실천은 지금은 묵상의 베네딕트 유형으로써 알려진 성경에 접근하는 특별한 방법으로 동일시되어 왔다(Michael and Norrisey, 1984, 31-45). 성경묵상의 이 유형에는 네 가지 단계가 있다. 첫 번째 단계는 lectio, 또는 성경을 읽는 것이다. 두 번째 단계는 meditatio로, 본문을 묵상하는 것이다. 세 번째 단계는 oratio로, 성경에 대해 기도하는 것이다. 네 번째 단계는 만약 그것이 이른다면, 하나님의 은혜의 행위로써 이해된다. 그것은 contemplatio, 관조(상)로 불린다.

이 네 가지 단계를 주디는 다음과 같이 비유적으로 말한다.[32]

읽기는 축복된 삶의 달콤함을 위해 구하고, 묵상은 그것을 파악하고, 기도는 그것을 구하고, 관조는 그것을 맛본다. 읽기는 말하자면 음식 전부를 입 속에 넣고, 묵상은 그것을 씹어서 그것을 잘게 부수며, 기도는 그 맛을 추출해 내고, 관조는 기쁨과 새로움, 그 자체의 달콤함이다. 읽기는 밖에서 작업하고, 묵상은 골수에서, 기도는 우리가 열망하는 것을 요구하고, 관조는 우리가 발견했던 달콤함 속에서 우리에게 기쁨을 준다(81-83).

구체적으로 읽기(lectio)는 성령의 임재 안에서 하나님 말씀을 읽고 듣는 첫 번째 단계인데, 하나님 말씀인 성경을 듣는 것으로써 이 단계에서 우리는 영감 받은 말씀에 귀를 기울이고 말씀하시는 하나님께 경청한다.[33] 경청하기 위한 성경본문을 선택하는 여러 효과적인 방법들 가운데 한 가지 방법은 읽고 싶어하는 성경의 특별한 곳을 선택하는 것이다. 주디는 그 구절을 연구대상으로 10~20분을 권한다.

거룩한 독서는 '서로 간의 관계를 심화시키는 것'인데, 두 번째 묵상(Meditatio) 단계는 하나님과 묵상자 사이의 상호관계를 심화시킬 것을 열망한다. 텔마 홀(Thelma Hall, R. C.)은 이 단계의 과정을 다음과 같이 설명한다.[34]

---

32) 위의 책, p. 66.
33) Thelma Hall, R. C., *Too Deep for Words : Rediscovering Lectio Divina*, 차덕희 역, 「깊이 깊이 말씀 속으로 : 거룩한 독서의 재발견」(서울 : 성서와 함께, 2001), p. 60.
34) 위의 책, p. 62.

……이 열망이 나를 끌어당기는 묵상에서, 나는 그분에 관해서 좀더 알고 싶고, 더 큰 신뢰와 확신을 갖고 내 삶 속에 그분을 받아들여 그분께 나를 열어 드리고자 한다. 나는 그분이 참으로 나에게 어떤 존재인가를 알고 싶고, 그분이 나에게 계시하고자 하는 바를 알고 싶다.

묵상단계에서 하나님과 묵상자 사이의 관계는 본질적으로 이미 성령의 역사로 인한 내적 움직임이고, 묵상자의 형편과 사정에 따라서 다양하기 때문에 성령의 가르치심을 체험적으로 수용하도록 도와주는 것 이상이 되기 어렵다. 묵상단계에서 우리는 그리스도인으로 형성되어 가는데, 텔마 홀은 이러한 과정을 다음과 같이 말한다.[35]

　　우리는 묵상을 통해 모든 피조물 안에서, 그리고 우리 각자의 삶 안에서 끊임없이 작용하고 있는 하나님의 사랑에 대해 더 잘 알게 된다. 묵상은 예수님의 삶과 가르침에 대한 우리의 친밀함, 그분을 향한 우리의 사랑을 키우고 풍요롭게 하며, 사랑과 섬김으로 부르시는 그분의 부르심에 어떻게 응답해야 되는지를 성찰하도록 우리를 인도한다. 이 모든 것은 그 자체로 가치를 지닐 뿐만 아니라 우리 그리스도인의 삶에 필요한 믿음과 신념의 본질적인 기초를 확립하도록 돕는다.

라틴어 오라티오(oratio)는 듣기와 말하기를 의미한다. 이 세 번째 단계에서 우리는 우리의 가장 깊은 열망들을 토로한다. 기도(Oratio)단계는 말씀이 마음을 건드리는 단계로써 이는 묵상자의 계획에 따르는 것이 아니다. 성령의 이끄심에 응답할 때 마음에서 자발적인 움직임이 일어나고, 묵상 시의 지적인 추리와 사고가 줄어들면서 점차로 마음이 단순해진다. 이 단계의 구체적인 과정을 텔마 홀로부터 직접 들어 보자.[36]

　　……마음은 단순하게 솟아나는 사랑과 열망으로 가득 차며, 이것은 친밀한 내적 대화 형태를 취할 수 있다. 하나님을 "아주 가까운, 그러나 아직 너무 멀게" 느끼면서 우리 마음의 갈망이 자발적으로 그분을 소리쳐 부르거나, 혹은 마음의 불신과 무가치함을 깨닫고서 치유와 자비를 청한다. …… 이 기도 중에 우리 마음은 그분께로, 그리고 그분에 의해 열려지고, 그래서 그분의 빛이 들어올 수 있다. 그분은 우리를 너무 사랑하시어 당신의 은총으로 가는 데 장애가 되는 우리의 환상 속에 우리를 남겨 두지 않으신다. …… 곧 자율권, 자만심, 통제, 교만, 역할극, 관대함의 한계 등을 의식적이고 무의식적으로

---

35) 위의 책, p. 67.
36) 위의 책, pp. 67-68.

주장하는 거짓 자아가 그것이다. 이 목록들은 각 개인마다 제각기지만, 우리 안에 계신 성령의 은사와 은총의 삶을 저해하는 그 효과에 있어서는 동일하다.

세 번째 단계에서 내적으로는 묵상자가 평온한 마음으로 하나님의 인도하심에 순종하고, 외적으로는 하나님께 대한 순종을 매일의 삶에서 행동하고 구체화하는 투쟁을 인내하면서 수행하게 된다. 이 단계에서 우리는 불완전성의 영역과 내적인 대화의 형식을 취할 것이다. 관조는 여기서 선물로써 묘사된다. 때로 그것은 오기도 하고 오지 않기도 한다.

그리고 우리의 성경말씀묵상을 조금씩 세상으로 가져갈 것을 추천한다. 내적인 방법으로 한 구절에 초점을 맞추는 연습에서 숙달된 후에, 좋아하는 구절을 걷기나 다른 물리적 연습(실행)으로 옮기는 것은 도움이 되는 경험이다. 이 실천은 우리로 각각의 것과 모든 것 속에서 하나님을 보게 하면서, 우리의 내부와 외부 세계 사이에 다리를 놓기 시작한다.

마지막 단계는 관상으로의 변형(Contemplatio)의 단계 혹은 관상의 단계, 즉 관상기도[37]를 뜻한다. 이 단계는 "종착점이 아니라 새롭고도 결정적인 시작"이라고 텔마 홀은 말한다. 이 단계를 이렇게 말하는 이유를 그는 다음과 같이 제시하고 있다.[38]

지금 여기서 일어나고 있는 일은 하나님께서 이성과 상상이란 우리의 본능적 기능들을 '폐쇄'시키고 만족과 열정의 정감적 느낌을 박탈함으로써, 그분이 점점 더 많은 자리를 차지하신다는 것이다. 그 결과 하나님에 관하여 뚜렷하게 사고하거나 추리할 수 없게 되고, 아울러 열성과 느낌이 말라 버린다. 광야가 시작된다. 이 위기에서 우리가 어떻게

---

37) "모든 진정한 기도는 성령께서 우리 안에 현존하심과 그분이 중단 없이 계속적으로 우리를 고무하신다는 사실에 대해 확신을 갖는 데에 바탕을 둔다. 이러한 뜻에서 보면 모든 기도는 성령 안에서의 기도이다. 그렇지만 성령 안에서의 기도라는 용어는 우리 자신의 성찰에 따른 중재나 우리 의지의 행위 없이, 성령의 영감이 우리의 영에 직접 주어지는 기도를 뜻하는 것으로 한정하는 것이 더욱 정확하다. 다른 말로 하면 성령이 우리 안에서 기도하시고 우리는 그 기도에 동의하는 것이다. 이러한 기도에 대한 전통적인 용어가 관상(觀想, Contemplation)이다."
"……관상기도는 사고의 공백이라기보다는 사고로부터의 이탈이다. 그것은 절대 신비이신 하나님께 우리의 언어와 사고와 정사와 같은 심리적 상태를 넘어서 우리의 마음과 정신과 몸과 정서를, 즉 우리의 전 존재를 열어 드리는 것이다. 이때에 우리 의식(意識) 속에 있는 것을 거부하거나 억압하지 않는다. 우리는 의식 속에 있는 것을 그대로 단순히 받아들이고는 그것들을 노력함으로써가 아니라 있는 그대로 내버려 두면서 그 너머로 가는 것이다." Thomas Keating, *Open Mind Open Heart*, 엄무광 역, 「마음을 열고 가슴을 열고」, pp. 27-28.
38) Thelma Hall, R. C., *Too Deep for Words : Rediscovering Lectio Divina*, 차덕희 역, 「깊이 깊이 말씀 속으로 : 거룩한 독서의 재발견」, pp. 72-73.

계속 나가야 하는가를 이해하려면, 그리고 위대하나 분간할 수 없는 약속의 출발점에 있음을 깨닫지 못한 채 그냥 모든 것을 포기하도록 유혹 받지 않으려면, 현명한 지도를 받는 것이 결정적으로 중요하다.

이 단계에서 전에 하던 묵상을 할 수 없게 되고, 하나님을 생각하는 것에 흥미를 잃고 감각이 무미건조하므로, 고독한 기도로 이끌려 수동적으로 주의를 기울이는 것이 필요하다. 이때 우리는 "하나님께 대한 단순한 사랑의 깨달음에서, 내적 평화와 고요와 쉼 안에 홀로 머물도록 이끌린다……."라고 텔마 홀은 말한다. 그러므로 관상의 단계는 침묵으로 들어가는 단계이며, 또한 말씀에 깊이 잠기는 단계이다. 그는 이 단계의 과정을 다음과 같이 구체적으로 표현한다.[39]

> 그곳에서는 새로운 언어(침묵)와 새로운 존재방식('무엇을 함'이 아니라 단순히 '있음')을 배우고, 우리의 사고와 개념, 상상, 감각과 느낌을 보이지 않고 느껴지지 않는 믿음을 위하여 버리게 되며, 하나님의 부재(우리의 감각으로는)가 그분의 현존'이고' 그분의 침묵(우리의 일상 인식으로는)이 그분의 언어'이다'. 이것은 무지로 들어가는 것이고, 우리의 안전을 위하여 매달리는 친숙한 것들을 떠나보내는 것이다. 또한 "비참하고 불쌍하고 가난하고 눈멀고 벌거벗은"(묵시 3,17) 존재(은총이 우리에게 드러내지만, 우리가 본질적으로 받아들이기는커녕 인정하기조차 두려운 것)에 우리의 모든 희망과 기쁨의 가능성이 있음을 발견하는 것이다. 왜냐하면 우리의 참자아를 아는 것은 헤아릴 수 없는 하나님의 사랑을 받고 있음을 아는 것이기 때문이다.

이것으로 미뤄 볼 때, 관상은 궁극적으로 하나님의 현존의식을 소유하려고 잡으려는 거짓 자아, 즉 알려질 수 없는 것 ─ '무지의' 직관적인 사랑으로만 알 수 있는 ─ 을 알기 원하는 자아, 자율권, 통제, 자기에게 의미의 중심을 두기, 실재처럼 가장한 환상을 옹호함으로써 거짓 실존을 보존하려고 애쓰는 자아로부터 해방하여 참자아, 즉 헤아릴 수 없는 하나님의 사랑을 받고 있음을 아는 것에 이르는 것이다. 거짓 자아는 관상의 단계 시초에 어두움이라는 수단을 통해서(그리고 간헐적으로 빛 속으로 들어가는 것을 통하여) 체험되므로 텔마 홀은 관상은 궁극적으로 어두움에서 빛으로 가는 움직임이라고 말한다.[40]

---

39) 위의 책, p. 79.
40) 위의 책, pp. 80-87.

2. 상상력을 이용한 말씀묵상

성경을 묵상하는 다른 방법은 우리의 상상력을 사용하는 것이다. 묵상의 이 형태는 특별히 성 이그나티우스(St. Ignatius, Mottola, 1964)의 영적 훈련과 동일시되어 왔다. 그러나 성경말씀묵상에서 상상력의 이용은 이그나티우스에서만 아니라 아빌라의 성 테레사(St. Teresa of Avilla) 또한 성경묵상에서 상상력의 사용을 말하므로 상상력의 실천은 16세기에 널리 사용된 것으로 추정해 볼 수 있다.[41] 사실 "르네상스 이후 인본주의가 확립되고 경험주의적 사고를 거치면서 비로소 이성적 인식과 다른 직관이나 상상력에 대하여 관심을 갖기 시작했다."[42]

전통적인 이론에 의하면, 예술이란 이미 현존하고 있는 것을 모방하는 것인데, 2세기 전 공상적 운동(Romantic movement)에서 상상력(imagination)은 예술에 책임을 질 수 있는 인간능력이라고 강조하였다.[43] 이런 관점에서 킬바이(Kilby)는 상상력이란 네 가지의 능력을 갖고 있는데, 첫째 새로운 것을 창조할 수 있도록 하는 인간의 능력, 둘째 새로운 방법으로 비슷한 것을 느끼게 하는 인간의 능력, 셋째 새로운 방식으로 오래된 진리를 표현하도록 하는 인간의 능력, 넷째 진리를 삶에 적용시키는 인간의 능력이라고 말한다.[44] 이와 유사하게 정희모(鄭僖謨)는 상상력을 눈앞에 없는 사물의 이미지를 만드는 정신능력이라고 말하면서 이 용어의 의미를 다음과 같이 설명한다.[45]

> 과학이 이론화를 추구하는 지적 사유능력에 의존한다면 예술은 예술가의 체험과 이상을 작품 속에 구체적으로 담기 위하여 상상력의 기능에 의존한다. 이런 상상력의 기능은 두 가지로 나눌 수 있다.
> 첫째, 현실에서 만날 수 없는 세계, 즉 지각에도 없고 기억에도 없는 새로운 세계를 구체적으로 표현하는 기능을 의미한다. 이런 경우 상상력은 특수한 현상과 보편적인 예술 이념과 종합하여 자연계에서 볼 수 없는 새로운 것을 창조하게 된다. 19세기 낭만주의가 유행할 때는 예술창작에 있어 이성의 역할을 전적으로 부정하고 오로지 상상만이 본질적 실재에 도달할 수 있다고 믿었다. 예술이 현실의 단순한 모방보다는 새로운 표상을

---

41) Dwight H. Judy, *Christian Meditation and Inner Healing*, p. 70.
42) 엠파스 백과사전.
43) Clyde S. Kilby, "Christian Imagination," Leland Ryken, *The Christian Imagination : Essays on Literature and the Arts*(Michigan : Baker book house, 1986), p. 37.
44) 위의 책.
45) 엠파스 백과사전.

제시하는 영혼의 감성을 중요시한다는 점에서 상상력이 갖는 새로운 창조의 힘에 보다 큰 의미를 둔 것이다. 이런 점에서 상상력은 영감(靈感)이나 직관과 비슷한 의미가 된다.

둘째, 체험을 표현하는 의식의 한 양식으로서의 기능을 의미한다. 사실 우리가 체험하지 않은 것은 사유할 수 없다. 우리가 어떤 새로운 것을 창조한다고 하더라도 이미 그것은 우리의 경험 속에 포함된 기존인식과 사물에 대한 평가에 의존할 수밖에 없다. 따라서 상상력도 단순히 존재하지 않는 새로운 것을 만드는 사유의 기능만을 의미하지 않는다. 오히려 제작의 모든 과정에 들어가 체험의 잡다한 요소들(감각·정서·의미 등)을 융합하게 하고, 생기를 주어 창조를 가능하게 하는 기능을 한다.

이와 같이 상상력은 지각과 기억에도 없고 현실에서 만날 수 없는 세계를 인간의 경험 속에 포함된 기존인식과 사물에 대한 평가에 의존하면서 감각·정서·의미 등을 융합 내지 새로운 생기를 불어넣어 구체적으로 표현하는 기능을 의미하므로 그 효과가 크다. 상상력을 사용하는 말씀묵상은 묵상을 위한 구절을 사용하는 대신에, 전체 이야기를 취할 수 있다. 신약, 특히 예수님의 치유 이야기들로부터 이야기를 끌어 오는 것이 효과적이다.[46] 복음서의 예수님의 치유 이야기를 우리의 마음속에 구성하는 데 있어서 우리의 상상력을 사용한다. 이때 가능한 한 충분히 내적인 감각을 불러일으키는 것이 도움이 된다. 그러므로 이야기 속의 소리 듣기, 냄새 맡기, 색깔들, 감촉들, 건물들, 자연적인 배경 등이 우리 피부에 닿을 수 있도록 이야기 속의 따뜻함 혹은 차가움까지도 느끼기를 구한다. 내적인 감각을 활성화하는 것은 우리를 완전히 이야기 속으로 끌어들이게 함으로써 우리는 치유 이야기에서 예수님에게 다가가는 핵심적인 인물이나 그 이야기 속의 행위 등의 중심적인 주제를 발견할 수 있을 것이다.

상상력을 사용하면서 우리 자신의 필요와 치유해야 될 영역에로 몰입될 수 있도록 성경의 복음서에 나타난 이야기에로 우리 자신을 초대한다. 상상력을 사용하면서 완전히 우리 자신을 성경의 이야기 속으로 끌려 들어가게 할 때, 예를 들어 마비환자(중풍병자)의 이야기에서, 우리는 "내가 얼마나 감정적으로, 직업적으로, 인격적으로 마비되어 있는가?" 성경의 소경의 이야기에서 "내가 얼마나 영적으로 소경인가?", "얼마나 거룩한 부르심으로부터 눈먼 채로 있게 되었는가?", "내가 얼마나 통찰력이 필요한 상태에 놓여 있는가?"와 연관하여 눈에 보이지 않는 우리 자신의 실존상태를 표현할 수 있다. 바다의 폭풍 이야기들에서는 "나의 삶이 얼마나 큰 압도를 받고 있는가?", "동시에 고요케 함이 필요한가?"를 상상력을 사용하여 구성할 수 있다.

---

46) Dwight H. Judy, *Christian Meditation and Inner Healing*, p. 70.

성경에 나타난 복음서의 이러한 이야기 하나하나는 우리의 상상력을 통하여 우리 자신을 치유하고, 도전하고, 그리고 고요하게 하는 예수의 능력에로 몰입되어 들어갈 수 있게 한다. 상상력을 사용하는 말씀묵상에서 예수 그리스도는 우리 안에서 온전성에 대한 잠재력으로 오시므로 예수 그리스도의 임재는 우리 내부의 지혜를 일깨운다. 어떤 사람들은 내적인 시각적 상상력이 아주 예민하고, 다른 사람들은 청각적인 상상력이, 또다른 사람들은 미각적 내지 촉각적 상상력이 예민할 수 있다. 우리의 내적 경험이 어떤 상상력으로 기인되었든지, 또한 그것이 극적이든지 아주 포착하기 힘들든지 개의치 말고, 복음서의 치유 이야기에 몰입되어 들어감으로써 예수 그리스도 안에서 치유된 그 이야기의 사건의 실재에 성령의 임재로 붙잡힘으로 우리 안에 치유될 필요가 있는 요소들의 치유가 이루어진다. 이런 의미에서 상상력을 사용한 말씀묵상에서도 성령의 역사로 치유가 일어난다.

상상력을 사용하여 성경에 나타난 복음서의 치유 이야기 묵상으로 요한복음 5장 말씀을 갖고 내적 치유의 역동성에 대하여 실례를 드는데,[47] 우선 요한복음 5장의 치유이야기를 단순히 읽음으로 상상력을 통한 성경적인 묵상을 시작한다. 개역개정판 성경에 기초하면 그 이야기는 다음과 같다.

> 유대인의 명절이 되어 예수께서 예루살렘으로 올라가셨다. 지금 예루살렘에 히브리말로 Beth-zatha(베데스다)라 불리는 양문 곁에 행각(주랑현관) 다섯 개가 있다. 여기에 많은 병자들, 맹인, 다리 저는 자, 혈기 마른 사람들이 있다. 38년 동안 병든 한 사람도 있었다. 예수께서 38년 병든 사람을 보고 그가 거기에 오랫동안 누워 있었음을 알고 그에게 말했다. "네가 낫고자 하느냐?" 그 병자가 "주여 물이 움직일 때에 나를 못에 넣어 주는 사람이 없어 내가 가는 동안에 다른 사람이 먼저 내려가나이다."라고 대답했다. 예수께서 그에게 "일어나 네 자리를 들고 걸어가라" 하시니, 그 사람이 곧 나아서 자리를 들고 걸어갔다(요 5:1-8).

우리가 이 성경을 탐색하기 시작할 때, 성경적 주석과 그 배경설명을 사용함으로써 이야기 속의 역동성을 이해할 수 있다. 그러나 여기서 우리는 상상력을 사용하여 본문과 함께 우리의 내적 여행을 시작한다. 우선 몸의 균형을 잡고 개방적인 상태로 눈을 감은 채로 편안히 앉아 긴장완화를 쉽게 하기 위해서 몇 번 깊게 숨을 쉰다. 우리의 마음을 본문의 이야기로 향하여 예수님 시대에 저 멀리 언덕 위의 도시인 예루살렘의

---

47) 위의 책, p. 71.

색깔들을 상상하면서, 상상으로 지금 그 도시에 들어가 시장터를 탐색한다. 성경은 우리에게 축제 때에 일어났던 이야기를 기술하고 있다. 그 다음 우리는 많은 다른 언어들 듣기를 기대할 것이다. 예를 들면, 동물들과 시장의 사고파는 소리를 주목한다. 우리가 보는 색깔들과 형태들과 그 포장바닥은 무엇인가? 그것은 더럽고 먼지가 날리는 자갈돌, 평평한 돌 포장도로인가? 우리의 상상력 속에 들어오는 것은 무엇이든지 취하면서 거행되는 축제에 참여한 사람들과 같은 군중의 흥분과 떠밀리는 사항들을 주목한다. 지금 그 이야기 속의 베데스다라 불리는 못에 우리의 상상을 데려가서 그 못을 주목한다. 그것은 어떤 모양인가? 그 물의 색깔은 어떤가? 그것은 얼마나 큰가? …… 다섯 개의 행각을 주목하면서 그곳에 대한 우리 자신의 그림을 그리는 데 상상력을 사용한다.

이제 우리는 소리에 주목하기 시작한다. 이곳은 아픔과 고통의 장소이다. 많은 다리 저는 자와 병든 자, 소경들이 있는 장소이다. 그들이 얼마나 가까운 거리에서 서로서로 접촉하고 있는지 주목한다. 그들은 기적적인 치유가 있었다고 하는 이곳에서 치유되기를 바라며 얼마나 기다리고 있는가를 주목한다. 그리고 이제 우리가 그들 중의 하나라는 것을 주목하기 시작한다. 우리는 요에 누워서 38년 동안 병들어 있다. 우리가 얼마나 이 병든 사람과 일치감을 느끼는가? 여기서 우리의 상상이 그 이야기 속으로 몰입해 가도록 허락한다. 여기서 우리가 얼마나 이러한 사람들 속으로 일치되어 가는 것을 느끼는가? 어떤 면에서 그 이야기 속의 어떤 사람의 병이 우리의 병으로 비춰지는가? 어떤 면에서 우리는 오랫동안 소경 혹은 다리 저는 자 또는 마비된 자로 있었는가? 여기서 앞으로 더 나아가기 전에 얼마간의 시간을 두고 우리의 신체, 정신, 또는 영적인 질병들에 대한 은유로써 요한복음 5 : 1~8의 이야기를 사용함으로써 우리 자신의 문제를 떠올리기 시작하도록 한다.

멀리서 움직임이 있다. 예수께서 38년 된 병자에게 "낫게 되기를 원하느냐?"라고 말을 건네시는 예수님에 대한 우리 자신의 그림을 상상해 본다. 다시 이 질문으로 시간을 보낸다. 여기서 우리는 예수님에 대한 우리의 이미지에 접근하면서 놀랍게도 예수님이 우리 앞에 멈추는 것을 체험할 수 있다. 예수께서 우리에게 "낫게 되기를 원하느냐?" 또다시 물으실 때 우리는 아마도 이 이야기에서 가장 심오한 순간에 봉착될 수 있다. "내가 정말로 이 습관적인 문제로부터, 이 질병으로부터, 이 고통으로부터 놓여나기(해방되기)를 원하는가?" 이 질문에서 우리의 허약함에 우리 자신이 참여하고 있다는 사실을 깨닫는다. 우리가 전혀 완전하지 않은 삶에 안주하는 것을 얼마나 편안해 하고 있는지를 발견한다. 또한 우리는 직접적으로 대답하기를 바라지 않을 수도 있다. 이 이야기에서 38년 된 병자처럼 우리가 치유되지 않을 수 있는 이유를 발견할 것이다 — 예를 들면, 도울 사람이 없다는 것 등이다. "너는 낫게 되기를 원하느냐?"라고 묻는 예수님의 물음에 어떤 대답을 하려고 하는지 우리의 마음과 정신을 탐색한다.

요한복음 5:1~8 이야기에서, 38년 된 병자의 "주여 물이 움직일 때에 나를 못에 넣어 주는 사람이 없어 내가 가는 동안에 다른 사람이 먼저 내려가나이다."라는 말을 들으신 후에, 예수께서 단순히 그에게 명령하기를 "일어나 네 자리를 들고 걸어가라." 하신다. 우리의 상상으로, 우리 자신과 동일시했던 연약함으로부터 치유되어 지금 우리 자신이 일어나는 것을 보면서 적어도 잠시 동안 우리의 연약함 없는 새로운 삶을 상상한다. 이러한 연약한 것들이 없는 우리의 신체를 상상력을 사용하여 느껴 보면서 우리의 해방의 감정을 주목한다.

성경적인 묵상으로부터 오는 치유에서 가장 강력한 요소는 설명했던 것처럼 그것이 영혼의 싸움터로 우리를 초대하고 부른다는 것이다. 성경은 우리 자아 수준의 의문들, 문제들, 딜레마들을 취하여 하나님의 영원한 창조적인 비전의 현장에로 그것들을 놓는다. 그러한 시각(전망)만이 자주 치유케 한다. 그러나 성경의 상상적 사용은 우리 자신의 위축되고 고통스러운 부분들과 우리 내적인 경험을 일깨우면서 예수 안에서 전달된 가장 높은 지혜 사이의 상호의사소통을 촉진한다. 이러한 능력은 치유를 가능하게 지속하면서 각각 다른 이들과의 의사소통 안으로 들어갈 수 있게 한다.

우리가 작업하고 있었던 영혼의 그 모델에서 미묘한 인과율(원인이 되는)의 에너지들이 우리의 더 빠른(가까운) 생애 발달의 억눌리고 억압된 고통들과 이야기한다. 그것을 좀더 단순하게 하기 위해서 예수님의 치유하는 임재를 분명히 경험하게 하는 한 하나님의 사랑 안에 우리가 서 있게 되며, 우리 자신의 고통의 이야기들을 말할 수 있고, 우리 자신을 속박케 하는 것으로부터 하나님의 사랑으로 말미암아 해방될 수 있다. 성경의 이야기들은 우리 자신의 숨겨진 고통의 이야기들을 하나님과 우리 자신에게 말하도록 돕는다. 이 이야기를 통해 우리를 붙잡고 있던 것들의 속박으로부터 우리는 해방될 수 있다.

Ⅳ. 향심기도

이제까지 우리는 성경 안에 있는 하나님을 비유식으로, 피조 된 세상 안에서 인간의 경험으로부터 유추할 수 있는 이미지들을 사용한 말씀묵상에 관하여 다뤘는데, 이는 유념적(kataphatic) 말씀묵상 방법이다. 이제부터는 무념적 방법의 말씀묵상을 다룰 것이다. 성경말씀묵상에서 유념적 묵상과는 달리 무념적(apophatic) 말씀묵상이 있는데, 이것은 아무도 하나님을 본 사람이 없고, 볼 수도 없고(요 6 : 46 ; 딤전 1 : 17), 하나님의 영만이 하나님의 깊은 것까지 통달하시고, 하나님의 일을 이해할 수 있다고 주장한다(고전 2 : 10 - 11 ; 출 11 : 33).[48] 무념적 말씀묵상 방법은 살아 계신 하나님은 인격적이시고, 자유로우시고, 그리고 활동적이며, 목적을 갖고 계실 뿐만 아니라 완전히 초월적이신 분이므로 우리 눈에 보이는 세상의 어떤 것과 다르며, 세상의 아무것도 하나님을 나타낼 수 없다고 본다. 부활하신 예수 그리스도의 '영적인 몸'(고전 15 : 44), 즉 어떤 형상과 개념을 넘어 계신 충만한 영광을 받으신 예수 그리스도는 무념적 방법의 말씀묵상을 제공한다.

그럼에도 불구하고 성경에 보면, 무념적 방법은 유념적 방법과 서로 엉켜져 있다. 그 이유는 말로 나타낼 수 없는 하나님은 요한1서 1 : 1~2("태초부터 있는 생명의 말씀에 관하여는 우리가 들은 바요 눈으로 본 바요 자세히 보고 우리의 손으로 만진 바라 이 생명이 나타내신 바 된지라 이 영원한 생명을 우리가 보았고 증언하여 너희에게 전하노니 이는 아버지와 함께 계시다가 우리에게 나타내신 바 된 이시니라")에 보면, 그의 말씀으로 우리에게 말씀하시기 때문이다. 또한 모든 것을 초월하시는 하나님은 그의 백성들을 돕기 위하여 자신을 낮추시어(시 113 : 5 - 9 ; 40 : 1 ; 106 ; 107 : 41) 그들 안에 내재하신다(시 139 : 7 - 12). 그리고 구속의 역사 안에서 자신을 계시하셨고, 예수 그리스도의 부활에서 파기할 수 없는 그 역사를 통하여 계시되었다. 그러므로 성경에는 말씀묵상의 무념적 방법은 유념적 방법과 뒤엉켜 있을 수밖에 없다.

무념적(apophatic) 묵상기도를 하는 사람들을 위한 책 「무지의 구름」(*The Cloud of Unknowing*)은 14세기 영국 무명작가에 의해 쓰였다. 「무지의 구름」은 렉시오 디비나(lectio divina)의 네 번째 단계, 즉 관상단계를 설명하며 동시에 우리를 하나님의 무한한 빛 속으로 쓸려 들어가게 하는 예수님의 기도단계를 설명한다. 「무지의 구름」의 본질은 "사랑의 관상 자체는 결국에는 우리를 모든 죄의 뿌리에서 치유할 것이다."라는 말로 표현될 수 있다.[49] 이 표현은 우리가 숙달된 관상자이든 아니든 간에, 우리의 내적 내지 외적인 삶에서 사랑의 관상의 의미를 발견하도록 우리 자신 모두를 초대한다. 「무지의 구름」에 있는 관상 실천은 키팅(Fr. Tomas Keating)과 페닝톤(Fr. Basil

---

48) Barbara E. Bowe, *Biblical Foundations of Spirituality*(New York : A Sheed & Ward Book, 2003), p. 16.
49) Dwight H. Judy, *Christian Meditation and Inner Healing*, p. 91.

Pennington), 그리고 다른 이들에 의하여 최근에 대중화되어 기도자를 위하여 향심기도, 'Centering Prayer'(Pennington, 1980)라는 용어로 사용되었다.[50]

1. 향심기도의 원리

향심기도(Centering Prayer)에 관한 핵심적 이해는 아는 것과 사랑하는 것 사이의 구별이라고 말하면서 주디는 「무지의 구름」에서 그 원리를 다음과 같은 방식으로 표현한다고 말한다.[51]

> 이 점을 이해하도록 하라. [사람들]과 천사들과 같이 이성적인 피조물들은 두 가지 주요한 기능, 아는 능력과 사랑하는 능력을 소유한다. 아무도 피조 되지 않은 하나님을 그의 지식으로 충분히 이해할 수 없다 ; 그러나 각 사람은 다른 방식으로, 즉 사랑을 통해서 충분히 [하나님을] 파악할 수 있다. 진실로 이것은 사랑의 끝없는 기적이다 : 사람을 사랑하는 사람…… 사랑은 하나님을 알아챌 수 있는데, 하나님은 모든 피조물을 채우시고 초월하시는 분이다. 그리고 이 사랑의 놀라운 행위는 영원히 지속된다. 왜냐하면 우리가 사랑하는 [그분]이 영원하기 때문이다. 내가 지금 말하고 있는 이 진리를 이해할 수 있는 은혜를 받은 사람 누구든지 나의 말들을 마음에 담는다. 여기서 그가 이러한 사랑을 경험하는 것은 영원한 생명(eternal life)의 기쁨이다. 반면 이러한 사랑을 잃는 것은 영원한 고통(eternal torment)이다.

이처럼 향심기도는 사랑을 통해 이해될 수 있으며, 이 관상적 사랑은 '능력'이다. 이것은 이 사랑이 접촉하는 모든 것을 변화시키는 힘, 즉 에너지이다. 관상적 사랑은 그것이 모든 소외를 극복하기 때문에 죄의 모든 뿌리들로부터 우리를 치료한다.[52] 이 사랑은 모든 것을 하나님의 본질적이고 긍휼한 선에 둔다. 이 사랑은 축복으로 우리의 죄를 압도한다. 이 사랑의 내적인 행위는 죄의 뿌리들을 치료하는 것뿐 아니라 실제적인 선을 양육하므로 외적인 화해에로 우리를 이르게 한다. 하나님만이 모든 선의 순수한 근원이시므로 하나님이 아닌 다른 어떤 것에 의해서 선이 동기화 되면, 하나님이 제일이라 할지라도 이러한 덕은 불완전한 것이다. 진정한 선은 하나님을 기쁘게 해 드

---

50) 위의 책, p. 92.
51) 위의 책에서 인용.
52) 위의 책, p. 93.

리기 위한 소망에 의해서 일어나고 동기가 되어 각 사람의 상황에서 이 선에 의하여 습관적으로 행동하고 각 상황에 따라서 적절하게 반응하게 된다. 그리고 성령은 자아 중심적 성향의 뿌리를 치유해 주며 우리의 의식 활동의 원천이 된다.

그러므로 성령은 성경말씀과 우리 일상생활의 사건을 통해 우리의 참자아인 내면의 깊은 원천에서 우리 양심에 말씀하신다. 관상적 사랑의 훈련이 내적 기도의 특별한 방법이지만, 이것의 효과는 오랫동안 머무르기 때문에 이러한 형태의 기도가 우리의 모든 관계들 안에서 계속적으로 그 효과를 나타내도록 하는 것이 바람직하다. 이런 의미에서 성경을 묵상하는 것을 배움으로써 성경을 상상력으로 묵상하는 가운데 우리 자신의 병과 질병의 상태를 생각하고, 예수님의 고난과 부활, 하나님의 선하심 안에서 그리스도와 우리의 관계를 탐구함으로 인하여 우리는 향심기도 훈련을 위한 기초를 세우게 된다.

'알지 못하는 구름'과 '망각의 구름'의 상상은 단순히 우리의 묵상작업을 시작하기 위한 도구로써 설계된다. 하나님과 우리 사이에 놓여 있는 알지 못하는 것의 구름을 뚫기를 소망한다면, 우리의 일상적인 사고(思考)가 우리 의식의 후면 망각의 구름에 떠내려가게 내버려 둔다. 이 사고가 "정서, 영상, 기억, 계획, 외부에서 오는 소음, 평화스런 감정, 심지어 영적 교감일 수도 있다…… 기도 중에 일어나는 어떠한 사고, 심지어 아주 신앙심 깊은 사고라 할지라도 떠내려 보내는 것으로 이루어져 있다."[53] '알지 못하는 구름'은 계시의 구름이라고 하는데, 성경에서 중요한 순간에, 하나님께서 계시를 주셨을 때 구름 안에 계신다. 예를 들면, 시내 산에서 모세에게 하나님께서 법을 계시하셨을 때 하나님은 구름 속에 숨어 계셨다. 변화 산에서 하나님께서 모세와 엘리야와 함께 관계를 계시하실 때 예수님께서는 구름에 의해서 둘러싸여 있었고, 구름 속에서 "이는 나의 아들 곧 택함을 받은 자……"라는 소리를 듣는다. 계시의 신비한 장소로써 구름을 이렇게 풍성히 상상하는 것은 향심기도 훈련을 위한 상황(context)이다.[54]

'망각의 구름'은 우리의 마음이 '그냥 지나가도록' 하는 것을 배울 수 있는 도구이다. 갈등으로 우리를 자극하고, 관조적 사랑의 영으로부터 우리를 미혹케 하는 생각을 발견할 때마다 우리는 묵상을 위해 선택한 말, 즉 "하나님께 자신의 마음을 열고 자신을 내어 드리는 의향을 표시하는 '거룩한 단어'[55]를 선택하여……"[56] 사고(思考)들을 '알지

---

53) Thomas Keating, *Open Mind Open Heart*, 엄무광 역, 「마음을 열고 가슴을 열고」, p. 54.
54) Dwight H. Judy, *Christian Meditation and Inner Healing*, p. 95.
55) "거룩한 단어는 일단 잘 습관화되면, 보통 떠오르는 일상적 사고들의 수를 줄이는 방법이 되며 의식의 흐름을 타고 흐르는 사고들 중에서 관심을 끄는 사고들을 막아 주는 방법이 된다." Thomas

못하는 구름' 반대편에 있는 '망각의 구름'으로 방출하라고 주디는 말한다. 예를 들면, '하나님' 또는 '사랑'과 같이 한 음절 단어를 선호할 수 있는데, 좋아하는 한 단어를 찾아 기도 중에 무슨 사고(思考)가 의식 속에 들어왔을 때마다 그 단어를 가볍게 의식 속에 떠올리면서 더욱 깊은 의식을 개발하는 데 필요한 분위기를 만든다. 이것의 목적은 "모든 생각을 뛰어넘는 것이 아니다. 이것은 불가능한 일이다…… 오히려 그것은 '제가 여기 있습니다'라고 말하는 것과 같다."[57] 우리 자신을 하나님께 맡기고 난 후의 결과는 전적으로 하나님에게 달렸다.

따라서 우리가 향심기도를 시작할 때, 대개 눈을 감고서 우리 아래에 '망각의 구름'이 있다고 상상하면서 몸의 긴장을 풀면서 '망각의 구름' 사용하기를 연습한다. 또한 그날의 일을 내려놓고 기도의 순간에 우리 자신을 드러내도록 함으로써 '망각의 구름' 사용하기를 연습한다. 그리고 우리가 '알려지지 않은 구름'에 의해 둘러싸여 있다고 상상한다. 이 구름이 몸, 마음, 정신, 영혼에 스며들고 있다고 상상한다. 지식의 한계와 이 구름이 하나님과 우리 사이를 계시하실 신비를 인식한다. 하나님께서 오늘 이 구름 속에서 우리에게 계시하실 것을 기대하면서 기다리도록 한다. 그리고 나서 우리의 마음속에서 사랑의 감정, 하나님을 알려는 갈망, 하나님과 함께 교통하면서 즐거워지는 '순전한 사랑'에 관심이 일어나도록 한다. 우리의 전 존재, 전 의식으로 하여금 이런 사랑을 갈망하는 감정 속으로 빠져들도록 한다. 이러한 관조적 사랑 가운데 우리가 머물 수 있도록 도와줄 한 단어나 매우 짧은 구가 떠오르도록 한다. 이 단어를 부드럽게 천천히 당신의 내부의 목소리로 반복한다.

관조적 사랑의 일을 시작하면서 마음속에 다가오는 무엇이든지, 이 단어와 하나님을 향해 사랑하는 갈망의 영을 가지고 응답할 수 있을 때, 사고(思考)들이 '망각의 구름' 속으로 가도록 한다. 우리의 갈망은 우리 자신과 하나님 사이에 있는 '무지의 구름'을 가차 없이 깨뜨릴 수 있는데, 이것은 사랑의 예리한 끝을 가지고 그 구름을 뚫는 것과 같다. 사랑을 깨우고 하나님만이 할 수 있는 하나님의 행동의 가능성을 위해 향심기도의 연습에서 깨어 있음으로써 아마도 하나님께서는 그 '무지의 구름'을 뚫게 될 하나님의 빛으로 우리를 밝혀 주실 것이다. 이와 같이 하여 하나님께서는 이루 말할 수 없는 비밀, 즉 하나님의 사랑으로 불타는 하나님의 지혜와 하나님을 향한 우리의 애정 등을 맛볼 수 있을 것이다.

Keating, *Open Mind Open Heart*, 엄무광 역, 「마음을 열고 가슴을 열고」, p. 56.
56) 위의 책, p. 55.
57) 위의 책.

2. 향심기도의 변형적 작용

우리 삶에 영향을 주는 향심기도의 효과를 말하면서 주디는 중세문학에 있는 인간의 삶의 위엄을 가장 능력 있게 묘사한 「무지의 구름」의 저자의 말을 다음과 같이 인용한다.[58]

> 당신 아래와 당신 외부에 모든 창조된 태양, 달, 별들, 즉 우주가 있다. 그들은 불 속에 번쩍이면서 당신 위에 고정되어 있다. 그러나 그들은 인간으로서 당신의 찬란한 위엄에 비교될 수 없다. 천사들과 정의의 영혼들은 은혜 가운데 확인되는 만큼 당신보다 더 우월하고 모든 덕과 함께 영광스럽다. 그러나 그들은 지적인 창조물로서 본래 당신과 동일하다. 당신은 날 때부터 세 가지의 놀라운 영적 능력의 은사들, 즉 생각, 이성, 의지를 받았다. 그리고 제2의 능력인 상상력과 느낄 수 있는 능력이 있다. 당신이 내적 삶에 관한 책을 읽고 있으면서 당신 자신에 관한 어떤 말을 우연히 만나게 되었을 때, 단순히 물리적인 몸이 아닌 영적 위엄인 인간으로서 당신의 전 자아로 그 의미하는 것을 이해한다.
> 사람으로서 당신은 당신의 능력의 매개를 통하여 창조 속에서 모든 것과 관계된다. 당신 자신의 본성과 그 안에 있는 위치와 창조의 수직구조에 관한 이 모든 것을 당신이 이해한다면, 당신은 그 관계들 각각의 중요성을 평가하기 위한 범주를 가지게 될 것이다(129).

이와 같이 「무지의 구름」의 저자에게 있어 한 개인 안에서 관조적 사랑의 일은 그 개인을 통하여 모든 창조된 우주로 확대되어 마음, 이성, 의지, 상상, 그리고 감정의 영적 능력을 통하여 존재하는 모든 것을 즐거워한다. 우리 자신의 내적 삶 안에서 관조적 사랑의 실천은 하나님의 사랑 앞에서 우리의 마음에 영향을 미치며, 동시에 그 사랑 앞에서 그것들과 관계를 유지하기에 이른다. 우리가 하나님의 사랑 앞에서 온전하게 서 있기를 추구할 때 우리의 내적 기도 속에 떠오르는 영역은 무엇인가? 내부의 관계 문제는 끝나지 않고 있는 죄와 해결되지 않은 과거의 열망과 현재의 관계가 떠오르게 되는데, 이러한 문제들은 유아기 이후부터 축적해 온 심리적 습관과 슬픔, 분노, 두려움, 상처의 복합성으로 떠오를 것이다.[59] 외부의 문제는 특별히 하나님 앞에서 우리의 소명의 문제에서 떠오를 것인데, 이는 "우리가 하나님의 사랑에 우리의 삶을 투자시키

---

58) Dwight H. Judy, *Christian Meditation and Inner Healing*, p. 97에서 간접인용.
59) 위의 책.

기 위하여 세상 어느 곳에로 우리를 부르셨는가?" 하는 것과 같은 질문이다. 우리가 우리의 내적, 그리고 외적 삶 속에서 하나님의 사랑을 실천할 때 이러한 질문들과 문제들에 대하여 우리는 한 단어 '사랑'이라는 말로 응답하게 될 것이다. 이 모든 활동 무대를 위하여 우리는 하나님의 통찰과 빛, 사랑, 그리고 축복을 요청하게 되는데, 여기서 우리는 기도의 변형적인 작용을 경험하게 된다.

이것을 틸리히는 '신비'와 '황홀'이라는 용어로 설명한다. 틸리히는 신비라는 용어로 계시를 설명한다. 틸리히에 의하면, 순수한 신비는 두 가지 측면을 갖는데 하나는 부정적인 면, 그리고 다른 하나는 긍정적인 면이다. 부정적인 면은 "이성 자체가 이성의 근거와 심연, 이성보다 앞서 있는 데로 이끌려 가는" 점에서 나타난다.[60] 다른 말로 하면, 신비의 부정적인 면은 인간이 자기 이성의 유한성을 깨닫는 것을 말한다. 이때 인간의 마음은 존재와 비존재의 대치라는 충격을 경험한다.[61] 신비의 긍정적인 측면은 부정적인 측면을 포함하며, 더 나아가서 비존재를 정복하는 존재의 힘인 '근거'로 나타난다. 신비의 긍정적 측면은 이성의 깊이와 그것의 신비를 나타낸다. 신비의 긍정적 측면은 이성의 깊이와 그것의 신비를 나타내는 상징과 신화로 표현된다고 틸리히는 주장한다. 동시에 그는 우리의 궁극적 관심인 신비의 계시는 구체적인 상황에서 그 계시를 받아들이는 사람과 분리할 수 없는데, 이때에만 계시는 그 계시하는 힘을 갖는다. 다른 말로 하면 계시는 그것을 자신의 궁극적 관심으로 받아들이는 그 사람과 상관하여 힘을 갖는다. 덧붙여 말한다면, 이 상관관계는 지식의 일상적인 주체 – 객체의 차원을 초월한 실재 안의 그 사람을 포함한다. 이런 의미에서 계시된 것은 그 사람의 존재에 충격을 주는 부정적인 측면과 그의 존재에 궁극적 관심을 주는 긍정적인 면 양쪽을 다 포함한다. 틸리히는 계시의 인지적 성격을 다음과 같이 설명한다.

> 본질적으로 그리고 필연적으로 신비스러운 계시는 경험의 일상적인 맥락을 초월하는 무엇을 나타내는 것을 의미한다. 그 무엇은 일상적인 경험의 맥락(Context) 내에 있다.

---

60) Paul Tillich, *Systematic Theology*(Chicago : The University of Chicago Press, Vol. 1, 1950), p. 110.
61) 틸리히는 비존재의 의미를 세 가지로 설명한다. 첫째는 무를 의미하는 그리스어의 우크온(ouk on)과 관련된 것인데, 그것은 존재와 전혀 관계가 없는 무이다. 둘째는 존재와 변증법적인 관계가 있는 '무'를 의미하는 그리스어의 메온(me on)과 관계된다. 이것은 존재의 잠재성을 지적하는 것이라고 할 수 있다. 세 번째는 죄 또는 악과 관계된 것인데 죄는 긍정적인 존재론적 의미가 없다는 의미에서 비존재이다. 동시에 죄는 존재와 존재의 보존에 대항하는 의미에서 비존재이다. 이 맥락에서의 비존재는 두 번째 의미의 비존재에 속한다고 할 수 있다. 위의 책, p. 188.

신비라고 알려진 그 무엇이 계시 속에 나타나는 것이다. 첫째 그것의 실재는 경험의 문제가 된다. 둘째 그것과 우리와의 관계도 또한 경험의 문제가 된다. 이 양자가 인지적인 요소들이다.[62]

비록 계시는 주체 – 객체의 '분리'를 경험하는 실존의 일상적인 차원을 초월한다 할지라도 계시 안의 주체와 객체의 요소들은 서로 관계를 갖고 있다. 더구나 계시 사건의 주체적인 면과 객체적인 면은 틸리히에 의하면 엄격히 상호 의존적인 것이다. 누군가가 신비의 현현에 의해 붙잡힌다. 이것은 신비 사건의 주체적인 면이다. 계시의 신비가 누군가를 붙잡는 어떤 일이 일어난다. 이것은 신비의 객관적인 면이다. 이 양면은 분리될 수 없다. 만약 객체적으로 아무것도 일어나지 않는다면 아무것도 계시되지 않는다. 만약 아무도 일어난 사건을 주체적으로 받아들이지 않는다면, 그 사건은 무엇을 드러내는 것을 실패한다. 객체적인 발생과 주체적인 수용은 시의 전체 사건에 내포되어 있다.[63]

여기서 틸리히는 주체적인 수용을 '받아들이는 면' 그리고 객체적인 발생을 '주는 면'이라는 용어로 대치한다. 전통적으로 말하면 주는 면은 기적과 일치하고, 받아들이는 면은 계시의 신비에 있어서 황홀과 일치한다. 틸리히는 또한 기적의 의미와 황홀의 의미를 다음과 같이 설명한다. 기적은 존재의 신비가 그 자체를 계시하는 데 있어서 '표적 – 사건'(sign – event)과 일치한다.

신약성서에서 '표적'은 기적들의 종교적 의미를 위하여 사용되었다. 틸리히는 '표적', 그 자체는 계시적 경험의 '주는 면'을 충분히 표현하는 데 적절하지 않다고 주장한다. 그래서 그는 '사건'이라는 말을 덧붙인다.

존재의 신비가 그 자체를 드러내는 표적 – 사건은 실재의 이성적 구조를 파괴하지 않는다. 도리어 그것은 그 구조 속에 나타난다. 틸리히는 기적의 과정을 우리 자신과 관련시켜 다음과 같이 말한다.

> 순수한 기적은 첫째 놀랍고, 비범하며, 떨리는 것이나 실재의 이성적 구조와 대치되지 않는 사건이다. 둘째, 그것은 존재의 신비를 가리키고 그 신비와 우리와의 관계를 단호한 방법으로 표현하는 사건이다. 셋째, 그것은 황홀의 경험 속에 표적 – 사건으로 받아들여지는 사건이다.[64]

---

62) 위의 책, p. 109.
63) 위의 책, p. 111.

이 문맥에서 우리는 기적의 객체적인 면을 보게 되는데, 그것은 주체적인 응답을 야기하는 사건이다. 이 현상은 공관복음서의 예수의 기적에서 명확히 나타난다. 예수님의 기적은 믿음으로 받아들이는 사람들을 위해 행하여졌던 것이다.

틸리히에 있어서 계시의 주체적이고 객관적 요소들의 상관관계는 계시적 경험을 이해하는 데 중심적인 용어인 '황홀'의 응답 안에서 일어난다. 황홀은 문자 그대로 "우리 자신 밖에 선다."[65]는 말, 즉 "마음이 일상적인 상태를 초월한다는 뜻으로 비범한 마음의 상태"를 의미한다.[66] 황홀 상태에 있는 마음은 주체-객체의 이성적 구조를 거부하지 않는다. 그것은 주체-객체 이성적 구조를 넘어선다. 여기서 '넘어선다'는 것은 이성 자체를 부정하기보다는 오히려 이성의 유한한 구조를 초월하여 존재의 근거를 인식하게 되는 것을 의미한다.

틸리히는 '황홀경의 이성'만이 기적을 통해 나타난 순수한 계시를 주체적으로 수용할 수 있다고 생각한다. 이런 관점에서 황홀경의 이성은 실재와 의미의 새로운 차원을 열기 때문에 그것은 인간 안에 있는 본질적 이성과 실재 자체의 본질적 본성 사이의 일치를 강화할 수 있다고 틸리히는 설명한다. 이 과정은 주체-객체적 이성의 구조나 혹은 기술적 이성만으로는 가능하지 않다.

틸리히에 의하면 황홀경은 열광주의와는 다르다. 그는 열광주의와 황홀을 구분한다. 황홀은 모든 신비의 순수한 현현이 주체적인 경험과 또한 객체적 사건을 통해 일어난다. 그러나 열광주의는 어떤 주어진 경험에 심리적인 참여로 말미암아 일어나는 주체적인 경험만을 의미한다. 우리에게 궁극적으로 관심되는 것에 관한 실천적 혹은 이론적 해석은 이와 같은 주체적 경험으로부터 나올 수 없다. 지나친 흥분은 완전히 심리적인 면을 의미하는 마음의 상태이다. 황홀은 심리적인 면을 갖고 있다 하더라도 그것은 심리적인 수준을 넘어선다. 그것은 우리 존재의 신비와 우리들 자신 사이의 관계에 타당한 그 무엇을 제시한다. 황홀은 우리들의 심리적인 상태 전체 속에서 우리에게 무조건적으로 관심하는 바를 나타내는 형태이다. 그것은 우리의 심리적인 상태를 통해 나타난다. 그러나 그것은 우리의 심리적인 상태로부터 유래될 수는 없다."[67]

이 말은 마음의 황홀한 상태를 지칭하는 존재론적 충격이 계시의 황홀한 수용 안에서 유지되고 동시에 극복된다는 것을 시사한다. 이런 의미에서 틸리히는 "황홀은 모든

---

64) 위의 책, p. 117.
65) 영어로 황홀은 ecstasy인데 이는 "standing outside ones self"라는 뜻이다.
66) Paul Tillich, *Systematic Theology*, p. 111.
67) 위의 책, p. 113.

이성의 기능에 있어서 이성이 좇는 심연의 경험과 일반적으로 이성 깊이의 신비와 존재의 깊이에 의해 포착된 근거와의 경험을 연합시킨다."고 생각한다.[68] 계시에 관한 이와 같은 입장에서 우리는 하나님 사랑 안에 머무르면서, 즉 하나님이 인간의 황홀한 감동 안에서 하나님 자신의 사랑을 계시한다고 결론 내릴 수 있다. 이 말은 하나님 사랑을 드러내는 계시의 사건은 인간의 응답과 더불어서 계시적 사건이 된다는 것을 의미한다. 여기서부터 틸리히는 그리스도인의 경험 속에서 하나님 – 인간의 상관관계와 함께 이성과 계시의 상호의존, 그리고 인간 실존의 철학적 질문과 계시 속에 주어진 대답 사이의 상호 의존성을 주장한다.

이와 같이 틸리히가 말하는 마음의 황홀한 상태는 말씀묵상에서 관조적 사랑의 상태를 지칭한다고 말할 수 있다. 틸리히에 있어서 성령의 역사로 우리가 마음의 황홀한 상태에 있을 때 존재론적 충격은 계시의 황홀한 수용 안에서 유지되고, 동시에 극복되며, 하나님의 사랑 안에 머무름으로 말미암아 새로운 존재로 변형되는데, 이로 인해 우리는 하나님 말씀의 통찰과 빛, 그리고 사랑 등을 경험하게 된다. 이러한 경험이 우리로 하여금 하나님의 사랑에 삶을 투자하도록 세상으로 나아가도록 부르심을 받게 하는데, 이것이 바로 관조적 기도의 변형적인 작용을 경험하는 것으로 대비하여 말할 수 있다고 본다.

3. 관조적 업무를 수용

향심기도에서 우리가 우리의 내적, 그리고 외적 삶 속에서 하나님 사랑을 실천할 때 한 단어 '사랑'이라는 말로 응답하게 되면, 우리의 모든 삶의 활동 무대에 하나님의 통찰과 빛, 사랑, 그리고 축복을 요청하게 된다. 이것은 향심기도의 변형적인 작용을 경험하는 것인데, 여기서 우리는 하나님의 축복 속에서 순전한 기쁨의 순간을 발견할 것이다. 또한 우리의 마음이 사랑으로 타오를 준비가 되어 있음을 발견할 것이다. 우리가 그것을 은혜롭게 받아들일 때 이 일은 우리에게 개인적으로 다가올 것이다.

우리 자신의 인격에 관한 일과 인격적 관례를 치료하는 일이 얼마 동안 어떤 것을 요하고 있지 않다고 해도, 우리에게 필요한 관조적 사랑의 일은 고통의 집약적 순간에 있을지 모른다. 틸리히에 있어서 이 고통은 신비의 부정적인 측면의 경험이다. 동시에 우리는 이처럼 하나님 사랑에 머무르면서 무엇이든지 혹은 어디에서든지 사랑의 축복

---

68) 위의 책.

을 받게 될 때, 다른 사람의 고통이 때때로 우리의 마음을 채우고 있음을 발견한다. 그래서 향심기도는 우리 기도의 중보를 수용하는 가장 심오한 방법들 중 하나임에 틀림없다. 다른 사람의 고통이 망각의 구름으로 방출될 준비가 될 때까지 우리는 사랑과 하나님의 축복으로 그것을 둘러싼다. 사실 향심기도와 함께하는 우리의 초기 경험은 개인적 치료를 위한 우리 자신의 필요에 초점을 맞추기를 기대하고 있으나 우리가 우리 자신 안에서 어느 정도 평온함에 도달한 이후에 우리는 다른 사람의 고통을 대신하여 우리의 마음에 관조적 사랑의 일을 주기 위하여 하나님에게 초대를 받을 것이다. 향심기도의 일은 우리의 마음과 정신을 축복과 치료의 장으로 이끄시는 성령의 일이다. 그리고 하나님은 사랑으로 충만한 마음과 화해하는 사랑의 봉사 속으로 우리를 인도하여 중재자로서 우리가 세상의 다른 이들의 고통을 치료하도록 우리의 마음과 정성과 힘을 주는 업무를 수용하게 하신다.

향심기도의 실천은 우리 안에 일어나고 있는 것, 무엇이든지 하나님 사랑 안에 머무는 축복의 개념에 초점을 맞추며 그것 모두를 망각의 구름으로 가게 하는 것으로써 마지막으로 주다는 '가라'는 원리를 제안함으로 관조적 업무를 구체적으로 제시한다. '가라'는 원리는 우리가 하나님을 향한 이런 실천 속에서 우리 자신의 장벽을 굴복시키는 것이다. 자발적으로 모든 사물과 모든 사고의 안팎으로 하나님을 찾는 데 있어서 육체에 난 바울의 가시와 같은 쉽게 사라지지 않는 고통스러운 것이 있다. 우리는 그것들과 함께 영원히 신중한 평온을 만들어 가고 있지만 아직은 충분히 그것들을 치료할 수는 없다. 우리가 수년 또는 수일 또는 수개월 동안 싸워야 할 문제들이 있다. 결국에 그들은 축복을 받아서 우리 마음으로부터 사라질 것이다.

우리는 향심기도를 할 때 이러한 역동성을 발견할 것이다. 이처럼 우리의 마음을 통하여 쉽게 지나쳐 버리고, 사랑스런 축복을 받으면서 망각의 구름으로 방출될 문제들이 있을 것이다. 이때 우리가 진지하게 기도하며 싸워야 할 문제들도 있을 것이다. 하나님 사랑의 축복을 불가능할지도 모르는 것들과 우리는 싸워야 할 것이다. 여기서 우리의 일은 마음과 중심이 하나님 사랑, 혹은 관조적 사랑을 펼치기 위하여, 즉 하나님 사랑을 위하여 우리 자신이 사용되도록 기도로 겸손히 하나님께 자신을 드리는 것이다. 깊은 침묵 속에서 빛의 은혜를 입었는지, 그리고 우리의 기도가 겉으로 보기에 불가능한 상황 속으로 화해의 사랑을 가지고 오는 노력으로 가득 차 있을지는 중요하지 않다. 중요한 것은 계속해서 우리 자신, 중심, 마음, 영혼, 몸을 하나님께 중재자로서 그리고 하나님의 축복의 통로로서 드리는 삶을 사는 것이다. 이런 의미에서 '관조적 업무 수행'의 원리인 '가라'는 말은 예수 그리스도께서 죄를 회개하고, 하나님의 자비와 사랑을 찾는 사람들을 구원하기 위하여 죽으셨기 때문에 우리는 하나님 사랑으로 친구들과 가족, 그리고 우리에게 가장 소중한 자들에게뿐만 아니라 모든 인류에게 가서 이들의 구원을 위하여 중재자로서의 역할을 수행하는 것을 암시한다. 이와 같이 하여 향심기도로 하나님 사랑 안에 머무르는 경험을 한 우리는 예수 그리스도를 통하여 계시된 하나님 사랑에로 죄인을 부르시어 구원하시는 하나님의 일에 참여할 수 있도록 우리를 부르시는 하나님께 강력한 중보기도의 수단을 통하여 섬김의 삶으로 나아가게 되는 것이다.

V. 나가는 말

본 논문에서 살펴본 성경말씀묵상에서 가장 중요한 한 측면은 그리스도인의 삶의 중심이 영원성 안에 유지되도록 하는 기도의 태도라는 데 있다. 기독교 전통의 말씀묵상 기도에서 그리스도인들이 묵상기도생활을 지향하는 것은 하나님의 지속적인 현존 안에 거하는 데 그 목적을 두었다. 순간순간, 날마다, 직장 혹은 가정, 그리고 시장과 그 외 어느 곳에서든지 영원성에 그 중심을 두는 삶, 즉 우리의 삶이 하나님의 현존 안에 거함으로써 그리스도인의 성경말씀묵상의 결실은 세상에서 하나님과의 깊은 관계 속에서 그리스도인으로서 삶을 충분히 살게 하는 것이다. 우리가 순간순간 하나님께서 성령의 역사로 궁극적 실재 안에 머물도록 우리 자신을 부를 때, 우리의 삶은 하나님의 현존으로 채워질 수 있고, 거짓된 자아 및 그 외의 어떤 외부 압력과의 불필요한 갈등 관계를 해결할 수 있게 된다.

그리스도인은 성경말씀 묵상기도를 통하여 직면해 있는 해결할 문제들, 과거와 현재 부상하고 있는 개인적 상처, 기타, 다른 문제에 깊이 참여하는 것을 발견하게 되는데, 이러한 것들로부터 우리의 내적 치유는 영원성에 그 중심을 둠으로 말미암아 하나님의 현존 안에 우리의 삶이 거하게 됨으로써 가능하다. 이러한 치유는 우리가 성령의 역사로 새로워지게 되고, 우리의 우선순위가 회복되어지고, 우리의 몸과 정신이 건강해짐으로 가능하다. 더 나아가 창조주 하나님을 묵상 시, 바다에서, 산에서, 들에서, 식물들과 동물들과의 대화에서 우리의 삶은 다른 피조물들의 삶 가운데 단지 한 형태의 삶에 불과하다는 사실을 깨닫게 됨으로 말미암아 우리의 매우 긴급한 삶의 관심사는 좀 더 넓은 세계와 우주의 정황 속에서 유지되어 가고 있다는 사실을 직면하게 된다. 우리는 우리의 일과 문제들 속에 우리 자신을 가두어 버리는 경향이 있다. 하나님 영의 역사로 우리의 삶이 하나님의 영원성에 초점을 맞추게 될 때야 비로소 이러한 것들이 매우 근시안적인 삶이라는 것을 알게 된다.

우리가 살펴본 모든 형태의 성경말씀 묵상기도들은 우리로 하여금 우리의 생명이 우리 자신의 것이 아니라 개인적이고 사회적 삶을 새롭게 하기 위하여 모든 세대와 모든 순간에 삶을 풍성하게 하고 신선하게 하도록 하는 신성한 근원과 힘이신 하나님과 가까운 관계 아래 삶을 살도록 요청한다. 우리 자신들이 이러한 신성한 존재로 부름을 받을 때, 우리 자신을 창조적인 섬김과 변형에로 인도하시는 성령의 역사에 우리의 마음과 정신과 몸을 새롭게 사용함으로써 하나님께 복종하는 행위가 따르게 되며, 또한 거기에는 내적 치료를 위한 거대한 잠재력이 있다. 우리가 하나님을 찾기 시작했었을 때의 문제는 우리 갈등의 밑바닥에 깔려 있는 문제가 아니라 다른 관점이나 더 깊은 묵상기도로부터 나왔을지도 모르는 새로운 주제가 부상하기 시작하는데, 이때부터 우리는 문제들의 해결책을 발견하기 시작한다. 여기서 말하는 다른 관점이나 더 깊은 묵상기도란 우리가 하나님 사랑 안에 머무르면서 우리가 의식하고 있는 문제들이나 갈등을 포함하여 우리의 모든 것을 있는 그대로 받아들이는 능력을 경험하는 것을 암시한다. 여기서 하나님의 사랑으로 말미암아 삶의 문제들과 갈등들의 해결책이 인식되면서 기도하는 동안뿐 아니라 우리의 일상적인 일에서도 삶의 해결책이 나타날 것이다. 이와 같이 하여 우리는 성경말씀 묵상기도와 행동의 결합을 경험하게 된다. 그러므로 우리의 생활의 모든 영역에서 하나님께 복종하는 삶의 태도가 따라오게 된다. 잠잘 동안이나 깨어 있을 동안, 활동할 동안이나 쉴 동안, 다른 사람들과의 대화나 고독 속에서나, 항상 어디에서나 우리는 하나님의 말씀에 귀 기울이게 되며 그 말씀에 순종하는 삶, 그 자체가 기도가 되는 삶을 살 수 있게 된다.

제3장

말씀으로 기도하기 지침

I. 현대인을 위한 렉시오 디비나[1]의 구조

1. 기도에 임하기

1. 몸과 마음을 가다듬고 하나님의 임재를 기억하며 기도를 준비한다.
2. 말씀과 관련된 조용한 묵상음악을 듣거나 또는 찬송을 부른다.
3. 성경본문과 배경설명을 천천히 읽는다. (매일 아침 말씀묵상을 하는 경우, 그 전날 저녁에 성경본문과 배경설명을 먼저 읽고 다음날 아침의 기도준비 단계에서는 본문만 읽는 방법도 좋을 것이다.)

2. 기도(묵상의 방법)

1) 성령의 임재를 위한 기도
하나님의 임재를 의식하며 성령의 도우심과 인도하심을 간구한다. 여기서는 본문

---

[1] 본 책자에서는 기독교 전통에서 사용해 온 렉시오 디비나(Lectio Divina, 거룩한 독서)를 현대적 감각과 의미에 부응하고자 약간 변형된 형태로 제안했다.

을 어느 정도는 이해하기 때문에 말씀을 통해 주실 은혜를 간단하지만 구체적으로 구한다.

2) 본문말씀 읽기

성경본문의 말씀을 천천히 한 번 읽는다. 읽은 후에 본문에 나타난 기도자의 상황과 내면을 헤아려 본다. 1분 정도의 침묵 후에 다시 한번 말씀을 천천히 읽는다.

위의 기도를 위한 준비의 세 번째에서 지성을 주로 사용하여 상황이나 내면을 접근하였다면 여기서는 마음으로 다가간다.

3) 말씀묵상

다시 한번 본문을 천천히 읽은 후에 묵상한다. 묵상은 두 단계로 나누어 실시한다. 처음 단계에서는 본문의 핵심적인 내용을 가슴으로 깨달아 알고자 하는 묵상이다. 즉, 본문의 저자는 어떤 상황에서, 무슨 내용을, 어떻게 간구하고 있는가? 본문의 저자가 경험했던 하나님은 어떤 하나님이신가? 그에게 어떤 은혜가 주어졌는가?

둘째 단계에서는 이제 본문을 통하여 나에게 주시는 말씀을 알아듣고 그 말씀에 기도로 응답하고자 하는 것이다. 예를 들어 다음과 같은 질문을 할 수 있다. 묵상한 말씀 중에 가장 마음에 깊이 와 닿는 내용은 무엇인가? 왜 그 말씀이 지금 이 자리에서 나에게 부딪혀 오는가? 성경저자가 경험했던 상황과 나의 상황은 어떤 관계가 있고 나는 그것을 어떻게 경험했는가? 하나님은 그러한 나를 어떻게 바라보고 계시는가? 구체적으로 맛보고 살펴본다.

4) 담화 / 응답하는 기도

지금까지 묵상한 내용에서 느낀 점, 깨달은 내용, 의문 나는 점 등을 사용하여 주님과 대화한다. 각자 깨달은 말씀이나 마음에 부딪혀 오는 은혜에 따라 단순하게 응답하는 기도를 충분히 드린다. 충분하게 하나님과 대화한 후에 하나님의 선하심과 인자하심을 맛보며 임재 안에 얼마 동안 머무른다.

얼마 동안 하나님의 임재 안에 머무른 후에 기도 안내문에 나와 있는 기도 또는 주님의 기도로 마무리한다.

3. 반추 및 성찰(Review of Prayer)

기도 시간에 일어나고 경험했던 내용을 되돌아보는 것을 반추라고 한다(15분 정도

소요). 그 목적과 방법은 다음과 같다.

1) 반추 및 성찰의 목적

기도 시간에 경험했던 내적 움직임(interior movements)을 돌아봄으로써 기도자는 기도 안에서 하나님이 어떻게 임재, 인도하셨는지 보다 명확히 깨닫게 된다. 이때 내적 움직임을 관찰한다는 것은 우리 내면의 기쁨, 감사, 슬픔, 두려움, 평화, 분노 등의 느낌을 살피는 것을 말한다. 이러한 느낌은 크게 영적 위안(consolation)이나 영적 고독(desolation)으로 분류되는데, 이는 하나님의 뜻을 식별하는 중요한 토대가 된다. 그러므로 반추는 기도에서 경험한 하나님을 더욱 명확화하고 하나님의 뜻을 식별하는 기초 자료가 된다. 영성지도자에게 영성지도(spiritual direction)를 받을 때에 반추 내용은 영성지도자와의 나눔(sharing)을 위한 좋은 자료가 된다.

2) 반추 및 성찰의 방법

첫째, 기도했던 자리에서 떠나 글쓰기에 좋은 장소로 이동한다. (같은 장소라면 기도했던 방석 또는 기도의자에서 책상으로 자리를 옮긴다.) 장소와 자세를 바꾸는 것은 기도 체험에 대해서 더욱 민감해질 수 있도록 도와준다.

둘째, 너무 길고 장황하게 적지 말고 기도 시간의 경험 중 특히 잘 기억나는 것(영적 위안이니 고독을 중심으로)을 적는다. 노트 윗부분에 날짜, 성경본문을 적는다.

셋째, 다음의 질문을 기억하면서 적어 나가면 도움이 된다.

1) 전반적인 기도의 분위기는 어떠했는가? 주로 내 안에서 흐르고 있었던 감정이나 느낌은 어떤 것이었는가?
2) 하나님에 대해서 어떻게 느껴졌는가? 예를 들면 가깝게 느껴졌는가 또는 멀리 계셨는가? 사랑으로 다가오셨는가 아니면 조용히 침묵하셨는가? 온화하셨는가 아니면 거칠고 엄위하셨는가?
3) 특별히 떠오르는 기억이 있는가?
4) 만약 성경내용과 장면에 따라 기도한 경우(복음관상기도의 경우)
   - 성경본문의 장면 속으로 들어가는 상상을 하였는가?
   - 그렇다면 어떤 것을 보고, 듣고, 맡고, 만졌는가?
   - 기도하는 동안에 주로 어떤 느낌, 기억, 사람, 욕구들이 떠올랐는가?
   - 당신은 기도하면서 성경의 내용 중에서 어떤 사람이 되었는가?(참여자였는가? 구경꾼이었는가?)

- 위의 체험들에 대해서 하나님(예수님)과 대화했었는가? 또는 하고 싶은가?
5) 기도 중에 마음을 불편하게 하는 어떤 저항감이 일어났는가?
6) 기도 속으로 다시 되돌아가고 싶은 부분이 있는가?

반추 내용을 적을 때, 위의 질문들에 대해 각각 답을 하는 식으로 적는 것이 아니라 단지 위의 내용을 염두에 두고 이야기하듯이 적어 나가면 좋다. 이는 교훈이나 적용을 적는 것이 아니며, 단지 기도 안에서 일어났던 것을 재발견하여 그대로 적는 것이다.

4. 삶으로 나아가기

1) 성경본문 가운데 마음에 와 닿는 한 구절의 말씀을 선택하여 쪽지에 기록한다. (메모지에 적어 일상에서 편하게 자주 접하는 장소에 부착하며 되새긴다).
2) 이 말씀을 수시로 읊조리고 암송하면서 내면화시키고, 이 말씀으로 하루 종일 기도하며 생활한다.

Ⅱ. 침묵기도의 다양한 형태

1. 묵상기도

묵상기도(Meditation)는 성경말씀을 통해 하나님과 친밀해지는 기도형태로써 특히 시편이나 복음서, 서신서 등의 말씀을 활용해 기도하면 유익하다.

● 기도 방법
1) 본문말씀을 천천히 소리를 내어서 또는 속삭이듯 읽는다. 읽음과 동시에 '듣는' 과정임에 유의하자. 마치 연애편지를 읽듯이 온 마음을 다해 읽는다. 말씀에 충분히 익숙해질 때까지 반복하여 읽는다.
2) '지금 이곳'(here and now)에서 특별히 나에게 부딪혀 오는 단어나 구절에 멈추어 의식한다. 그 말씀에 흠뻑 젖어들어 본다. 이때 섣불리 의미나 교훈, 적용, 결론 등을 구하지 않는다.
3) 그 말씀을 반복하여 되씹고 음미하면서 그 느낌을 맛본다.

4) 기도를 마치기 전, 기도에서 느낀 점이나 깨달은 바를 마치 어린아이가 부모의 품에서 이야기하듯 하나님이나 예수님과 함께 간단히 대화한다.

2. 복음관상기도

복음관상기도(Gospel Contemplation)는 복음서의 이야기(Gospel Story)로 기도할 때 좋은 기도방법이다. 이 기도는 기도자의 상상력을 활용하여 기도자 자신이 한 사람의 참여자로서 예수님에 대한 복음서의 이야기 속으로 들어가게 된다. 이때 복음서 이야기의 구체적인 내용에 따라 기도자의 자신의 모든 감각작용과 더불어 상상력을 활용한다.

● 기도 방법
1) 복음서의 성경구절을 하나 선택한다.
2) 하나님의 임재 가운데 편안한 자세로 자리를 잡고 이 시간 하나님께 받고 싶은 은총을 기도로 올려 드린다.
3) 복음서의 사건에 흠뻑 젖을 때까지 성경본문을 천천히 여러 번 읽는다. 매번 읽을 때마다 1분 정도의 간격을 갖는다. 읽는 동안 자신의 상상 속에서 복음서의 사건을 어떻게 구성할 것인지 염두에 둔다. 이렇게 하여 복음서의 사건이 기도자의 상상 속에 자연스럽게 떠올라 생동하도록 한다.
4) 이제 성경을 치우고 사건의 장면이 복음서의 이야기에 따라서 펼쳐지도록 한다. 이때 기도자는 그 사건 속에 참여하고 이야기의 진행에 따라간다.
5) 기도자는 현재 진행되는 사건 속에 참여하여 무슨 일이, 누구에게, 어떻게 일어나고 있는지 살펴본다. 그 장면 속에 참여하여 오가는 대화를 들어 보고, 오감으로 느껴 본다. 또 성령의 이끄심에 따라 자율적으로 그 장면 속에서의 자신의 역할에 충실해야 한다.
6) 그 사건의 사람들과 그들의 행동, 그리고 오가는 대화 등 복음서 이야기 자체가 기도자 자신을 이끌도록 허용한다. 이때 기도자는 기도자로서의 자신을 망각한 채 완전히 이야기 속의 한 참여자로 변화된다. 기도자의 전 존재는 이 경험을 통해 감화, 영향을 받는다.
7) 담화 : 복음서 사건의 장면에 대한 관상이 끝났으면 예수님과 함께 마치 친구와 같은 친밀함으로 관상 안에서 일어났던 일과 느낌 또는 질문항목에 대해 허심탄

회하게 대화한다.
8) 반추 : 복음관상 후 반추하는 데 도움이 되는 질문들은 다음과 같다.
- 어떤 본문을 선택했는가?
- 사건 속에서 나는 누구였는가?
- 나는 그 사건의 다른 등장인물들을 어떻게 대했는가?
- 예수님은 어떠했고, 나는 그분을 어떻게 대했는가?
- 전반적으로 나는 그 사건 속에서 무엇을 어떻게 느꼈고, 또 체험했는가?

3. 묵상적 독서

묵상적 독서(Meditative Reading)는 기도하는 것이 어렵고 힘들 때, 즉 영적으로 메말라 있을 때 활용하기에 좋다. 매일 규칙적으로 시간을 정해 성경을 읽으면서 하는 기도 방법이다.

이 기도는 성경이나 영적인 글을 천천히 읽으면서 반추해 가는 방식이다.

● 기도 방법[2]
1) 성령 하나님의 임재를 청하고 마음을 충분히 가라앉힌다.
2) 천천히 본문을 읽어 나간다.
3) 마음에 다가오는 단어나 구절이 나타나면 그것이 자신의 내면에 충만하도록 잠시 멈춘다.
4) 깊이 감동되는 순간이 오면, 그 내용이 내 존재의 깊은 곳에 채워지도록 그곳에 머문다.
5) 받은 말씀을 맛보고 음미한다.
6) 자신의 느낌과 마음을 진솔하고 꾸밈없이 올려 드리고 주님과 대화한다.
7) 기도한 내용(말씀구절과 깨달은 내용)을 노트에 기록한다.

---

[2] 이 기도법은 필자가 Jacqueline Syrup Bergan and S Marie Schwan의 Take and Receive series의 *Surrender : A Guide for Prayer*(Winona, Minnesota : St. Mary's Press Christian Brothers Publications, 1986)에서 참조하였다.

Ⅲ. 그 외의 기독교 영성훈련 방법

1. 센터링 기도

센터링 기도(Centering Prayer)는 우리의 생각과 상상, 그리고 우리의 이성을 초월하여 우리의 영혼 중심에 계신 하나님의 임재를 경험하며, 그분과 함께 쉬는 아주 단순한 기도이다. 기도에 들어가기 전 신앙에 관련한 성어를 하나 선택하여(예를 들면 주님, 예수님, 하나님, 임재, 평화 등), 무념무상으로 하나님과 함께하는 동안 잡념이 떠오르면 선택한 성어를 떠올리면서 그 떠오른 생각을 그냥 흘려보내고 다시 무념무상의 상태로 되돌아온다. 구체적인 기도의 방법은 다음과 같다.

● 기도 방법
1) 20~30분 정도 움직이지 않고 조용히 침묵기도를 할 수 있는 장소를 선택한다.
2) 편안한 자세로 앉아 성령 하나님의 임재를 청하고 지금 내 안에 계신 성령 하나님을 의식한다.
3) 은총기도 : "이 시간 예수 그리스도의 영 안에서 주님과 하나 될 수 있도록 은혜를 주십시오."라고 간절한 마음으로 기도한다.
4) 주님의 임재 안으로 들어가기 : 내 영혼의 깊은 심연에 계신 하나님의 영을 지향하면서 마음을 집중하여 자신의 내면으로 들어간다.
5) 침묵 가운데 하나님의 현존을 의식하면서 그분의 평화와 사랑을 내면 깊숙이 받아들이고 맛본다. 잡념이 떠오르면 위에서 정한 성어를 떠올리며 그냥 흘려보낸다.
6) 마침기도 : 30분 정도의 시간이 지나면, 주님께 감사드리면서 "오늘 하루, 나의 마음과 생각, 나의 입과 눈과 귀가 주님의 것이 되길 원합니다. 나 홀로 있을 때, 사람들을 만날 때, 또 어떤 일을 할 때 늘 주님과 내 자신의 마음을 민감히 바라보고 늘 주님의 현존에 응답하는 하루의 삶이 되도록 복 주십시오."라고 마침기도를 하고 주님의 기도로 마친다.
7) 기도 후 : 잠시(2-3분간) 눈을 감은 채 침묵 속에 머문 다음 눈을 뜬다.

2. 의식성찰

의식성찰(Consciousness Examen)은 일상의 삶 속에서 하나님이 나를 어떻게 인도하셨으며, 나는 어떻게 그분의 이끄심에 응답했는지를 예수 그리스도의 영 안에서 살펴보는 기도이다. 위에서 설명한 향심기도의 경우 무념무상의 방법으로 하나님께 기도하는 방법이었지만, 의식성찰의 경우는 마치 영화를 보듯이 예수님과 함께 일상의 삶을 돌아보면서 기도하는 방법이다. 이 기도는 하루에 한 차례(저녁 취침 전)씩 또는 두 차례(점심시간 전후 또는 저녁 취침 전)씩 행한다. 그 진행방법과 절차는 다음과 같다.

● 기도 방법[3)]

1) 주님의 임재에 감사하기 : 침묵 속에서 주님의 임재 가운데 그분이 주시는 평화를 맛본다. 충분한 시간이 지난 뒤 내면 깊은 곳으로부터의 감사가 올라올 때까지 기다린다.

2) 주님의 지혜와 은총 구하기 : 감사의 마음이 올라오면, 성령 하나님께 당신의 따뜻한 눈길로 하루를 돌아볼 수 있게 해 주시라는 기도를 드린다. 즉, 주님이 나를 어떻게 이끄셨는지, 나는 그 이끄심에 어떻게 응답했는지에 대해 보다 민감한 의식으로 볼 수 있도록 은총을 구한다. (이는 도덕이나 윤리적 관점으로 반성하는 양심성찰이 아니라 그저 있는 그대로를 예수님의 눈으로 살펴보는 시간임을 유의한다.)

3) 살펴보기 : 오전, 오후 동안 또는 하루의 삶을 시간과 장소를 따라서 돌아본다. 돌아보면서 특별한 사건이나 생각이 떠오르면, 그때 마음 바닥의 느낌과 그 흐름이 어떠했는지 살펴본다. 그때 성령의 이끄심은 어떠했고 이에 대해 나는 어떻게 반응했는가(순응했는가, 저항했는가, 화가 났는가, 수치심을 느꼈는가, 포기했는가, 초연했는가 등), 또 마찬가지로 악한 세력의 유혹에는 내가 어떻게 반응했는가에 대해 살펴본다.

4) 주님과 나누기 : 그 사건 사건에 대한 가슴 깊은 곳으로부터의 느낌과 생각을 지금 내면에서 올라오는 그대로 예수님께 말한다. 마음에 특별히 남아 있는 것이 있을 때에는 그것을 어떻게 해야 할 것인지에 대해 예수님께 여쭈어 본다.

5) 이 기도 전체 안에서 느끼거나 깨달은 바에 대해 말씀드리고 감사드린다.

6) 주님의 기도로 마친다.

---

3) 여기에 소개한 의식성찰의 방법은 필자가 김영택 S. J.로부터 전수 받은 것인데, 필자가 현재까지 접한 의식성찰 방법 중 가장 로욜라 이냐시오의 의식성찰에 대한 본래 취지에 현대적으로 잘 적용했다고 평가하여 요약 소개한다.

제2부

시편 2 말씀으로 기도하기의 실제

시편 2 편

묶인 매듭이 풀리려면

기도에 임하기

1. 몸과 마음을 가다듬고 하나님의 임재를 느낀다.
2. 찬송을 부른다(새 516장).

시편 2 : 1~12

1절 어찌하여 이방 나라들이 분노하며 민족들이 헛된 일을 꾸미는가
2절 세상의 군왕들이 나서며 관원들이 서로 꾀하여 여호와와 그의 기름 부음 받은 자를 대적하며
3절 우리가 그들의 맨 것을 끊고 그의 결박을 벗어 버리자 하는도다
4절 하늘에 계신 이가 웃으심이여 주께서 그들을 비웃으시리로다
5절 그때에 분을 발하며 진노하사 그들을 놀라게 하여 이르시기를
6절 내가 나의 왕을 내 거룩한 산 시온에 세웠다 하시리로다
7절 내가 여호와의 명령을 전하노라 여호와께서 내게 이르시되 너는 내 아들이라 오늘 내가 너를 낳았도다
8절 내게 구하라 내가 이방 나라를 네 유업으로 주리니 네 소유가 땅 끝까지 이르리로다
9절 네가 철장으로 그들을 깨뜨림이여 질그릇같이 부수리라 하시도다
10절 그런즉 군왕들아 너희는 지혜를 얻으며 세상의 재판관들아 너희는 교훈을 받을지어다
11절 여호와를 경외함으로 섬기고 떨며 즐거워할지어다
12절 그의 아들에게 입맞추라 그렇지 아니하면 진노하심으로 너희가 길에서 망하리니 그의 진노가 급하심이라 여호와께 피하는 모든 사람은 다 복이 있도다

본문배경

시편 2편은 장르로 볼 때 왕의 노래에 속한다. 하지만 왕이 메시야인가 세상 왕인가에 따라 시의 이해는 달라진다. 세상 왕의 노래라면 이 시는 왕의 등극노래일 가능성이 높다. 고대근동에서 왕이 사망하면 (특히 제국을 다스리던 왕이 죽을 경우) 그를 대신하여 아들이 즉시 통치권을 이어받는다. 그러나 왕의 대관식이 진행될 때에 그동안 조공을 바치며 억눌리며 살아왔던 작은 나라의 왕들에게는 멍에에서 벗어날 기회라고 생각하며 세를 결집해 새로 등극한 왕에게 반란을 일으킬 시도를 한다. 예를 들어, 앗수르 제국의 왕 티글랏 블레셋 3세의 죽음은 속국들이었던 아람, 이스라엘, 두로, 블레셋의 동요를 불러일으킨다(사 14 : 28 - 32).

하지만 시편 2편이 메시야 노래라면 이 시는 다윗 왕조가 바벨론에 의해 멸망한 후에 다윗 왕조를 다시 회복시키기 위해 미래에 올 메시야를 왕으로 대망하는 메시야 찬가이다.

사용용도에 따라 본 시편은 궁정에 거하는 시인이 통치자인 왕을 높이며, 그를 송축하기 위해 지은 찬송시이거나 왕을 신의 아들로 이해하는 입양 예식가일 수도 있다. 하지만 시편 2편을 있는 모습 그대로 읽어 보면 세상의 통치자를 찬양하는 시는 아니다. 왜냐하면 4절에서 하늘에 좌정하고 계시는 분을 강조하고 있기 때문이다.

본 시편을 입양예식가로 보는 견해도 기각된다. 그 이유는 거룩한 산 시온에 세움을 받은 왕 중에서 주변 열왕들에게 조공을 받은 왕은 솔로몬 왕인데, 그 당시 정치적 상황은 본문의 내용처럼 주변의 나라들과 민족들이 솔로몬 왕을 폐위시키기 위해 노력한 역사적 정황들이 없기 때문이다(오히려 성경의 증언에 따르면 하나님이 솔로몬의 죄악을 벌하시기 위하여 솔로몬의 대적을 일으키셨다, 왕상 11 : 14, 23). 따라서 본 시는 이미 무너져 버린 다윗 왕조를 다시 회복시키기 위해 세우심을 받으신 왕이신 예수 그리스도를 예견하며 찬미하는 메시야 시편이다.

기 도

성령의 임재를 위한 기도

이 시편의 말씀을 통해서 하나님이 원하시는 진정한 왕(지도자)이 어떤 자인지를 알게 해 달라는 은총을 구한다.

"우리의 참왕이 누구시오며, 하나님이 통치를 누리시는 진정한 왕이 누구이신지 어리석은 저희로 알게 하여 주소서! 그분을 따라 참안식과 평안을 얻는 은총을 얻게 하소서."

본문말씀 읽기와 묵상하기

1. 본문을 천천히 한 번 읽는데, 읽는 동안에 마음에 부딪히는 말씀을 감지하고 들려오는 말씀에 귀를 기울인다.

   예를 들면 "군왕들아 너희는 지혜를 얻으며 세상의 재판관들아 너희는 교훈을 받을지어다 여호와를 경외함으로 섬기고 떨며 즐거워할지어다"(10-11절).

2. 또다시 본문을 읽으면서 나에게 부딪혀 온 말씀이 오늘 나에게 어떤 말씀으로 전해지는지 귀를 기울인다. 그리고 그 말씀이 오늘 나의 삶에 무엇을 말씀하고 있는지 숙고해 본다.

   예를 들면 시온에서 하나님으로 기름 부음을 받은 자는 토라를 가진 자이다. 왕(지도자)은 평생에 성경을 자기 옆에 두고 읽게 되어 있다. 그는 토라를 묵상함으로 지혜를 얻고 교훈을 받아 하나님 경외하기를 배우며, 이 율법의 모든 말과 이 규례를 지켜 행할 것이다. 그리하면 그의 마음이 교만하지 아니하고 하나님의 명령에서 떠나 좌로나 우로나 치우치지 아니하고 그와 그의 자손이 왕위에 있는 날이 장구하게 될 것이다(신 17 : 18-20). 이 말씀에 비추어 나의 삶의 지혜는 어디서 오며, 오늘날 우리의 지도자들의 통치의 지혜는 어디서 오는지를 헤아려 볼 수 있다.

3. 위의 말씀에 반응하는 기도를 드린다.

   "하나님! 하나님의 말씀을 내 옆에 두고 항상 그 말씀을 공부하고 읽고 묵상하여 하나님의 지혜를 얻게 하옵소서! 그 말씀이 온전히 내 안에 육화되어 하나님의 지혜와 교훈으로 하나님을 섬기게 하옵소서!"

임재 안에 머물기

이미 들려주신 주님의 말씀에 깊이 동의하면서 이성과 감성의 활동을 멈추고, 주님이 내려 주시는 고요함과 평화 가운데에서 주님과 하나 되는 경험을 해 본다.

반추 및 성찰

가능하면 기도했던 장소에서 자리를 옮긴다. 그리고 기도 시간에 경험한 내용을 돌아보면서 노트에 간단히 적는다. 이때 기도 안에서 하나님과 내 자신에 대한 전체적인 느낌을 적고, 또 영적으로 위로를 받았던 경험과 영적으로 메말랐던 경험을 적는다.

삶으로 나아가기

마음에 와 닿는 한 구절의 말씀을 선택하여 쪽지에 기록하고, 이 말씀을 수시로 꺼내어 읊조리면서 일상 안에서 기도하며 생활한다.
예를 들면 "(군왕들아) 너희는 지혜를 얻으며 (세상의 재판관들아) 너희는 교훈을 받을지어다"(10절).

본문 주요내용

우리가 본 시편을 통해 배울 수 있는 교훈은 무엇일까? 그것은 인생이 직면한 여러 가지 문제를 벗어나기 위해서는 창조주 하나님께 돌아가는 길밖에 없음을 분명히 밝히고 있다. 선택은 우리의 몫이다. 하나님을 부인하고, 교만하고, 자고한 사람들과 머리를 맞대고 모든 수단과 방법을 동원하여 해법을 찾아 발버둥을 칠 것인가 아니면 하나님이 직접 세우신 메시야 예수를 바라보고 그 앞에 엎드리겠는가?

3절 상반절에서 사용되는 히브리어 '모쓰롯테이모'의 의미는 '끈으로 묶다', '감옥에 가두다'라는 뜻이며, 3절 하반절에서 "결박"으로 번역된 히브리어 '아봇테이모'는 '꽈서 만든 줄'을 의미한다.

"땅이 있을 동안에는 심음과 거둠과 추위와 더위와 여름과 겨울과 낮과 밤이 쉬지 아니하리라"(창 8:22). 불순종으로 인하여 에덴동산을 상실한 아담은 땅의 수고에 묶이게 되었고 추위와 더위에 매이는 존재가 되었다. "생육하고 번성하여 땅에 충만"하여야 할 인간이(창 1:28) 세상 죄에 묶여 허우적거리는 "하나님의 근심덩어리"로 전락한 것이다(창 6 : 6).

본문에서 시인은 위기 탈출 해법을 제시한다. 그것은 하나님이 세우신 법인 왕이신 예수님을 바라보는 것이다.

지구촌이 현재 경제 몸살을 앓고 허우적거리고 있다. 어떻게 회복될 수 있을까? 그것은 땅의 지혜를 포기하고 하늘의 지혜를 구하면서(10절) 창조주가 세우신 영원한 법, 예수 그리스도를 받아들이는 것뿐이다(11절).

예수님은 하나님의 아들로서 세상 권세를 가지신 분이다. 에덴을 떠나는 아담과 하와에게 하나님께서 친히 입혀 주신 가죽 옷은 본문에서 하나님이 친히 세우신 법, 즉 예수 그리스도이신 것이다. 오직 예수만이 결박을 푸는 해법이다. 마틴 루터 킹이 외쳤던 것처럼 "나 자유 얻었네."의 선언은 영원한 생명이요 진리이신 예수 그리스도 안에서만 가능하다. 할렐루야(요 8 : 32).

시편 2편

시편 9 편

어려울수록 노래하라

기도에 임하기

1. 몸과 마음을 가다듬고 하나님의 임재를 느낀다.
2. 찬송을 부른다(새 395장).

시편 9 : 1~20

1절 내가 전심으로 여호와께 감사하오며 주의 모든 기이한 일들을 전하리이다
2절 내가 주를 기뻐하고 즐거워하며 지존하신 주의 이름을 찬송하리니
3절 내 원수들이 물러갈 때에 주 앞에서 넘어져 망함이니이다
4절 주께서 나의 의와 송사를 변호하셨으며 보좌에 앉으사 의롭게 심판하셨나이다
5절 이방 나라들을 책망하시고 악인을 멸하시며 그들의 이름을 영원히 지우셨나이다
6절 원수가 끊어져 영원히 멸망하였사오니 주께서 무너뜨린 성읍들을 기억할 수 없나이다
7절 여호와께서 영원히 앉으심이여 심판을 위하여 보좌를 준비하셨도다
8절 공의로 세계를 심판하심이여 정직으로 만민에게 판결을 내리시리로다
9절 여호와는 압제를 당하는 자의 요새이시요 환난 때의 요새이시로다
10절 여호와여 주의 이름을 아는 자는 주를 의지하오리니 이는 주를 찾는 자들을 버리지 아니하심이니이다
11절 너희는 시온에 계신 여호와를 찬송하며 그의 행사를 백성 중에 선포할지어다
12절 피 흘림을 심문하시는 이가 그들을 기억하심이여 가난한 자의 부르짖음을 잊지 아니하시도다
13절 여호와여 내게 은혜를 베푸소서 나를 사망의 문에서 일으키시는 주여 나를 미워하는 자에게서 받는 나의 고통을 보소서

14절 그리하시면 내가 주의 찬송을 다 전할 것이요 딸 시온의 문에서 주의 구원을 기뻐하리이다
15절 이방 나라들은 자기가 판 웅덩이에 빠짐이여 자기가 숨긴 그물에 자기 발이 걸렸도다
16절 여호와께서 자기를 알게 하사 심판을 행하셨음이여 악인은 자기가 손으로 행한 일에 스스로 얽혔도다 (힉가욘, 셀라)
17절 악인들이 스올로 돌아감이여 하나님을 잊어버린 모든 이방 나라들이 그리하리로다
18절 궁핍한 자가 항상 잊어버림을 당하지 아니함이여 가난한 자들이 영원히 실망하지 아니하리로다
19절 여호와여 일어나사 인생으로 승리를 얻지 못하게 하시며 이방 나라들이 주 앞에서 심판을 받게 하소서
20절 여호와여 그들을 두렵게 하시며 이방 나라들이 자기는 인생일 뿐인 줄 알게 하소서 (셀라)

본문배경

히브리어 성경 맛소라 본문은 시편 9편과 10편을 두 개의 시편으로 보지만, 헬라어 70인 성경은 두 시편을 하나의 시편으로 이해한다. 시편 안에 같은 주제가 서로 이어져 비록 두 개의 시편으로 나뉘어져 있지만 하나의 시편으로 이해되는 것은 본 시편 외에도 42편과 43편이 있다. 반면 두 개의 시가 한 편의 시 속에 담겨 있는 경우도 있다. 예를 들어 19, 24, 77편이다.

시편 10편은 제목이 없지만 9편의 제목은 "다윗의 노래, 알뭇 라벤에 맞추어 지휘자의 지휘에 따라 부르는 노래"라고 되어 있다. 히브리어 알뭇 라벤의 의미는 무엇일까? 우선 '알뭇'의 단어를 분리시키면 '죽음에 관하여'란 뜻이 되고, '라벤'은 아들이란 뜻이다. 즉, 아들이 죽었을 때 부르는 시편이 9편일 가능성이 있다. 아들이 죽었는데 노래할 수 있을까? 도대체 어떤 상황에서 아들이 죽었는가? 다윗의 노래라면 밧세바와의 불륜의 관계에서 낳은 첫 아들이 죽었을 때(삼하 12 : 13 - 19), 아니면 다윗의 아들 압살롬이 암논을 죽였을 때(압살롬의 누이동생 다말을 배다른 형 암논이 강간하자 압살롬이 암논을 살해한다, 삼하 13 : 23 - 33), 혹은 아버지 다윗을 반역하여 왕이 된 후 얼마 못 가 요압 장군에게 죽임을 당한 아들 압살롬이 죽었을 때 다윗은 아들을 애도한다(삼하 19 : 1).

시편 9편이 노랫말로 만들어진 또다른 연유는 다윗과 관련된 일뿐 아니라 이스라엘 역사와 관련되었을 경우도 있기에 이 시의 시대적 정황을 본문에서 찾아볼 수 있다.

첫째, 시인이 처한 상황은 적의 봉쇄가 시작된 상황이다.

둘째, 봉쇄로 인해 시인이 비참한 자리에 빠진 상황이다.

셋째, 적의 침공은 성내의 기근과 혼란을 가져왔고, 이로 인해 아들이 굶어 죽었을 때이다.

시편 9편은 개인상황을 아뢰는 기도이거나 회중을 대표해서 부르는 기도일 가능성이 있다. 어떤 경우든지 시인은 최악의 상황에서 전능하신 하나님의 도우심을 기대하며 주님을 전심을 다하여 찬송하고 있다.

기도

성령의 임재를 위한 기도

성령의 빛으로 본문말씀과 나의 삶을 조명해 주심으로 하나님이 내게 베푸신 은혜를 깨달아 알고 전심으로 하나님께 감사와 간구의 기도를 드릴 수 있도록 은총을 구한다. "여호와여 주의 이름을 아는 자는 주를 의지하오리니, 주를 찾는 자를 버리지 않으시는 자비의 하나님을 알고 시온으로 나아온 우리에게 은총을 베푸소서."

본문말씀 읽기와 묵상하기

1. 본문을 천천히 한 번 읽는데, 읽는 동안에 마음에 부딪히는 말씀을 감지하고 들려오는 말씀에 귀를 기울인다.
   예를 들면 "내가 전심으로 여호와께 감사하오며 주의 모든 기이한 일들을 전하리이다"(1절).
2. 또다시 본문을 읽으면서 나에게 부딪혀 온 말씀이 오늘 나에게 어떤 말씀으로 전해지는지 귀를 기울인다. 그리고 그 말씀이 오늘 나의 삶에서 무엇으로 말씀하고 있는지를 숙고해 본다.
   예를 들면 하나님께서 시편 기자에게 행하시듯 나의 삶 속에서 구체적으로 행하신 일들이 무엇인가를 묵상한다. 이러한 묵상을 통해 내가 하나님께 드릴 감사가 무엇인가를 헤아려 본다. 또는 20절 말씀을 중심으로 "이방 나라들이 자기는 인생일 뿐인 줄 알게 하소서"가 주는 의미를 헤아려 볼 수 있다.
   여기서 인생이란 인간의 나약하고 연약한 본성을 뜻한다. 우리 인간은 영원한 존재가 아니라 유한하고 한계적이며 우연적인 존재이다. 그럼에도 불구하고 우리 인간은 어리석을 뿐만 아니라 교만하여 자기 자신의 참된 정체성을 깨닫지도 못한다. 오직 하나님의 은총으로만 인간은 자신이 진정으로 나약하고 무력한 존재임을 진실로 깨닫게 된다. 이 말씀은 우리로 하여금 겸손한 기도를 통해서 자신의 참된 정체성을 깨닫게 하고, 하나님 앞에서 진실되게 살아갈 수 있도록 우리를 안내할 수 있음을 알려 준다.

3. 위의 말씀에 반응하는 기도를 드린다.

"하나님! 나의 기도를 응답해 주시고, 나를 나의 모든 환난과 어려움에서 구원하여 주시니 감사드립니다. 내가 하나님과 하나님께서 내게 행해 주신 모든 일을 기억하여 전심으로 감사드립니다. 내가 주의 은혜를 체험했사오니 주의 기이한 일들을 전하고, 내가 주를 기뻐하고 즐거워하며 지존하신 주의 이름을 찬송하겠습니다.

하나님! 오늘날의 저 됨은 오로지 주님의 은총입니다. 하나님이 제게 주신 은혜로 결코 자만하거나 자고하여 실족하는 일이 없게 해 주십시오. 한평생 제가 인생일 뿐인 줄 알고 겸손하게 주님을 따라가게 해 주십시오!"

임재 안에 머물기

이미 들려주신 주님의 말씀에 깊이 동의하면서 이성과 감성의 활동을 멈추고, 주님이 내려 주시는 고요함과 평화 가운데에서 주님과 하나 되는 경험을 해 본다.

반추 및 성찰

가능하면 기도했던 장소에서 자리를 옮긴다. 그리고 기도 시간에 경험한 내용을 돌아보면서 노트에 간단히 적는다. 이때 기도 안에서 하나님과 내 자신에 대한 전체적인 느낌을 적고, 또 영적으로 위로를 받았던 경험과 영적으로 메말랐던 경험도 적는다.

_____
_____
_____

삶으로 나아가기

마음에 와 닿는 한 구절의 말씀을 선택하여 쪽지에 기록하고, 이 말씀을 수시로 꺼내어 읊조리면서 일상 안에서 기도하며 생활한다.

예를 들면 "내가 전심으로 여호와께 감사하오며 주의 모든 기이한 일들을 전하리이다"(1절).

본문 주요내용

시편 9편의 중심주제는 시온의 문 안에 거하라는 것이다. 시온의 문은 오늘날의 의미로 교회 안이다. 시인은 하나님의 구속의 은총을 감사하면서 시를 시작한다(1-2절). 이것을 근거로 해서 시편 9편을 회중감사찬송이라고 부르기도 한다. 본 시편의 주요내용을 살펴보자.

대적으로 인하여 고통 받고 있는 상황에 놓인 시인은 하나님의 구원을 시급히 요청하고 있다(5절). 하나님은 공평의 보좌를 마련하시고 주님을 찾는 자들을 결코 버리지 않으신다(7절). 여호와의 이름을 아는 자(경험한 자)들은 주를 신뢰한다(10절). 하나님은 가난한 자의 산성이시고 환난 때의 피할 산성이시다(9절). 하나님은 가난한 자의 부르짖음을 들으신다(12절). 궁핍한 자가 항상 잊어버림을 보지 아니하며 가난한 자가 영영히 실망치 않는다(18절).

반면에 대적에 대해서 자주 언급이 되는데, 대적은 시온의 문 안에 거하지 않는 이방민족으로(히브리어로 '고임'이라 부른다.) 이들의 운명은 다음의 결과를 맞는다. 이방을 꾸짖으시고(5절), 이방이 심판을 받고(8절, 하나님은 이방민족〈여기서는 민족을 뜻하는 히브리어 '레움밈'을 사용한다.〉을 공평으로 심판하신다.), 결국 이방민족은 이집트처럼 바다에 침몰한다(15절). 그들이 이렇게 된 까닭은 하나님 계심을 몰랐기 때문이다(17절). 그렇기에 이방민족은 자신이 파 놓은 함정과 그물에 걸려 넘어진 것이다(15-16절).

본 시편에서 무엇을 배울 수 있는가?

환난의 큰 소용돌이 가운데 처했는가?

본 시편에서 보았듯이 하나님의 세우신 산성, 피난처, 요새, 영적 시온인 교회에 거하는 사람들은 하나님의 구원하심에 대한 소망을 잊어서는 안 된다. 하나님은 하나님 없는 백성을 공의로 심판하심으로 하나님 되심을 나타내신다. 하나님을 일어나시게 하자(여호와여 일어나소서, 19절).

시편 9편

straatsburg-Geneve 1542/Lyon 1547　　　　　　　　임창복, 최윤배 편역

시편 11 편

피난처 있으니

기도에 임하기

1. 몸과 마음을 가다듬고 하나님의 임재를 느낀다.
2. 찬송을 부른다(새 406장).

시편 11 : 1~7

1절 내가 여호와께 피하였거늘 너희가 내 영혼에게 새같이 네 산으로 도망하라 함은 어찌함인가
2절 악인이 활을 당기고 화살을 시위에 먹임이여 마음이 바른 자를 어두운 데서 쏘려 하는도다
3절 터가 무너지면 의인이 무엇을 하랴
4절 여호와께서는 그의 성전에 계시고 여호와의 보좌는 하늘에 있음이여 그의 눈이 인생을 통촉하시고 그의 안목이 그들을 감찰하시도다
5절 여호와는 의인을 감찰하시고 악인과 폭력을 좋아하는 자를 마음에 미워하시도다
6절 악인에게 그물을 던지시리니 불과 유황과 태우는 바람이 그들의 잔의 소득이 되리로다
7절 여호와는 의로우사 의로운 일을 좋아하시나니 정직한 자는 그의 얼굴을 뵈오리로다

본문배경

시편 11편은 신뢰의 노래이다. 악인이 조롱하는 상황에서, 의인의 터가 무너진 상황에서, 악인의 강포함으로 의인을 죽이려 함에도 불구하고 의인은 하나님을 신뢰한다는

고백으로 시의 문을 열고 있다. 제목은 "다윗의 시로써 영장으로 한 노래"이다. 시인은 하나님께서 의로우신 분이기 때문에 악과 의의 싸움에서 결국 의가 승리할 것임을 확신하고 있다. 이러한 종류의 시는 원래 탄식시에서 비롯되었을 가능성이 높다. 이유인 즉 시인의 처절한 상황은 불의자로 말미암는 경우가 많고, 이때 시인은 의로우신 하나님을 바라보게 되고 결국 하나님의 의가 시인의 상황을 반전시키는 경험을 하기 때문이다. 즉, 처절한 삶은 탄식의 부르짖음을 하나님께 드리게 되고, 하나님은 의로우시기 때문에 의의 재판정에서 의인의 손을 들어주시기 때문이다.

그 하나님은 어디에 계시는가? 본문 4절에서 하나님께서 두 곳에 계신다고 말씀한다. 한 곳은 시인이 고난을 당하는 현장이고, 다른 한 곳은 하늘이다. 이는 무엇을 말하는가? 예수님의 기도처럼 뜻이 하늘에서 이루어진 것같이 땅에서도 이루어지듯이 이 땅의 문제는 하늘의 하나님의 문제라는 것이다. 하나님은 하늘 보좌에 앉으셔서 이 땅의 불의와 강포 가운데 고난당하는 의인(본문에서는 마음이 바른 자라고 말한다, 2절)을 감찰하시고 악인을 불과 유황과 태우는 바람으로 심판하신다. 결국 의인은 의로우신 하나님의 얼굴을 보게 됨으로 승리를 하게 된다는 믿음의 고백을 한다.

기 도

성령의 임재를 위한 기도

이 말씀을 통해 어떠한 상황에 처할지라도 만물의 역사를 움직이시고, 모든 질서의 축이 되시는 하나님을 신뢰할 수 있는 믿음을 주시도록 은총을 구한다.

"이 세상 만물의 감찰자이시며, 우리 인생들의 생사화복을 주관하시는 하나님! 이 시간 세상을 향하던 나의 마음과 시선을 거두어들여 하늘 보좌에서 저희 인생들을 감찰하시는 살아 계신 하나님을 바라봅니다. 우리의 안전한 피난처가 어디며 진정한 도움이 어디서 오는지를 깊이 깨달아 알게 하옵소서."

본문말씀 읽기와 묵상하기

1. 본문을 천천히 한 번 읽는데, 읽는 동안에 마음에 부딪히는 말씀을 감지하고 들려오는 말씀에 귀를 기울인다.

예를 들면 "내가 여호와께 피하였거늘"(1절), "여호와께서는 그의 성전에 계시고 여호와의 보좌는 하늘에 있음이여 그의 눈이 인생을 통촉하시고 그의 안목이 그들을 감찰하시도다"(4절).

2. 또다시 본문을 읽으면서 나에게 부딪혀 온 말씀이 오늘 나에게 어떤 말씀으로 전해지는지 귀를 기울인다. 그리고 그 말씀이 오늘 나의 삶에서 무엇으로 말씀하고 있는지를 숙고해 본다.

예를 들면 나의 어려운 시기와 환난의 때에 내가 피할 안전한 피난처는 어디인가? 나의 진정한 안전이 어디에 있는가? 어려움 가운데서 나의 눈은 어디를 바라보며 무엇을 의지하는가를 헤아린다. 나는 왜 그것들을 의지하는가? 내가 위기 가운데 있을 때 하나님은 어디에 계시며, 어떤 눈으로 나를 바라보시는가? 본문에 나타나는 하나님은 어떤 분이시며, 이 말씀을 묵상할 때 특별히 나에게 다가오시는 하나님은 어떤 분이신가를 헤아린다.

3. 위의 말씀에 반응하는 기도를 드린다.

"바람에 나는 겨처럼 어려움이 찾아올 때마다 흔들리고 방황하는 저의 모습을 바라봅니다. 저의 나약한 믿음과 불신을 용서해 주옵소서! 제가 안전을 느끼는 유일한 곳은 제가 하나님 안에 있는 바로 그곳입니다. 주님만이 저의 유일한 피난처가 되십니다.

하오니 제가 어떠한 삶의 상황에 처해 있을지라도 인생을 감찰하시고 통촉하시는 의로우신 하나님을 신뢰하여 흔들리지 않는 믿음으로 살아가도록 도와주옵소서! 나의 온갖 역경과 시련이 나의 심령을 정직하게 하여 모든 일 가운데 주의 얼굴을 뵙는 삶이 되게 하옵소서."

임재 안에 머물기

이미 들려주신 주님의 말씀에 깊이 동의하면서 이성과 감성의 활동을 멈추고, 주님이 내려 주시는 고요함과 평화 가운데에서 주님과 하나 되는 경험을 해 본다.

반추 및 성찰

가능하면 기도했던 장소에서 자리를 옮긴다. 그리고 기도 시간에 경험한 내용을 돌아보면서 간단히 노트에 적는다.

이때 기도 안에서 하나님과 내 자신에 대한 전체적인 느낌을 적고, 또 영적으로 위로를 받았던 경험과 영적으로 메말랐던 경험을 적는다.

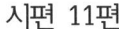

마음에 와 닿는 한 구절의 말씀을 선택하여 쪽지에 기록하고, 이 말씀을 수시로 꺼내어 읊조리면서 일상 안에서 기도하며 생활한다.

예를 들면 "그(여호와)의 눈이 인생을 통촉하시고 그의 안목이 그들(인생들)을 감찰하시도다"(4절).

시편 11편

시편 13 편

탄식 안에 담긴 찬송

기도에 임하기

1. 몸과 마음을 가다듬고 하나님의 임재를 느낀다.
2. 찬송을 부른다(새 391장).

시편 13 : 1~6

1절 여호와여 어느 때까지니이까 나를 영원히 잊으시나이까 주의 얼굴을 나에게서 어느 때까지 숨기시겠나이까
2절 나의 영혼이 번민하고 종일토록 마음에 근심하기를 어느 때까지 하오며 내 원수가 나를 치며 자랑하기를 어느 때까지 하리이까
3절 여호와 내 하나님이여 나를 생각하사 응답하시고 나의 눈을 밝히소서 두렵건대 내가 사망의 잠을 잘까 하오며
4절 두렵건대 나의 원수가 이르기를 내가 그를 이겼다 할까 하오며 내가 흔들릴 때에 나의 대적들이 기뻐할까 하나이다
5절 나는 오직 주의 사랑을 의지하였사오니 나의 마음은 주의 구원을 기뻐하리이다
6절 내가 여호와를 찬송하리니 이는 주께서 내게 은덕을 베푸심이로다

본문배경

시편 13편은 죽음의 벼랑에 선 사람의 탄식을 담은 시이다. 그러나 탄식으로 끝나지

않고 찬송으로 어려운 고비를 승화시키고 있다. 하나님께서 시인을 버린 것처럼 생각되어 잠시나마 하나님의 선하심을 의심하기 시작한 시인은 주님께 대한 자신의 신뢰를 회복하고, 결국 하나님께서 그를 죽음에서 건지실 것을 바라보며 주님을 송축하는 것으로 시를 끝맺는다. 탄식이 찬송으로 바뀌는 극적 변화에 대해 이사야는 그의 광야예언에서 이렇게 외친다.

"광야와 메마른 땅이 기뻐하며 사막이 백합화같이 피어 즐거워하며 무성하게 피어 기쁜 노래로 즐거워하며 레바논의 영광과 갈멜과 사론의 아름다움을 얻을 것이라 그것들이 여호와의 영광 곧 우리 하나님의 아름다움을 보리로다…… 여호와의 속량함을 받은 자들이 돌아오되 노래하며 시온에 이르러 그들의 머리 위에 영영한 희락을 띠고 기쁨과 즐거움을 얻으리니 슬픔과 탄식이 사라지리로다"(사 35 : 1-2, 10).

언제까지입니까? 히브리어로 '아드 아나'를 네 번이나 반복하며, 자신이 처한 상황이 위기상황임을 토로하는 시인의 모습 속에서 우리도 동일한 상황에서 취해야 할 질문을 발견해 본다.

주님, 언제까지입니까? 주님의 정하신 때는 언제입니까? 회복의 때는 언제입니까? 주님, 언제 개입하시죠? 묻고 싶은 질문이 많을 때 찾아야 할 시편이 오늘의 본문 13편이다.

기 도

성령의 임재를 위한 기도

이 말씀을 통해 나의 절망이 소망으로, 탄식이 기쁨과 즐거움으로 변화되는 하나님의 은총을 구한다.

"오직 주의 사랑을 의지하는 이 연약한 자에게 주님의 구원을 허락하소서."

본문말씀 읽기와 묵상하기

1. 본문을 천천히 한 번 읽는데, 읽는 동안에 마음에 부딪히는 말씀을 감지하고 들려오는 말씀에 귀를 기울인다.
   예를 들면 "여호와여 어느 때까지니이까 나를 영원히 잊으시나이까 주의 얼굴을 나에게서 어느 때까지 숨기시겠나이까"(1절).

2. 또다시 본문을 읽으면서 나에게 부딪혀 온 말씀이 오늘 나에게 어떤 말씀으로 전해지는지 귀를 기울인다. 그리고 그 말씀이 오늘 나의 삶에서 무엇으로 말씀하고 있는지를 숙고해 본다.

예를 들면 "여호와여 어느 때까지니이까 나를 영원히 잊으시나이까 주의 얼굴을 나에게서 어느 때까지 숨기시겠나이까"(1절)라는 말씀을 통해 시편 기자의 어려운 현실과 시인의 마음을 헤아려 본다. 이 시편 기자의 현실과 별반 다를 것이 없는 나의 깊은 고뇌와 비통한 탄식의 현실을 들여다본다. 내가 힘들어 하는 문제의 핵심이 무엇인가? 그로 인해 나는 어떻게 하나님께 나아가 아뢰고 있는가? 나는 나의 어려운 현실이 너무 오래 지속됨으로 모든 소망을 상실하고 사망의 잠을 자고 있는 것은 아닌가? 오늘 내게 필요한 하나님의 은총은 무엇인가?

3. 위의 말씀에 반응하는 기도를 드린다.

"하나님, 제가 겪는 어려움들이 너무나 크고, 저를 누르고 압박하는 무게가 너무나 무겁게 여겨집니다. 하나님께서는 언제나 저희가 감당할 수 있는 만큼의 시험만 주시는 분이심을 고백합니다. 하오나 저의 불신과 나약함으로 인해 주님이 내게 주시는 삶과 연단의 시험들을 온전히 믿음으로 돌파하며 살아가지 못함이 부끄럽습니다. 하나님! 염치가 없어 보이오나 감히 아뢰오니, 제가 언제쯤이면 제 마음에서 속박과 구속으로 여겨지는 문제들이 하나님의 은혜의 통로가 되고, 저의 연약함과 부족함이 하나님의 능력인 것을 온전히 깨달아 하나님 앞에서 기쁨과 즐거움의 노래를 부를 수 있을까요?

오늘도 당신의 보좌 아래서 온전하지 못한 저의 모습을 바라보며 애통의 눈물을 흘립니다. 주님은 저의 온 구석구석을 다 알고 살피시는 분이십니다. 주님, 살피소서. 제 마음의 구석구석을 살피시어 주님이 원치 않으신 것을 다 소멸하여 주소서. 주님! 저로 하여금 눈을 떠서 제 자신을 있는 그대로 보게 도와주시고, 언제나 소망으로 기도하게 하시며, 주님이 정하신 때에 영원한 생명을 회복하게 하소서."

임재 안에 머물기

이미 들려주신 주님의 말씀에 깊이 동의하면서 이성과 감성의 활동을 멈추고, 주님이 내려 주시는 고요함과 평화 가운데에서 주님과 하나 되는 경험을 해 본다.

반추 및 성찰

가능하면 기도했던 장소에서 자리를 옮긴다. 그리고 기도 시간에 경험한 내용을 돌아보면서 노트에 간단히 적는다. 이때 기도 안에서 하나님과 내 자신에 대한 전체적인 느낌을 적고, 또 영적으로 위로를 받았던 경험과 영적으로 메말랐던 경험을 적는다.

삶으로 나아가기

마음에 와 닿는 한 구절의 말씀을 선택하여 쪽지에 기록하고, 이 말씀을 수시로 꺼내어 읊조리면서 일상 안에서 기도하며 생활한다.
예를 들면 "여호와 내 하나님이여 나를 생각하사 응답하시고 나의 눈을 밝히소서"(3절).

본문 주요내용

본 시편에서 기다림에 지쳐 탄식하는 말을 네 번 반복하는 시인의 상황을 토로한다. 주님, 언제까지 저를 잊으시겠나이까? 혹은 아주 잊어버리실 작정이신지요?(1절) 너무나도 애절한 시인의 탄식으로 시편이 시작된다.

탄식으로 기도하는 시인의 마음을 읽어 보자.

"문제가 나를 짓누릅니다. 언제까지 나를 외면하시겠습니까? 언제까지 마음으로 번민하면서 괴로워해야만 합니까? 대적이 언제까지 나를 향해 일어나야만 합니까?"

비록 탄식어구 "언제까지니이까"(아드 아나)를 사용하여 하나님께 불만을 토하는 것처럼 보이나 실상은 시인의 깊은 신앙의 고백이 엿보인다.

"하나님 여호와시여 바라보시고 응답하소서"(3절). "사망의 잠에 취하지 않게 하소서(3절). "대적이 말하기를 그의 생명을 끊을 거라고 말하지 못하게 하소서"(4절). "주님의 인자 가운데서 안식을 얻으며 주님의 구원을 기뻐합니다"(5절).

하나님의 구원의 때를 질문하면서 투정스런 표정으로 탄식을 발하는 시인은 오직 주님의 인자하심을 의뢰하며 마음으로 주의 구원을 기뻐하며, 결국에는 자신을 후대하실 하나님을 찬송함으로 본 시를 마치고 있다.

본문을 통해 얻을 수 있는 교훈은 무엇일까? 끝없이 보이는 환난의 터널을 통과하고 있는가? 그로 인한 절망감으로 두려워하는가?

주의 얼굴을 구하라. 나를 생각해 달라고 간구하라. 나의 영안을 열어 주의 인자하심을 바라보게 해 달라고 기도하라.

사망의 벼랑 끝에 서 있더라도 나를 구원하시는 능력이 주님께 있음을 굳게 믿고 주를 송축하라(참고 구절 "너를 인도하여 그 광대하고 위험한 광야 곧 불뱀과 전갈이 있고 물이 없는 간조한 땅을 지나게 하셨으며 또 너를 위하여 단단한 반석에서 물을 내셨으며 네 조상들도 알지 못하던 만나를 광야에서 네게 먹이셨나니 이는 다 너를 낮추시며 너를 시험하사 마침내 네게 복을 주려 하심이었느니라"〈신 8 : 15 – 16〉).

시편 13편

straatsburg-Geneve 1542/Lyon 1547 임창복, 최윤배 편역

주 여 어 느 때 까 지 니 이 까
나 를 잊 지 마 옵 소 서
주 의 얼 굴 을 어 느 때 까 지
숨 기 시 겠 나 이 까 주 여
내 영 혼 이 번 민 합 니 다

시편 15 편

주님의 장막에 거할 자 누구입니까?

기도에 임하기

1. 몸과 마음을 가다듬고 하나님의 임재를 느낀다.
2. 찬송을 부른다(새 420장).

시편 15 : 1~5

1절 여호와여 주의 장막에 머무를 자 누구오며 주의 성산에 사는 자 누구오니이까
2절 정직하게 행하며 공의를 실천하며 그의 마음에 진실을 말하며
3절 그의 혀로 남을 허물하지 아니하고 그의 이웃에게 악을 행하지 아니하며 그의 이웃을 비방하지 아니하며
4절 그의 눈은 망령된 자를 멸시하며 여호와를 두려워하는 자들을 존대하며 그의 마음에 서원한 것은 해로울지라도 변하지 아니하며
5절 이자를 받으려고 돈을 꾸어 주지 아니하며 뇌물을 받고 무죄한 자를 해하지 아니하는 자이니 이런 일을 행하는 자는 영원히 흔들리지 아니하리이다

본문배경

시편 15편은 제의(liturgy)시로 성전에 들어가는 데 필요한 조건을 자세하게 언급한다. 본 시편은 이사야 33 : 13~16의 구조와 흡사하다. 시편 24 : 3도 본 시편과 동일하게 하나님의 산에 올라갈 자가 누구인지에 대해 질문한다. 질문과 대답의 형식을 갖춘

시편 15편은 종교와 도덕, 신앙과 삶의 깊은 연관성을 다루고 있다. 즉, 종교인이 된다는 의미는 사회적인 책임을 가진다는 의미로 본문에서 11가지로 자세하게 나열하고 있다.

하나님의 장막 안에 거하며 주의 거룩한 성산에 주소를 두고 살 수 있는 사람이 갖추어야 할 조건을 살펴보자.

첫째, 삶이 온전한가? 둘째, 공의를 행하는가? 셋째, 마음으로 진리를 말하는가? 넷째, 세 치 혀를 제대로 사용하는가? 다섯째, 동료에게 선을 베푸는가? 여섯째, 부끄러운 것이 차지할 공간을 마음에 허락하지 않는가? 일곱째, 안목이 곧은가? 여덟째, 하나님을 경외하는 사람을 존경하는가? 아홉째, 맹세한 것이 해로울지라도 변하지 않는가? 열째, 돈을 빌려 줄 때 이자를 받지 않는가? 열한째, 뇌물을 얻기 위해 공의를 굽게 하는가?

다윗은 위의 질문에 통과한 사람만이 주님이 계시는 장막에 거할 수 있으며, 그의 삶이 영원히 요동치 않을 것이라는 사실을 강조해서 말한다. 다윗이 제시한 위의 기준이 오늘날 신약시대에 살고 있는 현대 기독인들이 지킬 수 없는 너무 엄격한 기준인가?

기도

성령의 임재를 위한 기도

이 말씀을 통해 하나님의 장막에 거할 자가 어떠한 자인지를 깨달아 알고, 그 안에 영원히 거하는 자의 삶을 살아갈 수 있는 은총을 구한다.

"정직하게 행하며, 마음에 진실을 말하는 자로 주님이 계시는 장막에 거하여 영원히 살게 하소서."

본문말씀 읽기와 묵상하기

1. 본문을 천천히 한 번 읽는데, 읽는 동안에 마음에 부딪히는 말씀을 감지하고 들려오는 말씀에 귀를 기울인다.
   예를 들면 "여호와여 주의 장막에 머무를 자 누구오며 주의 성산에 사는 자 누구오니이까"(1절).
2. 또다시 본문을 읽으면서 나에게 부딪혀 온 말씀이 오늘 나에게 어떤 말씀으로 전

해지는지 귀를 기울인다. 그리고 그 말씀이 오늘 나의 삶에서 무엇으로 말씀하고 있는지를 숙고해 본다.

예를 들면 본문에 나타나는 주의 장막에 거할 자의 기준을 묵상할 때 나에게 가장 크게 다가오는 것이 무엇인가를 헤아려 본다. 나는 주의 성산에 사는 자인가? 본문말씀은 오늘 나에게(또는 오늘날 우리 한국교회에) 어떤 도전을 주는가? 내가 항상 주의 성산에 거하도록 하기 위하여 나에게 주시는 말씀은 무엇인가? 본문에 비추어 볼 때 우리 한국교회가 이 민족 앞에서 주의 성산에 거하는 모습을 보이기 위해 어떤 영적 각성이나 쇄신이 필요한가를 헤아린다.

3. 위의 말씀에 반응하는 기도를 드린다.

"하나님, 감히 얻을 수 없는 무한한 은혜를 값없이 받은 자임을 늘 기억하길 원합니다. 거저 받은 하나님의 은혜의 헤아릴 수 없는 가치를 늘 잊지 않고, 주어진 삶을 겸손하게 살아가는 자가 되게 하여 주옵소서. 항상 진실한 마음으로 말하고, 곧은 안목으로 나와 이웃과 세상을 바라보게 하옵소서! 내가 맺고 있는 모든 관계가 온전하게 하시고, 나의 삶의 목적이 오로지 하나님께만 영광을 돌려 드리게 하옵소서! 하나님의 장막을 사모함으로 그 장막에 거하기에 합당한 자가 되어 영원히 하나님 앞에서 살아가는 복된 삶이 되게 하옵소서."

임재 안에 머물기

이미 들려주신 주님의 말씀에 깊이 동의하면서 이성과 감성의 활동을 멈추고, 주님이 내려 주시는 고요함과 평화 가운데에서 주님과 하나 되는 경험을 해 본다.

반추 및 성찰

가능하면 기도했던 장소에서 자리를 옮긴다. 그리고 기도 시간에 경험한 내용을 돌아보면서 노트에 간단히 적는다. 이때 기도 안에서 하나님과 내 자신에 대한 전체적인 느낌을 적고, 또 영적으로 위로를 받았던 경험과 영적으로 메말랐던 경험을 적는다.

삶으로 나아가기

마음에 와 닿는 한 구절의 말씀을 선택하여 쪽지에 기록하고, 이 말씀을 수시로 꺼내어 읊조리면서 일상 안에서 기도하며 생활한다.

예를 들면 "그의 혀로 남을 허물하지 아니하고 그의 이웃에게 악을 행하지 아니하며 그의 이웃을 비방하지 아니하며"(3절).

본문 주요내용

여호와의 장막에 거한다는 것은 하나님께 가까이 나아가는 사람이 된다는 의미이다. 본문에서 시인은 첫째 조건으로 정직하게 행할 것을 주문한다. 정직으로 번역된 히브리어 '탐밈'은 예물로 드려질 때의 조건인 '흠 없는'이란 뜻으로 구약성경에서는 노아(의인이요 당대에 완전한 삶을 살았다, 창 6 : 9)와 야곱(온전한 사람으로 장막에 거하였다—개역한글성경에서는 종용한 사람으로 번역한다, 창 25 : 27)과 욥(온전하고 정직하여 하나님을 경외하며 악에서 떠난 사람이었다, 욥 1 : 1)밖에는 없다.

두 번째 조건은 공의로운 삶을 사는 것이다. 공의로운 삶은 신앙이 삶 속에서 구체적으로 실현되는 것을 의미한다(2절, 참고 구절 미 6 : 6-8).

세 번째 조건은 이웃과의 관계를 잘하라는 것이다(이웃을 참소, 행악, 훼방하지 말라, 3절).

누가복음 10장의 선한 사마리아 사람의 비유에서 나타난 것처럼 외식하는 제사장, 레위인처럼 되지 말고 신앙을 실천하는 제사장, 레위인이 되어야 함을 의미한다.

네 번째 조건은 하나님을 경외하는 것이다(4절).

본문을 통해 얻는 교훈은 무엇인가?

하나님을 경외하는 삶은 예배의 자리가 성전 안에만 머물러 있지 않고 사회 속으로 확장되어 나가는 것을 의미한다.

따라서 주님과 늘 가까이 머물기를 원하는 사람들은 코람 데오(주님 앞에서)의 삶을 교회 안과 밖에서 일치되게 보여 주어야만 한다.

시편 15편

straatsburg 1539/Geneve 1551 　　　　　　　　　　　　　　　　임창복, 최윤배 편역

하 나 님 의 장 막 안 에
머 무 를 자 누 구 오 며
주 의 성 산 에 사 는 자
누 구 - 오 니 이 까
정 직, 공 의 행 하 는 자 - 라

시편 19편

하나님의 말씀에 젖어 봅니다

기도에 임하기

1. 몸과 마음을 가다듬고 하나님의 임재를 느낀다.
2. 찬송을 부른다(새 78장).

시편 19 : 1~14

1절 하늘이 하나님의 영광을 선포하고 궁창이 그의 손으로 하신 일을 나타내는도다
2절 날은 날에게 말하고 밤은 밤에게 지식을 전하니
3절 언어도 없고 말씀도 없으며 들리는 소리도 없으나
4절 그의 소리가 온 땅에 통하고 그의 말씀이 세상 끝까지 이르도다 하나님이 해를 위하여 하늘에 장막을 베푸셨도다
5절 해는 그의 신방에서 나오는 신랑과 같고 그의 길을 달리기 기뻐하는 장사 같아서
6절 하늘 이 끝에서 나와서 하늘 저 끝까지 운행함이여 그의 열기에서 피할 자가 없도다
7절 여호와의 율법은 완전하여 영혼을 소성시키며 여호와의 증거는 확실하여 우둔한 자를 지혜롭게 하며
8절 여호와의 교훈은 정직하여 마음을 기쁘게 하고 여호와의 계명은 순결하여 눈을 밝게 하시도다
9절 여호와를 경외하는 도는 정결하여 영원까지 이르고 여호와의 법도 진실하여 다 의로우니
10절 금 곧 많은 순금보다 더 사모할 것이며 꿀과 송이꿀보다 더 달도다
11절 또 주의 종이 이것으로 경고를 받고 이것을 지킴으로 상이 크니이다
12절 자기 허물을 능히 깨달을 자 누구리요 나를 숨은 허물에서 벗어나게 하소서
13절 또 주의 종에게 고의로 죄를 짓지 말게 하사 그 죄가 나를 주장하지 못하게 하소서 그리하

면 내가 정직하여 큰 죄과에서 벗어나겠나이다

14절 나의 반석이시요 나의 구속자이신 여호와여 내 입의 말과 마음의 묵상이 주님 앞에 열납되기를 원하나이다

본문배경

시편 19편은 외견상 뚜렷이 다른 주제를 다루는 듯 보이나 실제로는 서로 깊이 연관이 되어 있다. 첫 부분은 하나님의 창조세계 중 특히 하늘을 예로 들어 하늘의 별, 달, 해가 창조주의 영광을 선포하고 주님의 권능을 드러냄을 노래하고 있다. 두 번째 부분은 하나님의 말씀인 토라를 예찬한다. 시편연구가인 미첼 다후드는 "본 시는 고대 가나안의 태양숭배시를 야훼주의자들이 히브리적으로 변용한 것"이라고 주장한다. 하지만 이러한 이해는 옳지 않다. 시편을 쓴 저자가 고대근동의 피조물을 숭배하는 경향을 알았는지에 대해서는 자세히 알 수 없지만, 본 시편을 자세히 보면 히브리 시인인 저자가 하나님은 창조주이심을 계시로 안 후에 모든 피조계를 대표하는 하늘마저 하나님의 영광과 권능을 드러내는 모습을 보면서 피조물은 숭배의 대상이 아니라는 점을 본 시편을 통해 분명히 밝힘을 보게 된다(다른 시편을 보라. "여호와여 주의 인자하심이 하늘에 있고 주의 진실하심이 공중에 사무쳤으며"〈시 36 : 5〉).

이어 다루는 주제는 하나님의 말씀인 토라를 여섯 가지(율법, 증거, 교훈, 계명, 도, 규례)로 다르게 표현하면서 토라가 우리 인생을 얼마나 유익하게 하는지에 대해 자세하게 언급한다(다른 시편을 보면 하나님의 말씀은 단지 인생에게만 유익한 것이 아니라 온 세상을 창조한 힘으로 이해한다. "여호와의 말씀으로 하늘이 지음이 되었으며 그 만상이 그 입 기운으로 이루었도다"〈시 33 : 6〉). 결국 시인은 본 시편에서 피조물이 창조주이신 하나님을 경외하는 것은 지당한 일이며, 여호와를 경외함에는 많은 유익이 있음을 강조한다. 첫째 지혜와 명철을 얻고, 둘째 장수의 은혜를 누리며, 셋째 상을 받는다.

기 도

성령의 임재를 위한 기도

온 우주와 성경말씀을 통해 드러나는 하나님의 계시를 더욱 온전히 깨달아 앎으로써

내 입의 말과 마음의 모든 묵상이 더욱 주님 앞에 열납되는 은총을 간구한다.

"창조주 하나님을 경외함으로 땅의 인생이 누릴 수 있는 가장 큰 복을 누리게 하소서."

본문말씀 읽기와 묵상하기

1. 본문을 천천히 한 번 읽는데, 읽는 동안에 마음에 부딪히는 말씀을 감지하고 들려오는 말씀에 귀를 기울인다.
   예를 들면 "여호와의 율법은 완전하여 영혼을 소성시키며 여호와의 증거는 확실하여 우둔한 자를 지혜롭게 하며 여호와의 교훈은 정직하여 마음을 기쁘게 하고 여호와의 계명은 순결하여 눈을 밝게 하시도다"(7-8절).

2. 또다시 본문을 읽으면서 나에게 부딪혀 온 말씀이 오늘 나에게 어떤 말씀으로 전해지는지 귀를 기울인다. 그리고 그 말씀이 오늘 나의 삶에서 무엇으로 말씀하고 있는지를 숙고해 본다.
   예를 들어 본문에 의하면 우리는 피조세계를 통해 하나님을 알지만, 하나님의 말씀을 통해 더욱 깊고 친밀한 하나님에 대한 지식을 얻게 된다. 하나님의 말씀은 우리 영혼을 소성시키며, 우둔한 우리를 지혜롭게 하며, 우리 마음을 기쁘게 하고, 우리의 눈을 열어 주심으로 하나님에 대한 앎을 더욱 밝혀 주실 것이다. 여호와의 규례는 확실하므로 주님의 모든 것은 다 옳으시다. 이제 나에게 하나님의 말씀은 이 세상의 어떤 것보다 더욱 귀하고 내가 가장 사모해야 할 소중한 가치를 지닌 것이다.

3. 위의 말씀에 반응하는 기도를 드린다.

"하나님! 제가 하나님의 말씀보다 세상의 지식을 찾고 구하는 것에 더 분주함을 용서하여 주옵소서! 제가 많은 정금보다 더욱 하나님의 말씀을 사모하게 하시고, 제게 말씀이 꿀과 송이꿀보다 더 달게 하옵소서!

그리하여 제가 항상 하나님의 말씀의 조명을 받음으로 나의 모든 허물에서 벗어나고 죄의 지배를 받지 않는 거룩한 삶을 살아가게 하옵소서! 제가 말씀의 인도를 받음으로 아버지 하나님이 완전한 것처럼 저도 완전한 자로 살아가게 도와주옵소서!

나의 반석이시요 나의 구속자이신 여호와여 내 입의 말과 마음의 묵상이 주님 앞에 열납되기를 원하나이다."

임재 안에 머물기

이미 들려주신 주님의 말씀에 깊이 동의하면서 이성과 감성의 활동을 멈추고, 주님이 내려 주시는 고요함과 평화 가운데에서 주님과 하나 되는 경험을 해 본다.

반추 및 성찰

가능하면 기도했던 장소에서 자리를 옮긴다. 그리고 기도 시간에 경험한 내용을 돌아보면서 노트에 간단히 적는다. 이때 기도 안에서 하나님과 내 자신에 대한 전체적인 느낌을 적고, 또 영적으로 위로를 받았던 경험과 영적으로 메말랐던 경험을 적는다.

삶으로 나아가기

마음에 와 닿는 한 구절의 말씀을 선택하여 쪽지에 기록하고, 이 말씀을 수시로 꺼내어 읊조리면서 일상 안에서 기도하며 생활한다.
예를 들면 "나의 반석이시요 나의 구속자이신 여호와여 내 입의 말과 마음의 묵상이 주님 앞에 열납되기를 원하나이다"(14절).

본문 주요내용

시편 19편은 크게 세 부분으로 나뉜다. 첫 번째 단락은 1절에서 6절까지로 하늘이 하나님의 영광을 노래하고 태양은 부지런한 심부름꾼으로 하나님의 아름다움을 따스하게 전달하는 역할을 묘사한다. 두 번째 단락은 7절에서 9절까지로 하나님의 말씀의 특성과 기능에 대해서, 세 번째 단락은 10절에서 14절까지로 하나님의 말씀이 가져다 주는 유익함을 노래한다.

첫 번째 단락의 중심 메시지는 하늘과 궁창과 해가 주님의 창조 솜씨를 자랑한다. 두 번째 단락과 세 번째 단락의(7-14절)의 메시지는 하나님의 말씀은 마치 따스한 햇살처럼 우리 영혼과 육신을 촉촉히 적셔 주며, 많은 유익을 가져다줌을 강조한다.
하나님의 말씀은 어떠하며 유익은 무엇인가?

1. 완전한 말씀(7절)
주님의 말씀은 우리의 영혼을 소생시키는 힘이 있다. 유대인 주석에는 하나님의 말씀이 우리의 양식이 되며, 물이 되며, 약이 된다고 말한다.

2. 진실한 말씀(7절)
사람은 경우에 따라서 거짓말을 할 수 있지만, 우리가 섬기는 하나님은 진실한 증인이시다.

3. 마음을 기쁘게 해 주는 말씀(8절)
"주께서 나의 슬픔을 변하여 춤이 되게 하시며 나의 베옷을 벗기고 기쁨으로 띠 띠우셨나이다"(시 30:11).

4. 눈을 밝게 해 주는 말씀(8절)
주의 말씀으로 이 어두운 눈을 밝히사 주의 기이한 것을 보게 하옵소서.

본문에서 얻는 교훈은 무엇인가?
시인은 하나님을 일컬어 반석, 구속자라고 부른다. 창조주 하나님이 시인 개인의 반석, 구속자라는 엄청난 사실 앞에서 그분이 직접 말씀하신 토라를 창조의 능력과 연결시키면서, 이 토라를 시인의 모든 말과 마음의 묵상으로 삼아 모든 것이 다시 창조주를 향해 나아가도록(열납하시도록) 간구한다.

시편 20 편

환난 날에 응답하시는 하나님

기도에 임하기

1. 몸과 마음을 가다듬고 하나님의 임재를 느낀다.
2. 찬송을 부른다(새 408장).

시편 20 : 1~9

1절 환난 날에 여호와께서 네게 응답하시고 야곱의 하나님의 이름이 너를 높이 드시며
2절 성소에서 너를 도와주시고 시온에서 너를 붙드시며
3절 네 모든 소제를 기억하시며 네 번제를 받아 주시기를 원하노라 (셀라)
4절 네 마음의 소원대로 허락하시고 네 모든 계획을 이루어 주시기를 원하노라
5절 우리가 너의 승리로 말미암아 개가를 부르며 우리 하나님의 이름으로 우리의 깃발을 세우리니 여호와께서 네 모든 기도를 이루어 주시기를 원하노라
6절 여호와께서 자기에게 기름 부음 받은 자를 구원하시는 줄 이제 내가 아노니 그의 오른손의 구원하는 힘으로 그의 거룩한 하늘에서 그에게 응답하시리로다
7절 어떤 사람은 병거, 어떤 사람은 말을 의지하나 우리는 여호와 우리 하나님의 이름을 자랑하리로다
8절 그들은 비틀거리며 엎드러지고 우리는 일어나 바로 서도다
9절 여호와여 왕을 구원하소서 우리가 부를 때에 우리에게 응답하소서

본문배경

　시편 20편은 전쟁을 나가는 왕을 향해 제사장들이 축복하는 노래이며, 이어 나오는 시편 21편은 전쟁에서 승리를 거둔 후에 부르는 노래로 알려져 한 묶음의 시로 이해되기도 한다. 시편 20편에서 사용되는 2인칭 단수 '너'는 왕을, 3인칭 복수 '우리'는 제사장을 뜻한다. 시인은 왕이 겪고 있는 환난에 대해 다음과 같이 언급한다.

　첫째, 적들이 쳐들어오는 위급한 상황이다. 만일 이 위기를 넘지 못하면 왕은 폐위되고 나라가 망할 상황이다.

　둘째, 이때 어떻게 해야 할 것을 권면한다. 즉시 성소로 나아가라. 그곳에서 환난을 만난 왕을 도와주시고 붙드시는 하늘의 왕을 만나라.

　셋째, 성소에서 정성껏 예배하라. 여기서 소제와 번제가 강조된다. 히브리어 의미로 소제란 '정성스런 예물'(gift), 번제는 '값비싼 희생'(sacrifice)이다.

　넷째, 모략을 주께 구하라. 시인은 왕에게 이렇게 충고한다. 마음의 소원인 모든 계획을 말씀 드리라. 이것의 의미는 "비록 왕에게도 환난을 이기려고 하는 방책이 있으나 그것이 해법이 되기 위해서는 하나님의 허락이 있어야 한다는 점을 명심하라."이다. "마음의 경영은 사람에게 있어도 말의 응답은 여호와께로부터 나오느니라"(잠 16:1).

　시편 20편을 사도 베드로의 권면과 함께 읽어 보자.

　"그러나 너희는 택하신 족속이요 왕 같은 제사장들이요 거룩한 나라요 그의 소유가 된 백성이니 이는 너희를 어두운 데서 불러내어 그의 기이한 빛에 들어가게 하신 이의 아름다운 덕을 선포하게 하려 하심이라 너희가 전에는 백성이 아니더니 이제는 하나님의 백성이요 전에는 긍휼을 얻지 못하였더니 이제는 긍휼을 얻은 자니라"(벧전 2:9-10).

　구약시대에 광야를 행진하는 이스라엘을 구한 것은 여호와의 이름으로 축복한 제사장들의 기도였다.

　오늘도 마찬가지이다. 예수 그리스도의 보혈로 왕 같은 제사장, 거룩한 나라, 그의 소유된 백성인 우리들에게도 환난의 먹구름은 몰려온다. 이때 시편 20편의 시인이 권면하는 제사장 축복송을 정성을 다해 부르자. 승리로 인하여 개가를 부르게 될 것이다(5절).

기 도

성령의 임재를 위한 기도

이 말씀을 통해 왕 같은 제사장으로 부름 받은 우리의 사명을 깨닫고 이 땅의 왕과 모든 백성을 위하여 중보기도하며, 예수님의 이름으로 축복하는 삶을 온전히 살아갈 수 있는 은총를 구한다.

"여호와의 이름으로 응답하시고, 높이 드시고, 도와주시고, 붙드시며, 기억하시며, 받으시기를 허락하시고, 이루시기를 원하나이다."

본문말씀 읽기와 묵상하기

1. 본문을 천천히 한 번 읽는데, 읽는 동안에 마음에 부딪히는 말씀을 감지하고 들려오는 말씀에 귀를 기울인다.
   예를 들면 "환난 날에 여호와께서 네게 응답하시고 야곱의 하나님의 이름이 너를 높이 드시며 성소에서 너를 도와주시고 시온에서 너를 붙드시며 네 모든 소제를 기억하시며 네 번제를 받아 주시기를 원하노라 (셀라) 네 마음의 소원대로 허락하시고 네 모든 계획을 이루어 주시기를 원하노라 우리가 너의 승리로 말미암아 개가를 부르며 우리 하나님의 이름으로 우리의 깃발을 세우리니 여호와께서 네 모든 기도를 이루어 주시기를 원하노라"(1-5절).

2. 또다시 본문을 읽으면서 나에게 부딪혀 온 말씀이 오늘 나에게 어떤 말씀으로 전해지는지 귀를 기울인다. 그리고 그 말씀이 오늘 나의 삶에서 무엇으로 말씀하고 있는지를 숙고해 본다.
   예를 들면 하나님이 나로 하여금 왕과 백성들을 축복하고 저들을 위해 기도하도록 왕 같은 제사장으로 부르신 그 고귀한 뜻을 깊이 묵상하며, 그 사명을 제대로 감당하고 있는지를 헤아린다. 나는 왕 같은 제사장으로 부름 받은 자로서의 정체감과 소명의식을 가지고 살아가는가? 하나님의 은혜와 축복이 우리를 통해 이 세상 가운데로 흘러 들어오며, 우리의 사역이 하나님과 세상을 화해시키는 참으로 복된 것임을 자각하고 살아가는지를 헤아려 본다.

3. 위의 말씀에 반응하는 기도를 드린다.

"하나님! 부족한 저희를 택하여 하나님의 자녀로 삼아 주시고 거룩한 나라요, 그의 소유된 백성으로 불러 주신 것을 감사드립니다. 무엇보다 왕 같은 제사장으로 불러 주셔서 당신의 백성들을 축복하고 저들을 위해 기도하는 복된 사명을 주시오니 감사드립니다! 원컨대 저희로 하여금 이 복된 사명을 잘 감당할 수 있는 은혜를 베풀어 주옵소서! 또한 저희의 중보를 통해 이 나라의 지도자들을 지켜 주셔서 저들이 하나님 편에 서게 하시고, 이 땅의 백성들의 기도를 응답하여 주옵소서. 세상의 권세는 병거와 말을 의지하나 우리는 온전히 하나님의 이름만을 의지하게 하옵소서."

임재 안에 머물기

이미 들려주신 주님의 말씀에 깊이 동의하면서 이성과 감성의 활동을 멈추고, 주님이 내려 주시는 고요함과 평화 가운데에서 주님과 하나 되는 경험을 해 본다.

반추 및 성찰

가능하면 기도했던 장소에서 자리를 옮긴다. 그리고 기도 시간에 경험한 내용을 돌아보면서 노트에 간단히 적는다.

이때 기도 안에서 하나님과 내 자신에 대한 전체적인 느낌을 적고, 또 영적으로 위로를 받았던 경험과 영적으로 메말랐던 경험을 적는다.

삶으로 나아가기

마음에 와 닿는 한 구절의 말씀을 선택하여 쪽지에 기록하고, 이 말씀을 수시로 꺼내어 읊조리면서 일상 안에서 기도하며 생활한다.

예를 들면 "어떤 사람은 병거, 어떤 사람은 말을 의지하나 우리는 여호와 우리 하나님의 이름을 자랑하리로다"(7절).

본문 주요내용

본문이 사용하는 동사들을 주목해 보자.

이는 응답하시고, 높이 드시고, 도와주시고(원문에는 도움을 보내시며), 붙드시며(원문에는 공궤하시고), 기억하시며, 받으시기를(원문에는 번제물이 다 타 재가 되기까지), 허락하시고, 이루시기를(원문에는 가득 채우시기를)이다.

시인은 8개의 동사들을 사용해서 제사장의 축복기도를 이어 나간다. 1~5절의 제사장 축복문은 병행을 이루고 있다. 응답하심/높여 주심, 도움을 보내심/먹여 주심, 거룩한 장소/시온, 소제/번제.

전체적으로는 야곱의 하나님의 이름(1절), 우리 하나님의 이름(5절), 우리 하나님 여호와의 이름(7절), 네 모든 도모(4절)와 너의 구하는 모든 것(5절), 병거와 말(7절), 그들은 무릎 꿇고 자빠지나 우리는 일어나 담대하게 선다(8절), 환난 날(1절)과 우리가 부르짖는 날(9절)이 병행을 이룬다. 또한 시인은 본문에서 하나님은 왕이시며(9절), 거룩한 하늘에 계시고 구원의 강한 능력(오른손에 구원의 권능)을 가지시고 메시야를 세우셨음을 알리고 있다(6절).

시편 서두에서 제사장은 예배자를 향하여 "야곱의 하나님의 이름이 너를 높이신다."는 축복을 한다(1절). 여기서 야곱의 하나님의 이름이 갖는 의미는 무엇인가? 첫째, 야곱의 하나님은 그의 조상 아브라함과 이삭의 하나님으로서 벧엘의 하나님이시다(창 28:13). 둘째, 야곱이란 이름을 이스라엘로 바꾸신 브니엘의 하나님이시다(창 32:24-30).

시편 91편은 하나님의 이름을 알 때 일어나는 구원을 이렇게 선포한다.

"하나님이 이르시되 그가 내 이름을 안즉 내가 그를 높이리라 그가 내게 간구하리니 내가 그에게 응답하리라 그들이 환난당할 때에 내가 그와 함께하여 그를 건지고 영화롭게 하리라"(14-15절).

본 시편에서 얻는 교훈이다.

첫째, 나는 여호와께 속한 자, 기름 부음을 받은 자이다.

둘째, 하나님만이 나를 구원하신다.

셋째, 환난 날에 하나님을 부르라.

시편 21 편

왕의 기도

기도에 임하기

1. 몸과 마음을 가다듬고 하나님의 임재를 느낀다.
2. 찬송을 부른다(새 96장).

시편 21 : 1~13

1절 여호와여 왕이 주의 힘으로 말미암아 기뻐하며 주의 구원으로 말미암아 크게 즐거워하리이다
2절 그의 마음의 소원을 들어 주셨으며 그의 입술의 요구를 거절하지 아니하셨나이다 (셀라)
3절 주의 아름다운 복으로 그를 영접하시고 순금 관을 그의 머리에 씌우셨나이다
4절 그가 생명을 구하매 주께서 그에게 주셨으니 곧 영원한 장수로소이다
5절 주의 구원이 그의 영광을 크게 하시고 존귀와 위엄을 그에게 입히시나이다
6절 그가 영원토록 지극한 복을 받게 하시며 주 앞에서 기쁘고 즐겁게 하시나이다
7절 왕이 여호와를 의지하오니 지존하신 이의 인자함으로 흔들리지 아니하리이다
8절 왕의 손이 왕의 모든 원수들을 찾아냄이여 왕의 오른손이 왕을 미워하는 자들을 찾아내리로다
9절 왕이 노하실 때에 그들을 풀무불 같게 할 것이라 여호와께서 진노하사 그들을 삼키시리니 불이 그들을 소멸하리로다
10절 왕이 그들의 후손을 땅에서 멸함이여 그들의 자손을 사람 중에서 끊으리로다
11절 비록 그들이 왕을 해하려 하여 음모를 꾸몄으나 이루지 못하도다
12절 왕이 그들로 돌아서게 함이여 그들의 얼굴을 향하여 활시위를 당기리로다
13절 여호와여 주의 능력으로 높임을 받으소서 우리가 주의 권능을 노래하고 찬송하게 하소서

본문배경

시편 20편은 제사장이 예배자를 향하여 환난 날에 너를 구원할 분은 오직 왕이신 하나님뿐이심을 말해 주는 왕에 대한 시편이다. 반면에 시편 21편은 육체를 가진 세상의 왕이 하늘에 계신 진짜 왕이신 하나님 앞에서 취하여야 할 태도를 시로 노래한 것이다. 참고로 시편 72편은 왕이 새로 즉위하는 아들을 위해 하나님께 중보기도하는 내용을 담고 있다. 위의 세 시편 모두 장르상 왕의 기도에 속한다.

시편 21편은 하나님의 이름을 부르면서 시를 시작한다. (여호와여!) 이와 같은 형태의 시편은 3, 6, 7, 8, 15편이다. 왕은 하나님의 능력과 권능으로 왕과 나라를 보호해 주시기를 간구한다. 왜냐하면 나라의 흥망성쇠의 키를 오직 하나님이 가지고 계심을 알기 때문이다. 왕은 기쁨과 즐거움의 근원을 자신의 권력이나 명예, 부에서 찾지 않고 하나님 안에서 찾는다. 시인은 감탄사(히브리어 '마' - 얼마나)를 사용하여 주님의 구원하심에 대한 기쁨을 표현한다(마 야겔 메오드 - 얼마나 기쁜지요, 1절). 시인은 왕이 하나님께 기도할 때 하나님께서 왕에게 주시는 복을 입체적으로 보여 준다.

첫째, 주의 힘을 얻는다(능력). 둘째, 주의 구원을 경험한다(승리). 셋째, 정금 면류관을 쓰게 된다(명예). 넷째, 장수한다(생명). 다섯째, 영광, 존귀, 위엄의 옷을 입는다(부귀). 여섯째, 기쁨과 즐거움을 얻는다(환희). 일곱째, 요동치 않는다(견고).

본 시편의 중심 구절은 7절과 13절에 있다. "왕이 여호와를 의지하오니 지존하신 이의 인자함으로 흔들리지 아니하리이다"(7절), "여호와여 주의 능력으로 높임을 받으소서 우리가 주의 권능을 노래하고 찬송하게 하소서"(13절).

기 도

성령의 임재를 위한 기도

이 말씀을 통해 왕 같은 제사장으로 부름 받은 우리의 사명을 깨닫고 이 땅의 왕과 모든 백성을 위하여 중보기도하며, 예수님의 이름으로 축복하는 삶을 온전히 살아갈 수 있는 은혜를 구한다.

"하나님, 우리의 구원이 하나님께로부터 나옴을 고백합니다. 우리가 주님 안에 있으므로 모든 것이 생명이 되고, 진실이 되며, 의미가 됨을 깨닫습니다. 하나님 안에 있는 참된 행복과 기쁨을 간구하오니, 우리의 요동하는 심령 위에 왕으로 오소서."

본문말씀 읽기와 묵상하기

1. 본문을 천천히 한 번 읽는데, 읽는 동안에 마음에 부딪히는 말씀을 감지하고 들려오는 말씀에 귀를 기울인다.

    예를 들면 "여호와여 왕이 주의 힘으로 말미암아 기뻐하며 주의 구원으로 말미암아 크게 즐거워하리이다 그의 마음의 소원을 들어 주셨으며 그의 입술의 요구를 거절하지 아니하셨나이다 (셀라) 주의 아름다운 복으로 그를 영접하시고 순금 관을 그의 머리에 씌우셨나이다 그가 생명을 구하매 주께서 그에게 주셨으니 곧 영원한 장수로소이다 주의 구원이 그의 영광을 크게 하시고 존귀와 위엄을 그에게 입히시나이다 그가 영원토록 지극한 복을 받게 하시며 주 앞에서 기쁘고 즐겁게 하시나이다"(1-6절).

2. 또다시 본문을 읽으면서 나에게 부딪혀 온 말씀이 오늘 나에게 어떤 말씀으로 전해지는지 귀를 기울인다. 그리고 그 말씀이 오늘 나의 삶에서 무엇으로 말씀하고 있는지를 숙고해 본다.

    예를 들면 하나님이 나로 하여금 왕과 백성들을 축복하게 하고, 저들을 위해 기도하도록 왕 같은 제사장으로 나를 부르신 그 고귀한 뜻을 깊이 묵상하며, 그 사명을 제대로 감당하고 있는지를 헤아린다. 우리의 흥망성쇠는 어디에 달려 있는가? 나는 항상 여호와를 의지함으로 요동함이 없는가? 만약 내 안에 요동함이 있다면 그 원인과 이유가 어디에 있는가를 헤아려 본다. 백성을 축복하고 저들을 위해 기도해야 할 지도자인 내가 흔들리고 있다면 어떻게 제사장으로서의 사명을 제대로 감당할 수 있을까?

3. 위의 말씀에 반응하는 기도를 드린다.

    "하나님! 우리에게 풍성한 은혜를 베풀어 주시니 감사드립니다. 우리에게 있는 모든 것, 우리 생명조차도 하나님이 은혜로 우리에게 베푸신 것입니다. 우리에게 이 같은 은혜를 베푸신 하나님이 이후로도 우리를 번영케 하실 것을 믿습니다.

    하나님! 우리가 우리의 원수를 마주할 때 우리의 능력이 되어 주옵소서. 우리의 승리가 하나님으로 말미암은 것임을 꼭 기억하겠습니다. 이후로도 때마다, 일마다 우리와 함께하시어 일을 이루시는 주님의 권능을 노래하고 찬송하게 하옵소서."

임재 안에 머물기

이미 들려주신 주님의 말씀에 깊이 동의하면서 이성과 감성의 활동을 멈추고, 주님이 내려 주시는 고요함과 평화 가운데에서 주님과 하나 되는 경험을 해 본다.

반추 및 성찰

가능하면 기도했던 장소에서 자리를 옮긴다. 그리고 기도 시간에 경험한 내용을 돌아보면서 노트에 간단히 적는다. 이때 기도 안에서 하나님과 내 자신에 대한 전체적인 느낌을 적고, 또 영적으로 위로를 받았던 경험과 영적으로 메말랐던 경험을 적는다.

삶으로 나아가기

마음에 와 닿는 한 구절의 말씀을 선택하여 쪽지에 기록하고, 이 말씀을 수시로 꺼내어 읊조리면서 일상 안에서 기도하며 생활한다.
예를 들면 "그가 영원토록 지극한 복을 받게 하시며 주 앞에서 기쁘고 즐겁게 하시나이다"(6절).

본문 주요내용

왕의 기도를 통해서 교훈을 찾아보자. 첫째, 주의 힘을 기뻐하라(1절 상). 모세는 신명기 17 : 16에서 왕이 취하여야 할 태도에 대해 이렇게 말씀한다. "왕 된 자는 병마를 많이 두지 말 것이요 병마를 많이 얻으려고 그 백성을 애굽으로 돌아가게 하지 말 것이니" 이 전통을 그대로 이어받아 이사야 선지자는 산헤립의 침공을 받아 이집트를 의지하려고 하는 유대 왕 히스기야를 향해 이렇게 권면한다. "애굽의 도움이 헛되고 무익하니라"(사 30 : 7), "도움을 구하러 애굽으로 내려가는 자들은 화 있을진저 그들은 말을 의지하며 병거의 많음과 마병의 심히 강함을 의지하고 이스라엘의 거룩하신 이를 앙모하지 아니하며 여호와를 구하지 아니하나니"(사 31 : 1).

둘째, 주의 구원을 즐거워하라(1절 하). 주님의 구원은 왕이 가지는 기쁨의 근원이시다. 왕이 통치하는 나라에 어려움과 위기가 닥쳐올 때 왕은 하나님의 구원을 바라보며 즐거워한다. 바라보았다는 것은 사모하며 간구했다는 뜻이고, 즐거워했다는 것은 간구의 결과인 하나님의 구원을 경험했다는 의미이다. 이사야 선지자는 이렇게 말씀한다. "여호와께서 기다리시나니 이는 너희에게 은혜를 베풀려 하심이요 일어나시리니 이는 너희를 긍휼히 여기려 하심이라 대저 여호와는 정의의 하나님이심이라 그를 기다리는 자마다 복이 있도다"(사 30 : 18).

셋째, 주 앞에 무릎을 꿇으라(2절). 너를 왕으로 세우신 분은 하나님이시다.

넷째, 왕권의 길이를 하나님이 정하신다(4절). 왕의 성공여부는 그의 통치력에서 나오는 것이 아니라 주님에게 달려 있다(5-6절). "나로 말미암아 왕들이 치리하며"(잠 8 : 15).

다섯째, 하나님을 의지하라(7절). 여섯째, 하나님을 찬송하며 영광을 하나님께 돌려라(13절). 왕일지라도 철저하게 하나님을 신뢰해야 하거늘 우리는 어떠한가? 삶의 모든 승패가 하나님에게 달려 있다. 나라도, 기업도, 교회도, 가정도, 개인도 마찬가지이다. 이 세대에 누가 시편 21편의 주인공이 될 수 있을까? 바로 왕의 기도를 드리는 사람이다.

시편 24 편

왕이신 하나님께 드리는 기도

기도에 임하기

1. 몸과 마음을 가다듬고 하나님의 임재를 느낀다.
2. 찬송을 부른다(새 102장).

시편 24 : 1~10

1절 땅과 거기에 충만한 것과 세계와 그 가운데에 사는 자들은 다 여호와의 것이로다
2절 여호와께서 그 터를 바다 위에 세우심이여 강들 위에 건설하셨도다
3절 여호와의 산에 오를 자가 누구며 그의 거룩한 곳에 설 자가 누구인가
4절 곧 손이 깨끗하며 마음이 청결하며 뜻을 허탄한 데에 두지 아니하며 거짓 맹세하지 아니하는 자로다
5절 그는 여호와께 복을 받고 구원의 하나님께 의를 얻으리니
6절 이는 여호와를 찾는 족속이요 야곱의 하나님의 얼굴을 구하는 자로다 (셀라)
7절 문들아 너희 머리를 들지어다 영원한 문들아 들릴지어다 영광의 왕이 들어가시리로다
8절 영광의 왕이 누구시냐 강하고 능한 여호와시요 전쟁에 능한 여호와시로다
9절 문들아 너희 머리를 들지어다 영원한 문들아 들릴지어다 영광의 왕이 들어가시리로다
10절 영광의 왕이 누구시냐 만군의 여호와께서 곧 영광의 왕이시로다 (셀라)

본문배경

시편 24편은 하나님의 주권을 노래하고 있다. 장르는 예식서(liturgy)이며, 언약궤를 메고 행진할 때 부르는 노래로 알려져 있다. 시의 대화구조는 성가대가 둘로 나뉘어 서로 교창함으로 불리는 노래형식이다. 역사적인 근거는 아마도 사무엘하 6 : 12 이하에 나오는 다윗이 여호와의 궤를 다윗 성으로 가져오면서 부른 예식에서 나온 것 같다. 제목은 보통 다른 시편이 갖고 있는 제목 "다윗의 노래"(미즈모르 레다비드)와 달리 다윗의 이름이 앞으로 나오고 노래가 뒤에 나오는 특이한 제목을 갖는다(레다비드 미즈모르). 중세 유대인 주석가는 이것에 대해 이렇게 해석한다. 보통 성령이 시인에게 임한 후 찬양을 부르는 순서로 진행되지만, 본 시편은 다윗이 먼저 노래할 때 성령이 임하심을 강조하는 것이다.

시편의 구조는 세 구조로 되어 있다.

첫째, 세상을 창조하신 하나님을 송축한다.

둘째, 여호와의 산에 오를 자가 누구인지에 대한 질문과 대답이다.

셋째, 시온의 문들에게 영광의 왕께서 들어가시도록 문을 열 것을 주문한다.

특히 3~4절은 시편 15편과 흡사하다.

"여호와의 산에 오를 자 누구며 그의 거룩한 곳에 설 자가 누구인가 곧 손이 깨끗하며 마음이 청결하며 뜻을 허탄한 데에 두지 아니하며 거짓 맹세하지 아니하는 자로다"

위의 질문은 오늘의 언어로 바꾸면 다음과 같다.

"누가 오를 수 있습니까? 누구에게 성전에 다다를 권리를 주시는 것입니까? 이러한 권리는 많은 예물로 살 수 있는 것입니까? 금식 같은 종교예식을 지킴으로써 가능한 것입니까?"

시인은 대답한다. "여호와의 산에 오르는 자는 복을 받은 자로서 그는 진리의 사람이며 생각, 언어, 행동이 정결한 사람이다." 이사야 선지자의 책망과 곁들어 시편 24편을 읽어 보자.

"여호와께서 말씀하시되 너희의 무수한 제물이 내게 무엇이 유익하뇨 나는 숫양의 번제와 살진 짐승의 기름에 배불렀고 나는 수송아지나 어린 양이나 숫염소의 피를 기뻐하지 아니하노라 너희가 내 앞에 보이러 오니 이것을 누가 너희에게 요구하였느냐 내 마당만 밟을 뿐이니라 헛된 제물을 다시 가져오지 말라 분향은 내가 가증히 여기는 바요 월삭과 안식일과 대회로 모이는 것도 그러하니 성회와 아울러 악을 행하는 것을 내가 견디지 못하겠노라 내 마음이 너희의 월삭과 정한 절기를 싫어하나니 그것이 내게 무거운 짐이라 내가 지기에 곤비하였느니라"(사 1 : 11 - 14).

기 도

성령의 임재를 위한 기도

온 땅이 하나님께 속하였음과 하나님의 성산에 올라갈 수 있는 자가 누구임을 깨달아 알 수 있는 은혜를 구한다.

"모든 인생과 만물이 영광의 왕이신 하나님의 것입니다. 이 땅 위의 모든 피조물들이 하나님을 찬양하고, 만물을 구원하실 왕을 예비하게 하소서."

본문말씀 읽기와 묵상하기

1. 본문을 천천히 한 번 읽는데, 읽는 동안에 마음에 부딪히는 말씀을 감지하고 들려오는 말씀에 귀를 기울인다.
   예를 들면 "여호와의 산에 오를 자가 누구며 그의 거룩한 곳에 설 자가 누구인가"(3절).
2. 또다시 본문을 읽으면서 나에게 부딪혀 온 말씀이 오늘 나에게 어떤 말씀으로 전해지는지 귀를 기울인다. 그리고 그 말씀이 오늘 나의 삶에서 무엇으로 말씀하고 있는지를 숙고해 본다.
   예를 들면 "여호와의 산에 오를 자가 누구며 그의 거룩한 곳에 설 자가 누구인가"를 묵상한다. 본문에 나오는 것처럼 그는 손이 깨끗하고 마음이 청결하며, 뜻을 허탄한 데에 두지 아니하며, 거짓 맹세하지 아니하는 자이다.
   과연 말씀에 비추어 볼 때 나는 여호와의 산에 오를 만하며 그의 거룩한 곳에 설 수 있는 자인가를 헤아려 본다. 무엇보다 성산에 올라가 하나님의 얼굴을 전심으로 찾고자 하는 자이다. 내가 전심으로 찾는 것은 무엇인가?
3. 위의 말씀에 반응하는 기도를 드린다.

"하나님, 이 땅과 땅에 충만한 것과 세계와 그중에 거하는 온 인류가 다 하나님께 속하였습니다. 온 피조물이 하나님을 찬양하는데 오직 죄에 물든 우리 인간들만 하나님을 거역하고 있습니다. 무엇보다 이 말씀에 비추어 저의 모습을 돌아볼 때 저는 손이 깨끗하지 아니하고, 마음이 청결하지 아니하며, 뜻을 허탄한 데 두고 살아가고 있습니다.

　　하나님! 거룩한 그리스도의 보혈의 피로 저를 정결케 해 주옵소서. 성산에 올라가 하나님을 전심으로 구하는 삶을 살아가게 하옵소서! 온 피조물과 더불어 온 백성들이 이제는 다 일어나 영광의 왕이신 하나님께 영광을 돌려 드리게 하옵소서!"

임재 안에 머물기

이미 들려주신 주님의 말씀에 깊이 동의하면서 이성과 감성의 활동을 멈추고, 주님이 내려 주시는 고요함과 평화 가운데에서 주님과 하나 되는 경험을 해 본다.

반추 및 성찰

가능하면 기도했던 장소에서 자리를 옮긴다. 그리고 기도 시간에 경험한 내용을 돌아보면서 노트에 간단히 적는다.

이때 기도 안에서 하나님과 내 자신에 대한 전체적인 느낌을 적고, 또 영적으로 위로를 받았던 경험과 영적으로 메말랐던 경험을 적는다.

삶으로 나아가기

마음에 와 닿는 한 구절의 말씀을 선택하여 쪽지에 기록하고, 이 말씀을 수시로 꺼내어 읊조리면서 일상 안에서 기도하며 생활한다.

예를 들면 "여호와의 산에 오를 자가 누구며 그의 거룩한 곳에 설 자가 누구인가 곧 손이 깨끗하며 마음이 청결하며 뜻을 허탄한 데에 두지 아니하며 거짓 맹세하지 아니하는 자로다"(3-4절).

본문 주요내용

금세기의 최대 재난인 쓰나미로 인해 많은 사람들이 생명을 잃었다. 인도양 바다가 출렁거릴 줄 누가 알았겠는가? 다윗은 바다의 기초를 놓으신 분이 주님이라고 말한다. 고대 문명은 강가를 중심으로 형성되었다. 앗수르와 바벨론 제국은 유프라테스와 티그리스 강을 중심으로, 이집트 제국은 나일 강의 풍요로 인해 신화와 문명을 일으켜 세계를 지배할 수 있었다. 풍부한 수자원은 인류로 하여금 정착을 가능하게 만들었고 풍요를 가져다주었다.

하지만 하나님은 나일 강을 피로 바꾸시거나 강의 근원을 마르게 하실 수 있는 능력을 가지셨다는 점을 본문은 강조한다(2절). 이어 시인은 하나님은 영광의 왕이시다라고 고백한다(8절).

본문의 주요내용을 정리해 보자. 본문은 크게 두 부분으로 나뉜다.

1. 하나님에 대해서
첫째, 땅의 주인은 하나님이시다(1절).
둘째, 바다와 강의 기초를 놓으신 분도 하나님이시다(2절).
셋째, 축복과 구원은 하나님께로부터 나온다(5절).
넷째, 하나님은 강하시고 능하신 용사이시다(8절).

2. 인간에 대해서
거룩한 산, 여호와의 산에 올라 왕이신 하나님을 찾고 하나님의 얼굴을 구하여야만 한다. 그것만이 복된 길이요 구원의 길인 것이다.

본문을 통해 배우는 교훈은 무엇인가? 하나님이 우리 삶에, 가정에, 국가에, 지구에, 우주에 왕으로 좌정하실 때만 진정한 평화가 있다. 하나님은 세상에 속한 왕과는 본질적으로 다른 왕이시다. 온 세상의 창조주, 소유주, 복의 근원, 구원자, 전쟁의 용사, 영광의 왕이신 하나님께서 예배를 받으시기 위해 거룩한 산에 성전을 세우셨다.

우리 인생을 진정으로 축복하시고 사망의 구덩이에서 건져 낼 수 있는 능력의 하나님만을 진정으로, 삶으로, 마음을 다해 주의 성소에서 예배하라는 것이 오늘날 우리에게 주는 교훈이다.

시편 24편

시편 29 편

만물들아 주님을 노래하라

기도에 임하기

1. 몸과 마음을 가다듬고 하나님의 임재를 느낀다.
2. 찬송을 부른다(새 42장).

시편 29 : 1~11

1절 너희 권능 있는 자들아 영광과 능력을 여호와께 돌리고 돌릴지어다
2절 여호와께 그의 이름에 합당한 영광을 돌리며 거룩한 옷을 입고 여호와께 예배할지어다
3절 여호와의 소리가 물 위에 있도다 영광의 하나님이 우렛소리를 내시니 여호와는 많은 물 위에 계시도다
4절 여호와의 소리가 힘 있음이여 여호와의 소리가 위엄차도다
5절 여호와의 소리가 백향목을 꺾으심이여 여호와께서 레바논 백향목을 꺾어 부수시도다
6절 그 나무를 송아지같이 뛰게 하심이여 레바논과 시룐으로 들송아지같이 뛰게 하시도다
7절 여호와의 소리가 화염을 가르시도다
8절 여호와의 소리가 광야를 진동하심이여 여호와께서 가데스 광야를 진동시키시도다
9절 여호와의 소리가 암사슴을 낙태하게 하시고 삼림을 말갛게 벗기시니 그의 성전에서 그의 모든 것들이 말하기를 영광이라 하도다
10절 여호와께서 홍수 때에 좌정하셨음이여 여호와께서 영원하도록 왕으로 좌정하시도다
11절 여호와께서 자기 백성에게 힘을 주심이여 여호와께서 자기 백성에게 평강의 복을 주시리로다

본문배경

　메소포타미아 지방에서 흔히 일어났던 홍수를 히브리어로 '마불'이라고 부른다. 그 의미는 모든 것이 진흙으로 인해 뒤죽박죽된 상황을 말한다. 우리 인생도 마찬가지이다. 사탄에 의해 뒤죽박죽된 우리 인생에게 희망의 소식인 복음이 시편 29편을 통해 전해진다. 복음은 주님께서 인생의 홍수, 죄의 홍수로 혼돈에 빠진 우리 인생 위에 좌정하신다는 것이다. 회복의 은혜는 하나님의 임재만으로 가능하다.

　시편 29편을 연구하는 사람들은 본 시가 북쪽 가나안의 도시인 우가릿에서 형성된 바알 찬양시에서 나왔다고 주장한다. 이유인즉 바알 찬양시와 본 시에서 13개의 표현이 일치하기 때문이다. 그중 몇 가지 예를 들면 다음과 같다. "신들의 아들들아"(브네이 엘림)라는 표현은 가나안 신화에 주로 등장하는 신의 가족관계(판테온)의 개념으로 이해한다. 또한 왕이 보좌에 좌정한 개념도 우가릿 문헌에 나타남으로 홍수 위에 좌정하고 계시는 주님의 모습을 바알을 표현할 때 사용되던 개념으로 이해한다. 이 시를 쓴 유대 신앙가가 아마도 그 앞에 가나안에서 많이 불리던 "바알 찬양집"을 펼쳐 놓고 하나님을 노래하기 위해 바알 대신 하나님의 이름을 집어넣고 본 시를 썼다는 주장이다.

　그러나 시편 29편은 모든 사람들에게 하나님만이 섬김을 받으실 분이라고 말한다. "너희들이 믿고 신앙하는 신들의 아들들마저도(신의 자리에 인간에 의해 올라앉아 숭배를 받는 자들) 권능과 영광은 마땅히 하나님께만 돌려야 한다. 그의 이름에 합당한 영광을 주님께 돌리며 거룩한 옷을 입고 하나님께 예배할지어다"(1-2절).

　다시 말해서 다신론 개념을 가진 가나안 사람들과 그들을 이웃하며 살고 있는 이스라엘 사람들에게 유일하신 신은 여호와 한 분뿐이며, 왕이시며, 거룩한 성소에서 영원토록 다스리시며, 자기 백성에게 힘과 평강의 복을 주시는 분이심을 강조하고 있다.

기도

성령의 임재를 위한 기도

　이 말씀을 묵상함으로 나의 우상, 나의 거짓 신이 어떠한 존재인지를 깨닫고, 오직 하나님만이 모든 사람의 섬김을 받을 유일한 존재임을 아는 은혜를 구한다.

　"혼돈에 빠져 허우적거리는 불쌍한 인생들에게 찾아오시는 주님, 예수 그리스도의 참빛을 보게 하시어 우리를 생명의 길로 인도하여 주소서."

본문말씀 읽기와 묵상하기

1. 본문을 천천히 한 번 읽는데, 읽는 동안에 마음에 부딪히는 말씀을 감지하고 들려오는 말씀에 귀를 기울인다.
   예를 들면 "여호와께 그의 이름에 합당한 영광을 돌리며 거룩한 옷을 입고 여호와께 예배할지어다"(2절).
2. 또다시 본문을 읽으면서 나에게 부딪혀 온 말씀이 오늘 나에게 어떤 말씀으로 전해지는지 귀를 기울인다. 그리고 그 말씀이 오늘 나의 삶에서 무엇으로 말씀하고 있는지를 숙고해 본다.
   예를 들면 오늘날 우리의 삶은 탐욕과 우상숭배로 뒤죽박죽이다. 왜 우리의 삶이 거짓 신을 숭배하는 타락한 삶으로 전락했는가? 우리가(내가) 가진 영적인 문제의 본질이 어디에 있는가? 본문에 비추어 한 가지를 생각해 보자면 본문에서 6번이나 반복되듯이 우리가 여호와의 소리를 듣지 못함에 있다. 너무나 분명하게 드러나는 하나님의 능력과 위엄을 듣지 못하고, 보지도 못하는 영적 무지에 달려 있다. 이제 우리는 거룩한 옷을 입고 모든 영광과 능력을 하나님께만 돌려 드려야 한다.
3. 위의 말씀에 반응하는 기도를 드린다.

   "하나님, 하나님 외에 다른 어떠한 존재나 사물도 참하나님이 될 수 없음을 고백합니다. 그러나 저희는 저희 자신도 모르게 돈이나 명예, 개인의 성취욕, 자녀 등을 우리의 신으로 섬기고 있습니다. 이제 나의 귀를 열어 하나님의 소리를 듣게 하시고 내면에 빛을 비추사 내가 은밀하게 추구해 온 나의 헛된 우상과 신들을 보게 하소서! 이제는 그것들을 과감히 떨쳐 버리고 오직 하나님만 경외하는 삶으로 나아갈 수 있도록 나를 인도하소서! 하나님께서 영영토록 하나님을 왕으로 삼는 백성에게 힘을 주시고 평화의 복을 허락해 주실 것을 믿습니다."

임재 안에 머물기

이미 들려주신 주님의 말씀에 깊이 동의하면서 이성과 감성의 활동을 멈추고, 주님이 내려 주시는 고요함과 평화 가운데에서 주님과 하나 되는 경험을 해 본다.

반추 및 성찰

가능하면 기도했던 장소에서 자리를 옮긴다. 그리고 기도 시간에 경험한 내용을 돌아보면서 노트에 간단히 적는다. 이때 기도 안에서 하나님과 내 자신에 대한 전체적인 느낌을 적고, 또 영적으로 위로를 받았던 경험과 영적으로 메말랐던 경험을 적는다.

삶으로 나아가기

마음에 와 닿는 한 구절의 말씀을 선택하여 쪽지에 기록하고, 이 말씀을 수시로 꺼내어 읊조리면서 일상 안에서 기도하며 생활한다.
예를 들면 "여호와께 그의 이름에 합당한 영광을 돌리며 거룩한 옷을 입고 여호와께 예배할지어다"(2절).

본문 주요내용

본 시편에서 시인은 '드린다'는 뜻의 히브리어의 명령형인 '하부'를 세 번 사용하면서 시를 시작한다. "영광과 능력을 주께 돌릴지어다" 다음으로 나오는 명령형 동사는 '히슈타하부'로 뜻은 엎드리라, 경배하라이다. "거룩한 옷을 입고"(2절)의 의미는 주님의 영화와 거룩하심을 송축하라는 것이다. 본문에 제일 많이 나오는 표현은 "여호와의 소리"(6번)이다. 성경의 하나님은 말씀하시는 하나님이시다. 이방 신들의 특징은 말할 수 없다는 데 있다. 주님이 침묵하시는 것처럼 보여도 하나님의 이 세상을 향한 소리는 계속해서 들려왔다. 하나님은 때로 세미한 음성으로 말씀하시기도 하시지만 천지를 가르는 큰 소리로 말씀하시기도 한다. 오늘의 본문은 주님께서 소리를 발하시는 모습을 자연현상과 관련시켜 설명한다.

"하나님께서 말씀하시면 바다가 출렁거리고 레바논의 백향목일지라도 뿌리째 흔들리며 화산 활동이 일어나며 광야가 춤을 추며 숲이 깊음을 드러낸다"(3, 5, 9절).

여호와의 소리의 특징을 살펴보자. 첫째, 여호와의 소리가 물 위에 있도다(3절).

둘째, 여호와의 소리는 힘이 있다(4절). 셋째, 여호와의 소리는 교만을 꺾으신다(5절). 넷째, 여호와의 소리가 화염을 가른다(7절). 다섯째, 여호와의 소리가 광야를 진동시킨다(8절). 여섯째, 여호와의 소리는 생명을 잉태케 하신다(9절).

여호와의 소리 모티브는 10절과 11절에서 그 압축 파일을 풀어낸다. "여호와께서 홍수 때에 좌정하셨음이여(3절, 여호와는 많은 물 위에 계시도다) 여호와께서 영영토록 왕으로 좌정하시도다(물 위에 좌정하신 의미로 통치자가 혼돈과 혼란을 정돈시키신다.) 여호와께서 자기 백성에게 힘을 주심이여(4-9절, 여호와의 소리는 두 가지로 작용된다. 하나는 세상의 교만을 꺾기 위해서, 다른 하나는 주의 백성에게 힘을 주시기 위해서) 여호와께서 자기 백성에게 평강의 복을 주시리로다"

엘리야가 호렙산에서 하나님의 소리를 대면하는 장면과 본 시편을 연계해서 읽어 보자. "여호와께서 이르시되 너는 나가서 여호와의 앞에서 산에 서라 하시더니 여호와께서 지나가시는데 여호와 앞에 크고 강한 바람이 산을 가르고 바위를 부수나 바람 가운데에 여호와께서 계시지 아니하며 바람 후에 지진이 있으나 지진 가운데에도 여호와께서 계시지 아니하며 또 지진 후에 불이 있으나 불 가운데에도 여호와께서 계시지 아니하더니 불 후에 세미한 소리가 있는지라"(왕상 19:11-12).

시편 33 편

밝은 얼굴로 주의 다스리심을 노래하라

기도에 임하기

1. 몸과 마음을 가다듬고 하나님의 임재를 느낀다.
2. 찬송을 부른다(새 39장).

시편 33 : 1~22

1절 너희 의인들아 여호와를 즐거워하라 찬송은 정직한 자들이 마땅히 할 바로다
2절 수금으로 여호와께 감사하고 열 줄 비파로 찬송할지어다
3절 새 노래로 그를 노래하며 즐거운 소리로 아름답게 연주할지어다
4절 여호와의 말씀은 정직하며 그가 행하시는 일은 다 진실하시도다
5절 그는 공의와 정의를 사랑하심이여 세상에는 여호와의 인자하심이 충만하도다
6절 여호와의 말씀으로 하늘이 지음이 되었으며 그 만상을 그의 입 기운으로 이루었도다
7절 그가 바닷물을 모아 무더기같이 쌓으시며 깊은 물을 곳간에 두시도다
8절 온 땅은 여호와를 두려워하며 세상의 모든 거민들은 그를 경외할지어다
9절 그가 말씀하시매 이루어졌으며 명령하시매 견고히 섰도다
10절 여호와께서 나라들의 계획을 폐하시며 민족들의 사상을 무효하게 하시도다
11절 여호와의 계획은 영원히 서고 그의 생각은 대대에 이르리로다
12절 여호와를 자기 하나님으로 삼은 나라 곧 하나님의 기업으로 선택된 백성은 복이 있도다
13절 여호와께서 하늘에서 굽어보사 모든 인생을 살피심이여
14절 곧 그가 거하시는 곳에서 세상의 모든 거민들을 굽어 살피시는도다
15절 그는 그들 모두의 마음을 지으시며 그들이 하는 일을 굽어 살피시는 이로다
16절 많은 군대로 구원 얻은 왕이 없으며 용사가 힘이 세어도 스스로 구원하지 못하는도다

17절 구원하는 데에 군마는 헛되며 군대가 많다 하여도 능히 구하지 못하는도다
18절 여호와는 그를 경외하는 자 곧 그의 인자하심을 바라는 자를 살피사
19절 그들의 영혼을 사망에서 건지시며 그들이 굶주릴 때에 그들을 살리시는도다
20절 우리 영혼이 여호와를 바람이여 그는 우리의 도움과 방패시로다
21절 우리 마음이 그를 즐거워함이여 우리가 그의 성호를 의지하였기 때문이로다
22절 여호와여 우리가 주께 바라는 대로 주의 인자하심을 우리에게 베푸소서

본문배경

시편 33편은 밝은 얼굴로 주님을 찬양하고 있다. 몇몇 시편들의 애절한 탄식의 노래와는 달리 온 땅 가득한 여호와의 자비하심을 찬양하면서 시를 시작한다.

유대인들이 쓰는 컵 모양의 모자를 '키파'라고 부른다. 머리에 쓰는 이유 중 하나는 하늘에 계신 하나님을 두려워한다는 의미를 가진다. 시인은 하늘에 계신 하나님께서 온 인생을 바라보실 뿐 아니라 열방을 향한 생각을 가지고 계신다고 말씀한다. "여호와의 계획은 영원히 서고 그의 생각은 대대에 이르리로다"(11절).

하나님께서는 열방의 계획을 무효화하시며 사람의 생각을 폐하신다고 말씀하시면서 동시에 하나님의 도모와 생각은 영원히 서 있다고 고백한다. 국가마다 전략회의가 있고 종교단체마다 세계를 품는 전략을 가지고 있다.

하지만 그것이 아무리 거창하다고 해도 주님으로부터 말미암지 않은 것이라면 주께서 그 계획들을 무산시키실 것이라고 말씀한다. 반면에 하나님께서 열방에 품으신 생각은 반드시 이루어진다.

1948년 이스라엘이 독립을 선포한 후 아랍 6개국의 2천 7백만 인구와 전쟁을 벌일 때의 수는 단지 70만 명이었다. 1967년 그 유명한 6일 전쟁 때도 이집트, 요르단, 시리아 3개국과 상대하여 6일 만에 전쟁을 끝낸 것은 전쟁사의 일화로 남아 있다. 이스라엘 사람들의 고백을 들어 보면 그들이 전쟁에서 이긴 것은 전력 때문이 아니라 하나님의 은혜라는 것이었다. 하나님은 누구에게 은혜를 베푸시는가?

본문에서 시인은 몇 가지로 정리하고 있다.

첫째, 여호와로 자기 하나님을 삼은 나라 둘째, 하나님을 경외하며 그 인자하심을 바라는 자 셋째, 마음을 다해 하나님을 즐거워하는 자이다.

기도

성령의 임재를 위한 기도

이 묵상을 통해 하나님은 나라들의 계획을 폐하시고 민족들의 사상을 무효하게 하시는 분이시며, 오직 여호와 하나님의 계획만이 영원히 서고, 하나님의 뜻과 이름을 대대로 아는 은총을 구한다.

"모든 인생을 굽어보사 살피시는 하나님, 하나님이 감찰하시는 저희들의 마음의 중심이 여호와 말씀의 진실과 정의를 사랑하게 하소서. 우리의 영혼이 도움과 방패되시는 여호와를 바라나이다. 여호와여 우리가 주께 바라는 대로 주의 인자하심을 우리에게 베푸소서."

본문말씀 읽기와 묵상하기

1. 본문을 천천히 한 번 읽는데, 읽는 동안에 마음에 부딪히는 말씀을 감지하고 들려오는 말씀에 귀를 기울인다.

   예를 들면 "여호와께서 나라들의 계획을 폐하시며 민족들의 사상을 무효하게 하시도다 여호와의 계획은 영원히 서고 그의 생각은 대대에 이르리로다"(10-11절).

2. 또다시 본문을 읽으면서 나에게 부딪혀 온 말씀이 오늘 나에게 어떤 말씀으로 전해지는지 귀를 기울인다. 그리고 그 말씀이 오늘 나의 삶에서 무엇으로 말씀하고 있는지를 숙고해 본다.

   예를 들면 하나님은 사람들의 생각을 폐하시나 어떤 사람들에게 주의 인자하심을 베푸신다. 본문에 의하면 그들은 첫째, 여호와로 자기 하나님을 삼은 나라(또는 사람) 둘째, 하나님을 경외하며 그 인자하심을 바라는 자 셋째, 마음을 다해 하나님을 즐거워하는 자이다. 말씀에 비추어 나는 진심으로 하나님을 경외하는 삶을 살아가고 있는지, 내가 과연 하나님의 은혜를 받을 만한 자인지를 헤아린다. 나의 삶에서 내가 의지하는 군대나 말은 무엇인가?

3. 위의 말씀에 반응하는 기도를 드린다.

"하나님의 계획이나 생각보다 나의 생각과 계획을 더욱 소중히 여기는 저의 어리석음과 불신앙을 용서하여 주옵소서! 이제는 하나님만을 나의 하나님으로 모시고, 오직 하나님의 뜻을 구하여 그 뜻을 이루어 나가는 삶을 살게 하소서! 하나님의 뜻을 힘써 이루되 하나님을 기쁘게 하는 삶을 살아가게 하옵소서! 항상 새 노래로 하나님을 노래하고 즐거운 소리로 하나님을 찬미하게 하소서!"

임재 안에 머물기

이미 들려주신 주님의 말씀에 깊이 동의하면서 이성과 감성의 활동을 멈추고, 주님이 내려 주시는 고요함과 평화 가운데에서 주님과 하나 되는 경험을 해 본다.

반추 및 성찰

가능하면 기도했던 장소에서 자리를 옮긴다. 그리고 기도 시간에 경험한 내용을 돌아보면서 노트에 간단히 적는다. 이때 기도 안에서 하나님과 내 자신에 대한 전체적인 느낌을 적고, 또 영적으로 위로를 받았던 경험과 영적으로 메말랐던 경험을 적는다.

삶으로 나아가기

마음에 와 닿는 한 구절의 말씀을 선택하여 쪽지에 기록하고, 이 말씀을 수시로 꺼내어 읊조리면서 일상 안에서 기도하며 생활한다.
예를 들면 "여호와를 자기 하나님으로 삼은 나라 곧 하나님의 기업으로 선택된 백성은 복이 있도다"(12절).

본문 주요내용

본 시편은 세 부분으로 나뉜다. 1~3절 여호와를 찬양하라, 4~11절 찬양의 이유, 12~22절 여호와를 바라라. 1절에서 3절까지는 의인을 정직한 자로 표현하면서 이들은 여호와를 즐거워하고 수금, 열 줄 비파를 연주하며 새 노래로 여호와를 찬양할 것을 독려한다. 4절부터는 찬양할 이유에 대해 언급한다. 하나님을 송축할 이유는 주의 말씀은 정직하고 그의 하시는 일이 진실하시기 때문이다. 이것은 하나님이 말씀하시매 이루어졌고 명령하시니 견고히 섰다는 것이다. 여기서 시인은 하나님은 말씀으로 하늘을 창조하신 분이심을 강조한다(6-7절). 12절부터는 여호와를 자기 하나님으로 삼을 것과 인생을 감찰하시는 하나님 앞에서 주를 바라볼 것을 권고하고 있다.

세상을 창조하신 하나님은 정의와 공의를 사랑하시고 이 땅이 여호와의 인자하심으로 가득해지기를 바라신다. 하지만 열방은 도모와 사상을 동원해 하나님이 세우신 창조질서를 어지럽혀 왔다. 바로 이때 주를 믿는 자녀들의 할 일은 여호와를 찬송하되 모든 악기를 동원해 주님을 노래하는 것이며, 온 땅 거민을 독려하여 여호와를 경외하는 삶을 살도록 전도하는 것이며, 주의 자녀들이 사망과 기근을 만날 때에라도 오직 그를 건지시며 살게 하시는 능력의 주님, 자비의 주님을 바라보고 성호를 의지하는 것이다. 하나님의 기업으로 빼신바 된 주의 백성들을 구원함에 있어 말은 헛것이요 큰 힘으로도 구하지 못한다는 사실을 명심하고, 오직 바라는 대로 인자하심을 베푸시는 여호와만을 바라보는 것이다.

시편 33편

시편 35 편

도망자의 기도

기도에 임하기

1. 몸과 마음을 가다듬고 하나님의 임재를 느낀다.
2. 찬송을 부른다(새 401장).

시편 35 : 1~28

1절 여호와여 나와 다투는 자와 다투시고 나와 싸우는 자와 싸우소서
2절 방패와 손 방패를 잡으시고 일어나 나를 도우소서
3절 창을 빼사 나를 쫓는 자의 길을 막으시고 또 내 영혼에게 나는 네 구원이라 이르소서
4절 내 생명을 찾는 자들이 부끄러워 수치를 당하게 하시며 나를 상해하려 하는 자들이 물러가 낭패를 당하게 하소서
5절 그들을 바람 앞에 겨와 같게 하시고 여호와의 천사가 그들을 몰아내게 하소서
6절 그들의 길을 어둡고 미끄럽게 하시며 여호와의 천사가 그들을 뒤쫓게 하소서
7절 그들이 까닭 없이 나를 잡으려고 그들의 그물을 웅덩이에 숨기며 까닭 없이 내 생명을 해하려고 함정을 팠사오니
8절 멸망이 순식간에 그에게 닥치게 하시며 그가 숨긴 그물에 자기가 잡히게 하시며 멸망 중에 떨어지게 하소서
9절 내 영혼이 여호와를 즐거워함이여 그의 구원을 기뻐하리로다
10절 내 모든 뼈가 이르기를 여호와와 같은 이가 누구냐 그는 가난한 자를 그보다 강한 자에게서 건지시고 가난하고 궁핍한 자를 노략하는 자에게서 건지시는 이라 하리로다
11절 불의한 증인들이 일어나서 내가 알지 못하는 일로 내게 질문하며
12절 내게 선을 악으로 갚아 나의 영혼을 외롭게 하나

13절 나는 그들이 병들었을 때에 굵은 베옷을 입으며 금식하여 내 영혼을 괴롭게 하였더니 내 기도가 내 품으로 돌아왔도다

14절 내가 나의 친구와 형제에게 행함같이 그들에게 행하였으며 내가 몸을 굽히고 슬퍼하기를 어머니를 곡함같이 하였도다

15절 그러나 내가 넘어지매 그들이 기뻐하여 서로 모임이여 불량배가 내가 알지 못하는 중에 모여서 나를 치며 찢기를 마지아니하도다

16절 그들은 연회에서 망령되이 조롱하는 자같이 나를 향하여 그들의 이를 갈도다

17절 주여 어느 때까지 관망하시려 하나이까 내 영혼을 저 멸망자에게서 구원하시며 내 유일한 것을 사자들에게서 건지소서

18절 내가 대회 중에서 주께 감사하며 많은 백성 중에서 주를 찬송하리이다

19절 부당하게 나의 원수된 자가 나로 말미암아 기뻐하지 못하게 하시며 까닭 없이 나를 미워하는 자들이 서로 눈짓하지 못하게 하소서

20절 무릇 그들은 화평을 말하지 아니하고 오히려 평안히 땅에 사는 자들을 거짓말로 모략하며

21절 또 그들이 나를 향하여 입을 크게 벌리고 하하 우리가 목격하였다 하나이다

22절 여호와여 주께서 이를 보셨사오니 잠잠하지 마옵소서 주여 나를 멀리하지 마옵소서

23절 나의 하나님, 나의 주여 떨치고 깨셔서 나를 공판하시며 나의 송사를 다스리소서

24절 여호와 나의 하나님이여 주의 공의대로 나를 판단하사 그들이 나로 말미암아 기뻐하지 못하게 하소서

25절 그들이 마음속으로 이르기를 아하 소원을 성취하였다 하지 못하게 하시며 우리가 그를 삼켰다 말하지 못하게 하소서

26절 나의 재난을 기뻐하는 자들이 함께 부끄러워 낭패를 당하게 하시며 나를 향하여 스스로 뽐내는 자들이 수치와 욕을 당하게 하소서

27절 나의 의를 즐거워하는 자들이 기꺼이 노래 부르고 즐거워하게 하시며 그의 종의 평안함을 기뻐하시는 여호와는 위대하시다 하는 말을 그들이 항상 말하게 하소서

28절 나의 혀가 주의 의를 말하며 종일토록 주를 찬송하리이다

본문배경

중세주석가인 랍비 이샤야후 마타라니는 본 시의 정황을 이렇게 설명한다. "다윗이 까닭 없이 사울의 미움을 받고 살해 위협을 피하기 위해 놉으로 도망하던 때에 지은 시이다." 헤르만 궁켈은 "환난 때에 사람이 하나님께 부르짖는 기도의 시"라고 말한다. 제목에 '다윗의' 혹은 '다윗을 위한'이라고 된 시편은 모두 9편이다(25, 26, 27, 28, 37, 103, 138, 144 ; 참고로 '솔로몬의', '솔로몬을 위한'이란 제목의 시는 시편 72편이다). 다윗

이 사울을 염두에 두고 지은 시라는 가정을 받아들이면서 본 시를 읽어 보면 더 큰 아픔이 배어 나온다. 다윗을 그토록 미워하는 사람이 하나님에 의해 기름 부음을 받았던 사울 왕이었고, 그를 따르는 무리들에 대한 본문의 묘사는 구체적이기 때문이다. 즉, 다투는 사람, 싸우는 사람, 쫓아오는 사람, 재앙을 추구하는 사람, 함정을 파는 사람, 빈정거리는 사람, 세속적인 사람, 거짓을 일삼는 대적, 미워하는 사람, 재앙을 기뻐하는 사람 등이다. 이와 같은 절박한 상황 속에서 다윗은 하나님께 기도를 드린다. 그 내용은 다음과 같다.

첫째, 일어나 나를 도우소서. 둘째, 나는 네 구원이라 이르소서. 셋째, 저희로 물러가게 하소서. 넷째, 나는 여호와를 즐거워하며 그 구원하심을 기뻐하나이다. 다섯째, 관망하지 마옵소서. 여섯째, 대회 중에서 주께 감사하며 주를 찬송하게 하소서. 일곱째, 잠잠하지 마옵소서, 보시옵소서. 여덟째, 공의대로 판단해 주소서. 아홉째, 나의 의를 즐거워하는 자들로 즐겁게 하옵소서. 열째, 종일토록 주의 의를 말하며 주를 찬송케 하소서.

기도

성령의 임재를 위한 기도

이 묵상을 통해 사람들이 미움이나 모함, 그리고 온갖 함정으로 우리를 위협하는 상황에 처했을 때 우리가 어떻게 하나님께 기도하고 어떤 모습으로 행동하며 살아가야 하는가를 배우며, 열린 마음과 깨달은 바로 살아가겠다는 결단의 마음을 구한다.

"평화의 하나님, 하나님의 공평과 정의가 우리의 삶의 자리에 임하게 하소서. 악을 선으로 갚으시는 놀라우신 하나님의 통치가 이 땅 가운데 생명과 평화로 성취되게 하소서."

본문말씀 읽기와 묵상하기

1. 본문을 천천히 한 번 읽는데, 읽는 동안에 마음에 부딪히는 말씀을 감지하고 들려오는 말씀에 귀를 기울인다.
   예를 들면 "내게 선을 악으로 갚아 나의 영혼을 외롭게 하나 나는 그들이 병들었을 때에 굵은 베옷을 입으며 금식하여 내 영혼을 괴롭게 하였더니 내 기도가 내 품으로 돌아왔도다"(12-13절).

2. 또다시 본문을 읽으면서 나에게 부딪혀 온 말씀이 오늘 나에게 어떤 말씀으로 전해지는지 귀를 기울인다. 그리고 그 말씀이 오늘 나의 삶에서 무엇으로 말씀하고 있는지를 숙고해 본다.

예를 들면 선을 악으로 되돌려 받은 시편 기자의 영혼이 얼마나 외롭고 힘들 것인지를 생각하며, 비슷한 처지에서 내가 경험했던 사건과 그때의 나의 심정을 헤아린다. 시편 기자가 그 견디기 힘든 분노와 상처, 아픔을 부둥켜안으면서도 그것에만 함몰되지 않고 그것을 넘어서서 자신의 내면과 문제를 기도를 통해 하나님께 가져간 것을 기억한다. 기도 가운데 자신의 내면을 진솔하게 토로하며 하나님을 신뢰하게 되었을 때 하나님께서 그 영혼에게 베푸신 은혜를 헤아려 본다. "내 영혼이 여호와를 즐거워함이여 그의 구원을 기뻐하리로다 내 모든 뼈가 이르기를 여호와와 같은 이가 누구냐 그는 가난한 자를 그보다 강한 자에게서 건지시고 가난하고 궁핍한 자를 노략하는 자에게서 건지시는 이라 하리로다"(9-10절).

3. 위의 말씀에 반응하는 기도를 드린다.

"하나님! 제가 어떤 일을 당하든지 제 마음이 주를 향하게 도와주십시오. 사람들의 모함과 미움과 거짓 증거로 제 마음이 아무리 산란하더라도 제 마음의 생각과 판단으로만 반응하는 어리석은 우를 범치 않게 하소서! 다만 기도로 제 마음을 하나님께 토로하게 하시고, 그로 인해 주님이 내게 주신 새 마음으로 저와 이웃과 저의 모든 문제를 바라볼 수 있는 영안을 갖고 살아가게 하소서! 이 모든 것 속에서 합력하여 선을 이루어 가시는 하나님의 일하심을 보게 하옵소서! 내가 경험하는 나의 모든 일로 인해 제 기도가 제 품으로 돌아오게 하옵소서!"

임재 안에 머물기

이미 들려주신 주님의 말씀에 깊이 동의하면서 이성과 감성의 활동을 멈추고, 주님이 내려 주시는 고요함과 평화 가운데에서 주님과 하나 되는 경험을 해 본다.

반추 및 성찰

가능하면 기도했던 장소에서 자리를 옮긴다. 그리고 기도 시간에 경험한 내용을 돌

아보면서 노트에 간단히 적는다. 이때 기도 안에서 하나님과 내 자신에 대한 전체적인 느낌을 적고, 또 영적으로 위로를 받았던 경험과 영적으로 메말랐던 경험을 적는다.

삶으로 나아가기

마음에 와 닿는 한 구절의 말씀을 선택하여 쪽지에 기록하고, 이 말씀을 수시로 꺼내어 읊조리면서 일상 안에서 기도하며 생활한다.
예를 들면 "나는 그들이 병들었을 때에 굵은 베옷을 입으며 금식하여 내 영혼을 괴롭게 하였더니 내 기도가 내 품으로 돌아왔도다"(13절).

본문 주요내용

블레셋의 5대 도시 중 하나였던 갓의 장군 골리앗이 큰소리치며 이스라엘의 하나님을 모독할 때 벌벌 떨며 그 앞에 마주 설 용기조차 없던 사울 임금. 목숨 걸고 자신의 왕조를 지켜 주고 명예를 회복시켜 준 은인 다윗을 죽이려는 비겁자인 사울로 인해 도망자의 신세가 된 다윗은 정말 억울할 수밖에 없었고, 언제 끝날지 모르는 자신의 가련한 처지를 원망하며 복수의 칼날을 세울 수도 있었지만, 오늘의 본문에 나타난 다윗의 모습은 이런 상황에서라도 신앙인이 취해야 할 모습을 잘 보여 준다.
첫째, 하나님의 도움을 호소한다. "방패와 손 방패를 잡으시고 일어나 나를 도우소서"(2절).
둘째, 주님의 구원을 노래한다. "내 영혼이 여호와를 즐거워함이여 그의 구원을 기뻐하리로다"(9절).
셋째, 하나님의 판결을 기대한다. "여호와 나의 하나님이여 주의 공의대로 나를 판단하사 그들이 나로 말미암아 기뻐하지 못하게 하소서"(24절).
넷째, 승리를 확신한다. "내 영혼에게 나는 네 구원이라 이르소서"(3절). "내가 대회 중에서 주께 감사하며 많은 백성 중에서 주를 찬송하리이다"(18절). "그의 종의 평안함을 기뻐하시는 여호와는 위대하시다"(27절).

억울한 일을 당하고 있는가? 선을 악으로 삼는 이웃으로 인해 영혼이 외로움에 처해 있는가? 관망치 않으시고 내 생명을 무고히 찾아 멸하려 하는 자들의 도모를 부끄럽게 하시는 여호와 하나님을 즐거워하고 기뻐하라.

시편 36 편

여호와의 종이
부른 노래

기도에 임하기

1. 몸과 마음을 가다듬고 하나님의 임재를 느낀다.
2. 찬송을 부른다(새 452장).

시편 36 : 1~12

1절 악인의 죄가 그의 마음속으로 이르기를 그의 눈에는 하나님을 두려워하는 빛이 없다 하니
2절 그가 스스로 자랑하기를 자기의 죄악은 드러나지 아니하고 미워함을 받지도 아니하리라 함이로다 그는 그 죄악이 드러나서 미움을 받기까지 자긍하는도다
3절 그의 입에서 나오는 말은 죄악과 속임이라 그는 지혜와 선행을 그쳤도다
4절 그는 그의 침상에서 죄악을 꾀하며 스스로 악한 길에 서고 악을 거절하지 아니하는도다
5절 여호와여 주의 인자하심이 하늘에 있고 주의 진실하심이 공중에 사무쳤으며
6절 주의 의는 하나님의 산들과 같고 주의 심판은 큰 바다와 같으니이다 여호와여 주는 사람과 짐승을 구하여 주시나이다
7절 하나님이여 주의 인자하심이 어찌 그리 보배로우신지요 사람들이 주의 날개 그늘 아래에 피하나이다
8절 그들이 주의 집에 있는 살진 것으로 풍족할 것이라 주께서 주의 복락의 강물을 마시게 하시리이다
9절 진실로 생명의 원천이 주께 있사오니 주의 빛 안에서 우리가 빛을 보리이다
10절 주를 아는 자들에게 주의 인자하심을 계속 베푸시며 마음이 정직한 자에게 주의 공의를 베푸소서
11절 교만한 자의 발이 내게 이르지 못하게 하시며 악인들의 손이 나를 쫓아내지 못하게 하소서
12절 악을 행하는 자들이 거기서 넘어졌으니 엎드러지고 다시 일어날 수 없으리이다

본문배경

시편 36편은 여호와의 종이 부른 노래이다. 다윗을 일컬어 '여호와의 종'이라고 부르는 것은 시편 18편의 제목을 제외하고는 구약에서 찾아볼 수가 없다. 여호와의 종이라는 호칭은 모세에게만 주로 사용되었다(신 34 : 5 ; 수 1 : 1 ; 2절에서는 하나님께서 직접 모세를 '나의 종'이라고 부르신다 ; 1 : 13 ; 15절 ; 11 : 15). 종이란 히브리어 단어 '에베드'는 말 그대로 '종으로 섬긴다', '일한다'는 뜻이다. 보아스가 룻을 만나 결혼한 후 낳은 아들 '오베드'는 현재분사로 '일한다'는 뜻이다. 다른 뜻은 '예배한다'이다. 성경이 그토록 이 단어를 사람에게 부여하기를 아끼는 이유는 그만큼 주님을 섬기고 예배한 사람이 드물었다는 이야기이다. 수많은 그리스도인들과 종들이 있지만 여호와의 종이라고 불릴 만한 사람은 누구인지 오늘 본문의 제목을 통해 반성해 보자.

하나님의 관점에서 과연 여호와의 종이라고 불릴 수 있을까? 여호와의 종이라면 말 그대로 그분의 종인데, 첫째로 드는 생각은 여호와는 과연 어떤 분이실까에 대한 진지하고도 심각한 질문이 요청되며, 두 번째로는 과연 그분의 종 된 모습은 어떠해야 하는가이다.

성경에 등장하는 수많은 사람들 중 여호와의 종으로 불렸던 두 사람, 모세와 다윗을 목회자로서의 삶의 모델로 삼을 수 있다. 모세에게서는 여호와의 온 집의 사환으로서의 충성을(민 12 : 7), 다윗에게서는 중심이 여호와 보시기에 바른 모습을 배운다(삼상 16 : 7). 모세와 다윗은 어떻게 여호와의 종이 될 수 있었는가? 그것은 하나님이 어떠한 분이신지 삶 속에서 구체적인 경험이 있었기에 가능했을 것이다.

기 도

성령의 임재를 위한 기도

이 묵상을 통해 하나님을 두려워하지 않는 자와 주를 아는 자의 행위와 그들의 삶의 열매가 어떻게 대조되는지를 깨달아 알 수 있는 지혜를 구한다.

"우리의 눈에 하나님을 두려워하는 빛이 있게 하시고, 보배로우신 주님의 날개 아래 살게 하소서. 우리로 하여금 생명의 원천이신 빛을 보게 하시어 주를 아는 자에게 인자하심이 끊이지 않게 하시고, 마음이 정직한 자에게 주의 공의를 베푸소서."

본문말씀 읽기와 묵상하기

1. 본문을 천천히 한 번 읽는데, 읽는 동안에 마음에 부딪히는 말씀을 감지하고 들려오는 말씀에 귀를 기울인다.
   예를 들면 "진실로 생명의 원천이 주께 있사오니 주의 빛 안에서 우리가 빛을 보리이다"(9절).
2. 또다시 본문을 읽으면서 나에게 부딪혀 온 말씀이 오늘 나에게 어떤 말씀으로 전해지는지 귀를 기울인다. 그리고 그 말씀이 오늘 나의 삶에서 무엇으로 말씀하고 있는지를 숙고해 본다.
   예를 들면 악인의 목전에는 하나님을 두려워함이 전혀 없다. 그의 입의 말은 죄악과 궤휼로 가득하고 지혜와 선행이 그쳐 버렸으며 침상에서까지 죄악을 꾀하고 있다. 그들의 마음에는 하나님이 없으며 생명의 원천이 주께 있음을 모른다. 반면에 주를 두려워하여 신뢰하는 자들은 주님 안에 거하면서 생명의 원천이 주께 있음을 안다. 그들은 하나님은 사람에게 인자하시고 성실하신 분임을 알고 하나님께 피하는 자들이다. 그들은 주의 빛으로 빛을 보리라는 기대와 소망을 가지고 주의 인자를 구하는 자들이다.
3. 위의 말씀에 반응하는 기도를 드린다.

   "하나님! 주의 빛으로 항상 제 마음을 비추어 주소서! 때로 제가 입으로 악한 말을 하고 죄악을 도모하며 스스로는 지혜롭다고 여길 때가 있습니다. 이 얼마나 우둔한 모습입니까? 그것은 제가 빛 가운데 있지 못한 연유입니다. 너무나 심한 목마름으로 타는 갈증을 해소하고자 이것저것을 마시나 이 목마름을 해갈할 길이 없습니다.
   하오나 이제 생명의 원천은 오직 주님에게만 있음을 알게 되었습니다. 주님의 생수로 영원히 목마르지 않는 삶을 살게 하여 주시고, 주의 빛으로 빛을 보게 될 것을 확신합니다. 항상 주의 날개 그늘 아래 숨어 주의 빛으로 빛을 봄으로, 이후로는 보다 투명하고 정직한 삶을 살아가도록 주의 자비를 베풀어 주소서!"

임재 안에 머물기

이미 들려주신 주님의 말씀에 깊이 동의하면서 이성과 감성의 활동을 멈추고, 주님이 내려 주시는 고요함과 평화 가운데에서 주님과 하나 되는 경험을 해 본다.

반추 및 성찰

가능하면 기도했던 장소에서 자리를 옮긴다. 그리고 기도 시간에 경험한 내용을 돌아보면서 노트에 간단히 적는다. 이때 기도 안에서 하나님과 내 자신에 대한 전체적인 느낌을 적고, 또 영적으로 위로를 받았던 경험과 영적으로 메말랐던 경험을 적는다.

_____
_____
_____

삶으로 나아가기

마음에 와 닿는 한 구절의 말씀을 선택하여 쪽지에 기록하고, 이 말씀을 수시로 꺼내어 읊조리면서 일상 안에서 기도하며 생활한다.
예를 들면 "진실로 생명의 원천이 주께 있사오니 주의 빛 안에서 우리가 빛을 보리이다"(9절).

본문 주요내용

5절부터 10절까지의 첫 번째 주제는 "여호와의 인자하심"이다.
"여호와여 주의 인자하심이 하늘에 있고"(5절). "하나님이여 주의 인자하심이 어찌 그리 보배로우신지요 사람들이 주의 날개 그늘 아래에 피하나이다"(7절).
시인은 여호와의 인자하심이 얼마나 높고, 고귀한지에 대해서 노래한다. 또한 주의 인자하심을 은유적으로 새의 날개 그늘과 같다고 표현한다. 시인에 의하면 하나님의 인자하심을 경험한다는 것은 구체적으로 여호와께서 넓게 펴신 날개 그늘 아래서 피난한다는 것과 동일하다는 것이다. 또한 시인은 하나님의 인자하심이 과거뿐 아니라 현재 그리고 미래에도 지속되기를 기도한다. 시인은 자신을 일컬어 여호와를 아는 사람 ("주를 아는 자들에게 주의 인자하심을 계속 베푸시며"〈10절〉.)이라고 말한다. 여기서 안다는 것은 만났다는 뜻이다. 하나님을 만났기에 주님의 인자하심을 경험했고, 그 인자하심이 얼마나 고귀했는지를 알았기에 더욱더 맛보아 알기를 간구하는 것이다. 이어 시인은 하나님이 누구에게 하나님의 의를 보이시는지에 대해 말씀한다. 하나님의 의는 마음이 정직한 사람에게 경험된다(10절).

두 번째 주제는 인생의 원천이 주께 있다는 점을 강조한다. "진실로 생명의 원천이 주께 있사오니 주의 빛 안에서 우리가 빛을 보리이다"(9절). 인생에게 필요한 생명과 광명의 출발점은 우연히 된 것도 아니고 우주 대 폭발로 이루어진 것이 아니고 창조주 하나님으로부터 시작되었다는 것이다. 성경의 말씀을 들어 보자. "하나님이 이르시되 빛이 있으라 하시니 빛이 있었고"(창 1 : 3), "여호와 하나님이 땅의 흙으로 사람을 지으시고 생기를 그 코에 불어넣으시니 사람이 생령이 된지라"(창 2 : 7).

생명과 광명의 원천이신 하나님께서 그의 인자하심을 베푸시는 사람은 주의 날개 그늘 아래 피난처를 둔 사람이다.

시편 45 편

왕께 바치는 노래

기도에 임하기

1. 몸과 마음을 가다듬고 하나님의 임재를 느낀다.
2. 찬송을 부른다(새 32장).

시편 45 : 1~17

1절   내 마음이 좋은 말로 왕을 위하여 지은 것을 말하리니 내 혀는 글솜씨가 뛰어난 서기관의 붓끝과 같도다
2절   왕은 사람들보다 아름다워 은혜를 입술에 머금으니 그러므로 하나님이 왕에게 영원히 복을 주시도다
3절   용사여 칼을 허리에 차고 왕의 영화와 위엄을 입으소서
4절   왕은 진리와 온유와 공의를 위하여 왕의 위엄을 세우시고 병거에 오르소서 왕의 오른손이 왕에게 놀라운 일을 가르치리이다
5절   왕의 화살은 날카로워 왕의 원수의 염통을 뚫으니 만민이 왕의 앞에 엎드러지는도다
6절   하나님이여 주의 보좌는 영원하며 주의 나라의 규는 공평한 규이니이다
7절   왕은 정의를 사랑하고 악을 미워하시니 그러므로 하나님 곧 왕의 하나님이 즐거움의 기름을 왕에게 부어 왕의 동료보다 뛰어나게 하셨나이다
8절   왕의 모든 옷은 몰약과 침향과 육계의 향기가 있으며 상아궁에서 나오는 현악은 왕을 즐겁게 하도다
9절   왕이 가까이하는 여인들 중에는 왕들의 딸이 있으며 왕후는 오빌의 금으로 꾸미고 왕의 오른쪽에 서도다
10절 딸이여 듣고 보고 귀를 기울일지어다 네 백성과 네 아버지의 집을 잊어버릴지어다

11절 그리하면 왕이 네 아름다움을 사모하실지라 그는 네 주인이시니 너는 그를 경배할지어다
12절 두로의 딸은 예물을 드리고 백성 중 부한 자도 네 얼굴 보기를 원하리로다
13절 왕의 딸은 궁중에서 모든 영화를 누리니 그의 옷은 금으로 수놓았도다
14절 수놓은 옷을 입은 그는 왕께로 인도함을 받으며 시종하는 친구 처녀들도 왕께로 이끌려 갈 것이라
15절 그들은 기쁨과 즐거움으로 인도함을 받고 왕궁에 들어가리로다
16절 왕의 아들들은 왕의 조상들을 계승할 것이라 왕이 그들로 온 세계의 군왕을 삼으리로다
17절 내가 왕의 이름을 만세에 기억하게 하리니 그러므로 만민이 왕을 영원히 찬송하리로다

본문배경

시편 45편은 고라 자손이 백합을 손에 들고 흔들며 지휘자의 지휘에 맞추어 부르는 승리의 노래이다. 1절은 시가 지어진 배경을 구체적으로 말한다. 고라 자손이 필객의 붓을 가지고 마음에서 넘쳐 나는 좋은 말로 왕에 대하여 지은 시이다. 주경가들은 본 시를 헌정 받은 왕이 아마도 솔로몬이었다고 본다. 이유인즉 시의 제목이 다정한 노래의 뜻인 '쉬르 예디돗'과 솔로몬의 별명인 '여디디아'(신의 친구)가 의미론적으로 동일선상에 있기 때문이다. 혹자는 본 시편이 두로의 딸이라든지 상아로 만든 궁전을 예로 들어 아합으로 추정한다. 아니면 메시야 시편으로 볼 수도 있다.

여하튼 하늘의 왕께서 세상의 왕들에게 주는 교훈을 시인의 입을 통해 전달하는 데 그 목적을 두고 있다. 하늘의 왕과 지상의 왕의 가장 아름다운 모델은 메시야 예수님이시다. 주님은 이 세상 누구보다도 더 아름답다. 주님의 거룩한 입술에는 아름다움이 머물러 있고 하늘 아버지께 복 받은 분으로서 우리 앞에 용사로 서 계신다. 백마 탄 왕처럼 큰 칼을 차시고, 영광과 위엄으로 옷 입으시고, 진리와 의의 말을 타시고 전쟁에 나가 사탄의 심장을 날센 검과 활로 찌르신다. 당신 앞에 모든 열방이 꿇어 엎드려 경배하며 주님의 보좌는 신의 보좌로 영원하시다. 주님의 나라는 공평과 정의의 나라로 하늘 아버지는 아들이신 메시야를 무척이나 사랑하셔서 기쁨의 기름을 한없이 부어 주신다. 주님께서 입으신 옷은 몰약과 육계와 아카시아 향기가 배어 있고, 주님께서 거하시는 궁전은 상아로 치장된 것보다 더 아름답고 화려하다. 존귀한 자의 딸들이 주께 허리 굽혀 경배하고 수종들며, 거룩한 신부로 귀한 보석으로 장식된 왕관을 주님께 드린다. 주님의 나라는 계속되며 온 세상이 그 나라를 칭송하게 될 것이다.

메시야의 삶을 통해 우리 그리스도인들도 예수님처럼 진리와 온유와 공의를 위하여

은혜를 입술에 머금고 살아갈 때 자손들이 뒤따를 것이며, 그리스도인 가문의 아름다운 신앙의 모습을 보고 온 열방이 하나님께로 돌아오게 될 것이다. 본 시편은 우리에게 다음의 고백을 하도록 도전한다.

"나의 왕이시여, 지금부터 목숨이 다하는 날까지 예수님처럼 살겠나이다. 온 열방이 영원무궁토록 주께 감사하는 그 일을 위하여 더욱 충성을 다하겠나이다."

기도

성령의 임재를 위한 기도

이 묵상을 통해 하늘의 왕께서 세상의 왕에게 주는 교훈을 깨달아 알도록 간구한다. 무엇보다 하늘의 왕의 교훈을 따라 완벽한 삶을 살아 낸 예수님처럼 하늘 왕의 교훈이 우리의 삶에서 제대로 구현되도록 간구한다.

"나의 왕, 나의 주님, 우리에게 겸손과 온유의 왕으로 오셔서 통치하시는 주님을 찬양합니다. 하나님의 종으로 부르시어 당신의 법 아래서 살게 하는 은혜를 기억하게 하소서. 우리 주님이 가르쳐 주시는 하늘 아버지의 자녀의 삶을 따라 배우며 살게 하소서."

본문말씀 읽기와 묵상하기

1. 본문을 천천히 한 번 읽는데, 읽는 동안에 마음에 부딪히는 말씀을 감지하고 들려오는 말씀에 귀를 기울인다.
   예를 들면 "하나님이여 주의 보좌는 영원하며"(6절 상).
2. 또다시 본문을 읽으면서 나에게 부딪혀 온 말씀이 오늘 나에게 어떤 말씀으로 전해지는지 귀를 기울인다. 그리고 그 말씀이 오늘 나의 삶에서 무엇으로 말씀하고 있는지를 숙고해 본다.
   예를 들면 하늘의 왕께서 지상의 왕을 어떻게 축복하시는지 그리고 지상의 왕은 하늘의 왕 앞에서 어떻게 살아야 하는지를 말씀에 비추어 헤아려 본다. 무엇보다 하늘의 왕이시면서 땅의 왕이신 예수님께서 성부의 축복을 받으며 이 땅에 오시어 세상 왕으로서 어떻게 삶을 사셨는지를 묵상한다.

우리가 만왕의 왕이신 예수님께 어떻게 찬미를 올려 드릴 수 있을까를 묵상한다. 왕의 신부가 되기 위하여 우리가 갖추어야 할 것은 무엇인가, 그리고 왕의 신부 된 자의 기쁨은 무엇인가를 헤아려 본다.

3. 위의 말씀에 반응하는 기도를 드린다.

"하늘의 왕이시며 땅의 왕이신 예수님! 세상 왕으로서 당신께서 저희에게 친히 보여 주신 당신의 본을 따라 살아가기를 원합니다. 왕의 왕이신 예수님을 따르는 '왕 같은 존재'로서 또는 왕의 신부로서 우리의 존재와 삶이 얼마나 고귀하고 복되며 아름다운 인생인지를 깨달아 알게 하옵소서! 왕의 삶이 결코 어떤 누림에 있는 것이 아니라 주님처럼 완전히 자기를 내어 줌에만 있음을 깨닫게 하옵소서!

예수님께서 보여 주신 것처럼 우리의 생명이 다하는 그날까지 오직 하늘 왕의 뜻만을 따라 살아가게 하소서."

임재 안에 머물기

이미 들려주신 주님의 말씀에 깊이 동의하면서 이성과 감성의 활동을 멈추고, 주님이 내려 주시는 고요함과 평화 가운데에서 주님과 하나 되는 경험을 해 본다.

반추 및 성찰

가능하면 기도했던 장소에서 자리를 옮긴다. 그리고 기도 시간에 경험한 내용을 돌아보면서 노트에 간단히 적는다.

이때 기도 안에서 하나님과 내 자신에 대한 전체적인 느낌을 적고, 또 영적으로 위로를 받았던 경험과 영적으로 메말랐던 경험을 적는다.

삶으로 나아가기

마음에 와 닿는 한 구절의 말씀을 선택하여 쪽지에 기록하고, 이 말씀을 수시로 꺼내어 읊조리면서 일상 안에서 기도하며 생활한다.
예를 들면 "하나님이여 주의 보좌는 영원하며"(6절).

본문 주요내용

시편 45편은 크게 둘로 나뉜다.

첫째, 하늘의 왕이신 하나님이 누구신가? 하나님은 지상의 왕에게 복을 주시는 분이시다. "하나님이 왕에게 영원히 복을 주시도다"(2절). 왕의 승리는 하나님께 달려 있다. "왕의 오른손이 왕에게 놀라운 일을 가르치리이다"(4절).

하나님의 보좌는 영원하며 주의 통치는 공평하시다. "하나님이여 주의 보좌는 영원하며 주의 나라의 규는 공평한 규이니이다"(6절). 왕을 동료보다 승하게 하시는 분은 하나님이시며 그 이유가 있다. 하나님은 정의를 사랑하시고 악을 미워하시기 때문에 만일 지상 왕이 정의를 사랑하고 악을 미워하면 동료보다 승하게 되는 복을 받게 된다(7절, "왕이 그들로 온 세계의 군왕을 삼으리로다"〈16절〉). 하나님은 왕조를 계승케 하실 수 있으신 분이시다. "왕의 아들들은 왕의 조상을 계승할 것이라"(16절 상).

둘째, 지상의 왕은 하늘의 왕 앞에서 어떻게 살아야 하는가?

하늘의 왕이신 하나님 앞에서 보좌와 홀이 나옴을 겸허히 받아들여라(6절). 자비로운 통치자가 되라(2절). 진리와 온유와 공의를 위해 살아라(4절). 악을 미워하고 정의를 사랑하라(7절).

이러한 삶을 살면 왕이 받는 축복은 무엇인지에 대해 시인은 다음과 같이 말한다. 하나님은 지상의 왕에게 승리를 주시고 동료보다 승하게 하신다(7절). 부귀영화를 누린다(8-9, 12-15절). 왕의 아들들은 아버지를 이어 왕이 된다(16절). 후손이 기리는 왕과 왕조가 된다(17절).

현대에 지상의 왕은 더 이상 존재하지 않는다. 영적 의미로 왕 같은 제사장으로 부르심을 받은 우리 그리스도인들이 시편 45편을 통하여 세상을 승리하며 신앙의 가문을 이어가는 법을 배우게 된다.

시편 45편

시편 47 편

비전의 노래

기도에 임하기

1. 몸과 마음을 가다듬고 하나님의 임재를 느낀다.
2. 찬송을 부른다(새 626장).

시편 47 : 1~9

1절 너희 만민들아 손바닥을 치고 즐거운 소리로 하나님께 외칠지어다
2절 지존하신 여호와는 두려우시고 온 땅에 큰 왕이 되심이로다
3절 여호와께서 만민을 우리에게, 나라들을 우리 발 아래에 복종하게 하시며
4절 우리를 위하여 기업을 택하시나니 곧 사랑하신 야곱의 영화로다 (셀라)
5절 하나님께서 즐거운 함성 중에 올라가심이여 여호와께서 나팔 소리 중에 올라가시도다
6절 찬송하라 하나님을 찬송하라 찬송하라 우리 왕을 찬송하라
7절 하나님은 온 땅의 왕이심이라 지혜의 시로 찬송할지어다
8절 하나님이 뭇 백성을 다스리시며 하나님이 그의 거룩한 보좌에 앉으셨도다
9절 뭇 나라의 고관들이 모임이여 아브라함의 하나님의 백성이 되도다 세상의 모든 방패는 하나님의 것임이여 그는 높임을 받으시리로다

본문배경

시의 내용을 살펴볼 때 시편 47편은 새해에 혹은 어떤 절기에 이스라엘 온 백성이 모여 대관식을 거행하면서 하늘의 왕이신 하나님의 통치권을 받아들이는 예식에서 부

르는 노래로 알려져 왔다. 비록 육신을 가진 왕이 왕위를 이어받지만 궁극적으로 이스라엘을 다스리시는 분은 하나님이심을 선포한다. 왕의 대관식에서 하늘의 왕을 찬양하는 것이 이스라엘의 신앙전통임을 본 시를 통해 알 수 있다. 시는 지혜의 시로써 노래하는 회중들이 손바닥과 목소리, 나팔을 사용하여 왕이신 하나님을 송축하고 있다. 찬송의 내용은 다음과 같다.

"여호와는 지극히 높으시며 경이로우신 분이시다(히브리어로 엘리욘 노라). 온 땅에 큰 왕이시다(히브리어로 멜렉 가돌). 우리를 하나님의 기업으로 택하셨다. 우리에게 승리를 주신다. 우리 왕이시다. 거룩한 보좌에 좌정해 계신다. 열방의 지도자들과 아브라함의 백성들이 하나님께만 방패(승리 혹은 피난처)가 있음을 받아들이게 된다."

고라 자손들은 이스라엘 종교역사 무대에서 화려한 조명을 받으며 일할 수 없었음에도 그들이 가진 시야와 품은 비전은 실로 크고 넓었다. 고라 자손들은 하나님 안에서 열방을 품는 소망, 꿈, 그리고 믿음을 가지고 있었다. 그들은 온 열방을 향해 자신이 섬기는 하나님이 진정한 왕이심을 선포한다. 그들의 하나님은 야곱의 영광이시요 존귀하신 분으로 지극히 높으신 위대한 왕이시다. 여기서 야곱의 영광은 이스라엘 백성들이 자랑할 만한 분이라는 의미에서, 존귀하신 분은 찬송 받으시기에 합당하시다는 의미에서, 지극히 높으신 분은 하나님보다 높은 분은 없다는 의미에서, 위대한 왕은 하나님과 견줄 만한 세상의 왕이 없다는 의미에서 하나님을 찬양하는 것이다.

기 도

성령의 임재를 위한 기도

이 묵상을 통해 만백성과 더불어 우리가 전 존재로 하나님을 찬미하는 삶을 살아가기를 간구한다.

"지극히 높으신 왕의 영광을 찬양합니다. 우리들의 인생이 우리에게 행하신 왕의 위엄과 역사를 기뻐하며 영원히 찬양하게 하소서."

본문말씀 읽기와 묵상하기

1. 본문을 천천히 한 번 읽는데, 읽는 동안에 마음에 부딪히는 말씀을 감지하고 들려

오는 말씀에 귀를 기울인다.

예를 들면 "너희 만민들아 손바닥을 치고 즐거운 소리로 하나님께 외칠지어다"(1절).

2. 또다시 본문을 읽으면서 나에게 부딪혀 온 말씀이 오늘 나에게 어떤 말씀으로 전해지는지 귀를 기울인다. 그리고 그 말씀이 오늘 나의 삶에서 무엇으로 말씀하고 있는지를 숙고해 본다.

예를 들면 오늘날 온 땅에 큰 왕이신 하나님이 온 세상에서 특별히 우리 한국 땅에서 어떻게 받아들여지는지 헤아려 본다. 온 땅에 큰 왕이신 하나님이 온 땅에서 그리고 우리 한국 땅에서 어떻게 영광을 받으실 수 있는지를 묵상한다.

오늘날 우리에게 하나님 안에서 열방을 품는 꿈과 비전이 있는가? 오히려 우리의 불신앙적인 삶으로 인해 하나님의 이름이 조롱을 당하고, 거룩한 하나님의 교회가 업신여김을 받으며, 성도의 삶이 조소거리가 되고 있는 상황이다. 어떻게 하면 만민이 손바닥을 치고 즐거운 소리로 하나님께 외칠 찬양을 하나님께 올려 드릴 수 있을까? 이 시대의 그리스도인들이 마음에 품어야 할 가장 심각한 기도의 제목이다.

3. 위의 말씀에 반응하는 기도를 드린다.

"하나님! 고라 자손의 초청에 응하여 만민들과 더불어 손바닥을 치고 즐거운 소리로 노래하며 하나님을 찬미하기를 원하나이다. 이 고라 자손의 비전이 나의 비전, 우리 한국교회의 비전이 되기를 원합니다. 하나님을 모르는 자들이 하나님의 이름을 욕하고 교회를 저주하는 것의 상당 부분은 하나님의 자녀라고 자처하는 우리들의 불신앙적인 삶에서 초래된 것이기에 더욱 마음이 아픕니다. 저들의 완고함이 주의 빛으로 녹기 위해서는 먼저 저희의 참된 회개와 저희 안에서 참으로 하나님을 찬미하는 삶이 이루어져야 할 것입니다. 저희의 모든 죄를 용서하시고, 저희로 하여금 진실로 하나님을 찬미하는 자들이 되게 하옵소서! 그리하여 이 땅의 온 백성들이 하나님께 찬미하는 복된 자들이 되게 하옵소서!"

임재 안에 머물기

이미 들려주신 주님의 말씀에 깊이 동의하면서 이성과 감성의 활동을 멈추고, 주님이 내려 주시는 고요함과 평화 가운데에서 주님과 하나 되는 경험을 해 본다.

반추 및 성찰

가능하면 기도했던 장소에서 자리를 옮긴다. 그리고 기도 시간에 경험한 내용을 돌아보면서 노트에 간단히 적는다. 이때 기도 안에서 하나님과 내 자신에 대한 전체적인 느낌을 적고, 또 영적으로 위로를 받았던 경험과 영적으로 메말랐던 경험을 적는다.

삶으로 나아가기

마음에 와 닿는 한 구절의 말씀을 선택하여 쪽지에 기록하고, 이 말씀을 수시로 꺼내어 읊조리면서 일상 안에서 기도하며 생활한다.
예를 들면 "너희 만민들아 손바닥을 치고 즐거운 소리로 하나님께 외칠지어다"(1절).

본문 주요내용

본문은 크게 세 부분으로 나뉜다. 1~4절은 대관식의 시작 부분으로 온 열방을 향하여 하나님의 왕권을 인정하고 송축하는 예식에 초청한다. 5~7절은 하나님께서 온 땅의 왕으로 등극하시는 모습을 노래한다. 8~9절은 하나님은 거룩한 보좌에 좌정하시고 온 땅의 지도자들이 모여 하나님의 주권을 인정한다.

시인은 6절과 7절에서 "하나님을 찬양하라"는 말을 5번 반복한다. 찬양 받으시는 분은 하나님으로서 우리의 왕이며 온 땅의 왕이심을 강조한다. 8절은 보좌에 앉으셔서 다스리시는 주님께 초점을 맞추고 있다. 9절은 열방의 방백들이 아브라함의 자손들과 함께 모여 왕께 굴복함을 노래한다. 하나님의 왕 되심과 주권을 받아들이지 않는 나라와 민족이 지구촌 곳곳에 많이 남아 있다(14억 5천만의 이슬람권, 10억의 힌두교권, 13억의 중국 공산권). 우리 조국의 현실은 어떠한가? 북한의 2,500만이 아직도 공산독재체제하에 신음하며, 남한의 80%는 여전히 하나님을 왕으로 인정하지도 않고 그분의 통치를 거절하고 있다. 이러한 상황에서 부르는 시편 47편 노래는 마치 광야의 한 오아시스 곁에 앉아 동서사방으로 불어오는 모래 바람과 맞서 부르는 노래처럼 느껴진다.

하지만 우리에게 소망은 여전히 존재한다. 이 노래에 힘이 있는 까닭은 찬양을 받으실 하나님 안에 온 세상을 변화시킬 수 있는 힘이 있기 때문이다. 유대인들이 예수를 믿을까? 회교도들이 주께로 돌아올까? 힌두교, 불교, 무신론자, 공산주의자, 다원주의자들이 주님의 주권 앞에 무릎을 꿇는 날이 올까? 시편 47편은 위의 질문에 "예!"라고 대답한다. 우리 모두 열방을 향해 시편 47편을 소리쳐 부르자. 온 열방이 주께 돌아오는 그날을 꿈꾸면서! "하나님은 온 땅에 왕이심이라"(7절).

시편 48 편

예루살렘에서 부르는 노래

기도에 임하기

1. 몸과 마음을 가다듬고 하나님의 임재를 느낀다.
2. 찬송을 부른다(새 376장).

시편 48 : 1~14

1절 여호와는 위대하시니 우리 하나님의 성, 거룩한 산에서 극진히 찬양 받으시리로다
2절 터가 높고 아름다워 온 세계가 즐거워함이여 큰 왕의 성 곧 북방에 있는 시온 산이 그러하도다
3절 하나님이 그 여러 궁중에서 자기를 요새로 알리셨도다
4절 왕들이 모여서 함께 지나갔음이여
5절 그들이 보고 놀라고 두려워 빨리 지나갔도다
6절 거기서 떨림이 그들을 사로잡으니 고통이 해산하는 여인의 고통 같도다
7절 주께서 동풍으로 다시스의 배를 깨뜨리시도다
8절 우리가 들은 대로 만군의 여호와의 성, 우리 하나님의 성에서 보았나니 하나님이 이를 영원히 견고하게 하시리로다 (셀라)
9절 하나님이여 우리가 주의 전 가운데에서 주의 인자하심을 생각하였나이다
10절 하나님이여 주의 이름과 같이 찬송도 땅 끝까지 미쳤으며 주의 오른손에는 정의가 충만하였나이다
11절 주의 심판으로 말미암아 시온 산은 기뻐하고 유다의 딸들은 즐거워할지어다
12절 너희는 시온을 돌면서 그곳을 둘러보고 그 망대들을 세어 보라

13절 그의 성벽을 자세히 보고 그의 궁전을 살펴서 후대에 전하라
14절 이 하나님은 영원히 우리 하나님이시니 그가 우리를 죽을 때까지 인도하시리로다

본문배경

유대인뿐만 아니라 아랍인 그리고 기독교인들에게 예루살렘은 거룩한 도성이다. 유대인들은 평화의 도성이란 의미에서 '예루살라임'이라고 부른다. 아랍인들은 예루살렘을 '알쿳'(아랍어로 거룩한 도시를 의미한다.)이라고 부른다. 기독교인들에게 예루살렘은 예수 그리스도께서 고통을 당하신 고난의 도시일 뿐 아니라 사망권세를 이기시고 부활하신 승리의 장소이다. 더욱이 이곳에서 성령의 역사로 인한 교회가 시작되었다는 점에서 예루살렘은 소중하다. 예루살렘에 대한 시편 기자의 생각은 어떠한가?

시편 48편은 예루살렘에서 하나님을 찬양하는 고라 자손들의 노래이다. 이는 예루살렘이 열왕들의 공격으로부터 구원 받은 것을 기념하기 위해 지어진 감사의 노래이다. 만일 그렇다면 히스기야 시대에 앗수르 왕 산헤립의 군대로부터 극적으로 구원 받은 역사적 사실을 배경으로 지어졌을 가능성이 높다(사 36 : 18-20, 37 : 5-7, 14-20, 32-36).

또한 시편 48편은 성지순례자의 시편으로도 알려져 있다. 시인은 하나님의 도성을 순례하고 연구하고 잘 살펴 후대에 전할 것을 권고한다. 하나님의 도성을 순례하는 자들이 해야 할 일이 시인의 노래 속에 나타나 있다.

"시온을 돌아라. 시온을 감싸 안아라. 망대를 세어 보아라. 궁전들을 넘나들어 보아라. 보고 살핀 것은 후손에게 전달하여라. 예루살렘의 아름다움을 마음에 담아라."

예루살렘에서 시인은 이렇게 고백한다. "이분은 하나님 우리 하나님이시니 영원무궁토록 우리를 죽을 때까지 인도하실 것이다"(14절).

기 도

성령의 임재를 위한 기도

이 묵상을 통해 하나님의 도성은 온 백성의 기쁨이며, 그곳에서 찬양 받으시기에 합당하신 하나님은 어떠한 분이신지를 깨달아 알기를 간구한다.

"주는 영원히 우리의 하나님이시오니, 우리를 죽을 때까지 인도하실 분이심을 감사하나이다. 여호와 하나님의 돌보심이 우리의 하루 한 날을 가능하게 하오니, 하나님의 인자하심으로 인생들을 견고하게 하소서."

본문말씀 읽기와 묵상하기

1. 본문을 천천히 한 번 읽는데, 읽는 동안에 마음에 부딪히는 말씀을 감지하고 들려오는 말씀에 귀를 기울인다.
   예를 들면 "이 하나님은 영원히 우리 하나님이시니 그가 우리를 죽을 때까지 인도하시리로다"(14절).
2. 또다시 본문을 읽으면서 나에게 부딪혀 온 말씀이 오늘 나에게 어떤 말씀으로 전해지는지 귀를 기울인다. 그리고 그 말씀이 오늘 나의 삶에서 무엇으로 말씀하고 있는지를 숙고해 본다.
   예를 들면 본문을 통하여 내가 하나님을 찬미하는 처소로써 나의 예루살렘은 어디이며, 그곳을 위하여 그리고 그곳을 통하여 베푸신 하나님의 은혜를 헤아려 본다. 하나님께서 어떤 은혜를 베풀어 주셨는지를 보면서 나의 삶에서 하나님께서 구체적으로 베푸신 은혜를 헤아려 본다. 그 모든 은혜를 마음에 담아 하나님을 찬미한다. 이 은혜의 하나님께서 나의 하나님이 되시고 영원토록 죽을 때까지 나를 인도하실 것을 묵상하며 기도한다.
3. 위의 말씀에 반응하는 기도를 드린다.

"하나님께서 나의 예루살렘을 통해 베푸신 은혜가 너무나도 크고 광대합니다. 시편 기자가 시온을 돌고, 감싸 안으며, 망대를 계수하고, 성벽을 자세히 바라봄 같이 나의 예루살렘에 펼치신 당신의 은혜의 손길 하나하나를 더듬어 봅니다. 이 은혜를 마음에 담고 하나님의 이름을 찬미합니다. 하나님! 영원히 이 성에 머물러 계심으로 이 성이 영영히 견고케 하옵소서! 이 성을 통해 하나님의 백성들이 영원토록 당신의 인도를 받게 하옵소서!"

임재 안에 머물기

이미 들려주신 주님의 말씀에 깊이 동의하면서 이성과 감성의 활동을 멈추고, 주님이 내려 주시는 고요함과 평화 가운데에서 주님과 하나 되는 경험을 해 본다.

반추 및 성찰

가능하면 기도했던 장소에서 자리를 옮긴다. 그리고 기도 시간에 경험한 내용을 돌아보면서 노트에 간단히 적는다. 이때 기도 안에서 하나님과 내 자신에 대한 전체적인 느낌을 적고, 또 영적으로 위로를 받았던 경험과 영적으로 메말랐던 경험을 적는다.

삶으로 나아가기

마음에 와 닿는 한 구절의 말씀을 선택하여 쪽지에 기록하고, 이 말씀을 수시로 꺼내어 읊조리면서 일상 안에서 기도하며 생활한다.
예를 들면 "이 하나님은 영원히 우리 하나님이시니 그가 우리를 죽을 때까지 인도하시리로다"(14절).

본문 주요내용

시편 48편은 예루살렘에 대한 시편 기자의 신학을 자세하게 설명한다. 먼저 예루살렘은 어떠한 곳이며, 왜 중요한지를 시인이 사용하는 예루살렘에 대한 다양한 표현을 통해 살펴보자.

본문에서 말하는 예루살렘에 대한 표현은 '우리 하나님의 성'(히브리어로 이르 엘로헤이누, 1절), '그의 거룩한 산'(하르 코드쇼, 1절), '큰 왕의 성'(키르얏 멜렉 랍, 2절), '북방에 있는 시온 산'(하르 찌온 야르케테이 짜폰, 2절), '피난처'(미쓰갑, 3절), '만군의 여호와의 성'(이르 아도나이 쩨바옷, 8절), '주의 전'(헤이칼레카, 9절)이다.

시인은 예루살렘은 하나님께서 머무시는 도성이라고 말한다. 시인에게 하나님은 누구이신가? 하나님은 광대하시며, 거룩하시며, 큰 왕이시며, 만군의 여호와시며, 인자하시며, 이름에 찬송이 있고, 오른손에 정의가 충만하며, 정직한 판결을 하시는 분으로 고백한다. 이러한 하나님이 친히 임재하시는 예루살렘은 왕의 성읍일 뿐 아니라 주의 성전으로 마땅히 왕께 예배해야 함도 아울러 밝히고 있다.

시인과의 관계는 어떠한가? 하나님은 자기를 피난처로 알리신다. 여러 궁중에서 자기를 피난처로 알리셨다는 의미는 예루살렘 자체가 피난처라기보다는 예루살렘에 거하시는 하나님이 피난처라는 뜻이다. 왜냐하면 예레미야 선지자가 애가로 말한 것처럼 예루살렘 자체는 무너질 수 있기 때문이다. "대적과 원수가 예루살렘 성문으로 들어갈 줄은 세상의 모든 왕들과 천하 모든 백성이 믿지 못하였었도다"(애 4 : 12).

예루살렘의 보전은 하나님이 가지고 계시는 자비(헤쎄드)와 의(쩨덱), 공평(미슈파트)이 충만할 때만이 가능하다("의와 공의가 주의 보좌의 기초라 인자함과 진실함이 주 앞에 있나이다"〈시 89 : 14 참고〉). 모세의 바다노래와 시편 48편을 묶어 읽어 보자. "주께서 백성을 인도하사 그들을 주의 기업의 산에 심으시리이다 여호와여 이는 주의 처소를 삼으시려고 예비하신 것이라 주여 이것이 주의 손으로 세우신 성소로소이다 여호와께서 영원무궁하도록 다스리시도다"(출 15 : 17 – 18).

깨달음의 은혜

기도에 임하기

1. 몸과 마음을 가다듬고 하나님의 임재를 느낀다.
2. 찬송을 부른다(새 488장).

시편 49 : 1~20

1절 뭇 백성들아 이를 들으라 세상의 거민들아 모두 귀를 기울이라
2절 귀천 빈부를 막론하고 다 들을지어다
3절 내 입은 지혜를 말하겠고 내 마음은 명철을 작은 소리로 읊조리리로다
4절 내가 비유에 내 귀를 기울이고 수금으로 나의 오묘한 말을 풀리로다
5절 죄악이 나를 따라다니며 나를 에워싸는 환난의 날을 내가 어찌 두려워하랴
6절 자기의 재물을 의지하고 부유함을 자랑하는 자는
7절 아무도 자기의 형제를 구원하지 못하며 그를 위한 속전을 하나님께 바치지도 못할 것은
8절 그들의 생명을 속량하는 값이 너무 엄청나서 영원히 마련하지 못할 것임이니라
9절 그가 영원히 살아서 죽음을 보지 않을 것인가
10절 그러나 그는 지혜 있는 자도 죽고 어리석고 무지한 자도 함께 망하며 그들의 재물은 남에게 남겨 두고 떠나는 것을 보게 되리로다
11절 그러나 그들의 속 생각에 그들의 집은 영원히 있고 그들의 거처는 대대에 이르리라 하여 그들의 토지를 자기 이름으로 부르도다
12절 사람은 존귀하나 장구하지 못함이여 멸망하는 짐승 같도다
13절 이것이 바로 어리석은 자들의 길이며 그들의 말을 기뻐하는 자들의 종말이로다 (셀라)

14절 그들은 양같이 스올에 두기로 작정되었으니 사망이 그들의 목자일 것이라 정직한 자들이 아침에 그들을 다스리리니 그들의 아름다움은 소멸하고 스올이 그들의 거처가 되리라
15절 그러나 하나님은 나를 영접하시리니 이러므로 내 영혼을 스올의 권세에서 건져 내시리로다 (셀라)
16절 사람이 치부하여 그의 집의 영광이 더할 때에 너는 두려워하지 말지어다
17절 그가 죽으매 가져가는 것이 없고 그의 영광이 그를 따라 내려가지 못함이로다
18절 그가 비록 생시에 자기를 축하하며 스스로 좋게 함으로 사람들에게 칭찬을 받을지라도
19절 그들은 그들의 역대 조상들에게로 돌아가리니 영원히 빛을 보지 못하리로다
20절 존귀하나 깨닫지 못하는 사람은 멸망하는 짐승 같도다

본문배경

우리에게 귀한 것이 많이 있다. 이목구비, 사지백체, 오장육부, 신경, 조직, 유전자, 세포, 피부, 하나님의 인간창조에 대한 정보량을 논문으로 담기 위해서 무려 31억 글자가 필요하다고 한다. 박사논문 7만 자와 비교하면 5만 배나 더 큰 분량이다. 즉, 하나님의 논문과 세상 논문은 5만대 1이라는 이야기이다. 내용의 깊이나 심오함은 비교조차 불가능하다. 육신의 건강을 유지하기 위한 값의 치름을 당연하게 생각한다. 감사한 것은 요즘은 의료보험제도가 있어 우리의 부담금의 퍼센트를 낮추어 준다는 점이다. 영혼의 건강을 유지하기 위해 지불해야 할 값은 얼마일까에 대해 생각해 보자. 더욱이 이미 죽어 버린 혹은 훼손되어 못쓰게 되어 버린 영을 다시 살리려면 얼마의 대가를 치러야 할까? 1억? 아니면 10억? 아니면 1조? 그 값을 치르고 살릴 수만 있다면 아마 그 값을 지불해서라도 영을 살리려 할 것이다(물론 타락한 인간들에 의해 단지 20불에 어린아이가 팔리는 비정함이 지구촌 곳곳에서 종종 일어나지만). 하지만 우리에게는 그럴 능력이 없다. 두 가지 문제가 우리에게 있는 것이다. 첫째, 지불할 능력이 없고 둘째, 그렇게 할 필요성을 전혀 느끼지 못한다.

시편 49편은 고라 자손이 영장에 맞추어 부르는 지혜의 노래이다. 노래는 주님의 말씀에 귀를 기울여 얻은 지혜와 총명과 비밀을 그 내용으로 담고 있다. 노래의 청중은 열방이다. 1절에서 시인은 이렇게 말한다.

"온 나라 백성과 지구촌에 거하는 거주민들이여, 귀를 쫑긋하고 잘 들어 두시오. 내가 그동안 '주님의 말씀'에 나의 귀를 기울여 받았던 지혜와 총명과 비밀을 수금에 맞추어 불러 보리다(여기서 히브리어 마샬의 의미는 '교훈', '예'인데 여기서는 '말씀'으로 번역

했다). 인간은 누구나 죽으며 인간이 가진 지혜, 물질, 명예가 죽음으로부터 인간을 벗어나게 할 수 없소. 죽음에 이르는 병을 앓고 있는 인간이 살 수 있는 방법은 무엇인지 아시오? 방법이 있다면 오직 하나 하나님께 돌아가는 길이라오. 왜냐하면 인간으로서는 생명의 구속이 너무 비싸서 속전금을 바칠 수 없기 때문이라오."

본 시편은 우리의 생명을 구속하시기 위하여 하나님께서 친히 지불하신 직불카드 (Direct Debit Card), 예수님을 생각하게 해 준다.

"긍휼이 풍성하신 하나님이 우리를 사랑하신 그 큰 사랑을 인하여 허물로 죽은 우리를 그리스도와 함께 살리셨고"(엡 2 : 4 - 5).

기 도

성령의 임재를 위한 기도

이 묵상을 통해 재물을 의지하는 자의 운명과 일시적인 영화의 허무함을 깨달을 수 있는 지혜를 구한다.

"만물의 주관이신 하나님, 영원한 것과 영원하지 않은 것을 분별할 수 있는 믿음의 눈을 열어 주시어 이 땅에서 잠시 사는 삶의 참의미를 얻는 복된 인생이 되게 하소서."

본문말씀 읽기와 묵상하기

1. 본문을 천천히 한 번 읽는데, 읽는 동안에 마음에 부딪히는 말씀을 감지하고 들려오는 말씀에 귀를 기울인다.
   예를 들면 "존귀하나 깨닫지 못하는 사람은 멸망하는 짐승 같도다"(20절).
2. 또다시 본문을 읽으면서 나에게 부딪혀 온 말씀이 오늘 나에게 어떤 말씀으로 전해지는지 귀를 기울인다. 그리고 그 말씀이 오늘 나의 삶에서 무엇으로 말씀하고 있는지를 숙고해 본다.
   예를 들면 본문 2절은 귀천 빈부를 막론하고 다 지혜의 말씀을 들으라고 외친다. 자기 재물을 의지하여 아무리 그 재물이 풍부하여 자긍한다고 할지라도 그것이 결코 사람을 구원하지는 못할 것이며, 그가 죽으면 가져가지도 못할 것이다. 사람은 존귀하나 이 진리를 깨닫지 못하는 자는 멸망하는 짐승과도 같다.
   탐욕이 얼마나 사람의 눈을 멀게 하고 우둔하게 하는가? 이 가르침은 동서고금에 적용되는 말씀인가 보다. 특별히 이 가르침은 물질만능에 빠져 버린 오늘날의 사회, 물신을 숭배하는 이 시대에 더욱 절실하게 다가오는 지혜의 말씀이다.

3. 위의 말씀에 반응하는 기도를 드린다.

"탐욕으로 완전히 굳어져 버린 저의 존재를 성령의 불로 태우시고 십자가의 보혈로 씻어 주소서! 제 눈을 열어 제가 얼마나 나 중심적이며 세속적인지를 깨달아 알게 하소서! 끊임없이 말씀의 인도를 받음으로 하나님 위에 견고히 뿌리를 내려 하나님의 가치만으로 이 땅을 살아가게 도우소서!

저의 집착이 정화됨으로 물질에 매여 휘둘리는 삶이 아니라 보다 초연한 삶을 살아가게 도우시고, 오히려 제가 가진 모든 것을 통해 하나님의 영광과 구원의 역사가 드러나도록 인도해 주소서!"

임재 안에 머물기

이미 들려주신 주님의 말씀에 깊이 동의하면서 이성과 감성의 활동을 멈추고, 주님이 내려 주시는 고요함과 평화 가운데에서 주님과 하나 되는 경험을 해 본다.

반추 및 성찰

가능하면 기도했던 장소에서 자리를 옮긴다. 그리고 기도 시간에 경험한 내용을 돌아보면서 노트에 간단히 적는다.

이때 기도 안에서 하나님과 내 자신에 대한 전체적인 느낌을 적고, 또 영적으로 위로를 받았던 경험과 영적으로 메말랐던 경험을 적는다.

삶으로 나아가기

마음에 와 닿는 한 구절의 말씀을 선택하여 쪽지에 기록하고, 이 말씀을 수시로 꺼내어 읊조리면서 일상 안에서 기도하며 생활한다.

예를 들면 "존귀하나 깨닫지 못하는 사람은 멸망하는 짐승 같도다"(20절).

본문 주요내용

시편 49편은 12절과 20절 두 중심 구절로 구성되나 같은 내용을 반복한다. "사람은 존귀하나 장구하지 못함이여 멸망하는 짐승 같도다"(12절), "존귀하나 깨닫지 못하는 사람은 멸망하는 짐승과 같다"(20절, 참고구절 "그들이 자기가 짐승과 다름이 없는 줄을 깨닫게 하려 하심이라"〈전 3 : 18〉).

본 시편에서 시인은 잠언과 수수께끼, 지혜와 지식을 이용하여 생명을 속전하는 방법에 대해 교훈한다.

첫째, 인생이 가진 부가 인간의 생명을 구속할 수 있는가? 사람들은 자신이 쌓아 놓은 부를 신뢰하고 그것을 자랑한다. 하지만 값비싼 영혼의 값을 치르기에는 인간이 가진 부는 무기력하고 유한하다(7-8절).

둘째, 모두 죽는다는 점을 알라. 지혜자도 죽고 어리석은 자와 깨달음이 없는 자도 죽는다. 본 시편은 전도서의 주장과 비슷하다. 그들의 부를 타인이 가져간다. 무덤이 그들의 거처가 된다(9-11, 17-19절, "지혜자도 우매자도 영원하도록 기억함을 얻지 못하나니 후일에는 모두 잊어버린 지 오랠 것임이라 오호라 지혜자의 죽음이 우매자의 죽음과 일반이로다"〈전 2 : 16〉).

셋째, 자신을 신뢰하는 것은 어리석다. 왜냐하면 부가 있어도 그 부를 영원히 소유할 수 없고 짐승처럼 멸망하는 것이 인간이기 때문이다(6, 12절).

넷째, 하나님은 의로운 자를 구속하신다. 하나님은 나를 영접하시고 내 영혼을 음부의 권세에서 구속하시리로다(15절).

시편의 결론이다.

부와 영광이 증가될 때에 그것으로 자랑하지 말라(6절).

부자를 두려워하거나 그 부를 칭송하지 말라(16절).

죽을 때 가져가는 것이 없다(17절, "그가 모태에서 벌거벗고 나왔은즉 그가 나온 대로 돌아가고 수고하여 얻은 것을 아무것도 자기 손에 가지고 가지 못하리니"〈전 5 : 15〉).

깨달으라(20절, "그들은 악을 행하면서도 깨닫지 못함이니라"〈전 5 : 1〉).

시편 49편

시편 50 편

아삽의 노래

기도에 임하기

1. 몸과 마음을 가다듬고 하나님의 임재를 기억하며 기도를 준비한다.
2. 찬송을 부른다(새 337장).
3. 성경본문을 천천히 읽는다.
4. 본문의 배경에 대한 설명을 천천히 읽는다.

시편 50 : 1~15

1절 전능하신 이 여호와 하나님께서 말씀하사 해 돋는 데서부터 지는 데까지 세상을 부르셨도다
2절 온전히 아름다운 시온에서 하나님이 빛을 비추셨도다
3절 우리 하나님이 오사 잠잠하지 아니하시니 그 앞에는 삼키는 불이 있고 그 사방에는 광풍이 불리로다
4절 하나님이 자기의 백성을 판결하시려고 위 하늘과 아래 땅에 선포하여
5절 이르시되 나의 성도들을 내 앞에 모으라 그들은 제사로 나와 언약한 이들이니라 하시도다
6절 하늘이 그의 공의를 선포하리니 하나님 그는 심판장이심이로다 (셀라)
7절 내 백성아 들을지어다 내가 말하리라 이스라엘아 내가 네게 증언하리라 나는 하나님 곧 네 하나님이로다
8절 나는 네 제물 때문에 너를 책망하지는 아니하리니 네 번제가 항상 내 앞에 있음이로다
9절 내가 네 집에서 수소나 네 우리에서 숫염소를 가져가지 아니하리니
10절 이는 삼림의 짐승들과 뭇 산의 가축이 다 내 것이며
11절 산의 모든 새들도 내가 아는 것이며 들의 짐승도 내 것임이로다
12절 내가 가령 주려도 네게 이르지 아니할 것은 세계와 거기에 충만한 것이 내 것임이로다

13절 내가 수소의 고기를 먹으며 염소의 피를 마시겠느냐
14절 감사로 하나님께 제사를 드리며 지존하신 이에게 네 서원을 갚으며
15절 환난 날에 나를 부르라 내가 너를 건지리니 네가 나를 영화롭게 하리로다

본문배경

시편 50편은 아삽이 노래로 부른 시다. 42편부터 49편까지 고라 자손의 노래를 듣다가 갑자기 등장하는 아삽의 노래는 베토벤 곡에 익숙하다 모차르트 곡을 듣는 것과 같은 느낌을 가져다준다. 갑자기 무대가 환해지면서 침묵하시던 하나님께서 등장하신다. 1절에서 하나님을 일컫는 세 가지 히브리적 표현들이 다 동원된다(엘, 엘로힘, 아도나이).

하나님께서 해 돋는 데서부터 지는 데까지 온 땅을 부르시는데 모이는 장소는 하나님이 나타나시는 온전히 아름다운 시온이다. 온전히 아름답다는 의미의 히브리어 '미클랄 요피'는 '완성된 아름다움'을 뜻한다. 사실 시온은 이집트의 헬리오 폴리스(heliopolis)나 앗수르의 수도 니느웨(Nineveh)보다 물리적인 면에서 작고 보잘것없지만 아름다운 이유는 가장 아름다우신 분이 그곳에 머무시기 때문이다. 유럽을 여행하다 보면 아름다운 고성을 가진 도시를 보게 된다. 붉은 빛깔의 고성 하이델베르크(Heidelberg)나 "사운드 오브 뮤직"(sound of music)을 탄생시킨 스위스의 잘츠부르크(Salzburg)의 도시 미관에 감탄하곤 한다. 더욱이 석양에 모습을 드러내는 고성은 그야말로 장관이다.

하지만 시인은 시온을 일컬어 온전한 미를 갖춘 도시라고 말씀한다. 도시 자체는 초라해도 가장 아름다운 하나님께서 머무시기 때문에 완성된 미를 가졌듯이, 우리 인생도 마찬가지다. 질그릇이지만 보배를 담으면 보배함이 되듯이, 예수님을 모신 인생, 가정, 도시는 아름다운 인생, 가정, 도시가 되는 것이다. 본문을 통해 배우는 교훈을 정리해 보자.

바른 예배를 드려라. 감사의 제사를 드리라. 서원한 것을 갚으라. 하나님께 기도하라. 어려움은 누구에게나 있다. 중요한 것은 기도하느냐 하지 않느냐의 차이가 있을 뿐이다. 인생은 환난 날에 하나님께 부르짖고 하나님은 인생에게 응답하신다. 여기서 중요한 것은 주님의 은혜로 환난을 벗어난 사람은 하나님을 영화롭게 해야 한다는 것이다. 그것이 무엇인가? 23절에 나와 있다. "감사로 제사를 드리는 자가 나를 영화롭게 하나니 그의 행위를 옳게 하는 자에게 내가 하나님의 구원을 보이리라."

기 도

성령의 임재를 위한 기도

"주여! 이 시편에 나타나는 다윗의 심정을 맛볼 수 있도록 저의 기도를 인도하여 주옵소서. 환난 날에 조바심하지 않고 삶의 주인이신 하나님을 바라며 잠잠히 기다리게 하옵소서.

그리고 하나님의 구원으로 말미암아 하나님을 영화롭게 하게 하옵소서."

본문말씀 읽기와 묵상하기

1. 본문을 천천히 한 번 읽는다. 읽는 동안에 마음에 부딪히는 말씀을 감지한다. 들려오는 말씀에 귀를 기울인다.

   예를 들면 "내 백성아 들을지어다…… 나는 하나님 곧 네 하나님이로다"(7절), "환난 날에 나를 부르라…… 네가 나를 영화롭게 하리로다"(15절).

2. 또다시 본문말씀을 읽으면서 나에게 부딪힌 말씀이 오늘 나에게 어떤 말씀으로 전해 오는지 귀를 기울인다.

   예를 들면 시편 50 : 7, 15 말씀이 내게 무엇을 말하고 있는지를 이성과 감성을 통하여 숙고해 보고, 느껴 본다.

   들려오는 이 말씀에 귀를 기울이는 동안에 환난 중에 처했을 때 어떻게 극복할 수 있는지를 보여 주고 있다. 존재의 위협을 받는 그러한 환난의 날에도 잠잠히 여호와 하나님을 기다리면서 그가 어떻게 행하는지를 바라보는 것이 믿음의 행위이다. 그 믿음으로 결국 하나님이 어떠한 분이신지를 경험하게 된다. 만물의 하나님이, 이스라엘의 하나님이 환난을 겪는 동안에 하나님이 됨을 경험하게 된다.

3. 위의 과정에서 얻은 영감을 가지고 구체적으로 반응하는 기도를 드린다.

   예를 들면 만물의 하나님, 신앙의 조상들의 하나님이 이 구체적인 상황 속에서 어떻게 나의 하나님이 되시는지에 대해서 하나님께 기도한다.

   "주님, 지금 저는 매우 극복하기 어려운 환난 가운데에 처해 있습니다. 만물의 주재이시며 내 생애의 주인이신 주님이시여, 당신을 향한 신뢰와 믿음이 흔들리지 않게 하옵소서.

세상이 아무리 미혹할지라도 편법을 쓰거나 조바심하지 말고 잠잠히 당신을 바라보게 하시고, 이로 인하여 구원을 얻고 당신을 영화롭게 하는 믿음의 자녀가 되게 하옵소서. 그래서 환난의 날에 더욱 옳은 길을 선택하여 결국 하나님의 구원을 보게 하옵소서."

임재 안에 머물기

이미 들려주신 주님의 말씀에 깊이 동의하면서 이성과 감성의 활동을 멈추고, 주님이 내려 주시는 고요함과 평화 가운데에서 주님과 하나 되는 경험을 해 본다.

반추 및 성찰

가능하면 기도했던 장소에서 자리를 옮긴다. 그리고 기도 시간에 경험한 내용을 돌아보면서 노트에 간단히 적는다. 이때 기도 안에서 하나님과 내 자신에 대한 전체적인 느낌을 적고, 또 영적으로 위로를 받았던 경험과 영적으로 메말랐던 경험을 적는다.

삶으로 나아가기

마음에 와 닿는 한 구절의 말씀을 선택하여 쪽지에 기록하고, 이 말씀을 수시로 꺼내어 읊조리면서 일상 안에서 기도하며 생활한다.
  예를 들면 "내 백성아 들을지어다 내가 말하리라 이스라엘아 내가 네게 증언하리라 나는 하나님 곧 네 하나님이로다"(7절).

본문 주요내용

본문에서 예배자는 하나님과 제사로 언약한 경건한 자라고 말한다. 늘 드리는 우리의 예배를 점검해 보기 원한다. 먼저 예배를 받으시는 하나님은 누구신지 알아보자.

전능하신 하나님 여호와 : 하나님의 전능하심은 해 돋는 데서부터 지는 데까지 세상을 부르시는 능력에서 나타난다(1절). 빛을 발하시는 하나님 : 하나님이 빛을 비추임으로 시온은 온전하게 아름다워진다(2절). 침묵을 깨시는 하나님 : 하나님은 불과 광풍으로 그분의 임재를 나타내신다(3절). 심판장이신 하나님 : 하나님은 그 백성을 판단하시려고 성도를 주 앞에 모으신다(6절). 지극히 높으신 분이시다 : 윗 하늘과 아래 땅도, 해 돋는 데서 해지는 데까지에 있는 모든 것들을 주님이 아시고 소유하신다(14절). 나는 하나님 곧 네 하나님이로다 : 이러한 하나님이 그분께만 예배하는 성도들의 하나님이시다(7절).

8절부터는 열납되는 예물은 어떠해야 하는지에 대해 말한다. 형식만 갖춘 예물은 하나님이 거절하신다. 왜냐하면 삼림의 짐승들과 천산의 생축이 다 주님의 것이기 때문이며, 하나님은 물리적으로 수소의 고기를 드시거나 염소의 피를 마시는 분이 아니시기 때문이다(8-13절). 중요한 것은 예배자의 자세이다. 어떤 예배를 드려야 하는가? 14~15절에 잘 나타나 있다. "감사로 하나님께 제사를 드리라.", "네 서원을 갚으라.", "환난 날에 하나님을 부르라."

시편 50편을 통해 배우는 교훈은 첫째, 예배를 받으시는 하나님이 어떤 분이신지 정확하게 아는 것이고 둘째, 하나님이 받으실 예배는 어떠해야 할지를 배우라는 것이다. 우리가 늘 드리는 예배가 감사로 드리는 제사인가? 하나님 앞에서 말을 바꾸지는 않는가? 하나님을 간절히 찾고 구하고 있는가?

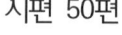

시편 52 편

위기를 만났을 때 부르는 노래

기도에 임하기

1. 몸과 마음을 가다듬고 하나님의 임재를 기억하며 기도를 준비한다.
2. 찬송을 부른다(새 213장).
3. 성경본문을 천천히 읽는다.
4. 본문의 배경에 대한 설명을 천천히 읽는다.

시편 52 : 1~9

1절 포악한 자여 네가 어찌하여 악한 계획을 스스로 자랑하는가 하나님의 인자하심은 항상 있도다
2절 네 혀가 심한 악을 꾀하여 날카로운 삭도같이 간사를 행하는도다
3절 네가 선보다 악을 사랑하며 의를 말함보다 거짓을 사랑하는도다 (셀라)
4절 간사한 혀여 너는 남을 해치는 모든 말을 좋아하는도다
5절 그런즉 하나님이 영원히 너를 멸하심이여 너를 붙잡아 네 장막에서 뽑아 내며 살아 있는 땅에서 네 뿌리를 빼시리로다 (셀라)
6절 의인이 보고 두려워하며 또 그를 비웃어 말하기를
7절 이 사람은 하나님을 자기 힘으로 삼지 아니하고 오직 자기 재물의 풍부함을 의지하며 자기의 악으로 스스로 든든하게 하던 자라 하리로다
8절 그러나 나는 하나님의 집에 있는 푸른 감람나무 같음이여 하나님의 인자하심을 영원히 의지하리로다
9절 주께서 이를 행하셨으므로 내가 영원히 주께 감사하고 주의 이름이 선하시므로 주의 성도 앞에서 내가 주의 이름을 사모하리이다

본문배경

이스라엘의 첫째 왕으로 선택된 사울은 시기심으로 인해 민족을 위기에서 건진 용사 다윗을 죽이려 한다. 자신의 사위인 다윗이었건만 사울 왕의 질투심은 눈과 마음을 멀게 만들었다. 억울하게 쫓기는 신세가 된 다윗은 현재 예루살렘 히브리 대학 자리에 있었던 제사장 마을 놉으로 피신하여 도움을 구한다. 놉의 제사장 아히멜렉은 다윗의 요구에 따라 진설병과 골리앗의 칼을 그에게 준다. 여기서 유추할 수 있는 사항이 골리앗과 맞서 싸울 때 다윗은 막대기를 든 소년이었지만 이제는 장성하여 적장 골리앗이 소유했던 칼을 들 정도로 성장하였다는 점이다. 그 후 다윗은 골리앗의 칼을 들고 아둘람 굴로 피신하여 그곳에서 그의 혈육인 형제들을 비롯하여 마음이 상한 자들 400여 명의 무리와 함께하게 된다.

한편 다윗이 놉에 머물렀다는 정보를 에돔 사람 도엑이 사울에게 전한다.

사무엘상 21 : 8에 의하면 도엑은 에돔 사람으로 사울의 가축들을 관리하는 총 책임자가 된 사람인데, 다윗이 놉을 방문했을 때 정결예식을 위반한 죄로 제사장 마을에 갇혀 있었다. 그러나 사울에게 다윗에 대한 정보를 전하고 복직되었으며, 놉의 제사장에게 분노를 발한 사울이 제사장을 죽이라고 명령할 때 신하들은 하나님께서 기름 부으신 종들에게 손을 대는 것을 꺼려 하나 이방 사람이었던 도엑은 아무런 거리낌 없이 하나님의 사람 85명을 칼로 쳐 죽인다(삼상 22 : 9, 18). 그뿐 아니라 제사장 마을에 남녀노소 가축들은 불에 타 흔적도 없이 사라지고, 이 슬픈 소식을 가까스로 목숨을 건진 아히멜렉의 아들 아비야달이 전한다.

바로 이때 다윗이 하나님께 읍소하며 쓴 시가 본 시편이다. 시의 장르는 교훈시로 악인에게는 재앙이, 의인에게는 은혜가 임함을 강조한다.

기 도

성령의 임재를 위한 기도

무고히 고통을 당하며 애끓는 심정으로 하나님께 하소연하는 다윗의 심정을 헤아리는 마음과 하나님을 의지하지 않고 자기의 재물과 힘을 의지하는 사람들로 인해서 고통을 당하는 믿음의 사람들의 마음과 함께할 수 있도록 은총을 간구한다.

본문말씀 읽기와 묵상하기

1. 본문을 천천히 한 번 읽는다. 읽는 동안에 마음에 부딪히는 말씀을 감지한다. 들려오는 말씀에 귀를 기울인다.
   예를 들면 "포악한 자여 네가 어찌하여 악한 계획을 스스로 자랑하는가…… 오직 자기 재물의 풍부함을 의지하며 자기의 악으로 스스로 든든하게 하던 자라 그러나 나는…… 하나님의 인자하심을 영원히 의지하리로다"(1, 7-8절).
2. 또다시 본문말씀을 읽으면서 나에게 부딪힌 말씀이 오늘 나에게 어떤 말씀으로 전해 오는지 귀를 기울인다.
   예를 들면 포착된 위의 말씀이 내게 무엇을 말하고 있는지를 이성과 감성을 통하여 숙고해 보고, 느껴 본다. 하나님을 인정하지 않고 자신의 악한 계획과 능력을 의지하며 살도록 유혹하는 지금 처한 환경에 대해서 어떻게 행해야 할지를 말하고 있다.
3. 위의 과정에서 얻은 영감을 가지고 구체적으로 반응하는 기도를 드린다.

"주님, 이 세상의 일들이 하나님을 알지 못하는 악한 계획에 의해서 움직여지는 것 같습니다. 매일 매일 돌아가는 이 세상이 온통 그들의 손에 의해서 점령당하며, 경건한 자의 목소리는 끊어지는 듯합니다. 그들은 주님을 의지하는 이들을 비웃습니다. 이때 우리는 어떻게 하여야 합니까? 인간의 풍부함과 계략이 하나님의 부유하심과 지혜에 미치지 못함을 영의 눈으로 보게 하옵소서. 그래서 여리지만 하나님의 집에 있는 감람나무가 마침내 그 생명력을 지키며 번성하리라는 믿음을 가지게 하옵소서."

임재 안에 머물기

이미 들려주신 주님의 말씀에 깊이 동의하면서 이성과 감성의 활동을 멈추고, 주님이 내려 주시는 고요함과 평화 가운데에서 주님과 하나 되는 경험을 해 본다.

반추 및 성찰

가능하면 기도했던 장소에서 자리를 옮긴다. 그리고 기도 시간에 경험한 내용을 돌

아보면서 노트에 간단히 적는다. 이때 기도 안에서 하나님과 내 자신에 대한 전체적인 느낌을 적고, 또 영적으로 위로를 받았던 경험과 영적으로 메말랐던 경험을 적는다.

삶으로 나아가기

마음에 와 닿는 한 구절의 말씀을 선택하여 쪽지에 기록하고, 이 말씀을 수시로 꺼내어 읊조리면서 일상 안에서 기도하며 생활한다.
예를 들면 "나는 하나님의 집에 있는 푸른 감람나무 같음이여 하나님의 인자하심을 영원히 의지하리로다"(8절).

본문 주요내용

본 시는 두 부분으로 나뉜다.
즉, 악인의 모습과 그 삶의 결과를 자세히 설명하는 첫 단락(1-7절)과 의인은 누구이며, 그 삶의 결과는 어떠한지에 대해 설명하는 두 번째 단락(8-9절)으로 나뉜다.
악인은 누구인가? 그들은 힘을 의지하는 강포자이다. 악한 계획을 자랑하며 혀는 날카로운 삭도 같아서 간사를 행한다. 선보다 악을 사랑하며 거짓을 의보다 더 사랑한다. 간사한 혀로 남을 삼키는 말을 줄곧 하며, 하나님을 의지하지 않고 재물의 풍부함이 그들의 의지하는 신으로 스스로 자긍하는 자이다. 이들의 결말은 어떠한지 시인은 다음과 같이 말한다. 첫째, 하나님이 악인을 취하여 그 거처에서 뽑아내 버리신다. 둘째, 생존하는 땅에서 악인의 뿌리를 캐내신다. 결국 악인은 영영히 멸망당하는 것이다.
반면에 의인은 누구이며, 그들의 삶의 결과는 어떠한지에 대해서도 말한다. 의인은 하나님의 인자하심을 영영히 의지하는 자로 하나님의 집에 심긴 푸른 감람나무 같은 자이다. 의인은 주의 선하신 이름을 의지하며 주께서 행하신 기사들로 인하여 성도들 앞에서 주께 감사하는 자를 말한다. 의인과 악인의 분명한 대조적 삶의 모습을 본 시편을 통해 보게 되었다. 선택은 우리의 몫이다. 여호와의 선하심을 의지하겠는가 아니면 인간이 쌓아 놓은 바벨을 의지하겠는가?

시편 52편

시편 53 편

지식과 지혜의 만남

기도에 임하기

1. 몸과 마음을 가다듬고 하나님의 임재를 기억하며 기도를 준비한다.
2. 찬송을 부른다(새 493장).
3. 성경본문을 천천히 읽는다.
4. 본문의 배경에 대한 설명을 천천히 읽는다.

시편 53 : 1~6

1절 어리석은 자는 그의 마음에 이르기를 하나님이 없다 하도다 그들은 부패하며 가증한 악을 행함이여 선을 행하는 자가 없도다

2절 하나님이 하늘에서 인생을 굽어살피사 지각이 있는 자와 하나님을 찾는 자가 있는가 보려 하신즉

3절 각기 물러가 함께 더러운 자가 되고 선을 행하는 자 없으니 한 사람도 없도다

4절 죄악을 행하는 자들은 무지하냐 그들이 떡 먹듯이 내 백성을 먹으면서 하나님을 부르지 아니하는도다

5절 그들이 두려움이 없는 곳에서 크게 두려워하였으니 너를 대항하여 진 친 그들의 뼈를 하나님이 흩으심이라 하나님이 그들을 버리셨으므로 네가 그들에게 수치를 당하게 하였도다

6절 시온에서 이스라엘을 구원하여 줄 자 누구인가 하나님이 자기 백성의 포로된 것을 돌이키실 때에 야곱이 즐거워하며 이스라엘이 기뻐하리로다

본문배경

시편 53편은 14편과 거의 같은 내용을 담고 있다(14편 - 다윗의 영장에 맞춘 노래/53편 - 다윗의 지혜의 노래, 악기 마할랏에 맞춘 영장 노래).

두 시편을 비교해 보자. 사용 단어는 다르지만 내용은 거의 흡사하다.

14편 1절 히브리어 '알릴라' - 제멋대로 행동함/53편 1절 히브리어 '아벨' - 종교적으로 부패한 삶 ; 14편 2절 '싸르' - 곁길로 치우침/53편 3절 '싸그' - 왔다 갔다 함 ; 14편 5절 '엘로힘 베도르 짜딕' - 여호와께서 의인의 세대에 계시도다/53편 5절 하나님께서 의인을 치는 악인을 벌하시는 장면을 구체적으로 묘사한다 - 두려움이 없어졌으니 이유인즉 하나님께서 의인을 치기 위해 포위망을 친 자들의 뼈를 흩으셨기 때문이다 ; 14편 6절 - 가난한 자의 경영을 부끄럽게 하나 여호와는 그의 피난처가 되시도다/53편 5절 하반절 - 하나님께서 그들을 싫어하시기 때문에 그들에게 부끄러운 일이 생길 것이다.

학자들은 두 시편이 원래 한 노래로 시간이 지나면서 두 개로 전수되어진 것이라는 견해를 가진다. 하지만 두 시는 공통된 부분을 공유하고 있음에도 불구하고 다른 시이다. 이유인즉 두 시가 각각 가지는 중요한 특징이 있기 때문이다.

첫째, 하나님의 이름 사용에 있어서 다르다. 14편에는 하늘의 하나님을 표현할 때 거룩한 성문자 4자로 된 일명 '예호바'를 사용하나, 53편에는 그냥 '엘로힘'으로 표기한다. 동일하게 하나님을 부르지 않는다는 표현에서도 14편은 '예호바'를 사용하나 53편은 그냥 '엘로힘'으로 표기한다. 14편은 그의 백성의 포로됨을 돌이키시는 분을 '예호바'로 표기하나 53편은 '엘로힘'이란 표현을 고수한다. 단 예외는 14편에서 하나님이 의인의 세대에 계신다는 표현에서 하나님을 '예호바' 대신 '엘로힘'을 사용한다.

둘째, 14편 6절 부분은 53편에는 나오질 않는다. "너희가 가난한 자의 계획을 부끄럽게 하나 오직 여호와는 그의 피난처가 되시도다"

셋째, 제목이 다르다. 14편의 제목은 "다윗의 영장에 맞춘 노래"(라메나쩨아흐 레다비드)인데 히브리어 문자대로 번역하면 다윗의 승리를 위한 노래인 반면, 53편의 제목은 "다윗의 지혜시 - 마할랏에 맞추어 부르는 승리의 노래"(라메나쩨아흐 알 마할랏 마쓰킬 레다비드)이다. 즉, 53편은 14편과 달리 지혜를 뜻하는 '마쓰킬'이란 단어와 악기 이름으로 추정되는 '마할랏'이 첨가되어 있다. 추측컨대 14편의 노래가 먼저 있었고 이것을 다시 확장해서 악기를 사용해서 재편집하였거나, 아니면 완전히 다른 노래로써 공통된 부분은 고대부터 전승되어 온 자료를 각각 다르게 전수 받아 현재 형태로 최종 결정되었을 가능성이 높다.

기 도

성령의 임재를 위한 기도

"이 시편 말씀이 열려져 하나님 없이 사는 인생들이 어떠함을 깊게 자각하게 하옵소서. 그리고 그 말씀이 내 영혼을 깊이 비추는 등불이 되게 하옵소서."

본문말씀 읽기와 묵상하기

1. 본문을 천천히 한 번 읽는다. 읽는 동안에 마음에 부딪히는 말씀을 감지한다. 들려오는 말씀에 귀를 기울인다.
   예를 들면 "어리석은 자는 그의 마음에 이르기를 하나님이 없다 하도다"(1절), "죄악을 행하는 자는 무지하냐…… 하나님을 부르지 아니한다"(4절), "그들이 두려움이 없는 곳에서 크게 두려워한다"(5절).
2. 또다시 본문말씀을 읽으면서 나에게 부딪힌 말씀이 오늘 나에게 어떤 말씀으로 전해 오는지 귀를 기울인다.
   예를 들면 포착된 위의 말씀이 내게 무엇을 말하고 있는지를 이성과 감성을 통하여 숙고해 보고, 느껴 본다.
   하나님을 인정하지 않고 사는 사람들의 모습이 어떠한 것인지를 자세히 주목해 본다. 그리고 내 안에서도 수시로 하나님 없이 사는 모습이 있음을 고백한다.
3. 위의 과정에서 얻은 영감을 가지고 구체적으로 반응하는 기도를 드린다.

"주님, 내 마음 깊이에는 두 경쟁의 목소리들이 소리를 지르고 있습니다. 탐욕과 안일무사주의, 권력욕, 명예욕의 소리가 있습니다. 다른 한편으로는 자족과 초연함을 요구하는 목소리도 있습니다. 그러나 이 혼란 속에서도 범사에 하나님을 인정하면 어두움이 빛을 이기지 못함을 알고 있습니다.

주님, 마음 깊은 곳에서 꺼지지 않는 등불로 좌정하고 계시는 주 예수님을 주목하게 하옵소서. 자칫하면 마음 깊이 자리잡고 있는 또다른 죄악된 속성이 나를 무지하게 만듭니다. 그래서 하나님 없이 사는 자가 될 수 있음을 인정합니다. 주님, 당신은 내 마음의 등불이요, 빛입니다. 그래서 내가 당신을 주목할 때에 나는 즐거움을 누리고 그곳이 안전한 바위임을 인정합니다."

임재 안에 머물기

이미 들려주신 주님의 말씀에 깊이 동의하면서 이성과 감성의 활동을 멈추고, 주님이 내려 주시는 고요함과 평화 가운데에서 주님과 하나 되는 경험을 해 본다.

반추 및 성찰

가능하면 기도했던 장소에서 자리를 옮긴다. 그리고 기도 시간에 경험한 내용을 돌아보면서 노트에 간단히 적는다.
이때 기도 안에서 하나님과 내 자신에 대한 전체적인 느낌을 적고, 또 영적으로 위로를 받았던 경험과 영적으로 메말랐던 경험을 적는다.

삶으로 나아가기

마음에 와 닿는 한 구절의 말씀을 선택하여 쪽지에 기록하고, 이 말씀을 수시로 꺼내어 읊조리면서 일상 안에서 기도하며 생활한다.
예를 들면 "어리석은 자는 그의 마음에 이르기를 하나님이 없다 하도다…… 그들이 두려움이 없는 곳에서 크게 두려워하였으니……"(1, 5절).

본문 주요내용

어리석은 자는 그 마음에 이르기를 하나님이 없다고 말한다(1절). 어리석은 자로 번역된 히브리어 '나발'은 영어로 '바보'(be senseless, foolish)란 뜻이다. 바보는 감각을 상실한 사람을 말하며, 쉽게 어떤 사실을 결정하는 사람을 의미한다. 그런데 아랍어로 나발의 의미는 정반대의 의미를 가지고 있다. 그 뜻이 귀족처럼 고상하며 뚜렷한 인상을 주는 지식계층을 의미한다.

지식이 자신을 가두면 그 너머에 있는 존재를 볼 수 없는 경우가 종종 있다. 지식은 후퇴한다는 말이 있듯이 영원한 지식이 아닌 일시적인 지식은 뒤에 오는 지식에 그 자리를 내어 줄 수밖에 없다. 따라서 잠시 머물러 있는 지식을 가지고 초자연적 사실이나 신의 존재에 대한 단정적인 말은 그것이 중심에서 홀로 속삭이는 것일지라도 어리석은 것이 될 수 있다는 점을 시인은 강조하는 것이다.

지식은 부패하기 쉽고 가증한 일을 행하기 쉽다. 지식인이 타락할 수 있는가? 성경은 있을 수 있다고 말한다. 우리 주변을 살펴보면 대답이 분명히 나온다. 학처럼 올곧게 바른 삶을 사는 분도 있지만, 지식이 그 인생을 부패하게 하고 파멸시키는 경우를 보게 된다. 지식과 도덕이 동반자가 되면 좋거니와 서로 대적이 되면 오히려 무지한 것을 낳는다. 왜냐하면 변명이라도 할 수 있기 때문이다.

선과 무관한 지식은 위험하다. 지식인일수록 선을 행하여야 한다는 점을 강조한다. 선이 수반되지 않는 지식은 무용지물이다. 천체물리학자들이 태양계에서 명왕성을 제외하는 결정을 내리는 데 70년이 걸렸다는 뉴스를 접하면서 이런 생각을 해 보았다. 태양계 안의 것도 다 알 수 없는데 그 너머에 계시는 하나님의 존재는 우리 지식의 한계를 뛰어넘는 일이 아닌가? 따라서 성경은 믿음을 강조한다.

지식과 믿음은 서로 동반자가 되어야 한다. 왜냐하면 믿음은 지식을 윤택하게 해 주고, 지식은 믿음을 돋보이게 하기 때문이다.

지식이 지혜는 아니다. 지혜로운 자들은 하나님을 찾는다(2절). 히브리어로 지혜로운 자란 '마쓰킬'이며 의미는 "형통케 된다."이다. 이 단어의 히브리어 원형인 '쎄켈'은 지혜를 뜻하며, 우리 앞에 놓인 수많은 난제들은 하늘이 주시는 지혜로 하나하나 다루다 보면 결과가 좋다는 것을 의미한다.

시인은 하나님을 찾는 자들이 지혜로운 자, 혹 형통한 인생을 영위해 가는 사람들이라고 말한다. 왜 그런가? 우리의 인식의 한계를 뛰어넘는 것들이 너무 많이 있기 때문이다. 또한 우리가 할 수 없는 것이 너무 많이 있기 때문이다. 지식인이 바보라는 언어적 뉘앙스는 많은 것을 시사해 준다. 똑똑한 바보가 되기보다는 어리석은 신앙인이 되어야 할 것이다.

시편 53편

시편 58 편

멸하지 마옵소서

기도에 임하기

1. 몸과 마음을 가다듬고 하나님의 임재를 기억하며 기도를 준비한다.
2. 찬송을 부른다(새 345장).
3. 성경본문을 천천히 읽는다.
4. 본문의 배경에 대한 설명을 천천히 읽는다.

시편 58 : 1~11

1절 통치자들아 너희가 정의를 말해야 하거늘 어찌 잠잠하냐 인자들아 너희가 올바르게 판결해야 하거늘 어찌 잠잠하냐
2절 아직도 너희가 중심에 악을 행하며 땅에서 너희 손으로 폭력을 달아 주는도다
3절 악인은 모태에서부터 멀어졌음이여 나면서부터 곁길로 나아가 거짓을 말하는도다
4절 그들의 독은 뱀의 독 같으며 그들은 귀를 막은 귀머거리 독사 같으니
5절 술사의 홀리는 소리도 듣지 않고 능숙한 술객의 요술도 따르지 아니하는 독사로다
6절 하나님이여 그들의 입에서 이를 꺾으소서 여호와여 젊은 사자의 어금니를 꺾어 내시며
7절 그들이 급히 흐르는 물같이 사라지게 하시며 겨누는 화살이 꺾임 같게 하시며
8절 소멸하여 가는 달팽이 같게 하시며 만삭 되지 못하여 출생한 아이가 햇빛을 보지 못함 같게 하소서
9절 가시나무 불이 가마를 뜨겁게 하기 전에 생나무든지 불 붙는 나무든지 강한 바람으로 휩쓸려 가게 하소서
10절 의인이 악인의 보복 당함을 보고 기뻐함이여 그의 발을 악인의 피에 씻으리로다

11절 그때에 사람의 말이 진실로 의인에게 갚음이 있고 진실로 땅에서 심판하시는 하나님이 계시다 하리로다

본문배경

제목은 "승리를 위한 노래 멸하지 마소서"(라메나쩨아흐 알 타슈헷 레다비드 미크탐)로 다윗의 편지노래(믹담)이다. 본 시편에서 악인을 독을 품은 독사로 묘사한다. 중동의 거리를 거닐다 보면 술사의 피리소리에 따라 춤을 추는 코브라를 볼 수 있다. 독사를 피리로 제어할 수 있기에 다행이지만, 만일 술사의 명령을 듣지 않고 거리로 뛰쳐나가는 뱀이라면 그야말로 위험천만하다. 악인은 의에 대해 침묵하고 공정한 판결을 하기를 거부하지만 의인은 그렇게 해서는 안 된다는 것을 본문을 통해 교훈한다. 왜 그러한가? 그것은 11절에 나온다. "의인에게 갚음이 있고 진실로 땅에서 심판하시는 하나님이 계시기 때문이다." 하나님의 형상대로 지음 받은 인간은 아모스 선지자의 말처럼 그 입에서 공법과 정의가 흘러넘쳐야 한다. 하지만 반대로 포악과 강포로 땅을 물들일 때는 세상은 독사의 독처럼 아름다운 땅이 저주 받은 땅으로 바뀌게 된다("너희는 악을 미워하고 선을 사랑하며 성문에서 정의를 세울지어다"〈암 5:15〉, "오직 정의를 물같이, 공의를 마르지 않은 강같이 흐르게 할지어다"〈암 5:24〉.)

여기서 시인 다윗은 히브리어 '쩨덱'과 '메이샤림'을 사용하여 메시지를 전달한다. 영어로 번역하면 '쩨덱'은 uprightness(의, 곧음, 개역한글성경에선 공의로 번역)이며 '메이샤림'은 righteousness(정의, 바름, 개역한글성경에선 정직으로 번역)이다. 즉, 곧음과 바름을 말하고 실천해야 할 인간이 악인으로 변해 불의와 폭력을 뿜어낼 때 그 사회는 바로 심판의 위기 앞에 서게 된다는 것이다. 반면에 의인(히브리어로 짜딕)은 곧음과 바름의 삶을 실천함으로써 하나님의 긍정적 갚으심을 선물로 받게 된다는 것이 시편의 주요 교훈이다.

기도

성령의 임재를 위한 기도

"주여! 이 시편에 나타나는 다윗의 심정을 맛볼 수 있도록 저의 기도를 인도하여 주

옵소서. 악인과 선인 사이에 하나님이 좌정하고 계심을 바라보게 하옵소서."

본문말씀 읽기와 묵상하기

1. 본문을 천천히 한 번 읽는다. 읽는 동안에 마음에 부딪히는 말씀을 감지한다. 들려오는 말씀에 귀를 기울인다.

    예를 들면 "통치자들아 너희가 정의를 말해야 하거늘…… 인자들아 너희가 올바르게 판결해야 하거늘……"(1절), "그들의 독은 뱀의 독 같으며 그들은 귀를 막은 귀머거리 독사 같으니"(4절), "그때에 사람의 말이 진실로 의인에게 갚음이 있고 진실로 땅에서 심판하시는 하나님이 계시다 하리로다"(11절).

2. 또다시 본문말씀을 읽으면서 나에게 부딪힌 말씀이 오늘 나에게 어떤 말씀으로 전해 오는지 귀를 기울인다.

    예를 들면 11절의 "그때에 사람의 말이 진실로 의인에게 갚음이 있고 진실로 땅에서 심판하시는 하나님이 계시다 하리로다"라는 말씀이 내게 무엇을 말하고 있는지를 이성과 감성을 통하여 숙고해 보고, 느껴 본다.

    오늘 우리가 살고 있는 현실은 힘있는 사람들의 편에 서 있는 것처럼 보이나, 하나님은 그 악한 현실을 모르는 체하지 않는다는 것이 시편 기자의 경험이다. 그 경험을 나의 경험으로 받아들임으로써 불의한 현실 가운데에서도 용기를 잃지 않고, 새로운 희망을 기대하게 된다. 하나님은 머지않아 진실을 드러낼 것이고, 악인들은 급히 흐르는 물같이 사라지게 될 것이다.

3. 위의 과정에서 얻은 영감을 가지고 구체적으로 반응하는 기도를 드린다.

    "주님, 이 땅에 수많은 정의롭지 못한 지도자들 때문에 힘없는 백성들이 고통을 당하고 있습니다. 공의와 정직을 양심으로 삼지 않는 통치자들로 인하여 백성들의 고통과 신음의 소리는 하늘을 찌르나, 저들은 그 고통의 소리에게 귀가 멀어 있습니다.

    특히 북한의 현실이 그러하옵나이다. 이 한반도를 다스리는 통치자들로 하여금 공의와 정직을 양식으로 삼게 해 주옵소서. 그래서 이 땅도 살고, 저 북한 땅도 살아나게 하옵소서. 그리고 고통의 현실 가운데 있는 백성들이 이 불의한 현실에서도 결코 좌절하지 않고 심판주 되시는 여호와 하나님을 바라며 희망을 잃지 않게 하옵소서."

이미 들려주신 주님의 말씀에 깊이 동의하면서 이성과 감성의 활동을 멈추고, 주님이 내려 주시는 고요함과 평화 가운데에서 주님과 하나 되는 경험을 해 본다.

반추 및 성찰

가능하면 기도했던 장소에서 자리를 옮긴다. 그리고 기도 시간에 경험한 내용을 돌아보면서 노트에 간단히 적는다. 이때 기도 안에서 하나님과 내 자신에 대한 전체적인 느낌을 적고, 또 영적으로 위로를 받았던 경험과 영적으로 메말랐던 경험을 적는다.

삶으로 나아가기

마음에 와 닿는 한 구절의 말씀을 선택하여 쪽지에 기록하고, 이 말씀을 수시로 꺼내어 읊조리면서 일상 안에서 기도하며 생활한다.
예를 들면 "그때에 사람의 말이 진실로 의인에게 갚음이 있고 진실로 땅에서 심판하시는 하나님이 계시다 하리로다"(11절).

본문 주요내용

시편 58편의 내용은 다음과 같다.
악인은 누구인가? 모태에서부터 멀어진 사람이 악인이다. 나면서부터 곁길로 나가 거짓을 일삼는다(3절).
악인에 대한 비유 : 저희의 독은 뱀의 독 같으며 술사의 방술에 귀를 막은 귀머거리 독사이다(4-5절).
악인에게 주는 경고 : 중심에 악을 행하지 말라. 손에 강포를 달지 말라(2절).

악인을 심판하시는 하나님이 계심을 명심하라 : 악인에게 보응이 있다. 악인은 피를 흘리며 죽는다(10절).

심판의 내용 : 하나님은 저희 입에서 이를 꺾으신다. 젊은 사자의 어금니를 꺾으신다(6절). 저희를 급히 흐르는 물같이 사라지게 하신다. 겨누는 살이 꺾임 같게 하신다(7절). 소멸하여 가는 달팽이 같게 하신다. 만기되지 못하여 출생하지 못한 어린아이같이 된다(8절). 열매를 맺기 전에 회리바람으로 날려 보내신다(9절).

본 시편의 결론이다.

의에 대해서 잠잠하지 말라(곧음의 삶을 살라). 정의로운 판단을 하라(정직을 행하라). 판단하시는 분이 계시는데, 그분은 하나님이시다. 의와 정의의 삶을 살라 의인에게 갚음이 있음을 명심하라.

본 시는 질문으로 시작해서 답변으로 끝난다. 질문은 다음과 같다. "인자들아 너희가 당연히 정의를 말하겠거늘 어찌 잠잠하느뇨 너희가 정직히 판단하느뇨"(1절). 이에 대한 답변은 다음과 같다. "그때에 사람의 말이 진실로 의인에게 갚음이 있고 진실로 땅에서 심판하시는 하나님이 계시다 하리로다"(11절). 흥미로운 것은 6절에서 하나님을 표현하는 두 가지 호칭을 사용하여 대구를 이룬다는 점이다. "하나님이여 (엘로힘) 그들의 입에서 이를 꺾으소서 여호와여 (아도나이) 젊은 사자의 어금니를 꺾어 내시며."

시편 68 편

하나님 앞에 뛰놀며

기도에 임하기

1. 몸과 마음을 가다듬고 하나님의 임재를 기억하며 기도를 준비한다.
2. 찬송을 부른다(새 426장).
3. 성경본문을 천천히 읽는다.
4. 본문의 배경에 대한 설명을 천천히 읽는다.

시편 68 : 1~13

1절 하나님이 일어나시니 원수들은 흩어지며 주를 미워하는 자들은 주 앞에서 도망하리이다
2절 연기가 불려 가듯이 그들을 몰아내소서 불 앞에서 밀이 녹음같이 악인이 하나님 앞에서 망하게 하소서
3절 의인은 기뻐하여 하나님 앞에서 뛰놀며 기뻐하고 즐거워할지어다
4절 하나님께 노래하며 그의 이름을 찬양하라 하늘을 타고 광야에 행하시던 이를 위하여 대로를 수축하라 그의 이름은 여호와이시니 그의 앞에서 뛰놀지어다
5절 그의 거룩한 처소에 계신 하나님은 고아의 아버지시며 과부의 재판장이시라
6절 하나님이 고독한 자들은 가족과 함께 살게 하시며 갇힌 자들은 이끌어 내사 형통하게 하시느니라 오직 거역하는 자들의 거처는 메마른 땅이로다
7절 하나님이여 주의 백성 앞에서 앞서 나가사 광야에서 행진하셨을 때에 (셀라)
8절 땅이 진동하며 하늘이 하나님 앞에서 떨어지며 저 시내 산도 하나님 곧 이스라엘의 하나님 앞에서 진동하였나이다
9절 하나님이여 주께서 흡족한 비를 보내사 주의 기업이 곤핍할 때에 주께서 그것을 견고하게 하셨고

10절 주의 회중을 그 가운데에 살게 하셨나이다 하나님이여 주께서 가난한 자를 위하여 주의 은택을 준비하셨나이다
11절 주께서 말씀을 주시니 소식을 공포하는 여자들은 큰 무리라
12절 여러 군대의 왕들이 도망하고 도망하니 집에 있던 여자들도 탈취물을 나누도다
13절 너희가 양 우리에 누울 때에는 그 날개를 은으로 입히고 그 깃을 황금으로 입힌 비둘기 같도다

본문배경

라틴어의 '코람 데오'(Coram Deo)를 히브리어로는 '리프네이 엘로힘'이라고 말한다. 하나님 앞에서 기쁨의 춤을 추며 뛰놀면서 노래하는 것이 68편이다. 제목은 "다윗이 영장에 맞추어 부르는 승리의 노래시"(라메나쩨아흐 레다비드 미즈모르 쉬르)이다. 제목에서 노래를 뜻하는 히브리어 두 단어를 사용한다(미즈모르, 쉬르 ; 번역에 있어 일치를 이루지 않는 이 단어들은 대개 시, 곧 노래나 찬송시, 노래시로 번역된다. 영어성경은 미즈모르를 psalm으로 쉬르를 song으로 번역한다). 위와 동일한 제목을 가진 시편은 30, 67, 87, 92편이다. 반면에 이 단어의 순서가 바뀌어(쉬르 미즈모르, 찬송시 - 개역한글성경) 두 단어로 이루어진 제목을 가진 시편은 48, 66, 83, 88, 108편이다. 두 단어가 분리되어 함께 제목으로 사용되는 시편은 65편, 76편이다(라메나쩨아흐 미즈모르 레다비드 쉬르 - 다윗이 영장에 맞추어 부르는 승리의 노래시, 65편, 라메나쩨아흐 빈기놋 미즈모르 레아쌒 쉬르 - 아삽이 영장에 맞추어 악기를 연주하며 부르는 승리의 노래시, 76편).

시편 68편은 언약궤를 운반하면서 부른 노래로 알려져 있다. 이와 같은 근거는 다음 구절들에 있다. "주께서 높은 곳으로 오르시며"(18절), "나의 하나님, 나의 왕이 성소로 행차하시는 것이라"(24절, 참고 구절 삼하 6 : 12 - 17). 시내 산에 좌정하셨던 하나님은 언약궤와 함께 주의 전이 있는 시온에 좌정하시려고 일어나시며 모든 대적을 물리치시니 주의 백성들은 기뻐 즐거워한다("여호와여 일어나사 주의 권능의 궤와 함께 평안한 곳으로 들어가소서"〈시 132 : 8〉).

특징은 야곱의 12지파 중 네 지파만 거론된다는 점이다(유다, 베냐민, 스블론, 납달리). 그 이유 다음과 같다. 유다는 레아의 자손, 베냐민은 라헬의 자손, 스블론은 실바의 자손, 납달리는 빌하의 자손으로 야곱의 네 아내를 대표하기 때문이다. 십계명 말씀이 담긴 언약궤가 시온에 당도함으로써 주의 영광의 임재가 이루어지고 구원의 기쁜 소식이 온 열방에 전해진다. 시인은 온 열방을 향해 권면한다. "땅의 왕국들아 하나님

께 노래하고 주께 찬송할지어다 너희는 하나님께 능력을 돌릴지어다……"(32, 34절). 이스라엘을 향해서는 이렇게 권면한다. "이스라엘(야곱)의 근원에서 나온 너희여 대회 중에 하나님 곧 주를 송축할지어다 이스라엘의 하나님은 그의 백성에게 힘과 능력을 주시나니 하나님을 찬송할지어다"(26, 35절).

기 도

성령의 임재를 위한 기도

"시편 기자가 경험한 하나님 앞에서 사는 법과 그 안에서 누리는 기쁨이 무엇인지 알게 하옵소서."

본문말씀 읽기와 묵상하기

1. 본문을 천천히 한 번 읽는다. 읽는 동안에 마음에 부딪히는 말씀을 감지한다. 들려오는 말씀에 귀를 기울인다.
   예를 들면 "하나님은 고아의 아버지시며 과부의 재판장이시라…… 고독한 자들은 가족과 함께 살게 하시며…… 주께서 가난한 자를 위하여 주의 은택을 준비하셨나이다"(5-6, 10절).
2. 또다시 본문말씀을 읽으면서 나에게 부딪힌 말씀이 오늘 나에게 어떤 말씀으로 전해 오는지 귀를 기울인다.
   예를 들면 "하나님은 고아의 아버지시며 과부의 재판장이시라…… 고독한 자들은 가족과 함께 살게 하시며…… 주께서 가난한 자를 위하여 주의 은택을 준비하셨나이다"(5-6, 10절)라는 말씀이 내게 무엇을 말하고 있는지를 이성과 감성을 통하여 숙고해 보고, 느껴 본다.
   하나님의 앞에 사는 것이 무엇인지를 구체적으로 보여 주고 있다. 즉, 고아와 과부와 고독한 자와 가난한 자와 함께하는 삶이 곧 하나님 앞에 사는 것이며, 그들은 하나님 앞에서 기뻐하고 즐거워하게 될 것이다.
3. 위의 과정에서 얻은 영감을 가지고 구체적으로 반응하는 기도를 드린다.

"주님, 하나님 앞에서 사는 것이 무엇인지를 깨닫게 하여 주셔서 감사합니다. 하나님 편에 서는 것이 무엇인지를 가르쳐 주셔서 감사합니다. 고아와 과부와 가난한 자와 고독한 자와 함께하기를 즐거워하는 사람들은 곧 하나님 앞에서 사는 사람들이며, 하나님의 편에 서는 사람들입니다. 그들과 함께하는 동안 저들이 위로와 기쁨을 누리듯이, 그 기쁨을 또한 상으로 되돌려 받는 진리를 깨우치게 됩니다.

　내가 저들의 짐을 져 줄 때에 주님이 내 짐을 져 주시는 분이심을 믿습니다. 이로 인하여 하나님을 찬송합니다."

임재 안에 머물기

이미 들려주신 주님의 말씀에 깊이 동의하면서 이성과 감성의 활동을 멈추고, 주님이 내려 주시는 고요함과 평화 가운데에서 주님과 하나 되는 경험을 해 본다.

반추 및 성찰

가능하면 기도했던 장소에서 자리를 옮긴다. 그리고 기도 시간에 경험한 내용을 돌아보면서 노트에 간단히 적는다. 이때 기도 안에서 하나님과 내 자신에 대한 전체적인 느낌을 적고, 또 영적으로 위로를 받았던 경험과 영적으로 메말랐던 경험을 적는다.

삶으로 나아가기

마음에 와 닿는 한 구절의 말씀을 선택하여 쪽지에 기록하고, 이 말씀을 수시로 꺼내어 읊조리면서 일상 안에서 기도하며 생활한다.
　예를 들면 "날마다 우리 짐을 지시는 주 곧 우리의 구원이신 하나님을 찬송할지로다"(19절).

본문 주요내용

본문을 통해 시인이 뛰놀며 기뻐하는 이유를 찾아보자.

첫째, 하나님께서 일어나신다. 하나님이 일어나시면 원수들(주를 미워하는 자들)이 주님 앞에서 흩어져 도망한다. 그들은 연기같이, 밀이 녹음같이 하나님 앞에서 망한다(1-2절).

둘째, 회복의 때가 반드시 도래한다.

의인이라 불리는 무리들이 있다. 그들은 하나님 앞에서 춤추며 노래하며 즐거워하고 그의 성호를 송축한다. 더욱이 광야를 행진하면서도 하나님 안에 계시는 이름을 즐거워하며 그분 앞에서 덩실덩실 춤을 춘다. 3절과 5절에서 의인, 고아와 과부를 함께 묶어 표현한다. 의인이 춤추며 기뻐하는 이유는 하나님께서 고아의 아버지가 되셨고, 과부의 억울함을 들어주시는 재판장이 되시기 때문이다. 또한 홀로 거하는 자들 혹은 묶인 자들을 모두 묶어 의인으로 묘사한다. 비록 시대가 악하여 악한 무리들이 거리를 휘젓고 다니는 연고로 의인들이 고아와 과부로 전락되고 환난의 사슬에 묶여 외로운 처지에 놓여 있다 하더라도, 그들은 즐거워한다. 이유인즉 그들에게 구원자가 있기 때문이다.

하나님께서 거룩한 보좌에서 일어나셔서 홀로 거하는 자들을 가속 가운데 거하게 하시며, 묶인 자들에게는 해방(드로르)을 선언하시고, 고아에게 아버지이심을 알리시고, 과부에게는 재판장이심을 보이시는 여호와가 계시기에 수없는 환난에도 기뻐하고 있는 것이다.

시편 68편에서 하나님께서 베푸시는 구원을 다음과 같이 정리할 수 있다. 고독한 자로 가속 중에 처하게 하시는 하나님(6절), 수금된 자를 이끌어 내사 형통케 하시는 하나님(6절), 주의 산업이 곤핍할 때에 흡족한 비를 보내셔서 견고케 하시는 하나님(9절), 주의 회중으로 축복 가운데 거하게 하시는 하나님(10절), 가난한 자를 위하여 주의 은택을 준비하시는 하나님(10절), 은과 금으로 입힌 비둘기같이 우리를 선대하시는 하나님(13절), 우리의 짐을 지시는 구원의 하나님(19절), 주의 백성에게 힘과 능을 주시는 하나님(35절).

하나님 앞에서 뛰놀 수 있는 이유는 하나님이 우리에게 구원의 하나님이시기 때문이다. "사망에서 벗어남은 주 여호와로 말미암거니와 그의 원수들의 머리 곧 죄를 짓고 다니는 자의 정수리는 하나님이 쳐서 깨뜨리시리로다"(20-21절). 아멘.

시편 68편

1543/Geneve 1551
임창복, 최윤배 편역

작은 용기

기도에 임하기

1. 몸과 마음을 가다듬고 하나님의 임재를 기억하며 기도를 준비한다.
2. 찬송을 부른다(새 204장).
3. 성경본문을 천천히 읽는다.
4. 본문의 배경에 대한 설명을 천천히 읽는다.

시편 73 : 21~28

21절 내 마음이 산란하며 내 양심이 찔렸나이다
22절 내가 이같이 우매 무지함으로 주 앞에 짐승이오나
23절 내가 항상 주와 함께하니 주께서 내 오른손을 붙드셨나이다
24절 주의 교훈으로 나를 인도하시고 후에는 영광으로 나를 영접하시리니
25절 하늘에서는 주 외에 누가 내게 있으리요 땅에서는 주밖에 내가 사모할 이 없나이다
26절 내 육체와 마음은 쇠약하나 하나님은 내 마음의 반석이시요 영원한 분깃이시라
27절 무릇 주를 멀리하는 자는 망하리니 음녀같이 주를 떠난 자를 주께서 다 멸하셨나이다
28절 하나님께 가까이함이 내게 복이라 내가 주 여호와를 나의 피난처로 삼아 주의 모든 행적을 전파하리이다

본문배경

시편 73편은 작은 욥기로 알려진 시이다. 아삽의 시로써 아삽은 시편 50편에 이름이 나온 이래 시편의 세 번째 묶음(73-89편)인 이곳에서 열한 번이나 계속 나온다. 아삽을 이어 고라의 시가 4편이 나오는데 고라는 시편의 두 번째 묶음에서 이미 7번이나 나왔고, 여기서는 84, 85편, 87, 88편에서 나온다. 이 둘을 가르는 시편 86편은 다윗의 시이다. 그리고 시편의 세 번째 묶음은 에단의 시로 끝난다. 참고로 시편의 두 번째 묶음(42-72편)은 솔로몬의 시로 끝난다. 시편 88편은 두 명의 이름으로 시가 지어져 있다(고라 자손과 동방사람 헤만이다. 헤만은 77편에 한 번 나오고 그 외의 다른 시편에서는 나오지 않는다). 참 재미있는 배열이다. 우리가 이해하지 못하는 고대 이스라엘 사람들이 시편을 이처럼 배열한 이유를 알기가 어렵다. 시편 73편은 지혜문학의 전통적 주제인 하나님의 세상 운영 법칙에 관한 질문으로 시작한다. 상은 누가 받고 벌은 누가 받는지, 왜 의인이 고난을 당하는지, 반면에 악인은 왜 잘되는지, 즉 신정론에 대한 질문으로 시를 열고 있다. 시인은 하나님의 보응(보상)에 관한 중요한 질문을 제기한다.

첫째, 왜 하나님은 악인을 벌하시지 않는가?

둘째, 왜 의인이 고통을 당하는가?

눈을 들어 올바른 빛 안에서 하나님이 세상을 운영해 가시는 법칙을 발견하게 된 시인은 지혜문학에서 그 답변을 찾는다.

결론은 다음과 같다. 악인의 형통은 일시적이다. 악인은 갑자기, 빠르게 멸망할 것이다(17-20절). 악인은 하나님의 가까이하심을 경험하지 못한다(27절). 반면에 의인은 그의 삶을 자세히 살펴본 결과 실제로는 고통 가운데 있지만 하나님의 오른손이 그를 붙들고 계심을 알게 된다(23절).

기도

성령의 임재를 위한 기도

"주님, 이 시편을 읽는 동안에 시편 기자의 마음이 내 마음이 되게 하시고, 이 말씀이 내 입의 고백이 되게 하옵소서."

본문말씀 읽기와 묵상하기

1. 본문을 천천히 한 번 읽는다. 읽는 동안에 마음에 부딪히는 말씀을 감지한다. 들려오는 말씀에 귀를 기울인다.

    예를 들면 "내가 어쩌면 이를 알까 하여 생각한즉…… 하나님의 성소에 들어갈 때에야 그들의 종말을 내가 깨달았나이다…… 그들이 어찌하여 갑자기 황폐되었는가 놀랄 정도로 그들은 전멸하였나이다"(16-17, 19절), "내가 항상 주와 함께하니 주께서 내 오른손을 붙드셨나이다"(23절), "하나님께 가까이함이 내게 복이라 내가 주 여호와를 나의 피난처로 삼아 주의 모든 행적을 전파하리이다"(28절).

2. 또다시 본문말씀을 읽으면서 나에게 부딪힌 말씀이 오늘 나에게 어떤 말씀으로 전해 오는지 귀를 기울인다.

    예를 들면 "내가 어쩌면 이를 알까 하여 생각한즉…… 하나님의 성소에 들어갈 때에야 그들의 종말을 내가 깨달았나이다…… 그들이 어찌하여 갑자기 황폐되었는가 놀랄 정도로 그들은 전멸하였나이다"(16-17, 19절)라는 말씀이 내게 무엇을 말하고 있는지를 이성과 감성을 통하여 숙고해 보고, 느껴 본다.

    악인의 형통함에 대하여 자칫 시험에 빠질 뻔하였는데, 그것은 결국을 보지 못하는 미시적인 안목 때문이다. 믿음은 거시적인 안목을 가지게 하는 능력이 있다. 그래서 하나님을 가까이함이 내게 복이 된다는 것을 새삼스럽게 깨닫는다.

3. 위의 과정에서 얻은 영감을 가지고 구체적으로 반응하는 기도를 드린다.

    "악인들의 형통함과 의인들의 고통은 현실적으로 받아들이기 어려운 시련입니다. 세상을 주목하는 동안 그것은 매우 당연한 것처럼 느껴집니다. 그래서 의인은 살아남을 수 없는 것처럼 늘 위협을 느끼며 세상을 살아가고 있습니다. 그러나 지나간 긴 역사 동안 그 불의함이 심판을 받지 않고 지속되었다면 어찌 오늘 이 세상이 존속할 수 있겠습니까? 주님, 저의 미시적인 안목으로 인해서 불의한 세상의 유혹에 빠지지 않게 하옵소서. 시편 기자가 경험한 하나님의 심판을 믿음의 눈으로 바라보게 하옵소서. 결국 악인들의 형통함은 마치 바람에 나는 겨와 같이 흔적도 없이 사라지게 될 것입니다. 그러나 의인들이 당하는 고통은 정금같이 되어 가는 과정이 될 것입니다. 그러므로 어떠한 모순 가운데에서도 하나님은 그 현장에서 물러나 계시지 않고, 그곳에 계시기에 그를 가까이함이 복이요, 모순된 현실에서 미끄러지지 않을 수 있는 피난처가 됨을 믿게 하옵소서."

이미 들려주신 주님의 말씀에 깊이 동의하면서 이성과 감성의 활동을 멈추고, 주님이 내려 주시는 고요함과 평화 가운데에서 주님과 하나 되는 경험을 해 본다.

반추 및 성찰

가능하면 기도했던 장소에서 자리를 옮긴다. 그리고 기도 시간에 경험한 내용을 돌아보면서 노트에 간단히 적는다. 이때 기도 안에서 하나님과 내 자신에 대한 전체적인 느낌을 적고, 또 영적으로 위로를 받았던 경험과 영적으로 메말랐던 경험을 적는다.

삶으로 나아가기

마음에 와 닿는 한 구절의 말씀을 선택하여 쪽지에 기록하고, 이 말씀을 수시로 꺼내어 읊조리면서 일상 안에서 기도하며 생활한다.

예를 들면 "하나님께 가까이함이 내게 복이라 내가 주 여호와를 나의 피난처로 삼아 주의 모든 행적을 전파하리이다"(28절).

본문 주요내용

시편 73편의 구조는 다음과 같다.

제목(1절, 하나님은 이스라엘에게 선하시며 마음이 청결한 자에게 선하시다), 시인의 낙담(2-3절, 악인의 형통함과 오만한 자의 잘됨으로 인해 나는 절망한다), 악인의 형통과 하나님께 대한 그들의 교만(4-12절, 말하기를 하나님이 어찌 알랴 지극히 높은 자에게 지식이 있으랴 하도다 이들은 악인이라 항상 평안하고 재물은 더하도다), 시인의 절망(13-16절, 나는 종일 재앙을 당하며 아침마다 징벌을 받았도다 내가 어쩌면 이를 알까 하여 생각한즉 그것이 내게 심한 고통이 되었더니), 응답(17절, 하나님의 성소에 들어갈 때에야 그들의 종말을 내가 깨달았나이다), 악인이 형통하는 것에 대한 대답(18-20절, 그들이 어찌하여 그리 갑자기 황폐되었는가 놀랄 정도로 전멸하였나이다), 의인이 고난을 당하는 것에 대한 대답(21-27절, 내가 항상 주와 함께하니 주께서 내 오른손을 붙드셨나이다 주의 교훈으로 나를 인도하시고 후에는 영광으로 나를 영접하시리니 하늘에서는 주 외에 누가 내게 있으리요 땅에서는 주밖에 나의 사모할 이 없나이다 내 육체와 마음은 쇠약하나 하나님은 내 마음의 반석이시요 영원한 분깃이시라), 결론(28절, 하나님을 가까이하여 피난처로 삼으라). 시편 73편은 교차구조(chiastic structure)로 시를 이어간다 : 3~12절 악인의 형통/13~16절 의인의 고난/18~20절 악인의 흥왕/21~28절 의인의 고통.

본 시의 결론이다. 하나님의 갚으심이 반드시 있다. 의인에게는 진정한 성공이 기다리고 있다. 고난 가운데서 우리가 가질 태도는 무엇일까? 그것은 하나님을 가까이하는 것이다. 그것만이 우리가 살길이다. 시인은 1절과 마지막 절에서 결론을 말한다. "하나님은 참으로 이스라엘 중 마음이 정결한 자에게 선을 행하신다"(1절). "하나님께 가까이함이 내게 복이라 내가 주 여호와를 나의 피난처로 삼아 주의 모든 행사를 전파하리이다"(28절).

시편 73편

시편 74 편

탄식시

기도에 임하기

1. 몸과 마음을 가다듬고 하나님의 임재를 기억하며 기도를 준비한다.
2. 찬송을 부른다(새 218장).
3. 성경본문을 천천히 읽는다.
4. 본문의 배경에 대한 설명을 천천히 읽는다.

시편 74 : 12~23

12절 하나님은 예로부터 나의 왕이시라 사람에게 구원을 베푸셨나이다

13절 주께서 주의 능력으로 바다를 나누시고 물 가운데 용들의 머리를 깨뜨리셨으며

14절 리워야단의 머리를 부수시고 그것을 사막에 사는 자에게 음식물로 주셨으며

15절 주께서 바위를 쪼개어 큰 물을 내시며 주께서 늘 흐르는 강들을 마르게 하셨나이다

16절 낮도 주의 것이요 밤도 주의 것이라 주께서 빛과 해를 마련하셨으며

17절 주께서 땅의 경계를 정하시며 주께서 여름과 겨울을 만드셨나이다

18절 여호와여 이것을 기억하소서 원수가 주를 비방하며 우매한 백성이 주의 이름을 능욕하였나이다

19절 주의 멧비둘기의 생명을 들짐승에게 주지 마시며 주의 가난한 자의 목숨을 영원히 잊지 마소서

20절 그 언약을 눈여겨 보소서 무릇 땅의 어두운 곳에 포악한 자의 처소가 가득하나이다

21절 학대 받은 자가 부끄러이 돌아가게 하지 마시고 가난한 자와 궁핍한 자가 주의 이름을 찬송하게 하소서

22절 하나님이여 일어나 주의 원통함을 푸시고 우매한 자가 종일 주를 비방하는 것을 기억하소서
23절 주의 대적들의 소리를 잊지 마소서 일어나 주께 항거하는 자의 떠드는 소리가 항상 주께 상달되나이다

본문배경

시편 74편은 아삽의 지혜시(마스길)로 히브리어로 '트히나 레우밋'(민족이 부르는 탄식시) 혹은 '키난 찌부르'(청중이 함께 부르는 애도가)로 분류된다. 시편에서 이와 비슷한 시는 44편(고라 자손의 마스길)이다. 시편 74편의 사용 용도는 새해나 성전에서 벌어지는 축제일에 부르기 위한 노래로 이해된다. 주님의 백성들은 성소에 임한 재앙을 바라보며 그들의 하나님께 구원을 요청한다. 재앙에 대한 구체적인 예들은 3~8절에서 자세히 언급된다. 성소가 영구히 파멸되었나이다. 주의 대적이 주의 회중에서 훤화합니다. 저희가 도끼와 철퇴로 성소의 모든 조각품을 쳐서 부수고 성소를 불사르고 주의 이름이 계신 곳을 더럽혀 땅에 엎었나이다. 이 땅에 있는 하나님의 모든 회당을 불살랐나이다. 12~17절은 하나님이 바다의 용을 쳐부수는 이야기이다. 특징은 성전멸망 애도가인 애가서와 분위기가 비슷하다. 지어진 연대는 언제일까?

주전 586년 성전멸망 후 본 시가 작성되어 전례예식서로 다양한 때(성전멸망 기념 애도일, 고난의 날, 재난과 재앙의 때)에 맞추어 사용되었을 가능성이 높다. 따라서 본 시는 성전멸망과 포로기에 직면해서 구원의 확신을 불러일으키며, 아울러 열방 가운데 하나님이 살아 계심을 인지시켜 주며, 고통스러운 상황에 반드시 끝이 있음을 알려 주는 시이다.

기록양식은 하나님께 직접 호소하는 방식을 사용하며 하나님과 그 백성과의 가까움을 나타내는 표현들이 자주 눈에 띈다. 하나님의 이름과 영광이 훼손되는 상황 가운데서 주의 백성을 도와 달라는 구체적 간구가 나온다. 과거 역사를 통해서(창조기사와 출애굽사건) 하나님이 가지신 힘과 능력을 그 예로 가져온다.

주요사상은 다음과 같다. 재앙은 백성의 범죄함 때문에 생기는 것이지만 재앙은 반드시 끝이 있다. 대적은 하나님의 적이다. 주의 언약하에서 자기 백성을 돕는 것이 주님의 의무임을 상기시켜 드리면서 아울러 주님의 이름을 찬송케 해 달라는 간구를 드리면서 끝을 맺는다.

기 도

성령의 임재를 위한 기도

"시편 기자의 부르짖음이 내 심령의 부르짖음이 되게 하시고, 시편 기자가 경험한 하나님을 오늘 나의 삶의 자리에서 경험하게 하옵소서."

본문말씀 읽기와 묵상하기

1. 본문을 천천히 한 번 읽는다. 읽는 동안에 마음에 부딪히는 말씀을 감지한다. 들려오는 말씀에 귀를 기울인다.

    예를 들면 "하나님이여 주께서 어찌하여 우리를 영원히 버리시나이까?"(1절), "학대 받은 자가 부끄러이 돌아가게 하지 마시고 가난한 자와 궁핍한 자가 주의 이름을 찬송하게 하소서"(21절).

2. 또다시 본문말씀을 읽으면서 나에게 부딪힌 말씀이 오늘 나에게 어떤 말씀으로 전해 오는지 귀를 기울인다.

    예를 들면 "하나님이여 주께서 어찌하여 영원히 우리를 버리시나이까?"(1절)라는 말씀이 내게 무엇을 말하고 있는지를 이성과 감성을 통하여 숙고해 보고, 느껴 본다.

    매 순간 역풍을 맞듯 흔들리는 현실을 직면하면서 마치 하나님이 안 계시거나, 하나님이 나를 버리시는 듯한 느낌을 갖게 된다. 이 현실이 언제까지이니까, 왜 나를 버리시나이까라고 부르짖게 된다. 말씀의 가르침과 현실이 이렇게 부조화를 이룰 때 어떻게 해야 하는가?

3. 위의 과정에서 얻은 영감을 가지고 구체적으로 반응하는 기도를 드린다.

    "주님, 내가 버림받았다고 느끼는 순간 결코 버림을 받고 있지 않다는 것을 경험하고 있습니다. 버림받았다고 느낄 만큼 하나님을 향한 갈망이 내 심령 깊은 곳에서 흐르고 있기 때문입니다. 기다림에 지쳐 버림받은 것처럼 느낍니다. 그러나 하나님을 이미 만나지 않았다면 어떻게 버림받았다고 부르짖을 수 있겠습니까? 맛을 모른다면 어떻게 그 맛을 또다시 갈망하겠습니까? 때때로 숨어서 활동하시는 하나님은 얼굴을 드러내시지 않으시지만, 우리 영혼 속에 당신을 향한 갈망을 일으키시어 우리로 하여금 불의한 현실 속에서 절망하지 않도록 우리를 인도하십니다. 하나님이 어떻게 택하신 백성들을 향하여 한시라도 물러날 수 있겠습니까? 단지 그분이 우리를 대하시는 모습이 다를 뿐입니다. 내 속에 답답함과 목마름은 주님이 또다른 모양으로 나를 찾아오신 증거입니다. 그래서 모순된 현실 속에서도 여전히 당신을 신뢰합니다."

임재 안에 머물기

이미 들려주신 주님의 말씀에 깊이 동의하면서 이성과 감성의 활동을 멈추고, 주님이 내려 주시는 고요함과 평화 가운데에서 주님과 하나 되는 경험을 해 본다.

반추 및 성찰

가능하면 기도했던 장소에서 자리를 옮긴다. 그리고 기도 시간에 경험한 내용을 돌아보면서 노트에 간단히 적는다. 이때 기도 안에서 하나님과 내 자신에 대한 전체적인 느낌을 적고, 또 영적으로 위로를 받았던 경험과 영적으로 메말랐던 경험을 적는다.

삶으로 나아가기

마음에 와 닿는 한 구절의 말씀을 선택하여 쪽지에 기록하고, 이 말씀을 수시로 꺼내어 읊조리면서 일상 안에서 기도하며 생활한다.
  예를 들면 "주의 대적들의 소리를 잊지 마소서 일어나 주께 항거하는 자의 떠드는 소리가 항상 주께 상달되나이다"(23절).

본문 주요내용

본문에서 시인은 일인칭 복수로 표현된 우리를 다음과 같이 묘사한다 : 주의 치시는 양(1절), 주의 기업의 지파(2절), 주의 회중(4절), 멧비둘기의 생명, 주의 가난한 자(이상 19절), 학대 받은 자, 가난한 자, 궁핍한 자(이상 21절).

예루살렘을 다양하게 묘사한다 : 주의 거하신 시온 산(2절), 성소(3절), 주의 이름이 계시는 곳(7절), 하나님의 모든 회당(8절).

시인은 하나님의 성소와 주의 백성이 처한 상황을 적나라하게 묘사한다. 영구히 파멸되었고 원수가 성소에서 모든 악을 행하였다(3절). 주의 대적이 주의 회중에서 훤화하며 자기 기를 세워 표적을 삼았도다(4절). 저희가 도끼와 철퇴로 성소의 모든 조각품을 쳐서 부수고(6절). 주의 성소를 불사르며 더럽혀 땅에 엎었나이다(7절). 이 땅에 있는 하나님의 모든 회당을 불살랐나이다(8절). 이러한 일을 저지른 민족을 일컬어 우매한 백성(18절), 원수(10절), 들짐승(19절), 강포한 자(20절), 주의 대적, 주를 항거하는 자(이상 23절)로 표현한다.

이렇게 된 이유에 대해서 시인은 주의 오른손을 거두셨기 때문이라고 말한다(11절).

시인은 황폐화된 성소를 바라보며 학대 받고 가난하고 궁핍하게 된 멧비둘기와 같이 처량한 신세로 전락한 주의 백성에게 구원을 베풀어 달라는 호소를 다음과 같이 하고 있다.

첫째, 선언을 통하여 한다. "하나님은 예로부터 나의 왕이시라 사람에게 구원을 베푸셨나이다"(12절).

둘째, 주께서 베푸셨던 과거의 구원의 능력을 열거함을 통하여 한다. "바다를 나누시고 용들의 머리를 깨뜨리셨으며 사막에 강을 내셨고 땅의 경계를 정하셨고 시간과 계절의 주인이십니다"(13－17절). 시인은 왕이신 하나님, 주인이신 하나님께 세 가지 동사를 사용하며 구원을 호소한다. 기억하소서(히브리어로 즈코르, 18절), 잊지 마소서(알 티슈카흐, 19절), 언약을 돌아보소서(하벹 라브릿, 20절).

찬송시

기도에 임하기

1. 몸과 마음을 가다듬고 하나님의 임재를 기억하며 기도를 준비한다.
2. 찬송을 부른다(새 442장).
3. 성경본문을 천천히 읽는다.
4. 본문의 배경에 대한 설명을 천천히 읽는다.

시편 75 : 1~10

1절 하나님이여 우리가 주께 감사하고 감사함은 주의 이름이 가까움이라 사람들이 주의 기이한 일들을 전파하나이다

2절 주의 말씀이 내가 정한 기약이 이르면 내가 바르게 심판하리니

3절 땅의 기둥은 내가 세웠거니와 땅과 그 모든 주민이 소멸되리라 하시도다 (셀라)

4절 내가 오만한 자들에게 오만하게 행하지 말라 하며 악인들에게 뿔을 들지 말라 하였노니

5절 너희 뿔을 높이 들지 말며 교만한 목으로 말하지 말지어다

6절 무릇 높이는 일이 동쪽에서나 서쪽에서 말미암지 아니하며 남쪽에서도 말미암지 아니하고

7절 오직 재판장이신 하나님이 이를 낮추시고 저를 높이시느니라

8절 여호와의 손에 잔이 있어 술 거품이 일어나는도다 속에 섞은 것이 가득한 그 잔을 하나님이 쏟아 내시나니 실로 그 찌꺼기까지도 땅의 모든 악인이 기울여 마시리로다

9절 나는 야곱의 하나님을 영원히 선포하며 찬양하며

10절 또 악인들의 뿔을 다 베고 의인의 뿔은 높이 들리로다

본문배경

시편 75편은 감사 찬송시로 예배에 사용되어지는 예식서 시편으로 알려져 있다. 본 시편이 감사시인 이유는 1절에 있다. "우리가 주께 감사하고 감사함은" 아울러 찬송시인 까닭은 9절에 있다. "나는 야곱의 하나님을 영원히 선포하며 찬양하며" 그래서 시편 75편을 감사 찬송시라고 부르는 것이다. 감사 찬송시의 일반적인 특징은 자연과 창조, 역사 속에서 하나님의 행하신 위대하심을 찬양한다는 것이다. 본 시에서는 여호와께서 행하신 이적(히브리어로 '니플라옷' – 기묘를 뜻하는 '펠레'의 복수형태)과 주님께서 심판장으로 정의롭게(히브리어 '메이샤림' – 정직, 바름) 판결하셔서 악인과 의인의 시시비비를 가려 주시기 때문에 하나님을 찬양한다. 시에서 두드러진 단어는 '뿔'(히브리어로 케렌)이다. 시인은 뿔을 악인과 의인의 머리에 있는 명예, 영광, 부, 존귀를 뜻하는 은유로 사용한다. "뿔을 들지 말라"(4절), "너희 뿔을 높이 들지 말며"(5절), "악인들의 뿔을 다 베고 의인의 뿔은 높이 들리로다"(10절). 본 시에서 중심 구절은 7~8절이다. "오직 재판장이신 하나님이 이를 낮추시고 저를 높이시느니라"(7절), "여호와의 손에 잔이 있다"(8절).

제목은 "영장에 맞추어 아삽이 시로 지어 부른 멸하지 마소서 노래"(라메나쩨아흐 알 타스헷 미즈모르 레아쌒 쉬르)이다. 여기서 "알 타스헷"(멸하지 마소서)의 제목을 가진 시는 시편에서 모두 네 번 나온다. 그중 세 번은 시편의 두 번째 묶음에서 나온다(57, 58, 59편). 그 외에 이런 표현이 나오는 곳은 신명기 9 : 26이다. "여호와께 간구하여 이르되 주 여호와여 주께서 큰 위엄으로 속량하시고 강한 손으로 애굽에서 인도하여 내신 주의 백성 곧 주의 기업을 멸하지 마옵소서"

기 도

성령의 임재를 위한 기도

"이 시편을 마음으로 읽게 하시고, 이 감사의 기도가 나의 기도가 되게 하옵소서."

본문말씀 읽기와 묵상하기

1. 본문을 천천히 한 번 읽는다. 읽는 동안에 마음에 부딪히는 말씀을 감지한다. 들

려오는 말씀에 귀를 기울인다.

예를 들면 "하나님이여 우리가 주께 감사하고 감사함은 주의 이름이 가까움이라 사람들이 주의 기이한 일들을 전파하나이다"(1-2절), "무릇 높이는 일이 동쪽에서나 서쪽에서 말미암지 아니하며 남쪽에서도 말미암지 아니하고 오직 재판장이신 하나님이 이를 낮추시고 저를 높이시느니라"(6-7절).

2. 또다시 본문말씀을 읽으면서 나에게 부딪힌 말씀이 오늘 나에게 어떤 말씀으로 전해 오는지 귀를 기울인다.

예를 들면 "무릇 높이는 일이 동쪽에서나 서쪽에서 말미암지 아니하며 남쪽에서도 말미암지 아니하고 오직 재판장이신 하나님이 이를 낮추시고 저를 높이시느니라"(6-7절)라는 말씀이 내게 무엇을 말하고 있는지를 이성과 감성을 통하여 숙고해 보고, 느껴 본다.

늘 사람들의 주목과 인정받기에 목말라 하는 나에게 그 모든 것이 사람들로 인함도 아니요, 내 능력으로 인함도 아닌 것을 깨닫는다. 우리의 모든 것을 측량하시고 감찰하시는 주님만이 높이기도 하고 낮추기도 하신다는 믿음으로 인하여 영혼의 안식을 느낀다.

3. 위의 과정에서 얻은 영감을 가지고 구체적으로 반응하는 기도를 드린다.

"사람들의 손에 의해서 높아지기도 하고, 낮아지기도 하는 것처럼 보이나, 자세히 들여다보면 그 모든 일들 가운데에 하나님이 가까이 개입하고 계심을 경험합니다. 이를 인하여 하나님께 감사합니다. 공의와 정의로 심판하시는 하나님을 향하여 눈이 열리어 악인들의 득세를 두려워하지 않게 하옵소서. 이 세상의 어떠한 일도 하나님의 간섭하심으로부터 비껴 나가거나 숨겨질 수 없음을 고백합니다. 악인들의 세력이 높아지면 높아질수록 하나님의 시간은 가까이 다가오고 있음을 믿음의 눈으로 바라보게 하옵소서."

임재 안에 머물기

이미 들려주신 주님의 말씀에 깊이 동의하면서 이성과 감성의 활동을 멈추고, 주님이 내려 주시는 고요함과 평화 가운데에서 주님과 하나 되는 경험을 해 본다.

반추 및 성찰

가능하면 기도했던 장소에서 자리를 옮긴다. 그리고 기도 시간에 경험한 내용을 돌

아보면서 노트에 간단히 적는다. 이때 기도 안에서 하나님과 내 자신에 대한 전체적인 느낌을 적고, 또 영적으로 위로를 받았던 경험과 영적으로 메말랐던 경험을 적는다.

삶으로 나아가기

마음에 와 닿는 한 구절의 말씀을 선택하여 쪽지에 기록하고, 이 말씀을 수시로 꺼내어 읊조리면서 일상 안에서 기도하며 생활한다.
예를 들면 "오직 재판장이신 하나님이 이를 낮추시고 저를 높이시느니라"(7절).

본문 주요내용

시인은 감사의 이유가 여럿이 있다고 고백한다.
첫째, 주님의 이름이 가깝기 때문이다. 하나님이 가까이 계신다는 사상은 시편 여러 곳에서 나타난다. "여호와는 마음이 상한 자를 가까이하시고 중심으로 통회하는 자를 구원하시는도다"(시 34 : 18), "여호와여 주께서 가까이 계시오니 주의 모든 계명들은 진리니이다"(시 119 : 151), "여호와께서는 자기에게 간구하는 모든 자 곧 진실하게 간구하는 모든 자에게 가까이하시는도다"(시 145 : 18).
둘째, 주의 기사가 널리 전파되기 때문이다. 주의 이적과 기사는 몇 가지 특징을 가진다.

1. 옛날에 행하신 일이다.
"하나님이여 주께서 우리 조상들의 날 곧 옛날에 행하신 일을 그들이 우리에게 일러 주매 우리가 우리 귀로 들었나이다"(시 44 : 1).

2. 주님의 이적과 기사는 대대로 전수된다.
"이는 우리가 들어서 아는 바요 우리의 조상들이 우리에게 전한 바라"(시 78 : 3), "그의 영광을 백성들 가운데에, 그의 기이한 행적을 만민 가운데에 선포할지어다"(시 96 : 3).

셋째, 주님께서 재판권을 가지고 계시기 때문이다. "오직 재판장이신 하나님이 이를 낮추시고 저를 높이시느니라"(7절), "여호와의 손에 심판의 잔이 있다"(8절).

시인은 야곱의 하나님을 영원히 선포하며 찬양하는데, 그 이유는 마지막 절 때문이다. 왜냐하면 하나님께서 악인의 뿔을 베고 의인의 뿔은 높이 드시기 때문이다(10절).

시편 75편

시편 76 편

하나님은 누구신가?

기도에 임하기

1. 몸과 마음을 가다듬고 하나님의 임재를 기억하며 기도를 준비한다.
2. 찬송을 부른다(새 299장).
3. 성경본문을 천천히 읽는다.
4. 본문의 배경에 대한 설명을 천천히 읽는다.

시편 76 : 1~12

1절 하나님은 유다에 알려지셨으며 그의 이름이 이스라엘에 알려지셨도다
2절 그의 장막은 살렘에 있음이여 그의 처소는 시온에 있도다
3절 거기에서 그가 화살과 방패와 칼과 전쟁을 없이하셨도다 (셀라)
4절 주는 약탈한 산에서 영화로우시며 존귀하시도다
5절 마음이 강한 자도 가진 것을 빼앗기고 잠에 빠질 것이며 장사들도 모두 그들에게 도움을 줄 손을 만날 수 없도다
6절 야곱의 하나님이여 주께서 꾸짖으시매 병거와 말이 다 깊이 잠들었나이다
7절 주께서는 경외 받을 이시니 주께서 한 번 노하실 때에 누가 주의 목전에 서리이까
8절 주께서 하늘에서 판결을 선포하시매 땅이 두려워 잠잠하였나니
9절 곧 하나님이 땅의 모든 온유한 자를 구원하시려고 심판하러 일어나신 때에로다 (셀라)
10절 진실로 사람의 노여움은 주를 찬송하게 될 것이요 그 남은 노여움은 주께서 금하시리이다
11절 너희는 여호와 너희 하나님께 서원하고 갚으라 사방에 있는 모든 사람도 마땅히 경외할 이에게 예물을 드릴지로다
12절 그가 고관들의 기를 꺾으시리니 그는 세상의 왕들에게 두려움이시로다

본문배경

시편 76편의 제목은 "아삽의 노래로 현악에 연주하며 영장에 맞추어 부르는 승리의 노래"(라메나쩨아흐 빈기놋 미즈모르 레아쌒 쉬르)이다.

본문에서 가장 중점적으로 사용되는 히브리어 단어는 하나님을 경외한다는 의미의 '야라' 동사이다. 이 단어의 형태를 바꾸어 가면서 하나님이 어떤 분이신지에 대해 설명한다. 즉, 7절 '아타 노라 아타'(주 곧 주는 경외할 자시니), 11절 '라모라'(마땅히 경외할 이에게), 8절 '아레쯔 야르아'(땅이 두려워하여), 12절 '노라 레말케이 아레쯔'(저는 세상의 왕들에게 두려움이시로다)이다. 이 하나님은 그 이름이 크신 분으로서 야곱의 하나님이시며, 시온에 좌정하시면서 땅의 온유한 자들을 구원하시지만 반대로 화살과 방패와 칼과 전쟁을 일삼고 스스로 강한 자임을 자처하며 탈취를 일삼는 방백과 세상의 왕들의 교만을 꺾으시고, 그들을 심판하시는 하나님이시다. 따라서 하나님의 백성들은 야곱의 하나님께 서원한 것을 갚기를 지체하지 말고, 세상의 왕들은 마땅히 경외할 이에게 예물을 드릴 것을 권고하고 있다. 만일 그렇게 하지 않으면 하나님은 심판주로 임하사 세상의 권력자들을 굴복시키시고, 그들에게 큰 두려움이 되실 것이라고 경고하고 있다.

기 도

성령의 임재를 위한 기도

"이 시편을 마음으로 읽게 하시고, 이 감사의 기도가 나의 기도가 되게 하옵소서."

본문말씀 읽기와 묵상하기

1. 본문을 천천히 한 번 읽는다. 읽는 동안에 마음에 부딪히는 말씀을 감지한다. 들려오는 말씀에 귀를 기울인다.
   예를 들면 "하나님은 유다에 알려지셨으며 그의 이름이 이스라엘에 알려지셨도다 그의 장막은 살렘에 있음이여 그의 처소는 시온에 있도다 거기에서 그가 화살과 방패와 칼과 전쟁을 없이 하셨도다"(1-3절).
2. 또다시 본문말씀을 읽으면서 나에게 부딪힌 말씀이 오늘 나에게 어떤 말씀으로

전해 오는지 귀를 기울인다.

예를 들면 "하나님은 유다에 알려지셨으며 그의 이름이 이스라엘에 알려지셨도다 그의 장막은 살렘에 있음이여 그의 처소는 시온에 있도다 거기에서 그가 화살과 방패와 칼과 전쟁을 없이 하셨도다"(1-3절)라는 말씀이 내게 무엇을 말하고 있는지를 이성과 감성을 통하여 숙고해 보고, 느껴 본다.

하나님이 어떻게 우리 가운데에 알려지는가? 그의 하시는 일을 통해서이다. 예를 들면 분쟁과 다툼과 전쟁이 있는 곳에 화해와 평화와 바람이 불어온다는 그곳에 이미 하나님이 일하시고 계신다는 증거이다.

3. 위의 과정에서 얻은 영감을 가지고 구체적으로 반응하는 기도를 드린다.

"주여 어느 때에 나타나시렵니까? 언제나 고난 가운데에 있는 이 현실을 돌아보시렵니까? 그렇습니다. 그 고통스러운 부르짖음 가운데에서 우리는 하나님의 세미한 음성을 듣습니다. 지나온 너의 생애를 돌이켜 보라고 말씀하십니다. 이미 부인할 수 없는 하나님의 흔적이 가득 차 있는 것을 경험합니다. 질병과 가난과 원수들의 공격으로부터 함몰당하지 아니하고, 오늘까지 이르게 된 것이 나의 능력이나 인내심이 아니고 주님이 그곳에서 간섭하셨기 때문입니다. 그럼에도 불구하고 지금 당하는 고난 가운데에 다시 두려움이 일어납니다. 주님, 다시금 십자가에 달리신 예수 그리스도를 바라봅니다. 여전히 그곳에 계시는 주님을 바라봅니다. 그곳에서 하나님이 활동하시는 흔적을 얼마든지 볼 수 있습니다. 감사합니다."

· 임재 안에 머물기

이미 들려주신 주님의 말씀에 깊이 동의하면서 이성과 감성의 활동을 멈추고, 주님이 내려 주시는 고요함과 평화 가운데에서 주님과 하나 되는 경험을 해 본다.

반추 및 성찰

가능하면 기도했던 장소에서 자리를 옮긴다. 그리고 기도 시간에 경험한 내용을 돌아보면서 노트에 간단히 적는다. 이때 기도 안에서 하나님과 내 자신에 대한 전체적인 느낌을 적고, 또 영적으로 위로를 받았던 경험과 영적으로 메말랐던 경험을 적는다.

삶으로 나아가기

마음에 와 닿는 한 구절의 말씀을 선택하여 쪽지에 기록한다.

예를 들면 "진실로 사람의 노여움은 주를 찬송하게 될 것이요 그 남은 노여움은 주께서 금하시리이다"(10절).

본문 주요내용

시편 76편은 하나님이 어떠한 분이신지에 대해서 설명한다.

첫째, 하나님은 유다에 자신을 알리셨다(1절). "여호와께서 자기를 애굽에 알게 하시리니 그날에 애굽이 여호와를 알고 제물과 예물을 그에게 드리고 경배할 것이요 여호와께 서원하고 그대로 행하리라"(사 19 : 21).

둘째, 그 이름은 이스라엘에 크시도다(1절). "여호와께서는 너희를 자기 백성으로 삼으신 것을 기뻐하셨으므로 여호와께서는 고로 그의 크신 이름을 위해서라도 자기 백성을 버리지 아니하실 것이요"(삼상 12 : 22), "그들이 주의 크신 이름과 주의 능한 손과 주의 펴신 팔의 소문을 듣고 와서 이 성전을 향하여 기도하거든"(왕상 8 : 42), "여호와여 주와 같은 이 없나이다 주는 크시니 주의 이름이 그 권능으로 말미암아 크시니이다"(렘 10 : 6).

셋째, 하나님은 시온에 머무신다(2절). "시온에 계시는 여호와는 위대하시고 모든 민족보다 높으시도다 주의 크고 두려운 이름을 찬송할지니 그는 거룩하심으로다"(시 99 : 2-3).

넷째, 전쟁의 용사시다(3절). "주의 오른손이 원수를 부수시니이다"(출 15 : 6).

다섯째, 주는 영화로우신 분이시다(4절). "내가 여호와를 찬송하리니 그는 높고 영화로우심이요"(출 15 : 1).

여섯째, 야곱의 하나님이시다(6절). "야곱의 하나님을 자기의 도움으로 삼으며 여호와 자기 하나님에게 자기의 소망을 두는 자는 복이 있도다"(시 146 : 5).

일곱째, 하나님은 경외할 분이시다(7절). "내가 이제야 네가 하나님을 경외하는 줄을 아노라"(창 22 : 12).

여덟째, 하나님은 심판하시는 분이시다(8절). "여호와께서 자기를 알게 하사 심판을 행하셨음이여 악인은 자기가 손으로 행한 일에 스스로 얽혔도다"(시 9 : 16).

아홉째, 하나님은 구원자이시다(9절). "여호와의 말씀에 가련한 자들의 눌림과 궁핍한 자의 탄식으로 말미암아 내가 이제 일어나 그를 그가 원하는 안전한 지대에 두리라 하시도다"(시 12 : 5).

열째, 열왕의 왕들이 주께 복종하여 예물을 드린다(11 – 12절). "만군의 여호와가 이르노라 해 뜨는 곳에서부터 해 지는 곳까지의 이방민족 중에서 내 이름이 크게 될 것이라 각 처에서 내 이름을 위하여 분향하며 깨끗한 제물을 드리리니 이는 내 이름이 이방 민족 중에서 크게 될 것임이니라…… 나는 큰 임금이요 내 이름은 이방 민족 중에서 두려워하는 것이 됨이니라 만군의 여호와의 말이니라"(말 1 : 11, 14). "여호와가 그들에게 두렵게 되어서 세상의 모든 신을 쇠약하게 하리니 이방의 모든 해변 사람들이 각각 자기 처소에서 여호와께 경배하리라(습 2 : 11).

시편 77편

간구시

기도에 임하기

1. 몸과 마음을 가다듬고 하나님의 임재를 기억하며 기도를 준비한다.
2. 찬송을 부른다(새 488장).
3. 성경본문을 천천히 읽는다.
4. 본문의 배경에 대한 설명을 천천히 읽는다.

시편 77 : 1~20

1절 내가 내 음성으로 하나님께 부르짖으리니 내 음성으로 하나님께 부르짖으면 내게 귀를 기울이시리로다
2절 나의 환난 날에 내가 주를 찾았으며 밤에는 내 손을 들고 거두지 아니하였나니 내 영혼이 위로 받기를 거절하였도다
3절 내가 하나님을 기억하고 불안하여 근심하니 내 심령이 상하도다 (셀라)
4절 주께서 내가 눈을 붙이지 못하게 하시니 내가 괴로워 말할 수 없나이다
5절 내가 옛날 곧 지나간 세월을 생각하였사오며
6절 밤에 부른 노래를 내가 기억하여 내 심령으로, 내가 내 마음으로 간구하기를
7절 주께서 영원히 버리실까, 다시는 은혜를 베풀지 아니하실까,
8절 그의 인자하심은 영원히 끝났는가, 그의 약속하심도 영구히 폐하였는가,
9절 하나님이 그가 베푸실 은혜를 잊으셨는가, 노하심으로 그가 베푸실 긍휼을 그치셨는가 하였나이다 (셀라)
10절 또 내가 말하기를 이는 나의 잘못이라 지존자의 오른손의 해
11절 곧 여호와의 일들을 기억하며 주께서 옛적에 행하신 기이한 일을 기억하리이다

12절 또 주의 모든 일을 작은 소리로 읊조리며 주의 행사를 낮은 소리로 되뇌이리이다
13절 하나님이여 주의 도는 극히 거룩하시오니 하나님과 같이 위대하신 신이 누구오니이까
14절 주는 기이한 일을 행하신 하나님이시라 민족들 중에 주의 능력을 알리시고
15절 주의 팔로 주의 백성 곧 야곱과 요셉의 자손을 속량하셨나이다 (셀라)
16절 하나님이여 물들이 주를 보았나이다 물들이 주를 보고 두려워하며 깊음도 진동하였고
17절 구름이 물을 쏟고 궁창이 소리를 내며 주의 화살도 날아갔나이다
18절 회오리바람 중에 주의 우렛소리가 있으며 번개가 세계를 비추며 땅이 흔들리고 움직였나이다
19절 주의 길이 바다에 있었고 주의 곧은 길이 큰 물에 있었으나 주의 발자취를 알 수 없었나이다
20절 주의 백성을 양 떼같이 모세와 아론의 손으로 인도하셨나이다

본문배경

제목은 "아삽의 노래 – 영장으로 여두둔에 맞춘 노래"(레메나쩨아흐 알 예두툰 레 아삽 미즈모르)이다. 역대상 16 : 37~42의 기록은 여두둔의 역할이 무엇인지에 대한 정보를 준다. 다윗이 아삽과 그 형제를 여호와의 언약궤 앞에 머물러 항상 그 궤 앞에서 섬기게 하되 날마다 그 일대로 하게 하였고, 오벧에돔과 그 형제 68인과 여두둔의 아들 오벧에돔과 호사로 문지기를 삼았으며, 제사장 사독과 그 형제 제사장들로 기브온 산당에서 여호와의 성막 앞에 모시게 하여 항상 조석으로 번제단 위에 여호와께 번제를 드리되 여호와의 율법에 기록하여 이스라엘에게 명하신 대로 다 준행하게 하였다. 또한 저희와 함께 헤만과 여두둔과 택함을 받고 녹명된 자를 세워 여호와의 자비하심이 영원함을 인하여 감사하게 하였고, 저희와 함께 헤만과 여두둔을 세워 나팔과 제금들과 하나님을 찬송하는 악기로 소리를 크게 내게 하였으며, 여두둔의 아들로 문을 지키게 하였더라.

역대상 기록에 의하면 아삽과 여두둔이 나팔과 제금들과 하나님을 찬송하는 악기를 연주하는 사람들이었음을 알 수 있다. 따라서 시편 77편은 여두둔과 아삽이 여러 악기를 사용하여 부른 노래일 가능성이 높다. 노래의 분위기는 고통 가운데 부르짖는 간구의 시이지만 결국은 승리하게 될 것을 믿음으로 바라보는 찬송시이기도 하다.

기 도

성령의 임재를 위한 기도

시편 기자의 부르짖음의 심정이 내 심정이 되게 하시고, 절망 가운데에서도 낙담하

지 않고, 지속적으로 부르짖을 수 있는 믿음을 구한다.

본문말씀 읽기와 묵상하기

1. 본문을 천천히 한 번 읽는다. 읽는 동안에 마음에 부딪히는 말씀을 감지한다. 들려오는 말씀에 귀를 기울인다.
    예를 들면 "내가 내 음성으로 하나님께 부르짖으면 내게 귀를 기울이시리로다…… 내가 하나님을 기억하고 불안하여 근심하니 내 심령이 상하도다"(1-3절).
2. 또다시 본문말씀을 읽으면서 나에게 부딪힌 말씀이 오늘 나에게 어떤 말씀으로 전해 오는지 귀를 기울인다.
    예를 들면 "내가 내 음성으로 하나님께 부르짖으면 내게 귀를 기울이시리로다…… 내가 하나님을 기억하고 불안하여 근심하니 내 심령이 상하도다"(1-3절)라는 말씀이 내게 무엇을 말하고 있는지를 이성과 감성을 통하여 숙고해 보고, 느껴 본다.
    부르짖는 믿음은 여전히 살아 있는 믿음이다. 왜냐하면 여전히 하나님이 행하신 일들을 기억하고 있기 때문이다. 그러나 다른 한편으로는 우리의 믿음이 여전히 불완전하기 때문에 심령이 상하고 불안해 한다. 여호와 하나님은 그러한 인생들의 마음을 돌이키기 위해서 불안전한 이들의 부르짖음에 대해서 기이한 일들을 행하신다.
3. 위의 과정에서 얻은 영감을 가지고 구체적으로 반응하는 기도를 드린다.

    "하나님은 마음이 상하여 부르짖는 심령을 외면하시지 않습니다. 중심으로 고통스러워하는 당신의 자녀들의 부르짖음에 귀를 기울이십니다. 부르짖음은 하나님의 행하심을 기억하기 때문이며, 동시에 이제는 그 행하심이 멈추었는지, 아니면 내가 버림을 받았는지를 생각하니 마음이 불안하고 근심이 되고 마음이 상하는 것은 마땅합니다. 주님, 이러한 기도를 멸시치 않으시는 하나님을 신뢰하기에 여전히 부르짖습니다. 잠시 하나님의 행하심에 대해서 조급해 하며, 신뢰하지 못하는 것을 불쌍히 여겨 주옵소서. 믿음의 눈을 열어 하나님은 벌써부터 가까이 행하고 계심을 경험하게 하옵소서. 불안한 가운데에서도 주의 백성을 양 떼같이 인도하시는 하나님을 찬양합니다."

임재 안에 머물기

이미 들려주신 주님의 말씀에 깊이 동의하면서 이성과 감성의 활동을 멈추고, 주님이 내려 주시는 고요함과 평화 가운데에서 주님과 하나 되는 경험을 해 본다.

반추 및 성찰

가능하면 기도했던 장소에서 자리를 옮긴다. 그리고 기도 시간에 경험한 내용을 돌아보면서 노트에 간단히 적는다. 이때 기도 안에서 하나님과 내 자신에 대한 전체적인 느낌을 적고, 또 영적으로 위로를 받았던 경험과 영적으로 메말랐던 경험을 적는다.

삶으로 나아가기

마음에 와 닿는 한 구절의 말씀을 선택하여 쪽지에 기록하고, 이 말씀을 수시로 꺼내어 읊조리면서 일상 안에서 기도하며 생활한다.
예를 들면 "주의 길이 바다에 있었고 주의 곧은 길이 큰 물에 있었으나 주의 발자취를 알 수 없었나이다 주의 백성을 양 떼같이 모세와 아론의 손으로 인도하셨나이다"(19-20절).

본문 주요내용

시인은 환난 중에 어떻게 하면 그 환난을 극복할 수 있는지에 대한 해결책을 내놓는다.
첫째, 하나님께 부르짖으라. "내가 내 음성으로 하나님께 부르짖으리니 내 음성으로 하나님께 부르짖으면 내게 귀를 기울이시리로다"(1절). 하나님께 응답을 받으려면 내가 직접 소리를 내어 기도하는 것이 중요함을 배운다.
둘째, 주님을 찾으라. "나의 환난 날에 내가 주를 찾았으며 밤에는 내 손을 들고 거두지 아니하였나니 내 영혼이 위로 받기를 거절하였도다"(2절). 환난 날에 손을 들고 주님을 찾고 응답 주실 때까지 계속 그리하라는 것이다.
셋째, 주의 행사를 깊이 생각하라. 어려움이 닥쳐오면 하나님이 과거에 행하신 일들을 기억해야 한다. 시인은 두 가지 히브리어 동사를 사용한다. 하나는 기억한다의 '자카르' 동사(3, 6, 11절)와 다른 하나는 셈하며 생각한다는 의미의 '하샵' 동사(5절)를 사용한다.
넷째, 하나님을 신뢰하라. 시인은 확신에 찬 고백을 드리고 있다. 하나님은 우리를 버리지 않으신다(7절). 그분의 자비는 다함이 없다(8절). 하나님은 이적과 기적을 행하시는 분이시다(11, 12절).

다섯째, 하나님을 송축한다. 시인은 하나님 같으신 분이 없음을 노래한다. 신 중에 주와 같이 광대하신 분이 어디 있으리요?(13절)

여섯째, 하나님의 능력을 인정하라. 물들을 다스리며 하늘에서 우뢰와 뇌성을 바라시며 바다를 갈라 길을 내시는 주님을 인정하고 있다(16 - 18절).

일곱째, 주의 종들을 보내셔서 백성을 인도하시는 주님이시다. 하나님은 고난 받는 주의 백성들을 위해 그들을 인도할 훈련 받은 종들을 보내시는 분이시다(20절).

위의 과정을 밟으면 어떤 결과가 찾아올까? 시편 50 : 15의 말씀이 우리 삶 속에 이루어지게 된다. "환난 날에 나를 부르라 내가 너를 건지리니 네가 나를 영화롭게 하리로다."

시편 77편

시편 78 편

회중이 절기에 부르는 노래

기도에 임하기

1. 몸과 마음을 가다듬고 하나님의 임재를 기억하며 기도를 준비한다.
2. 찬송을 부른다(새 380장).
3. 성경본문을 천천히 읽는다.
4. 본문의 배경에 대한 설명을 천천히 읽는다.

시편 78 : 1~72

1절 내 백성이여, 내 율법을 들으며 내 입의 말에 귀를 기울일지어다
2절 내가 입을 열어 비유로 말하며 예로부터 감추어졌던 것을 드러내려 하니
3절 이는 우리가 들어서 아는 바요 우리의 조상들이 우리에게 전한 바라
4절 우리가 이를 그들의 자손에게 숨기지 아니하고 여호와의 영예와 그의 능력과 그가 행하신 기이한 사적을 후대에 전하리로다
5절 여호와께서 증거를 야곱에게 세우시며 법도를 이스라엘에게 정하시고 우리 조상들에게 명령하사 그들의 자손에게 알리라 하셨으니
6절 이는 그들로 후대 곧 태어날 자손에게 이를 알게 하고 그들은 일어나 그들의 자손에게 일러서
7절 그들로 그들의 소망을 하나님께 두며 하나님께서 행하신 일을 잊지 아니하고 오직 그의 계명을 지켜서
8절 그들의 조상들 곧 완고하고 패역하여 그들의 마음이 정직하지 못하며 그 심령이 하나님께 충성하지 아니하는 세대와 같이 되지 아니하게 하려 하심이로다
9절 에브라임 자손은 무기를 갖추며 활을 가졌으나 전쟁의 날에 물러갔도다

10절 그들이 하나님의 언약을 지키지 아니하고 그의 율법 준행을 거절하며
11절 여호와께서 행하신 것과 그들에게 보이신 그의 기이한 일을 잊었도다
12절 옛적에 하나님이 애굽 땅 소안 들에서 기이한 일을 그들의 조상들의 목전에서 행하셨으되
13절 그가 바다를 갈라 물을 무더기같이 서게 하시고 그들을 지나가게 하셨으며
14절 낮에는 구름으로, 밤에는 불빛으로 인도하셨으며
15절 광야에서 반석을 쪼개시고 매우 깊은 곳에서 나오는 물처럼 흡족하게 마시게 하셨으며
16절 또 바위에서 시내를 내사 물이 강같이 흐르게 하셨으나
17절 그들은 계속해서 하나님께 범죄하여 메마른 땅에서 지존자를 배반하였도다
18절 그들이 그들의 탐욕대로 음식을 구하여 그들의 심중에 하나님을 시험하였으며
19절 그뿐 아니라 하나님을 대적하여 말하기를 하나님이 광야에서 식탁을 베푸실 수 있으랴
20절 보라 그가 반석을 쳐서 물을 내시니 시내가 넘쳤으나 그가 능히 떡도 주시며 자기 백성을 위하여 고기도 예비하시랴 하였도다
21절 그러므로 여호와께서 듣고 노하셨으며 야곱에게 불같이 노하셨고 또한 이스라엘에게 진노가 불타올랐으니
22절 이는 하나님을 믿지 아니하며 그의 구원을 의지하지 아니한 때문이로다
23절 그러나 그가 위의 궁창을 명령하시며 하늘 문을 여시고
24절 그들에게 만나를 비같이 내려 먹이시며 하늘 양식을 그들에게 주셨나니
25절 사람이 힘센 자의 떡을 먹었으며 그가 음식을 그들에게 충족히 주셨도다
26절 그가 동풍을 하늘에서 일게 하시며 그의 권능으로 남풍을 인도하시고
27절 먼지처럼 많은 고기를 비같이 내리시고 나는 새를 바다의 모래같이 내리셨도다
28절 그가 그것들을 그들의 진중에 떨어지게 하사 그들의 거처에 두르셨으므로
29절 그들이 먹고 심히 배불렀나니 하나님이 그들의 원대로 그들에게 주셨도다
30절 그러나 그들이 그들의 욕심을 버리지 아니하여 그들의 먹을 것이 아직 그들의 입에 있을 때에
31절 하나님이 그들에게 노염을 나타내사 그들 중 강한 자를 죽이시며 이스라엘의 청년을 쳐 엎드러뜨리셨도다
32절 이러함에도 그들은 여전히 범죄하여 그의 기이한 일들을 믿지 아니하였으므로
33절 하나님이 그들의 날들을 헛되이 보내게 하시며 그들의 햇수를 두려움으로 보내게 하셨도다
34절 하나님이 그들을 죽이실 때에 그들이 그에게 구하며 돌이켜 하나님을 간절히 찾았고
35절 하나님이 그들의 반석이시며 지존하신 하나님이 그들의 구속자이심을 기억하였도다
36절 그러나 그들이 입으로 그에게 아첨하며 자기 혀로 그에게 거짓을 말하였으니
37절 이는 하나님께 향하는 그들의 마음이 정함이 없으며 그의 언약에 성실하지 아니하였음이로다
38절 오직 하나님은 긍휼하시므로 죄악을 덮어 주시어 멸망시키지 아니하시고 그의 진노를 여

러 번 돌이키시며 그의 모든 분을 다 쏟아 내지 아니하셨으니
39절 그들은 육체이며 가고 다시 돌아오지 못하는 바람임을 기억하셨음이라
40절 그들이 광야에서 그에게 반항하며 사막에서 그를 슬프시게 함이 몇 번인가
41절 그들이 돌이켜 하나님을 거듭거듭 시험하며 이스라엘의 거룩하신 이를 노엽게 하였도다
42절 그들이 그의 권능의 손을 기억하지 아니하며 대적에게서 그들을 구원하신 날도 기억하지 아니하였도다
43절 그때에 하나님이 애굽에서 그의 표적들을, 소안 들에서 그의 징조들을 나타내사
44절 그들의 강과 시내를 피로 변하여 그들로 마실 수 없게 하시며
45절 쇠파리 떼를 그들에게 보내어 그들을 물게 하시고 개구리를 보내어 해하게 하셨으며
46절 그들의 토산물을 황충에게 주셨고 그들이 수고한 것을 메뚜기에게 주셨으며
47절 그들의 포도나무를 우박으로, 그들의 뽕나무를 서리로 죽이셨으며
48절 그들의 가축을 우박에, 그들의 양 떼를 번갯불에 넘기셨으며
49절 그의 맹렬한 노여움과 진노와 분노와 고난 곧 재앙의 천사들을 그들에게 내려보내셨으며
50절 그는 진노로 길을 닦으사 그들의 목숨이 죽음을 면하지 못하게 하시고 그들의 생명을 전염병에 붙이셨으며
51절 애굽에서 모든 장자 곧 함의 장막에 있는 그들의 기력의 처음 것을 치셨으나
52절 그가 자기 백성은 양같이 인도하여 내시고 광야에서 양 떼같이 지도하셨도다
53절 그들을 안전히 인도하시니 그들은 두려움이 없었으나 그들의 원수는 바다에 빠졌도다
54절 그들을 그의 성소의 영역 곧 그의 오른손으로 만드신 산으로 인도하시고
55절 또 나라를 그들의 앞에서 쫓아내시며 줄을 쳐서 그들의 소유를 분배하시고 이스라엘의 지파들이 그들의 장막에 살게 하셨도다
56절 그러나 그들은 지존하신 하나님을 시험하고 반항하여 그의 명령을 지키지 아니하며
57절 그들의 조상들같이 배반하고 거짓을 행하여 속이는 활같이 빗나가서
58절 자기 산당들로 그의 노여움을 일으키며 그들의 조각한 우상들로 그를 진노하게 하였으매
59절 하나님이 들으시고 분내어 이스라엘을 크게 미워하사
60절 사람 가운데 세우신 장막 곧 실로의 성막을 떠나시고
61절 그가 그의 능력을 포로에게 넘겨 주시며 그의 영광을 대적의 손에 붙이시고
62절 그가 그의 소유 때문에 분내사 그의 백성을 칼에 넘기셨으니
63절 그들의 청년은 불에 살라지고 그들의 처녀들은 혼인 노래를 들을 수 없었으며
64절 그들의 제사장들은 칼에 엎드러지고 그들의 과부들은 애곡도 하지 못하였도다
65절 그때에 주께서 잠에서 깨어난 것처럼, 포도주를 마시고 고함치는 용사처럼 일어나사
66절 그의 대적들을 쳐 물리쳐서 영원히 그들에게 욕되게 하셨도다
67절 또 요셉의 장막을 버리시며 에브라임 지파를 택하지 아니하시고
68절 오직 유다 지파와 그가 사랑하시는 시온 산을 택하시며

69절 그의 성소를 산의 높음 같이, 영원히 두신 땅같이 지으셨도다
70절 또 그의 종 다윗을 택하시되 양의 우리에서 취하시며
71절 젖 양을 지키는 중에서 그들을 이끌어 내사 그의 백성인 야곱, 그의 소유인 이스라엘을 기르게 하셨더니
72절 이에 그가 그들을 자기 마음의 완전함으로 기르고 그의 손의 능숙함으로 그들을 지도하였도다

본문배경

시편 78편의 제목은 "아삽의 지혜시"(마쓰킬 레아쌒)로 마치 과거 역사를 통해 교훈하는 방식의 설교시로 되어 있다. 시 안에 기도말이나 현재어로 하나님을 향하는 표현이 담겨 있지 않다. 이 시는 아삽 자손 중 노래하는 레위인들이 예루살렘 성소에 와서 절기를 지키는 회중 앞에서 부른 노래로 알려져 있다. 시의 목적은 하나님과 그의 백성과의 관계에서 일어난 중요한 역사적 배경을 근거로 해서 청중에게 교훈을 주고자 작성되었다. 이 노래를 듣는 사람들은 하나님이 행하신 과거의 이적을 통해 주님을 경외하는 마음을 갖는 것과 동시에 조상처럼 마음이 어두워져 주께 범죄치 말라는 경고의 나팔 소리 또한 듣게 된다. 시를 읽다 보면 이스라엘 역사에 관한 다양한 자료가 있음을 알게 된다. 주요 내용은 이스라엘이 이집트에서 종살이하던 때의 열 가지 재앙과 출애굽 과정이 자세하게 언급된다. 하지만 토라와 비교해 볼 때 약간의 차이점이 있다. 우선 7가지 재앙만 언급하면서 토라에서의 순서와 다르게 나온다. 특징은 실로의 몰락과 더불어 유다의 선택을 강조한다는 것이다. 언제 시편 78편이 기록되었을까?

혹자는 솔로몬 시대, 아니면 사마리아 멸망 직후인 720년 이후로 추정한다. 다른 학자는 58절에서 언급된 산당에 대한 하나님의 진노를 그 예로 들어 히스기야나 요시야 왕의 개혁을 반영하기에 두 왕 중 어느 시기(8-7세기)에 기록된 것으로 이해한다.

기 도

성령의 임재를 위한 기도

"시편 기자의 노랫소리가 나의 노랫소리가 되어서 믿음의 조상이 경험했던 지혜들을

배우고 익히게 하옵소서. 그리하여 하나님 앞에서 어리석은 일들을 반복하지 않도록 도와주옵소서."

본문말씀 읽기와 묵상하기

1. 본문을 천천히 한 번 읽는다. 읽는 동안에 마음에 부딪히는 말씀을 감지한다. 들려오는 말씀에 귀를 기울인다.

    예를 들면 "내 백성이여, 내 율법을 들으며 내 입의 말에 귀를 기울일지어다"(1절), "이는 하나님께 향하는 그들의 마음이 정함이 없으며 그의 언약에 성실하지 아니하였음이라 오직 하나님은 긍휼하시므로 죄악을 덮어 주시어 멸망시키지 아니하시고 그의 진노를 여러 번 돌이키시며 그의 모든 분을 다 쏟아 내지 아니하셨으니 그들이 육체이며 가고 다시 돌아오지 못하는 바람임을 기억하셨음이라"(37-39절).

2. 또다시 본문말씀을 읽으면서 나에게 부딪힌 말씀이 오늘 나에게 어떤 말씀으로 전해 오는지 귀를 기울인다.

    예를 들면 "오직 하나님은 긍휼하시므로 죄악을 덮어 주시어 멸망시키지 아니하시고 그의 진노를 여러 번 돌이키시며 그의 모든 분을 다 쏟아 내지 아니하셨으니 그들은 육체이며 가고 다시 돌아오지 못하는 바람임을 기억하셨음이라"(38-39절)라는 말씀이 내게 무엇을 말하고 있는지를 이성과 감성을 통하여 숙고해 보고, 느껴 본다.

    우리가 믿는 하나님은 인생들이 육체이며 다시 돌아오지 못하는 바람과 같이 연약한 존재임을 잘 아시는 분이시기에 죄악 가운데에서도 더욱 그를 신뢰하고 가까이 나아가게 된다. 죄를 지었기에 하나님을 떠나 망한 자는 없으되, 하나님을 오해하였기에 하나님을 떠난 망한 자는 있을 수 있다. 우리가 하나님께 담대하게 나아갈 수 있는 것은 우리의 의로움에 있는 것이 아니고, 하나님의 자비와 긍휼을 믿는 믿음 때문이다.

3. 위의 과정에서 얻은 영감을 가지고 구체적으로 반응하는 기도를 드린다.

"하나님이 연약한 인생들을 얼마나 깊이 생각하시는지 새삼스럽게 깨닫게 됩니다. 인생들에게 율법과 말씀을 주시며, 삶의 경계를 주심으로써 참생명의 길, 참 삶의 길을 제시해 주십니다. 그럼에도 불구하고 그 길을 따르지 아니함으로 인생들은 얼마나 자주 존재의 위협과 고통을 자초하는지요. 우리가 그러한 고통 가운데에 처한 것은 우리의 죄과로 인한 하나님의 진노처럼 느껴지지만 사실은 그 위기에 빠지게 한 것은 하나님이 아니고 나 자신입니다. 오히려 주님 당신은 우리를 그 위경에서 건지시는 분이십니다. 하나님, 당신은 인생들이 연약하여 다시 되돌릴 수 없는 바람과 같은 존재임을 아시기에 우리를 멸망시키지 아니하시고 그 생명을 아끼시고 보존하십니다. 그러면서도 하나님은 패역한 인생들로 인하여 얼마나 슬퍼하시는지요? 하나님, 믿음의 조상들이 걸어왔던 지혜의 길들을 기억하여 하나님을 기쁘시게 하는 자녀로 살게 하옵소서."

임재 안에 머물기

이미 들려주신 주님의 말씀에 깊이 동의하면서, 이성과 감성의 활동을 멈추고, 주님이 내려 주시는 고요함과 평화 가운데에서 주님과 하나 되는 경험을 해 본다.

반추 및 성찰

가능하면 기도했던 장소에서 자리를 옮긴다. 그리고 기도 시간에 경험한 내용을 돌아보면서 노트에 간단히 적는다. 이때, 기도 안에서 하나님과 내 자신에 대한 전체적인 느낌을 적고, 또 영적으로 위로를 받았던 경험과 영적으로 메말랐던 경험을 적는다.

삶으로 나아가기

마음에 와 닿는 한 구절의 말씀을 선택하여 쪽지에 기록하고, 이 말씀을 수시로 꺼내어 읊조리면서 일상 안에서 기도하며 생활한다.

예를 들면 "그들은 육체이며 가고 다시 돌아오지 못하는 바람임을 기억하셨음이라 그가 자기 백성은 양같이 인도하여 내시고 광야에서 양 떼같이 지도하셨도다"(39, 52절).

본문 주요내용

시의 구조는 다섯 단락으로 나뉜다. 기록방식은 하나님이 행하신 이적과 백성의 죄악이 대구를 이루며 메시지를 전달한다.

첫 번째 단락(1-8절)은 전형적인 지혜시의 예를 보여 준다. 내용은 과거로부터 현재에 적용될 교훈을 배우라는 것이다. 지혜자의 특성은 가르침에 귀를 기울이고 듣는 것이다. 지혜는 옛적부터 전해 내려온 비유와 감추어진 일을 말하는 것이다. 지혜는 다음 세대에 전달되어야 한다. 지혜의 내용은 하나님이 하신 놀라우신 행동에 집중된다. 즉, 지혜는 하나님과 깊은 연관이 있다는 것이다. 지혜는 법이다. 지혜자는 하나님의 명령을 지키며 하나님을 신뢰한다. 지혜자가 되기에 실패한 조상을 본받지 말라고 권고한다.

두 번째 단락(9-11절)에서는 에브라임의 범죄와 멸망의 이유를 언급한다.

북이스라엘을 상징하는 에브라임이 전쟁에 패배한 이유를 구체적으로 언급한다. 그것은 하나님의 법대로 살지 않았기 때문이다. 비록 에브라임은 전쟁에 능한 사람들이었으나 그들이 패배한 이유는 하나님의 법을 무시하고 하나님의 행하신 일들을 잊어버렸기 때문이다.

세 번째 단락(12-55절)에서는 출애굽한 이스라엘 백성이 가나안 땅에 도달할 때까지 하나님께서 이스라엘에게 행하신 이적과 기사가 언급된다. 이집트 땅에서, 소안에서, 조상들의 목전에서 이적을 행하셨다. 홍해바다를 가르시고 육지같이 건너게 하셨다. 구름 기둥과 불기둥으로 인도하셨다. 바위를 갈라 물을 내시고 강같이 흐르게 하셨다. 그러나 이스라엘 백성은 계속해서 범죄했다. 그들의 죄악은 하나님의 능력을 의심하며 불평한 것이다. 하나님은 주님의 구원을 신뢰하지도 하나님을 믿지도 않는 이스라엘 백성을 불로 심판하셨다. 동시에 하늘에서 천사의 음식인 만나를 내리셨고, 메추라기를 비같이 내리셔서 이스라엘 백성을 배불리 먹이셨다. 동시에 하나님은 그들의 계속되는 불신앙으로 인해 그들 중 젊은 자들을 죽이셨다. 이후 기록은 범죄하고 회개함을 반복하는 이스라엘 백성을 묘사한다. 마음으로 돌이키지 않고 입술의 고백만 있는 이스라엘 백성의 죄악을 적발하며, 하나님의 자비와 불의를 사하시며 분노 중에서도 심판을 억제하시는 하나님의 모습을 보여 준다.

네 번째 단락(56-67절)은 약속의 땅에서의 범죄, 북왕국 몰락에 대해서 언급한다.

다섯 번째 단락(68-72절)은 북왕국이 몰락한 후 다윗 왕조의 선택을 언급한다.

시편 78편은 이스라엘의 출애굽 과정과 가나안 정착과정에서 일어난 역사적 교훈을 통해 현 세대에 선택을 요구한다. 즉, 하나님을 신뢰하고 따를 것인지 아니면 불순종하여 멸망할 것인지에 대해서 말이다. 선택의 몫은 우리의 것이다.

시편 78편

시편 79 편

무너진 자리에서 부르짖는 탄원시

기도에 임하기

1. 몸과 마음을 가다듬고 하나님의 임재를 기억하며 기도를 준비한다.
2. 찬송을 부른다(새 580장).
3. 성경본문을 천천히 읽는다.
4. 본문의 배경에 대한 설명을 천천히 읽는다.

시편 79 : 1~13

1절 하나님이여 이방 나라들이 주의 기업의 땅에 들어와서 주의 성전을 더럽히고 예루살렘이 돌무더기가 되게 하였나이다

2절 그들이 주의 종들의 시체를 공중의 새에게 밥으로, 주의 성도들의 육체를 땅의 짐승에게 주며

3절 그들의 피를 예루살렘 사방에 물같이 흘렸으나 그들을 매장하는 자가 없었나이다

4절 우리는 우리 이웃에게 비방거리가 되며 우리를 에워싼 자에게 조소와 조롱거리가 되었나이다

5절 여호와여 어느 때까지니이까 영원히 노하시리이까 주의 질투가 불붙듯 하시리이까

6절 주를 알지 아니하는 민족들과 주의 이름을 부르지 아니하는 나라들에게 주의 노를 쏟으소서

7절 그들이 야곱을 삼키고 그의 거처를 황폐하게 함이니이다

8절 우리 조상들의 죄악을 기억하지 마시고 주의 긍휼로 우리를 속히 영접하소서 우리가 매우 가련하게 되었나이다

9절 우리 구원의 하나님이여 주의 이름의 영광스러운 행사를 위하여 우리를 도우시며 주의 이름을 증거하기 위하여 우리를 건지시며 우리 죄를 사하소서

10절 이방 나라들이 어찌하여 그들의 하나님이 어디 있느냐 말하나이까 주의 종들이 피 흘림에 대한 복수를 우리의 목전에서 이방 나라에게 보여 주소서
11절 갇힌 자의 탄식을 주의 앞에 이르게 하시며 죽이기로 정해진 자도 주의 크신 능력을 따라 보존하소서
12절 주여 우리 이웃이 주를 비방한 그 비방을 그들의 품에 칠 배나 갚으소서
13절 우리는 주의 백성이요 주의 목장의 양이니 우리는 영원히 주께 감사하며 주의 영예를 대대에 전하리이다

본문배경

시편 79편은 이방인에게 비방, 조소, 조롱거리가 된 주의 백성들이 하나님을 향해 부르짖는 탄원시이다. 제목은 "아삽의 노래"(미즈모르 레 아쌉)이다. 시는 예루살렘의 처참한 멸망의 상황을 자세하게 묘사하며 시작한다. 시대는 아마도 바벨론 왕 느브갓네살 왕이 예루살렘을 멸망시킨 직후에 쓰였을 것이다. 하지만 시의 자료는 예루살렘 멸망 이전의 모세오경과 예언자들이 남긴 자료를 많이 인용한다(신 4:25-27; 28:37; 28:49-52, 58-59; 사 6:11-12; 렘 7:14-15; 10:15). 또한 시편의 다른 부분과 일치하는 내용을 많이 보인다. 예를 들어, 우리 이웃에게 비방거리가 되며 조소와 조롱거리가 되었나이다(시 79:4, 44:14), 여호와여 어느 때까지니이까 영원히 노하시리이까(시 79:5, 89:46), 우리는 주의 백성 주의 기르시는 양(시 79:13, 100:3), 갇힌 자의 탄식으로 주의 앞에 이르게 하시고 죽이기로 정한 자를 주의 크신 능력을 따라 보존하소서(시 79:11, 102:20). 시편 78편의 끝부분과 79편의 끝부분의 내용이 거의 일치를 보이기 때문에 두 시가 차례로 배열된 것으로 보인다. "그 백성인 야곱, 그 기업인 이스라엘을 기르게 하셨더니"(시 78:71), "주의 백성이요 주의 목장의 양이니 우리는……"(시 79:13).

기 도

성령의 임재를 위한 기도

"이 말씀을 듣고 묵상하는 동안에 세계 곳곳에서 무고하게 고통을 당하고 신음하는

사람들의 소리를 듣게 하시고, 그들을 위하여 부르짖게 하옵소서."

본문말씀 읽기와 묵상하기

1. 본문을 천천히 한 번 읽는다. 읽는 동안에 마음에 부딪히는 말씀을 감지한다. 들려오는 말씀에 귀를 기울인다.

    예를 들면 "이방 나라들이 어찌하여 그들의 하나님이 어디 있느냐 말하나이까…… 갇힌 자의 탄식을 주의 앞에 이르게 하시며 죽이기로 정해진 자도 주의 크신 능력을 따라 보존하소서…… 우리는 주의 백성이요 주의 목장의 양이니 우리는 영원히 주께 감사하며 주의 영예를 대대에 전하리이다"(10-13절).

2. 또다시 본문말씀을 읽으면서 나에게 부딪힌 말씀이 오늘 나에게 어떤 말씀으로 전해 오는지 귀를 기울인다.

    예를 들면 "갇힌 자의 탄식을 주의 앞에 이르게 하시며 죽이기로 정해진 자도 주의 크신 능력을 따라 보존하소서"(11절)라는 말씀이 내게 무엇을 말하고 있는지를 이성과 감성을 통하여 숙고해 보고, 느껴 본다.

    지금도 지구 곳곳에서 인권을 유린당하며 갇힌 자들로서 죽은 자와 같이 사는 사람들이 헤아릴 수 없이 많다. 특히 북한의 현실이 그러하다. 저 무고한 백성들의 신음소리는 언제나 끝나려는가? 오직 하나님만이 그 포악한 자들의 손으로부터 그 백성들을 구원해 낼 수 있다.

3. 위의 과정에서 얻은 영감을 가지고 구체적으로 반응하는 기도를 드린다.

    "이 시간에도 이 땅 위에 그리고 세계 곳곳에서 하나님의 자녀들이 악한 자들의 손에 의해서 유린을 당하고 있습니다. 그들은 사람 같은 대우를 받지 못하며, 사람들의 조소와 조롱 가운데에 살아가지만, 마치 하나님은 저들을 버린 것처럼 아무 응답이 없습니다. 특히 북한에 있는 믿는 자들의 신음소리가 들리는 듯합니다. 주를 멸시하는 이들의 손에 의해서 심판을 받는 듯, 그들의 고통은 끝날 줄을 모릅니다. 그들은 하나님이 어디 있느냐고 하늘을 향해 조롱합니다. 믿는 이들의 부르짖음을 어찌하오리이까? 주님, 저들의 생명을 보존하옵소서. 저들의 믿음을 귀히 여겨 주옵소서. 그래서 그 고통스러운 현실을 견디어 내어 승리하게 하옵소서."

임재 안에 머물기

이미 들려주신 주님의 말씀에 깊이 동의하면서 이성과 감성의 활동을 멈추고, 주님

이 내려 주시는 고요함과 평화 가운데에서 주님과 하나 되는 경험을 해 본다.

반추 및 성찰

가능하면 기도했던 장소에서 자리를 옮긴다. 그리고 기도 시간에 경험한 내용을 돌아보면서 노트에 간단히 적는다. 이때 기도 안에서 하나님과 내 자신에 대한 전체적인 느낌을 적고, 또 영적으로 위로를 받았던 경험과 영적으로 메말랐던 경험을 적는다.

_____

_____

_____

삶으로 나아가기

마음에 와 닿는 한 구절의 말씀을 선택하여 쪽지에 기록하고, 이 말씀을 수시로 꺼내어 읊조리면서 일상 안에서 기도하며 생활한다.
예를 들면 "우리는 주의 백성이요 주의 목장의 양이니 우리는 영원히 주께 감사하며 주의 영예를 대대에 전하리이다"(13절).

본문 주요내용

시인은 무너진 예루살렘의 상황을 이렇게 묘사한다.
이방인들이 약속의 땅으로 들어와서 성소를 더럽히고, 예루살렘을 무너뜨렸으며, 주의 백성들을 죽였다. 이방민족들은 무너진 하나님의 백성들을 보고 조소와 비방의 소리를 발한다. 고통의 쓴 잔과 깊은 수렁 가운데서 시인은 하나님을 향하여 탄원의 소리를 발한다. 언제까지 주의 백성에게 노를 발하시겠나이까? 이방인들은 이스라엘보다 더 벌을 받아야 마땅합니다. 그러면서 이스라엘에 대한 주의 긍휼하심과 죄에 대한 사죄함을 구하며 구원과 도움을 요청한다. 또한 하나님이 주의 백성을 의당 구원하셔야만 하는 근거를 제시한다. 이방인들에 의해 하나님의 거룩하신 이름이 더럽혀지며, 하나님의 구원의 능력을 의심하는 빈정거림이 있기 때문에 자신들을 속히 구원해 달라고 읍소한다.

이러한 상황에서 회복을 향한 몸부림을 시로 엮어 낸다.

여호와여 어느 때까지니이까 영원히 노하시리이까?(5절) 회복을 위한 몸부림은 구체적인 기도 안에 잘 담겨 있다. 주의 긍휼로 우리를 속히 영접하소서(8절). 구원의 하나님이여 주의 이름의 영광스러운 행사를 위하여 우리를 도우시며 주의 이름을 증거하기 위하여 우리를 건지시며 우리 죄를 사하소서(9절). 원수를 갚아 주소서(6, 10, 12절). 주의 크신 능력으로 우리를 보존하여 주옵소서(11절).

시인은 살해당한 자들의 피를 악인에게 되갚아 달라고 요청한다(렘 10 : 25). 포로 된 자에게 자유를 주시고(사 61 : 1), 주의 거룩하신 이름을 훼방한 자들에게는 심판을 간청한다(사 37 : 4). 시의 결구에는 회복하시는 하나님을 영원히 찬송하겠다는 시인의 맹세와 약속이 나타난다.

시편 79편

시편 80 편

양과 포도나무의 기도

기도에 임하기

1. 몸과 마음을 가다듬고 하나님의 임재를 기억하며 기도를 준비한다.
2. 찬송을 부른다(새 277장).
3. 성경본문을 천천히 읽는다.
4. 본문의 배경에 대한 설명을 천천히 읽는다.

시편 80 : 1~19

1절 요셉을 양 떼같이 인도하시는 이스라엘의 목자여 귀를 기울이소서 그룹 사이에 좌정하신 이여 빛을 비추소서
2절 에브라임과 베냐민과 므낫세 앞에서 주의 능력을 나타내사 우리를 구원하러 오소서
3절 하나님이여 우리를 돌이키시고 주의 얼굴빛을 비추사 우리가 구원을 얻게 하소서
4절 만군의 하나님 여호와여 주의 백성의 기도에 대하여 어느 때까지 노하시리이까
5절 주께서 그들에게 눈물의 양식을 먹이시며 많은 눈물을 마시게 하셨나이다
6절 우리를 우리 이웃에게 다툼거리가 되게 하시니 우리 원수들이 서로 비웃나이다
7절 만군의 하나님이여 우리를 회복하여 주시고 주의 얼굴의 광채를 비추사 우리가 구원을 얻게 하소서
8절 주께서 한 포도나무를 애굽에서 가져다가 민족들을 쫓아내시고 그것을 심으셨나이다
9절 주께서 그 앞서 가꾸셨으므로 그 뿌리가 깊이 박혀서 땅에 가득하며
10절 그 그늘이 산들을 가리고 그 가지는 하나님의 백향목 같으며
11절 그 가지가 바다까지 뻗고 넝쿨이 강까지 미쳤거늘
12절 주께서 어찌하여 그 담을 허시사 길을 지나가는 모든 이들이 그것을 따게 하셨나이까

13절 숲 속의 멧돼지들이 상해하며 들짐승들이 먹나이다
14절 만군의 하나님이여 구하옵나니 돌아오소서 하늘에서 굽어보시고 이 포도나무를 돌보소서
15절 주의 오른손으로 심으신 줄기요 주를 위하여 힘 있게 하신 가지니이다
16절 그것이 불타고 베임을 당하며 주의 면책으로 말미암아 멸망하오니
17절 주의 오른쪽에 있는 자 곧 주를 위하여 힘 있게 하신 인자에게 주의 손을 얹으소서
18절 그리하시면 우리가 주에게서 물러가지 아니하오리니 우리를 소생하게 하소서 우리가 주의 이름을 부르리이다
19절 만군의 하나님 여호와여 우리를 돌이켜 주시고 주의 얼굴의 광채를 우리에게 비추소서 우리가 구원을 얻으리이다

본문배경

시편 80편의 제목은 "영장에 맞춘 증거의 백합화를 들고 부르는 아삽의 노래"(라메나쩨아흐 엘 쇼샤님 에듯 레아쌉 미즈모르)이다. 주제는 질문 안에 담겨 있다. "만군의 하나님 여호와여 주의 백성의 기도에 대하여 어느 때까지 노하시리이까"(4절). 본 시편은 세 번 반복구조의 특징을 가진다. "하나님이여 우리를 돌이키시고 주의 얼굴빛을 비추사 우리가 구원을 얻게 하소서"(3절). 3, 7, 19절은 동일한 내용의 간구가 나온다. 단지 다른 것은 하나님을 수식하는 표현뿐이다(3절 - 하나님이여, 7절 - 만군의 하나님이여, 19절 - 만군의 하나님 여호와여).

등장인물은 야곱의 12명의 아들 중 요셉, 에브라임, 베냐민, 므낫세만 나타난다. 이러한 사실은 본 시편이 북왕국 이스라엘의 회복을 위해 지어진 시임을 입증해 주는 자료이다.

하나님과 이스라엘과의 관계로 두 가지 은유를 사용해서 설명한다. 이스라엘은 양이고, 하나님은 목자이다. 이스라엘은 포도나무요, 하나님은 농부이다.

본 시편에서 시인이 고백하는 하나님이 다양하게 표현된다.

이스라엘의 목자, 그룹 사이에 좌정하신 분, 주의 용력 - 힘 있게 하시는 분, 만군의 하나님 여호와, 하나님은 포도원의 농부, 주, 앞서 준비하시는 분, 권고하시는 분, 주의 손을 얹으시는 분, 눈물 양식을 먹이시는 분, 이러한 하나님 앞에 회복을 구하는 시가 시편 80편이다.

기 도

성령의 임재를 위한 기도

"주님의 성령의 빛이 내 어둔 마음을 비추시사, 시편 기자가 전하고자 하는 지혜를 얻게 하옵소서."

본문말씀 읽기와 묵상하기

1. 본문을 천천히 한 번 읽는다. 읽는 동안에 마음에 부딪히는 말씀을 감지한다. 들려오는 말씀에 귀를 기울인다.

   예를 들면 "만군의 하나님이여 우리를 회복하여 주시고 주의 얼굴의 광채를 비추사 우리가 구원을 얻게 하소서"(7절), "주께서 어찌하여 그 담을 허시사 길을 지나가는 모든 이들이 그것을 따게 하셨나이까"(12절), "만군의 하나님이여 구하옵나니 돌아오소서 하늘에서 굽어보시고 이 포도나무를 돌보소서"(14절).

2. 또다시 본문말씀을 읽으면서 나에게 부딪힌 말씀이 오늘 나에게 어떤 말씀으로 전해 오는지 귀를 기울인다.

   예를 들면 "만군의 하나님이여 구하옵나니 돌아오소서 하늘에서 굽어보시고 이 포도나무를 돌보소서"(14절)라는 말씀이 내게 무엇을 말하고 있는지 이성과 감성을 통하여 숙고해 보고, 느껴 본다.

   우리가 하나님께 돌보심과 구원을 요청할 수 있는 근거는 우리는 그의 양이요, 주님은 우리의 목자이시기 때문이다. 우리는 주님의 백성이요, 주님은 우리의 하나님이시기 때문이다. 우리는 하나님이 심으신 포도나무요, 주님은 우리를 기르시는 농부이시기 때문이다.

3. 위의 과정에서 얻은 영감을 가지고 구체적으로 반응하는 기도를 드린다.

"주님, 우리는 자주 모든 울타리가 거두어지고, 적들에게 삼키움을 당하도록 무방비한 상태로 버려진 듯합니다. 사방이 우겨쌈을 당하고 가리워져 있던 모든 언덕들과 방패가 사라지고 들판에 내던져진 듯 위협을 느끼기도 합니다. 그때에도 우리는 절망하지 않습니다. 왜냐하면 우리의 삶의 근거는 모두 당신 안에 있기 때문입니다. 당신이 우리를 보존할 수 없다면 누구도 우리를 보존할 수 없을 것입니다. 하나님, 당신은 당신이 기르시는 양을 경홀히 여기지 않음을 믿습니다. 당신이 심으신 나무들이 말라 시들어 없어지도록 방치하지 않는다는 것도 믿습니다. 우리의 존재 뒤에서 여전히 비추시는 당신의 광채에 눈멀지 않게 하옵소서."

임재 안에 머물기

이미 들려주신 주님의 말씀에 깊이 동의하면서 이성과 감성의 활동을 멈추고, 주님이 내려 주시는 고요함과 평화 가운데에서 주님과 하나 되는 경험을 해 본다.

반추 및 성찰

가능하면 기도했던 장소에서 자리를 옮긴다. 그리고 기도 시간에 경험한 내용을 돌아보면서 노트에 간단히 적는다. 이때 기도 안에서 하나님과 내 자신에 대한 전체적인 느낌을 적고, 또 영적으로 위로를 받았던 경험과 영적으로 메말랐던 경험을 적는다.

삶으로 나아가기

마음에 와 닿는 한 구절의 말씀을 선택하여 쪽지에 기록한다.
예를 들면 "그리하시면 우리가 주에게서 물러가지 아니하오리니 우리를 소생하게 하소서 우리가 주의 이름을 부르리이다"(18절).

본문 주요내용

본 시편의 구조는 네 부분으로 나뉜다.
첫째 부분(1-3절)은 이스라엘의 목자이신 하나님에 대해서 언급한다.
하나님은 이스라엘의 목자이시고 이스라엘은 주님이 기르시는 양이다. 비록 현재 하나님께서 요셉, 에브라임, 베냐민, 므낫세를 버리셨으나 이제 돌이켜 구원해 달라는 간청을 드리고 있다. 주님이 그들을 구원하셔야만 하는 이유는 두 가지이다. 하나는 그들의 목자이시기 때문이고, 다른 하나는 주님은 그룹 사이에 좌정하신 거룩한 분이시기 때문이다.

두 번째 부분(4-7절)은 주님의 버리심으로 인해 이웃에게 다툼거리와 조롱거리가 된 상황에서 부르짖는 기도에 응답해 달라는 요청이 드려진다. 시인은 만군의 하나님 여호와께 이렇게 간구한다. "비록 매를 맞아 수치를 당하고 있어도 우리는 주의 백성입니다. 따라서 우리의 기도에 응답해 주옵소서"(4절).

세 번째 부분(8-13절)은 이스라엘은 하나님이 심으신 포도나무라는 것이다.

포도나무는 이집트로부터 옮겨 온 것으로 하나님이 가나안 땅에 사는 열방을 친히 쫓아내시고 심으신 나무이다. 하나님이 친히 심으신 나무이기 때문에 뿌리는 땅에 깊이 박히고, 그 그늘이 산들을 가리고, 그 가지가 풍성하여 땅에 편만해졌었으나, 그들의 교만으로 인하여 하나님이 포도나무를 둘렀던 담을 헐어 버리심으로 포도나무가 버림을 당한 상황을 자세하게 묘사한다.

네 번째 부분(14-19절)은 이 포도나무를 권고해 달라는 간구를 기록한다.

주의 오른손으로 심으신 줄기요, 주를 위하여 힘 있게 하신 가지가 현재 소화되고, 작벌을 당하며 주의 면책을 인하여 망하였으니, 하늘에서 굽어보시고 이 포도나무를 권고해 달라는 간청을 드리고 있다.

17절은 난해구절이다. "주의 오른쪽에 있는 자 곧 주를 위하여 힘 있게 하신 인자에게 주의 손을 얹으소서"

얼핏 보면 메시야 시편처럼 보인다. 주의 우편에 있는 자, 인자라는 단어가 주는 인상 때문이다. 그러나 여기서 "주의 오른편에 있는 사람"이나 "힘 있게 하신 인자"라는 표현은 이스라엘이 하나님과의 맺은 언약의 관계를 나타내 주는 표현이다. 주의 오른편의 사람이란 의미는 주께서 오른손으로 붙드시는 사람, 힘 있게 하신 인자의 의미는 하나님이 자녀로 삼으신 사람이다. 여기서 힘 있게 하셨다는 히브리어 '이마츠티'의 의미는 입양하셨다이다.

북이스라엘은 우상숭배로 인해 멸망을 당했다. 이러한 상황에서 북이스라엘 사람들은 자신이 하나님이 친히 기르셨던 양 떼이고, 친히 심으셨던 포도나무이었음을 기억하며, 하나님께 소생의 은혜, 회복의 은총을 간구하는 것이다.

시편 80편

시편 81 편

주를 청종했더라면

기도에 임하기

1. 몸과 마음을 가다듬고 하나님의 임재를 기억하며 기도를 준비한다.
2. 찬송을 부른다(새 278장).
3. 성경본문을 천천히 읽는다.
4. 본문의 배경에 대한 설명을 천천히 읽는다.

시편 81 : 1~16

1절 우리의 능력이 되시는 하나님을 향하여 기쁘게 노래하며 야곱의 하나님을 향하여 즐거이 소리칠지어다
2절 시를 읊으며 소고를 치고 아름다운 수금에 비파를 아우를지어다
3절 초하루와 보름과 우리의 명절에 나팔을 불지어다
4절 이는 이스라엘의 율례요 야곱의 하나님의 규례로다
5절 하나님이 애굽 땅을 치러 나아가시던 때에 요셉의 족속 중에 이를 증거로 세우셨도다 거기서 내가 알지 못하던 말씀을 들었나니
6절 이르시되 내가 그의 어깨에서 짐을 벗기고 그의 손에서 광주리를 놓게 하였도다
7절 네가 고난 중에 부르짖으매 내가 너를 건졌고 우렛소리의 은밀한 곳에서 네게 응답하며 므리바 물가에서 너를 시험하였도다 (셀라)
8절 내 백성이여 들으라 내가 네게 증언하리라 이스라엘이여 내게 듣기를 원하노라
9절 너희 중에 다른 신을 두지 말며 이방 신에게 절하지 말지어다
10절 나는 너를 애굽 땅에서 인도하여 낸 여호와 네 하나님이니 네 입을 크게 열라 내가 채우리라 하였으나

11절 내 백성이 내 소리를 듣지 아니하며 이스라엘이 나를 원하지 아니하였도다
12절 그러므로 내가 그의 마음을 완악한 대로 버려두어 그의 임의대로 행하게 하였도다
13절 내 백성아 내 말을 들으라 이스라엘아 내 도를 따르라
14절 그리하면 내가 속히 그들의 원수를 누르고 내 손을 돌려 그들의 대적들을 치리니
15절 여호와를 미워하는 자는 그에게 복종하는 체할지라도 그들의 시대는 영원히 계속되리라
16절 또 내가 기름진 밀을 그들에게 먹이며 반석에서 나오는 꿀로 너를 만족하게 하리라 하셨도다

본문배경

제목은 "아삽의 깃딧에 맞추어 영장에 따라 부른 노래"(하메나쩨아흐 알 하기팃 레아쌒)이다. 시편 8편도 본 시편과 마찬가지로 깃딧에 맞춘 영장에 따른 노래로 아삽 대신 다윗이 주인공인 점이 다르다.

시편은 두 부분으로 나뉜다. 첫째 부분(1-5절)은 출애굽의 사건 후에 정해진 법에 따라 구원의 하나님이시요, 능력의 주님을 오케스트라를 동원해서 찬양하라는 것이다. 둘째 부분(6-16절)은 이스라엘을 책망하는 데 할애한다. 하나님은 이스라엘을 이집트에서 구원하신 후 다른 신을 섬기지 말고 오직 하나님만 섬기라고 말씀하셨으나, 이스라엘은 오히려 불순종하여 멸망을 자초하였음을 상기시키고 있다. 아쉬웠던 점은 만일 청종하였더라면 구원과 축복을 향유하였을 텐데, 그렇게 하지 못한 이유를 서술하면서 이 시편의 청중들은 하나님의 소리에 귀를 기울이고 그 도를 행할 것을 우회적으로 교훈하고 있다.

시편의 전달방식은 기도하는 회중과 온 이스라엘 백성에게 주는 설교형태를 취한다. 본 시편에서 하나님께 직접 호소하거나 찬양이나 간구의 말을 사용하지는 않는다.

기도

성령의 임재를 위한 기도

"이 말씀을 통하여 우리의 능력이 되시는 하나님을 경험하게 하며 찬양하게 하옵소서."

본문말씀 읽기와 묵상하기

1. 본문을 천천히 한 번 읽는다. 읽는 동안에 마음에 부딪히는 말씀을 감지한다. 들려오는 말씀에 귀를 기울인다.

   예를 들면 "나는 너를 애굽 땅에서 인도하여 낸 여호와 네 하나님이니 네 입을 크게 열라 내가 채우리라 하였으나 내 백성이 내 소리를 듣지 아니하며 이스라엘이 나를 원하지 아니하였도다 그러므로 내가 그의 마음을 완악한 대로 버려두어 그의 임의대로 행하게 하였도다 내 백성아 내 말을 들으라 이스라엘아 내 도를 따르라"(10−13절).

2. 또다시 본문말씀을 읽으면서 나에게 부딪힌 말씀이 오늘 나에게 어떤 말씀으로 전해 오는지 귀를 기울인다.

   예를 들면 "그러므로 내가 그의 마음을 완악한 대로 버려두어 그의 임의대로 행하게 하였도다 내 백성아 내 말을 들으라 이스라엘아 내 도를 따르라"(12−13절)라는 말씀이 내게 무엇을 말하고 있는지 이성과 감성을 통하여 숙고해 보고, 느껴 본다.

   하나님은 우리를 온전한 삶으로 인도하시나, 잘못 가르침 받는 전승과 잘못 길들여진 습관으로 인해서 그 길을 어그러뜨리는 것은 하나님도 어찌할 수 없음을 말하고 있다. 그러므로 고통의 길에 접어들 때에, 스스로 자기의 가는 길이 옳은지 판단하기 위해서 하나님의 말씀에 귀를 기울여야 한다.

3. 위의 과정에서 얻은 영감을 가지고 구체적으로 반응하는 기도를 드린다.

   "하나님, 당신이 우리에게 고난을 허락하심은 그 고난 뒤에 숨겨 둔 보물을 찾기 위함입니다. 주님의 품으로 돌아오도록 하기 위한 하나님의 애끓는 사랑의 마음임을 알게 하옵소서. 우리 주 예수 그리스도의 십자가의 길이 바로 그 길이 무엇인지 보여 주고 계십니다. 우리의 고난이 깊어지면 깊어질수록 마음이 점점 더 완악해진다면, 잠시 하나님의 진노가 나를 지배하고 있다는 것을 깨닫게 하옵소서. 그 완악한 마음을 통해서 우리 자신을 직시하게 하시고, 우리가 얼마나 하나님으로부터 멀리 떨어져 있는지 알게 하옵소서. 그 고난이 우리를 살리시려는 하나님의 사랑의 채찍임을 깨닫게 하옵소서. 그것이 고난 중에 얻을 수 있는 가장 귀한 응답입니다."

임재 안에 머물기

이미 들려주신 주님의 말씀에 깊이 동의하면서 이성과 감성의 활동을 멈추고, 주님

이 내려 주시는 고요함과 평화 가운데에서 주님과 하나 되는 경험을 해 본다.

반추 및 성찰

가능하면 기도했던 장소에서 자리를 옮긴다. 그리고 기도 시간에 경험한 내용을 돌아보면서 노트에 간단히 적는다. 이때 기도 안에서 하나님과 내 자신에 대한 전체적인 느낌을 적고, 또 영적으로 위로를 받았던 경험과 영적으로 메말랐던 경험을 적는다.

삶으로 나아가기

마음에 와 닿는 한 구절의 말씀을 선택하여 쪽지에 기록한다.
예를 들면 "내 백성아 내 말을 들으라 이스라엘아 내 도를 따르라 그리하면 내가 속히 그들의 원수를 누르고 내 손을 돌려 그들의 대적들을 치리니"(13-14절).

본문 주요내용

시편 81편에서 시인은 능력 되신 야곱의 하나님께 찬양하는 모습을 다양하게 설명한다. 즐거이 소리 내어, 시를 읊으며, 소고를 치고, 아름다운 수금에 비파를 연주하며, 나팔을 불며(1-2절, 곡을 써서 노래를 부르며. 관현악단을 동원한다—오케스트라의 연주를 생각하라.) 시인은 찬양의 날을 정한다. 월삭(히브리어 호데쉬-달의 첫날), 월망(히브리어로 케쎄-보름달), 절일(히브리어로 학-절기〈예를 들어 유월절, 칠칠절, 장막절, 3절〉). 이와 같이 절기에 맞추어 찬양을 드리는 것은 이스라엘의 율례(히브리어로 혹-법)요, 야곱의 하나님의 규례이다(히브리어로 미슈파트-공의, 마땅히 하나님께 드려야 할 의다, 4절). 시인은 하나님을 다음의 이유로 노래한다. 어깨에서 짐을 벗기셨기에, 손에서 광주리를 놓게 하셨기에, 고난 중에 건지셨기에, 뇌성의 은은한 곳에서 응답하셨기에, 므리바 물가에서 이스라엘을 단련하셨기에(6-7절) 노래한다.

하나님의 백성에게 주시는 주의 명령은 다음과 같다.

첫째, 들으라(히브리어로 슈마). 둘째, 다른 신을 두지 말며 절하지도 말라(십계명의 제1, 2계명). 하지만 이스라엘은 주의 소리를 듣지 않았을 뿐 아니라 하나님을 원하지 않았다. 그 결과 하나님은 이스라엘의 마음이 강퍅한 대로 버려두어 임의대로 행하게 하셨다(11 – 12절).

하나님의 한숨도 나온다. 만일 하나님을 청종하며 주님의 도를 행하였더라면 원수가 제거되었을 것이고, 밀의 아름다운 것을 먹으며 꿀로 만족하게 되었을 텐데, 그렇게 하지 못한 이스라엘에 대해 개탄해 하시는 주님의 모습을 그리고 있다.

본 시의 클라이맥스는 후반부에 나타난다.

"나는 너를 애굽 땅에서 인도하여 낸 여호와 네 하나님이니 네 입을 크게 열라 내가 채우리라 하였으나"(10절).

공정한 재판을 수행하라

시편 82 편

기도에 임하기

1. 몸과 마음을 가다듬고 하나님의 임재를 기억하며 기도를 준비한다.
2. 찬송을 부른다(새 212장).
3. 성경본문을 천천히 읽는다.
4. 본문의 배경에 대한 설명을 천천히 읽는다.

시편 82 : 1~8

1절 하나님은 신들의 모임 가운데에 서시며 하나님은 그들 가운데에서 재판하시느니라
2절 너희가 불공평한 판단을 하며 악인의 낯 보기를 언제까지 하려느냐 (셀라)
3절 가난한 자와 고아를 위하여 판단하며 곤란한 자와 빈궁한 자에게 공의를 베풀지며
4절 가난한 자와 궁핍한 자를 구원하여 악인들의 손에서 건질지니라 하시는도다
5절 그들은 알지도 못하고 깨닫지도 못하여 흑암 중에 왕래하니 땅의 모든 터가 흔들리도다
6절 내가 말하기를 너희는 신들이며 다 지존자의 아들들이라 하였으나
7절 그러나 너희는 사람처럼 죽으며 고관의 하나같이 넘어지리로다
8절 하나님이여 일어나사 세상을 심판하소서 모든 나라가 주의 소유이기 때문이니이다

본문배경

시편 82편의 제목은 "아삽의 노래"(미즈모르 레아쌒)이다. 본 시편은 한 편의 설교요,

책망과 교훈의 시로써 재판장을 겨냥한다.

이유인즉 하나님의 회(산헤드린 혹은 에다〈증인 공동체〉, 혹은 이스라엘 공동체)의 재판관(지도자)들이 그들의 의무를 다하지 않을 뿐 아니라 공정한 재판도 하지 않기 때문이다. 공정한 재판은 성경의 주요 주제이다.

예를 들면 다음과 같다.

신명기 16 : 18~20의 모세의 법 : "네 하나님 여호와께서 네게 주시는 각 성에서 네 지파를 따라 재판장들과 지도자들을 둘 것이요 그들은 공의로 백성을 재판할 것이니라 너는 재판을 굽게 하지 말며 사람을 외모로 보지 말며 또 뇌물을 받지 말라 뇌물은 지혜자의 눈을 어둡게 하고 의인의 말을 굽게 하느니라 너는 마땅히 공의만을 따르라 그리하면 네가 살겠고 네 하나님 여호와께서 네게 주시는 땅을 차지하리라".

시편 72편 솔로몬의 시 : "하나님이여 주의 판단력을 왕에게 주시고 주의 공의를 왕의 아들에게 주소서 그가 주의 백성을 공의로 재판하며 주의 가난한 자를 정의로 재판하리니"(1-2절).

열왕기상 3 : 9~10 솔로몬의 기도 : "누가 주의 이 많은 백성을 재판할 수 있사오리이까 듣는 마음을 종에게 주사 주의 백성을 재판하여 선악을 분별하게 하옵소서 솔로몬이 이것을 구하매 그 말씀이 주의 마음에 든지라".

역대하 19 : 4~9 여호사밧 왕 때 : "여호사밧이 예루살렘에 살더니 다시 나가서 브엘세바에서부터 에브라임 산지까지 민간에 두루 다니며 그들을 그들의 조상들의 하나님 여호와께로 돌아오게 하고 또 유다 온 나라의 견고한 성읍에 재판관을 세우되 성읍마다 있게 하고 재판관들에게 이르되 너희가 재판하는 것이 사람을 위하여 할 것인지 여호와를 위하여 할 것인지를 잘 살피라 너희가 재판할 때에 여호와께서 너희와 함께하심이니라 그런즉 너희는 여호와를 두려워하는 마음으로 삼가 행하라 우리의 하나님 여호와께서는 불의함도 없으시고 치우침도 없으시고 뇌물을 받는 일도 없으시니라 하니라 여호사밧이 또 예루살렘에서 레위 사람들과 제사장들과 이스라엘 족장들 중에서 사람을 세워 여호와께 속한 일과 예루살렘 주민의 모든 송사를 재판하게 하고 그들에게 명령하여 이르되 너희는 진실과 섬김을 다하여 여호와를 경외하라".

본 시편에서 시인은 재판장으로 임하시는 하나님의 모습을 서두와 결구에 넣음으로써 재판의 중요성을 강조한다.

"하나님은 신들의 모임 가운데에 서시며 하나님은 그들 가운데에서 재판하시느니라"(1절), "하나님이여 일어나사 세상을 심판하소서……"(8절).

기 도

성령의 임재를 위한 기도

"이 시편의 말씀을 통하여 공정한 마음과 이성과 판단력을 얻게 하옵소서."

본문말씀 읽기와 묵상하기

1. 본문을 천천히 한 번 읽는다. 읽는 동안에 마음에 부딪히는 말씀을 감지하고, 들려오는 말씀에 귀를 기울인다.

    예를 들면 "너희가 불공평한 판단을 하며 악인의 낯 보기를 언제까지 하려느냐 (셀라)…… 내가 말하기를 너희는 신들이며 다 지존자의 아들들이라 하였으나 그러나 너희는 사람처럼 죽으며 고관의 하나같이 넘어지리로다"(2, 6-7절).

2. 또다시 본문말씀을 읽으면서 나에게 부딪힌 말씀이 오늘 나에게 어떤 말씀으로 전해 오는지 귀를 기울인다.

    예를 들면 "내가 말하기를 너희는 신들이며 다 지존자의 아들들이라 하였으나 그러나 너희는 사람처럼 죽으며 고관의 하나같이 넘어지리로다"(6-7절)라는 말씀이 내게 무엇을 말하고 있는지 이성과 감성을 통하여 숙고해 보고, 느껴 본다.

    우리에게 주어진 판단력은 하나님이 주신 특별한 선물이다. 그것을 잘 구사하면 하나님의 삶에 참여하는 것이며, 그것을 사사로운 이익과 왜곡된 일에 사용하면 죄인으로 죽어 가게 된다는 권고이다. 우리에게 주어진 판단력과 이성을 잘 사용하도록 권고하시는 하나님의 말씀에 귀를 기울여 본다.

3. 위의 과정에서 얻은 영감을 가지고 구체적으로 반응하는 기도를 드린다.

"사람들을 판단할 때에 공의와 정의를 따라 하지 아니하고, 사사로운 이익이나 사람들의 얼굴을 보고 판단하는 어리석음을 범하지 않게 하옵소서. 이 판단력은 각 사람들에게, 특히 사람들을 평가하고 판단하는 사람들에게 주어진 하나님의 선물입니다. 이 선물을 공정하게 구사하면서 약자들에 대해서 자비와 긍휼의 마음을 가지고 판단하게 하옵소서. 이것은 하나님께서 사람들(심판관들)에게 권한을 이행하신 하나님의 일이기 때문입니다. 이 권한을 잘 행사하면 하나님의 지존자(자녀)로 살아갈 수 있지만, 그 권한을 남용하고 어그러뜨린다면 모든 악인들이

가는 그 길대로 허무한 인생을 살게 될 것임을 명심하게 하옵소서."

임재 안에 머물기

이미 들려주신 주님의 말씀에 깊이 동의하면서 이성과 감성의 활동을 멈추고, 주님이 내려 주시는 고요함과 평화 가운데에서 주님과 하나 되는 경험을 해 본다.

반추 및 성찰

가능하면 기도했던 장소에서 자리를 옮긴다. 그리고 기도 시간에 경험한 내용을 돌아보면서 노트에 간단히 적는다. 이때 기도 안에서 하나님과 내 자신에 대한 전체적인 느낌을 적고, 또 영적으로 위로를 받았던 경험과 영적으로 메말랐던 경험을 적는다.

삶으로 나아가기

마음에 와 닿는 한 구절의 말씀을 선택하여 쪽지에 기록한다.
예를 들면 "가난한 자와 궁핍한 자를 구원하여 악인들의 손에서 건질지니라 하시는도다"(4절).

본문 주요내용

본 시편에서 말씀하는 재판장이 갖출 조건은 무엇인가? 그것은 공정함과 긍휼함이다. 이 기준은 다음의 셋으로 판단된다. 첫째, 낯을 보아서는 안 된다(편견, 편애, 편중을 금한다). 둘째, 공의가 기준이다(저울에 달아 부족함이나 기울어짐이 있어서는 안 된다). 셋째, 악인들의 손에서 가난하고 궁핍한 자를 건져 내어라(긍휼을 보이라). 하지만 재판관이 공의를 굽게 하여 하나님이 부여하신 재판권의 행사에 그릇되면 악인으로 전락됨을 명심하라고 경고한다. 시인이 힐난을 아끼지 않는 부패한 재판관의 모습은 다음과 같다. 그들은 무지, 무각하다. 흑암 중에 왕래한다. 땅의 모든 터를 요동하게 한다. 자칭 스스로 높여 신들이라 부르며 지존자의 아들이라 칭한다. 그들의 결말은 어떠한가? 범인같이 엎드러져 죽는다. 그러나 공정한 재판이 이루어지면 어떤 축복을 받는가? 시인은 시편 말미에 모든 열방이 주의 기업이 될 것이라고 말한다. 이 의미는 이사야 선지자의 예언에 잘 대변된다.

"나는 시온의 의가 빛같이, 예루살렘의 구원이 횃불같이 나타나도록 시온을 위하여 잠잠하지 아니하며 예루살렘을 위하여 쉬지 아니할 것인즉 이방 나라들이 네 공의를, 뭇 왕이 다 네 영광을 볼 것이요 너는 여호와의 입으로 정하실 새 이름으로 일컬음이 될 것이며 너는 또 여호와의 손의 아름다운 관, 네 하나님의 손의 왕관이 될 것이라"(사 62 : 1-3).

시편 82편

하나님만 지존하시도다

기도에 임하기

1. 몸과 마음을 가다듬고 하나님의 임재를 기억하며 기도를 준비한다.
2. 찬송을 부른다(새 406장).
3. 성경본문을 천천히 읽는다.
4. 본문의 배경에 대한 설명을 천천히 읽는다.

시편 83 : 1~18

1절 하나님이여 침묵하지 마소서 하나님이여 잠잠하지 마시고 조용하지 마소서
2절 무릇 주의 원수들이 떠들며 주를 미워하는 자들이 머리를 들었나이다
3절 그들이 주의 백성을 치려 하여 간계를 꾀하며 주께서 숨기신 자를 치려고 서로 의논하여
4절 말하기를 가서 그들을 멸하여 다시 나라가 되지 못하게 하여 이스라엘의 이름으로 다시는 기억되지 못하게 하자 하나이다
5절 그들이 한마음으로 의논하고 주를 대적하여 서로 동맹하니
6절 곧 에돔의 장막과 이스마엘인과 모압과 하갈인이며
7절 그발과 암몬과 아말렉이며 블레셋과 두로 사람이요
8절 앗수르도 그들과 연합하여 롯 자손의 도움이 되었나이다 (셀라)
9절 주는 미디안인에게 행하신 것같이, 기손 시내에서 시스라와 야빈에게 행하신 것같이 그들에게도 행하소서
10절 그들은 엔돌에서 패망하여 땅에 거름이 되었나이다
11절 그들의 귀인들이 오렙과 스엡 같게 하시며 그들의 모든 고관들은 세바와 살문나와 같게 하소서

12절 그들이 말하기를 우리가 하나님의 목장을 우리의 소유로 취하자 하였나이다
13절 나의 하나님이여 그들이 굴러가는 검불 같게 하시며 바람에 날리는 지푸라기 같게 하소서
14절 삼림을 사르는 불과 산에 붙는 불길같이
15절 주의 광풍으로 그들을 쫓으시며 주의 폭풍으로 그들을 두렵게 하소서
16절 여호와여 그들의 얼굴에 수치가 가득하게 하사 그들이 주의 이름을 찾게 하소서
17절 그들로 수치를 당하여 영원히 놀라게 하시며 낭패와 멸망을 당하게 하사
18절 여호와 이름하신 주만 온 세계의 지존자로 알게 하소서

본문배경

제목은 "아삽의 시", 곧 노래이다. 히브리어 '쉬르'의 의미는 시이며, '미즈모르'는 가수가 부르는 노래이다. 미즈모르의 의미는 정제된 언어로 불리우는 가수의 노래라는 뜻이다. 미즈모르의 히브리어 원형 '자마르'는 원래 안식년에 가지치기를 하지 말라는 의미로 사용된다.

가지치기의 의미인 자마르는 정제되고 정돈된 언어로 시를 써서 노래하라는 것이다. 히브리어로 시를 읽어 보면 더 맛이 난다. 시작은 하나님을 뜻하는 '엘로힘'으로 시작하고 끝은 신이란 의미의 '엘'로 맺는다. 즉, 신의 이름을 둘로 사용해서 아름답게 장식하고 있는 것이다. 더욱이 마지막 부분의 엘은 형태는 같으나 발음과 의미는 상반되는 특징을 가진다(알-부정사로 하지 마소서./엘-신).

본 시에서 대적을 일컬어 하나님의 적, 하나님을 미워하는 자로 묘사한다. 반면에 주의 백성은 하나님께서 숨겨 주신 자로 묘사한다. 또한 이스라엘 주변의 대적들은 많은 반면 하나님의 백성은 홀로 남아 있는 듯한 인상을 주고 있다. 대적들은 하나님의 초장을 취하려고 모의를 꾸민다. 이때 시인은 하나님께 간구한다.

나의 하나님이시여 저들로 굴러가는 검불(갈갈) 같게, 바람에 날리는 지푸라기(카쉬) 같게 해 달라고 간구한다.

불과 광풍 모티브가 등장한다 : 광풍(싸아르), 폭풍(쑤파), 불(에쉬), 화염(레하바).

수치와 관련된 단어들도 화려하게 수를 놓는다 : 수치(칼론), 부끄러움(보쉬), 놀람(바할), 창백(하페르), 멸망(아바드).

본 시의 주제는 하나님의 이름을 구하라, 하나님의 이름만 온 땅에서 높으심을 알라이다.

기 도

성령의 임재를 위한 기도

"이 말씀을 통하여 여호와 하나님만이 만물의 주인이시며, 오늘 나의 삶 전반에 주인이심을 깊게 자각하게 하옵소서."

본문말씀 읽기와 묵상하기

1. 본문을 천천히 한 번 읽는다. 읽는 동안에 마음에 부딪히는 말씀을 감지한다. 들려오는 말씀에 귀를 기울인다.

   예를 들면 "하나님이여 침묵하지 마소서…… 주의 원수들이 떠들며 주를 미워하는 자들이 머리를 들었나이다…… 주의 광풍으로 그들을 쫓으시며 주의 폭풍으로 그들을 두렵게 하소서…… 그들로 수치를 당하여 영원히 놀라게 하시며 낭패와 멸망을 당하게 하사 여호와라 이름하신 주만 온 세계의 지존자로 알게 하소서"(1-2, 15, 17-18절).

2. 또다시 본문말씀을 읽으면서 나에게 부딪힌 말씀이 오늘 나에게 어떤 말씀으로 전해 오는지 귀를 기울인다.

   예를 들면 "하나님이여 침묵하지 마소서…… 주의 원수들이 떠들며 주를 미워하는 자들이 머리를 들었나이다"(1-2절)라는 말씀이 내게 무엇을 말하고 있는지 이성과 감성을 통하여 숙고해 보고, 느껴 본다.

   하나님을 대적하며 하나님의 백성들을 멸시하는 사람들이 머리를 들며, 큰소리치는 동안 "하나님이 과연 활동하고 계시는가?"라는 의문을 가지게 된다. 그때에 우리가 할 수 있는 일은 "하나님이여, 침묵하지 마소서. 하나님이여, 잠잠하지 마시고 조용하지 마소서."라고 부르짖을 뿐이다.

3. 위의 과정에서 얻은 영감을 가지고 구체적으로 반응하는 기도를 드린다.

   "하나님의 백성들은 언제나 약자요, 위험에 노출되어 있는 것처럼 느낍니다. 그러나 하나님, 그때에 우리로 하여금 당신을 의지하고 신뢰하는 사람들의 생명을 하나님의 생명 싸개에 숨겨 두심을 믿게 하옵소서. 그리고 주의 백성들을 대적하고, 핍박하고, 멸하려는 사람들을 대신하여 하나님이 싸워 주심을 믿습니다. 그렇기에 우리는 담대히 하나님을 향하여 호소합니다. 주여, 애절하게 부르짖을 때에 잠잠하지 마시고 조용하지 마옵소서. 그래서 저들이 여호와 하나님만이 온 세계의 지존자임을 알게 하옵소서."

임재 안에 머물기

이미 들려주신 주님의 말씀에 깊이 동의하면서 이성과 감성의 활동을 멈추고, 주님이 내려 주시는 고요함과 평화 가운데에서 주님과 하나 되는 경험을 해 본다.

반추 및 성찰

가능하면 기도했던 장소에서 자리를 옮긴다. 그리고 기도 시간에 경험한 내용을 돌아보면서 노트에 간단히 적는다. 이때 기도 안에서 하나님과 내 자신에 대한 전체적인 느낌을 적고, 또 영적으로 위로를 받았던 경험과 영적으로 메말랐던 경험을 적는다.

삶으로 나아가기

마음에 와 닿는 한 구절의 말씀을 선택하여 쪽지에 기록한다.
예를 들면 "여호와라 이름하신 주만 온 세계의 지존자로 알게 하소서"(18절).

본문 주요내용

시편 83편은 주의 대적이 일심으로 의논하고 언약하여 일어날 때 어떻게 반응해야 할지 가르친다. 먼저 대적을 자세하게 묘사한다. 주의 원수, 주를 미워하는 자, 간계자, 대적, 구체적으로 그들은 에돔, 이스마엘, 모압, 하갈인, 그발, 암몬, 아말렉, 블레셋, 두로, 앗수르이다. 이스라엘의 대적들은 함께 모여 이스라엘을 멸망시켜 다시 나라가 되지 못하게 하며, 역사 속에서 사라지게 만드는 궤계를 꾸민다. 그들은 머리를 들고 서로 의논하며, 일심으로 의논하고, 주를 대적하며, 서로 언약하여 이스라엘을 공격해 온다. 이에 대해 시인은 하나님께 간구한다. "하나님이여 침묵하지 마옵소서(알 도미). 잠잠하지 마옵소서(알 테헤라쉬). 고요하지 마옵소서(알 티슈콧)."

미디안에게 행하신 것같이, 기손 시내에서 시스라와 야빈에게 행하신 것같이 저희에게도 행하여 달라고 기도한다. 악인들이 엔돌에서 패망하여 땅의 거름이 되었고, 저희 귀인들은 오렙과 스엡같이 저희 방백들이 세바와 살문나같이 되게 해 달라고 기도한다. 또한 악인들이 하나님의 목장을 저희 소유로 취하였지만 하나님이 개입하셔서 회복해 달라고 기도한다.

결구에서는 하나님의 심판을 요청한다. "그들이 굴러 가는 검불 같게 하시며 바람에 날리는 지푸라기 같게 하소서. 주의 광풍으로 그들을 쫓으시며 주의 폭풍으로 그들을 두렵게 하소서. 수치로 저희 얼굴에 가득케 하소서. 그 후 저들로 수치 낭패 멸망을 당하게 하신 후에 주의 이름을 찾게 하소서." 결론은 18절에 나온다. "여호와라 이름하신 주만 온 세계의 지존자로 알게 하소서"

시편 84 편

주의 장막에서 부르는 노래

기도에 임하기

1. 몸과 마음을 가다듬고 하나님의 임재를 기억하며 기도를 준비한다.
2. 찬송을 부른다(새 36장).
3. 성경본문을 천천히 읽는다.
4. 본문의 배경에 대한 설명을 천천히 읽는다.

시편 84 : 1~12

1절 만군의 여호와여 주의 장막이 어찌 그리 사랑스러운지요
2절 내 영혼이 여호와의 궁정을 사모하여 쇠약함이여 내 마음과 육체가 살아 계시는 하나님께 부르짖나이다
3절 나의 왕, 나의 하나님, 만군의 여호와여 주의 제단에서 참새도 제 집을 얻고 제비도 새끼 둘 보금자리를 얻었나이다
4절 주의 집에 사는 자들은 복이 있나니 그들이 항상 주를 찬송하리이다 (셀라)
5절 주께 힘을 얻고 그 마음에 시온의 대로가 있는 자는 복이 있나이다
6절 그들이 눈물 골짜기로 지나갈 때에 그곳에 많은 샘이 있을 것이며 이른 비가 복을 채워 주나이다
7절 그들은 힘을 얻고 더 얻어 나아가 시온에서 하나님 앞에 각기 나타나리이다
8절 만군의 하나님 여호와여 내 기도를 들으소서 야곱의 하나님이여 귀를 기울이소서 (셀라)
9절 우리 방패이신 하나님이여 주께서 기름 부으신 자의 얼굴을 살펴보옵소서
10절 주의 궁정에서의 한 날이 다른 곳에서의 천 날보다 나은즉 악인의 장막에 사는 것보다

내 하나님의 성전 문지기로 있는 것이 좋사오니
11절　여호와 하나님은 해요 방패이시라 여호와께서 은혜와 영화를 주시며 정직하게 행하는 자에게 좋은 것을 아끼지 아니하실 것임이니이다
12절　만군의 여호와여 주께 의지하는 자는 복이 있나이다

본문배경

　　제목은 "고라 자손이 깃딧이란 악기를 연주하며 영장에 맞추어 부른 정제된 노래"(라 메나쩨아흐 알 하깃팃 리브네이 코라흐 미즈모르)이다. 본 시는 네 부분으로 나뉜다. 1~3절 성전을 사모하는 시인, 4~7절 하나님의 집에 머무는 자들과 성전으로 나아가는 사람들의 느끼는 행복, 8~9절 간구, 기도를 들어 달라고 애원하는 시인, 10~12절 여호와의 집에 거하는 것과 하나님을 신뢰하는 것이 얼마나 복된 일인가.

　　본 시는 성전으로 올라가는 예배자들이 부른 노래이다. 시인은 성전에 대한 강한 열망을 표현한다. 그러면서 성전 밖에 있는 자신을 둥지를 떠난 새나 집을 떠난 사람으로 비유한다. 또한 성전으로 오르는 길을 시온에 계시는 하나님 앞에 보일 때까지 온 힘을 다해 통과해야만 하는 눈물 골짜기라고 말한다. 시인은 도달한 성전에서 드리는 그의 간구를 들어 달라는 간청을 드린다. 특히 8절은 "나의 기도를 들으시는 분은 만군의 하나님 여호와이시라"라고 고백한다.

　　또한 시인은 성전에 도달했을 때 얻는 기쁨에 대해서도 말한다. 어느 날 성전 문을 넘게 되었을 때 예배자가 느끼게 되는 하나님 안에서의 완전한 신뢰와 평화를 결론적으로 말한다. 시편 15, 23, 24, 27편에서 언급되었듯이 본 시편에서도 동일한 언어로 하나님의 집으로 나아가고, 늘 성소 안에 머물면서 그 입술에 여호와를 경외함이 있고, 거룩한 삶과 믿음과 신뢰의 삶을 주 앞에서 주와 가까운 거리에서 갖기 원하는 마음을 표현한다. 본 시에서 사용되는 성소에 관한 다양한 표현들(주의 장막, 주의 뜰, 주의 집, 주의 제단)은 순결, 거룩, 믿음과 신뢰의 상징으로 이해되고 있다.

　　또한 '성전으로 오르다'(올림), '지난다'(오브림), '걷는다'(홀킴)라는 의미로 사용되는 히브리어는 하나님을 경외하는 삶의 길을 걷는 것을 뜻한다. 눈물 골짜기를 통과하는 표현은 성전으로 오르는 길에서 겪을 수 있는 훈련과 고난을 뜻하며, 그럼에도 불구하고 하나님을 굳게 붙드는 신앙인의 모습을 보여 준다. '힘을 얻고 더 얻는다'(메하일 엘 하일)라는 표현은 하나님을 섬기는 일에 더욱 힘쓰라는 의미로 이해된다. 시편 84편은 단어가 병행을 이루며 집을 아름답게 지어 가고 있다 : 사모하고 쇠약해짐, 내 마음과

육체, 나의 왕, 나의 하나님, 해와 방패, 은혜와 영광, 성전에 관한 다양한 표현들.

기 도

성령의 임재를 위한 기도

여호와 하나님의 전에 거하며 사는 삶이 무엇이며, 예배하는 자의 행복이 무엇인지 알게 해 달라고 구한다.

본문말씀 읽기와 묵상하기

1. 본문을 천천히 한 번 읽는다. 읽는 동안에 마음에 부딪히는 말씀을 감지한다. 들려오는 말씀에 귀를 기울인다.
    예를 들면 "만군의 여호와여 주의 장막이 어찌 그리 사랑스러운지요 내 영혼이 여호와의 궁정을 사모하여 쇠약함이여 내 마음과 육체가 살아 계시는 하나님께 부르짖나이다"(1-2절), "주의 궁정에서의 한 날이 다른 곳에서의 천 날보다 나은즉 악인의 장막에 사는 것보다 내 하나님의 성전 문지기로 있는 것이 좋사오니"(10절).
2. 또다시 본문말씀을 읽으면서 나에게 부딪힌 말씀이 오늘 나에게 어떤 말씀으로 전해 오는지 귀를 기울인다.
    예를 들면 "주의 궁정에서의 한 날이 다른 곳에서의 천 날보다 나은즉 악인의 장막에 사는 것보다 내 하나님의 성전 문지기로 있는 것이 좋사오니"(10절)라는 말씀이 내게 무엇을 말하고 있는지 이성과 감성을 통하여 숙고해 보고, 느껴 본다.
    우리 인생의 여정이 주의 궁정에 도달하기 위한 과정이다. 그날이 이 땅에서의 천 날보다 더욱 나음을 믿기에 갖가지 시련들을 극복할 수 있으며, 그 영적 여정을 지속할 수 있다. 영적 여정을 지속해 가는 과정에서 궁정에 들어갈 희망이 커지는 동안 이 땅의 집착은 점점 줄어들게 된다.
3. 위의 과정에서 얻은 영감을 가지고 구체적으로 반응하는 기도를 드린다.

    "주님, 오늘 우리에게 주어진 이 땅의 삶이 여호와 하나님이 그를 믿는 자들을 위하여 예비하신 그 궁정을 향한 영적 여정임을 깨닫게 하옵소서. 오늘 우리가 드나드는 교회는 보이지 않는 주님의 궁전의 그림자입니다. 우리의 영혼 안에서 여호와의 궁정을 사모하며, 그래서 마침내 우리 영혼 안에 그 궁정이 세워지고, 그곳에서 주의 얼굴을 뵈옵기까지 이 여정을 멈추지 않게 하옵소서. 또한 궁정에 이르는 과정에서 많은 눈물 골짜기들을 통과해야 할 텐데, 그 골짜기가 이 여정의 장애물이 되지 않게 하옵소서. 여호와의 궁정을 사모하는 그 열정이 모든 다른 집착으로부터 자유롭게 되기를 소원합니다."

임재 안에 머물기

이미 들려주신 주님의 말씀에 깊이 동의하면서 이성과 감성의 활동을 멈추고, 주님이 내려 주시는 고요함과 평화 가운데에서 주님과 하나 되는 경험을 해 본다.

반추 및 성찰

가능하면 기도했던 장소에서 자리를 옮긴다. 그리고 기도 시간에 경험한 내용을 돌아보면서 노트에 간단히 적는다. 이때 기도 안에서 하나님과 내 자신에 대한 전체적인 느낌을 적고, 또 영적으로 위로를 받았던 경험과 영적으로 메말랐던 경험을 적는다.

_____

_____

삶으로 나아가기

마음에 와 닿는 한 구절의 말씀을 선택하여 쪽지에 기록한다.
예를 들면 "주의 집에 사는 자들은 복이 있나니 그들이 항상 주를 찬송하리이다 (셀라)"(4절).

본문 주요내용

시편 84편은 주의 궁정에서의 한 날이 다른 곳에서의 천 날보다 나음을 강조한다. 여기서 주의 장막과 악인의 장막이 대조된다. 주의 장막은 여호와의 궁정, 주의 집,

주의 제단, 시온이다.

시인은 하나님의 장막을 매우 사랑스럽게 생각하며 그 궁정을 사모하여 쇠약해졌다고 고백한다. 그러나 시인이 사모하는 것은 궁정이 아니라 하나님이다. 왜냐하면 성전과 궁정이 중요한 것은 하나님이시요, 왕이신 하나님이 그곳에 머무시기 때문이다. 따라서 시인은 주님이 머무시는 곳에서의 한 날이 다른 어떤 곳에서의 천 날보다 더 가치가 있고, 악인의 장막에 머무는 것보다 하나님 집의 문지기로 머무는 것이 더욱 낫다고 고백한다. 하나님에 대해서도 여러 가지로 설명된다. 만군의 여호와, 나의 왕, 나의 하나님, 야곱의 하나님, 우리의 방패이신 하나님, 해, 방패, 은혜와 영화를 주시는 분, 좋은 것을 아끼지 않으시는 분 등이다. 이러한 하나님 앞에서 성도들은 누구인가에 대해서도 설명한다. 주의 기름 부으신 자, 내 하나님의 문지기, 정직히 행하는 자, 사모하는 자, 부르짖는 자, 눈물 골짜기로 통과하나 그 골짜기를 은택 골짜기로 만드는 자, 힘을 얻고 더 얻어 주 앞에 나아가는 자, 항상 주를 찬송하는 자이어야 한다. 결론적으로 복 있는 사람이 누구인지에 대해서 이렇게 말한다. 그는 주의 집에 거하는 자이며 동시에 주를 의지하는 사람이다.

하나님의 임재 찬송시

기도에 임하기

1. 몸과 마음을 가다듬고 하나님의 임재를 느끼며 기도한다.
 "하나님이여, 말씀하시옵소서. 저희가 듣겠나이다. 마음과 눈을 여시어 성령 하나님의 인도하심을 받게 하옵소서. 예수 그리스도의 이름으로 기도하옵나이다."
2. 찬송을 부른다("나의 신부야").

나의 신부야

> 시편 85 : 1~13

1절   여호와여 주께서 주의 땅에 은혜를 베푸사 야곱의 포로 된 자들이 돌아오게 하셨으며
2절   주의 백성의 죄악을 사하시고 그들의 모든 죄를 덮으셨나이다 (셀라)
3절   주의 모든 분노를 거두시며 주의 진노를 돌이키셨나이다
4절   우리 구원의 하나님이여 우리를 돌이키시고 우리에게 향하신 주의 분노를 거두소서
5절   주께서 우리에게 영원히 노하시며 대대에 진노하시겠나이까
6절   주께서 우리를 다시 살리사 주의 백성이 주를 기뻐하도록 하지 아니하시겠나이까
7절   여호와여 주의 인자하심을 우리에게 보이시며 주의 구원을 우리에게 주소서
8절   내가 하나님 여호와께서 하실 말씀을 들으리니 무릇 그의 백성, 그의 성도들에게 화평을 말씀하실 것이라 그들은 다시 어리석은 데로 돌아가지 말지로다
9절   진실로 그의 구원이 그를 경외하는 자에게 가까우니 영광이 우리 땅에 머무르리이다
10절 인애와 진리가 같이 만나고 의와 화평이 서로 입맞추었으며
11절 진리는 땅에서 솟아나고 의는 하늘에서 굽어보도다
12절 여호와께서 좋은 것을 주시니 우리 땅이 그 산물을 내리로다
13절 의가 주의 앞에 앞서 가며 주의 길을 닦으리로다

본문배경

시편 85편은 바로 앞의 시편 84편과는 달리 악기를 사용하지 않고 아카펠라로 부르는 고라 자손의 노래이다. 오케스트라의 연주에 맞추어 합창이나 독창을 부르는 것에 매료를 느끼곤 하지만, 때로는 무반주의 노래가 더 감동적일 수도 있다. 왜냐하면 그 노래에만 집중할 수 있기 때문이다.

본 시는 하나님을 향하여 독창자가 부르는 솔로의 노래이다. 그래서 그런지 하나님은 시인의 노랫말에 더 귀를 기울이실 것 같은 느낌이 든다. 간구의 내용은 무엇인가? 본 시는 포로 가운데서 돌아온 주의 백성들이 하나님께 감격해 하며 올려 드리는 노래이며, 그 노래 안에 다음의 내용을 담고 있다.

"주의 은혜로 인하여 주의 땅으로 돌아왔나이다. 이는 주께서 주의 백성의 죄악을 사하시고, 덮어 주셨으며, 분노를 거두시고, 진노를 돌이키신 까닭입니다. 이제부터 하나님께서 하시는 말씀을 잘 듣겠습니다. 주의 백성, 성도에게 화평을 말씀하옵소서. 주의 인자하심을 보이시며 주의 구원을 우리에게 주옵소서. 구원을 경외함으로 말미암

으며, 그로 인해 주의 영광의 임재가 이 땅에 가득하나이다. 긍휼(헤쎄드)과 진리(에멧)가 같이 만나고, 의(쩨덱)와 화평(샬롬)이 서로 입맞추었고, 진리는 땅에서 솟아나고, 의는 하늘에서 비처럼 내리나이다. 이제부터 여호와께서 좋은 것을 주시리니 우리 땅이 산물을 낼 것입니다. 우리는 앞으로 주님 앞에서 의를 행하겠고 주의 발자취를 따라 살겠습니다."

기 도

성령의 임재를 위한 기도

이 시편의 말씀에서 하나님의 임재를 경험하고 느끼게 하는 은총을 구한다.
예를 들면 "구원의 하나님! 하나님께서 거하시는 성전이 될 수 있도록 하나님으로부터 멀어지게 하는 죄에서 벗어날 수 있도록 인애와 진리의 영으로 늘 채워 주옵소서."

본문말씀 읽기와 묵상하기

1. 본문을 천천히 한 번 읽으면서 본문의 기도자의 상황을 헤아린다. 그러면서 자신의 마음에 닿는 말씀과 자신에게 들려오는 말씀을 감지한다.
   예를 들면 "우리 구원의 하나님이여 우리를 돌이키시고 우리에게 향하신 주의 분노를 거두소서"(4절).
2. 다시 한번 본문말씀을 읽으면서 자신에게 다가오는 말씀에 귀 기울인다.
   예를 들면 "인애와 진리가 같이 만나고 의와 화평이 서로 입맞추었으며"(10절).
3. 위의 두 말씀들을 마음으로 읊조리면서 묵상한다.
   - 4절과 10절의 말씀으로부터 나는 무엇을 느끼며 경험하고 있는가?
   - 이러한 나의 경험이 나 자신과 어떻게 연결되는가?
   - 예를 들면, 하나님께서 나를 구원하시고 나로부터 분노를 거두시는 것이 어떻게 인지될 수 있는가?
   - 하나님의 자비하심과 진리가 나에게는 어떻게 만나지고 있는가?

   이상의 질문들을 나 자신과 구체적으로 관련시켜 하나님과의 대화를 적극적으로 시도한다.
4. 이제부터는 기도의 내용을 단순화하면서 기도의 주도권을 하나님께서 가지시도

록 수동적으로 묵상한다. 적극적 묵상에서 기도한 주제에 대하여 하나님께서 나에게 무엇을 어떻게 말씀하시는지 귀 기울인다. 적극적 묵상에서 깨닫고 느낀 바에 대한 주님의 응답을 단순화된 형태로 맛보면서 묵상기도를 내면화한다.

예를 들면 나 자신을 괴롭게 하는 죄성들과 이로 인하여 다른 사람들과 하나님으로부터 멀어지게 하는 요소들을 고백하고, 나의 삶 가운데 하나님의 사랑과 자비하심, 그리고 진리가 함께 만남으로 하나님과 사람 앞에서 의와 화평의 관계가 늘 유지될 수 있기를 간구한다.

임재 안에 머물기

이미 들려주신 주님의 말씀에 깊이 동의하면서 이성과 감성의 활동을 멈추고, 주님이 내려 주시는 고요함과 평화 가운데에서 주님과 하나 되는 경험을 해 본다. 그리고 아래와 같이 기도로 마무리한다.

"언제 어디서나 어떤 환경에서도 함께하시는 하나님! 감사합니다. 주님의 말씀과 뜻을 거스르는 자리로부터 벗어나게 하신 하나님을 사랑합니다. 주의 진리와 인애 가운데 머물게 하시며, 주의 사랑과 은혜와 자비하심으로 저의 온 마음을 가득히 채워 주심에 너무 감사합니다. 주님이 주시는 이 평안이 주님의 나라에 이르기까지 영원토록 함께하게 하소서."

반추 및 성찰

가능하면 기도했던 장소에서 자리를 옮긴다. 그리고 기도 시간에 경험한 내용을 돌아보면서 노트에 간단히 적는다. 이때 기도 안에서 하나님과 내 자신에 대한 전체적인 느낌을 적고, 또 영적으로 위로를 받았던 경험과 영적으로 메말랐던 경험을 적는다.

삶으로 나아가기

마음에 와 닿는 한 구절의 말씀을 선택하여 쪽지에 기록하고, 이 말씀을 수시로 꺼내어 읊조리면서 삶 속에서 기도하며 생활한다.

예를 들면 "인애와 진리가 같이 만나고 의와 화평이 서로 입맞추었으며"(10절).

본문 주요내용

본 시편은 크게 두 부분으로 나뉜다.

첫째, 기도(1-7절)이다 : 과거에 대한 감사(1-3절), 미래에 대한 간구(4-7절).

둘째, 기도에 대한 하나님의 응답(8-13절)이다 : 평화를 말씀하시는 하나님(8절), 구체적인 축복의 열거(9-13절).

시인은 과거, 현재, 미래의 세 시제를 사용하여 세 가지 주제에 집중한다. 과거의 구원(히브리어로 예수아), 미래에 대한 간청(히브리어로 트히나-간청, 바카샤-요청), 약속과 소망의 말씀(히브리어로 하브타하-약속, 티크바-소망)이다.

중심 구절은 9절이다. "진실로 그의 구원이 그를 경외하는 자에게 가까우니 영광이 우리 땅에 머무르리이다"

하나님의 영광은 주님의 임재를 뜻한다. 하나님이 임하시면 어떤 결과가 임하는지에 대해 시인은 다음과 같이 정리한다. 긍휼과 진리가 만난다. 의와 화평이 서로 입맞춘다. 진리가 샘처럼 땅에서 솟아난다. 의는 하늘에서 비처럼 쏟아진다. 좋은 것을 산물로 주신다.

이러한 하나님은 누구신가? 죄악을 덮으시는 분이다. 분노를 거두시는 분이다. 돌이키시며, 살려 주시며, 구원하시는 분이다. 시인은 주님의 백성에게 화평을 말씀하시는 그분의 말씀에 경청하면서 이렇게 기도한다.

"우리를 다시 살려 주셔서 주를 기뻐하게 하소서. 주의 인자하심을 보여 주소서. 주의 구원을 베푸소서. 화평을 말씀하소서. 좋은 것을 주옵소서."

시편 85편

시편 86편

다윗의 기도

기도에 임하기

1. 몸과 마음을 가다듬고 하나님의 임재를 느끼며 기도한다.
  "하나님이여, 말씀하시옵소서. 저희가 듣겠나이다. 마음과 눈을 여시어 성령 하나님의 인도하심을 받게 하옵소서. 예수 그리스도의 이름으로 기도하옵나이다."
2. 찬송을 부른다("나의 신부야").

시편 86 : 1~17

1절 여호와여 나는 가난하고 궁핍하오니 주의 귀를 기울여 내게 응답하소서
2절 나는 경건하오니 내 영혼을 보존하소서 내 주 하나님이여 주를 의지하는 종을 구원하소서
3절 주여 내게 은혜를 베푸소서 내가 종일 주께 부르짖나이다
4절 주여 내 영혼이 주를 우러러보오니 주여 내 영혼을 기쁘게 하소서
5절 주는 선하사 사죄하기를 즐거워하시며 주께 부르짖는 자에게 인자함이 후하심이니이다
6절 여호와여 나의 기도에 귀를 기울이시고 내가 간구하는 소리를 들으소서
7절 나의 환난 날에 내가 주께 부르짖으리니 주께서 내게 응답하시리이다
8절 주여 신들 중에 주와 같은 자 없사오며 주의 행하심과 같은 일도 없나이다
9절 주여 주께서 지으신 모든 민족이 와서 주의 앞에 경배하며 주의 이름에 영광을 돌리리이다
10절 무릇 주는 위대하사 기이한 일들을 행하시오니 주만이 하나님이시니이다
11절 여호와여 주의 도를 내게 가르치소서 내가 주의 진리에 행하오리니 일심으로 주의 이름을 경외하게 하소서
12절 주 나의 하나님이여 내가 전심으로 주를 찬송하고 영원토록 주의 이름에 영광을 돌리오리니

13절 이는 내게 향하신 주의 인자하심이 크사 내 영혼을 깊은 스올에서 건지셨음이니이다
14절 하나님이여 교만한 자들이 일어나 나를 치고 포악한 자의 무리가 내 영혼을 찾았사오며 자기 앞에 주를 두지 아니하였나이다
15절 그러나 주여 주는 긍휼히 여기시며 은혜를 베푸시며 노하기를 더디 하시며 인자와 진실이 풍성하신 하나님이시오니
16절 내게로 돌이키사 내게 은혜를 베푸소서 주의 종에게 힘을 주시고 주의 여종의 아들을 구원하소서
17절 은총의 표적을 내게 보이소서 그러면 나를 미워하는 그들이 보고 부끄러워하오리니 여호와여 주는 나를 돕고 위로하시는 이시니이다

본문배경

시편은 모두 150편으로 되어 있는데, 다윗과 관련된 시편이 모두 73편이다. 시의 장르 구분상 다윗의 시편은 다윗의 노래('미즈모르'란 단어 사용, 3-6, 8-9, 12-13, 15, 19-22, 29-31편 : 이 중 30편은 성전의 기초를 놓을 때 부른 노래로 노래와 시가 함께 어우러진다. 38-41, 62, 65, 68편은 영장, 시, 노래가 함께 나온다. 101, 108-110편으로 총 27편), 다윗의 기도(트필라, 17, 86편으로 총 2편), 다윗의 지혜(마스킬, 32, 52-54, 142편 : 기도와 마스킬이 제목으로 함께 사용됨, 총 5편), 다윗의 편지(믹담, 16, 56-60편으로 총 6편), 다윗(25-28, 34-35, 37, 103, 138, 144편으로 총 10편), 다윗을 기념하는 노래(38, 70편으로 총 2편), 다윗의 찬송(트힐라, 145편으로 총 1편), 다윗의 식가욘(7편, 하박국 3 : 1), 영장에 맞춘 다윗(11, 14, 18편), 노래는 안 나오고 영장과 악기만 나오는 경우는 61편 등으로 나뉜다.

시편 86편은 다윗의 기도이다. 따라서 시편 86편은 노래로 불려지거나 시로 낭송되기보다는 기도로 아뢰어지는 시임을 이해할 필요가 있다. (참고로 시편 17편도 다윗의 기도이다. 반면에 시편 90편은 하나님의 사람 모세의 기도이다. 102편은 곤고한 자가 마음이 상하여 그 근심을 여호와 앞에 토하는 기도의 제목을 갖고 있다.) 예를 들어 9절의 "주여 주께서 지으신 모든 민족이 와서 주의 앞에 경배하며 주의 이름에 영광을 돌리리이다" 이 부분을 시로 낭송할 때와 노래로 부를 때와 기도로 드릴 때의 분위기는 사뭇 다른 것과 마찬가지이다. 시인은 본 시에서 하나님의 은혜를 간구한다. 히브리어 하나(통촉하소서.)와 니함(위로하소서.)을 사용하여 자신의 처지를 아뢴다. 개역한글성경은 이 두 단어를 모두 긍휼로 번역한다 : 3절의 "긍휼히 여기소서"(하네니-통촉하소

서), 15절의 "주여 주는 긍휼히 여기시며"(하네니 – 통촉하소서), 16절의 "내게로 돌이키사 나를 긍휼히 여기소서"(니함타니 – 위로하소서).

왜 시인은 하나님의 위로와 통촉하심을 구할까? 그것은 시인이 처한 상황 때문이다. "나는 가난하고 궁핍하오니"(1절), "나의 환난 날에"(7절), "내 영혼을 깊은 스올에서"(13절), "교만한 자들이 일어나 나를 치고 포악한 자의 무리가 내 영혼을 찾았사오며"(14절). 한마디로 절대절명의 위기 상황에 처해 있는 것이다. 그럼에도 불구하고 시인은 경건을 유지한다. 이것이 시의 중심 메시지이다. 환난을 당하나 경건한 삶을 유지하는 시인의 신앙을 배우라는 것이다. 하지만 여기서 주목해야 할 것은 경건으로 번역된 히브리어의 원뜻을 살펴보는 것이다. "나는 경건하오니"(하씨드 아니). 여기서 경건의 의미로 번역된 '하씨드'의 원래 의미는 긍휼하심을 입었다는 뜻이다. 이 단어는 '성도'라고도 번역된다. 정리하면 환난 가운데서 하나님의 긍휼하심을 입는다는 것이 성도의 경건의 의미인 것이다. 하나님의 긍휼없이 신앙을 유지하기는 어렵다는 이야기이다. 본 시편의 다윗의 기도는 이런 상황에서 나온 절규요, 선포요, 믿음의 고백이며, 감사인 것이다.

기 도

성령의 임재를 위한 기도

이 시편의 말씀에서 하나님의 뜻을 분별할 수 있는 주의 법도를 깨닫게 하는 은총을 구한다.

"하나님! 주의 뜻을 분별할 수 있도록 주의 법도를 알게 하옵소서. 주의 진리의 말씀을 행하는 삶을 살기를 간절히 원하오니, 온 마음을 다하여 주의 이름에 합당한 존귀를 주님께 돌리게 하옵소서. 묵상 내내 주님의 임재 안에 거하는 시간 되게 하옵소서."

본문말씀 읽기와 묵상하기

1. 본문을 천천히 한 번 읽으면서 본문의 기도자의 상황을 헤아린다. 여러 번 말씀을 반복해서 읽으면서 자신의 마음에 닿는 말씀과 자신에게 들려오는 말씀을 감지한다.
예를 들면 "여호와여 주의 도를 내게 가르치소서 내가 주의 진리에 행하오리니 일심으로 주의 이름을 경외하게 하소서"(11절).

2. 다시 한번 본문말씀을 읽으면서 자신에게 다가오는 말씀에 귀 기울인다.
   예를 들면 "주 나의 하나님이여 내가 전심으로 주를 찬송하고 영원토록 주의 이름에 영광을 돌리오리니"(12절).
3. 위의 두 절의 말씀들을 마음으로 읊조리면서 묵상한다.
   - 11절과 12절의 말씀으로부터 나 자신이 진정으로 하나님으로부터 주의 법도를 배우기 원하는가?
   - 나 자신의 모습에서 주의 법도 아닌 다른 것을 배우고 익히는 데 많은 시간을 투자하고 있는가?
   - 주님을 찬송하는 일을 기뻐하는가?
   - 하나님의 이름을 앞세우는 데 열심인가?

   이상의 질문들을 나 자신과 구체적으로 관련하여 하나님과의 대화를 적극적으로 시도한다.
4. 이제부터는 기도의 내용을 단순화하면서 기도의 주도권을 하나님께서 가지시도록 수동적으로 묵상한다. 적극적 묵상에서 기도한 주제에 대하여 하나님께서 나에게 무엇을 어떻게 말씀하시는지 귀 기울인다. 적극적 묵상에서 깨닫고 느낀 바에 대한 주님의 응답을 단순화된 형태로 맛보면서 묵상기도를 내면화한다.

   예를 들면 나 자신이 진정으로 하나님으로부터 주의 법도 배우기를 원하는 삶을 살고 있는가를 살펴보고, 주님 앞에 나 자신을 있는 그대로 드러낸다. 나 자신의 모습에서 주의 법도 아닌 다른 것을 배우고 익히는 데 많은 시간을 투자함으로 주의 진리를 행하는 일에 등한히 할 뿐만 아니라 일심으로 주의 이름을 경외하는 일에 소홀하지만, 언제나 나를 기다리시며, 주의 길로 인도하시고, 주를 사랑하게 하시는 하나님의 손길을 느낀다.
5. 위의 두 절의 말씀들에 반응하는 기도를 드린다.

"주님! 항상 주의 길로 인도하기를 쉬지 않으시는 주님을 사랑합니다. 주님의 사랑과 긍휼로 주의 말씀을 가르쳐 주시고, 주의 이름을 경외하게 하시니 감사합니다. 쉬지 않고 계속하여 주의 길을 걸어갈 수 있도록 저를 붙잡아 주시옵소서. 그리하여 저의 삶이 일심으로 주의 진리를 행하는 삶으로 늘 충만케 하옵소서."

임재 안에 머물기

이미 들려주신 주님의 말씀에 깊이 동의하면서 이성과 감성의 활동을 멈추고, 주님

이 내려 주시는 고요함과 평화 가운데에서 주님 안에 머무는 경험을 해 본다. 그리고 아래와 같이 기도로 마무리한다.

"나의 힘과 소망이신 하나님! 살아 있는 동안 감사와 찬송과 영광을 하나님께 늘 돌리기 원합니다. 항상 주의 말씀과 법도 행하기를 기뻐하고, 즐거워하는 삶으로 충만하게 하시는 하나님의 은혜를 사모합니다. 하나님과 동행하는 삶을 말씀으로 가르치시고, 하나님의 말씀에 순종하는 법을 가르쳐 주옵소서."

반추 및 성찰

가능하면 기도했던 장소에서 자리를 옮긴다. 그리고 기도 시간에 경험한 내용을 돌아보면서 노트에 간단히 적는다. 이때 기도 안에서 하나님과 내 자신에 대한 전체적인 느낌을 적고, 또 영적으로 위로를 받았던 경험과 영적으로 메말랐던 경험을 적는다.

삶으로 나아가기

마음에 와 닿는 한 구절의 말씀을 선택하여 쪽지에 기록하고, 이 말씀을 수시로 꺼내어 읊조리면서 삶 속에서 기도하며 생활한다.

예를 들면 "여호와여 주의 도를 내게 가르치소서 내가 주의 진리에 행하오리니 일심으로 주의 이름을 경외하게 하소서"(11절).

본문 주요내용

본 시는 네 부분으로 나뉜다.

첫째, 기도를 들어주소서(1-7절) 둘째, 하나님을 찬양(8-10절) 셋째, 마음을 같이 하여 간구하며 여호와께 감사하겠다는 맹세를 드림(11-13절) 넷째, 적으로부터 구원을 간청함(14-17절)이다.

시인의 하나님에 대한 신앙을 살펴보자.

1. 호칭

여호와(예호바), 당신은 나의 하나님이십니다(아타 엘로하이), 주여(아도나이), 당신은 나의 주님이십니다(아타 아도나이).

2. 주의 성품에 대한 찬미

주는 선하시다(아타 아도나이 톱 – 당신은 좋으신 주님이십니다.), 주는 사유하기를 즐거워하신다(쌀라흐), 인자하심이 후하시다(랍 헤쎄드 – 긍휼과 자비가 풍성하십니다.), 신 중에 주와 같은 분이 없도다(에인 카모카 바엘로힘), 주님은 광대하시다(가돌 아타), 이적과 기사를 행하신다(오쎄 니플라옷), 주만 하나님이시다(아타 엘로힘 레바데카), 주 여호와는 긍휼과 자비가 풍성하시며 노하기를 더디 하시며 인자와 진리가 풍성하신 분이시다(아도나이 엘 라훔 베하눈 에렉 아핌 베랍 헤쎄드 베에멧), 주는 나를 돕고 위로하신다(아타 아도나이 아자르타니 베니함타니).

3. 다윗의 신앙

첫째, 종일 기도한다. "내가 종일 주께 부르짖나이다"(3절). 둘째, 주를 의지한다. "내 주 하나님이여 주를 의지하는 종을 구원하소서"(2절). 셋째, 주님을 찬송한다. "주 나의 하나님이여 내가 전심으로 주를 찬송하고 영원토록 주의 이름에 영광을 돌리오리니"(12절).

4. 기도의 내용

"내게 응답하소서"(1절), "내 영혼을 보존하소서"(2절), "주를 의지하는 종을 구원하소서"(2절), "내게 은혜를 베푸소서"(3절), "주를 우러러보오니"(4절), "기도에 귀를 기울이시고"(6절), "내게로 돌이키사 내게 은혜를 베푸소서 주의 종에게 힘을 주시고 주의 여종의 아들을 구원하소서"(16절), "은총의 표적을 내게 보이소서"(17절).

다윗은 자신을 주님의 종이라고 부른다(시편 18편의 제목 : "여호와의 종 다윗"; 36편). 특히 여기서 주목할 부분은 자신을 주의 여종의 아들이라고 부르는 부분이다(본 시편 외에 시편 116 : 16에서도 시인은 자신을 여종의 아들이라고 부른다 — "여호와여 나는 진실로 주의 종이요 주의 여종의 아들 곧 주의 종이라 주께서 나의 결박을 푸셨나이다").

보통 다윗은 이새의 아들로만 알려져 왔다. 그런데 본 시편에서 다윗은 하나님께 자신을 주님을 섬겨 왔던 여종이 낳은 아들이라고 부르면서 자신의 어머니를 언급하고 있다. 무슨 의미일까?

다윗의 경우 아버지는 이새였다. 그러나 정작 성경이 말씀하는 이새가 생각하는 다윗은 8명의 아들 중 막내에 불과했다. 사무엘 선지자가 하나님의 명령을 받들어 베들레헴에 살고 있는 이새의 한 아들에게 이스라엘을 다스릴 왕으로 세우기 위해 찾아갔을 때, 이새는 다윗을 제외한 일곱 아들에게 관심이 집중되었다. 그래서 첫째 아들 엘리압(나의 하나님은 아버지시다.)을 내세운다. 첫째 아들은 용모와 신장이 출중해서 아버지 마음에 들었다. 그러나 하나님은 이미 그를 버렸다고 말씀하셨다. 당황한 이새는 둘째 아들 아비나답(자원해서 아버지를 섬긴다.)을 내세운다. 하나님은 아비나답도 선택하시지 않는다. 그러자 이새는 세 번째 아들 삼마를 내세운다. 이렇게 일곱을 다 내세우지만 다윗은 아버지의 뇌리 속에 없었던 것이다. 따라서 이새의 아들이라고 부를 때 아버지로서, 신앙의 멘토로서의 의미는 없는 것이다. 그러나 우리가 궁금한 것은 아버지가 관심을 갖지 않은 막내 아들, 들에서 양이나 치는 목동인 다윗이 하나님이 보시기에 좋았던 이유는 어디에 있었을까? 더욱이 사울 왕에게 악신이 들어 그를 괴롭게 할 때에 왕을 고치기 위해 추천된 사람이 다윗이었다. 놀라운 것은 다윗을 추천한 사람이 어릴 때부터 다윗을 주목해 보아 왔던 동네 사람이었다. "소년 중 한 사람이 대답하여 이르되 내가 베들레헴 사람 이새의 아들을 본즉 수금을 탈 줄 알고 용기와 무용과 구변이 있는 준수한 자라 여호와께서 그와 함께 계시더이다 하더라"(삼상 16 : 18).

다윗의 어릴 적 신앙은 그가 골리앗과 싸울 때 한 고백에서도 잘 나타난다. "또 다윗이 이르되 여호와께서 나를 사자의 발톱과 곰의 발톱에서 건져 내셨은즉 나를 이 블레셋 사람의 손에서도 건져 내시리이다"(삼상 17 : 37 상), "……너는 칼과 창과 단창으로 내게 나아와 오거니와 나는 만군의 여호와의 이름 곧 네가 모욕하는 이스라엘 군대의 하나님의 이름으로 네게 나아가노라"(삼상 17 : 45), "또 여호와의 구원하심이 칼과 창에 있지 아니함을 이 무리에게 알게 하리라 전쟁은 여호와께 속한 것인즉 그가 너희를 우리 손에 넘기시리라"(삼상 17 : 47).

참으로 놀랍다. 어떻게 해서 다윗은 아버지의 무관심 속에서 이런 신앙을 가질 수 있었을까? 본문은 우리에게 이에 대한 대답을 준다. 다윗이 "환난 날에 고백한 주의 여종의 아들을 구원하소서."라는 기도 속에서 다윗의 어머니가 다윗에게 신앙을 물려주었음을 알게 된다.

성경은 다윗이 추천될 때 그는 구변이 있다고 말한다. 이 뜻은 하나님의 말씀이 입술에 머물러 있다는 의미이다. 즉, 다윗은 하나님의 말씀을 누군가로부터 전해 들었고, 배우고, 암송하고, 실천했다는 것이다. 다윗의 멘토가 누구일까? 그분은 바로 다윗의 어머니이다. 그녀는 룻의 신앙을 이어받았다. 나오미의 신앙을 이어받았다. 기생이었던 라합의 신앙을 이어받았고, 유다의 며느리인 다말의 신앙을 이어받았다. 룻은 착한 며느리였다. 어머니 나오미를 끝까지 떠나지 않은 것은 신앙 때문이었다. 라합도 신앙 때문에 자신의 민족과 신앙을 버리고 이스라엘 하나님께 돌아와 주의 백성이 되었다. 다윗의 기도는 오늘 우리에게 귀한 메시지를 전해 준다. 그는 신앙의 멘토가 있는지 질문한다. 우리도 신앙의 멘토가 되어 후손에게 신앙을 물려주어야 한다고 말하고 있다.

예루살렘을 노래하라

시편 87 편

기도에 임하기

1. 몸과 마음을 가다듬고 하나님의 임재를 느끼며 기도한다.
   "하나님이여, 말씀하시옵소서. 저희가 듣겠나이다. 마음과 눈을 여시어 성령 하나님의 인도하심을 받게 하옵소서. 예수 그리스도의 이름으로 기도하옵나이다."
2. 찬송을 부른다("나의 신부야").

시편 87 : 1~7

1절 그의 터전이 성산에 있음이여
2절 여호와께서 야곱의 모든 거처보다 시온의 문들을 사랑하시는도다
3절 하나님의 성이여 너를 가리켜 영광스럽다 말하는도다 (셀라)
4절 나는 라합과 바벨론이 나를 아는 자 중에 있다 말하리라 보라 블레셋과 두로와 구스여 이것들도 거기서 났다 하리로다
5절 시온에 대하여 말하기를 이 사람, 저 사람이 거기서 났다고 말하리니 지존자가 친히 시온을 세우리라 하는도다
6절 여호와께서 민족들을 등록하실 때에는 그 수를 세시며 이 사람이 거기서 났다 하시리로다 (셀라)
7절 노래하는 자와 뛰어노는 자들이 말하기를 나의 모든 근원이 네게 있다 하리로다

본문배경

탈무드에 이런 말이 있다. "세계의 중심은 이스라엘이고, 이스라엘의 중심은 예루살렘이다." 따라서 예루살렘은 세계의 중심이다. 왜 이스라엘 사람들은 예루살렘을 이토록 중요하게 생각할까? 여기에 대한 대답을 가지고 있는 시편이 87편이다. 본 시편은 장르상 예루살렘 찬송시이다. 제목은 "고라 자손의 노래 시"(쉬르 미즈모르 리브네이 코라흐)이다. 제목과 관련되어 재미있는 것은 예루살렘을 노래하는 시편 48편의 제목도 히브리어 제목상 동일하나, 시와 노래의 순서가 바뀌어 있는 점이 다르다("고라 자손의 시 노래"). 즉, 87편은 노래가 시보다 앞서고, 48편은 시가 노래보다 앞선다는 것이다.

또한 시편 87편은 시편 30편의 성전 낙성시나 120편 이하 시처럼 성전으로 올라가면서 부르는 노래일 가능성이 높으며, 내용에 있어서는 시편 48편과 비슷하다. 87편은 절기에 예루살렘을 순례하는 예배자들이 교창으로 부른 노래로 이해되고 있다. 노래 구절들은 성전 낙성식에서 부른 솔로몬의 기도를 축약한 것으로 보인다(왕상 8 : 41-43 참고). 기록 시기는 예루살렘이 최고의 영화를 누렸던 솔로몬 시대나 히스기야 시대였을 가능성이 높다.

시는 거룩한 산들에 세우신 하나님의 기초인 예루살렘을 언급함으로 시작한다. 여기서 예루살렘이 다양한 방식으로 묘사되고 있다. 시온의 문들(샤아레이 찌온), 하나님의 도성(이르 하엘로힘), 시온, 라합(이집트), 바벨, 블레셋, 두로, 구스의 모체가 된다.

또한 하나님께서 시온을 특별히 사랑하시는 모습도 강조한다. 즉, 하나님은 시온의 문들을 사랑하신다, 야곱의 장막들 가운데서 가장 사랑받는 곳이다, 하나님의 도성은 존귀한 곳이다, 지극히 높으신 분께서 세우는 곳이다, 모든 샘의 근원이 나오는 곳이다.

시편 87편은 왜 이스라엘 사람에게 시온(예루살렘)이 중요한지를 짧은 7절의 시 속에서 보여 준다. 시인은 사람들이 노래와 춤을 통하여 자신들과 주변 나라들이 자신들의 근원을 시온 성으로 받아들이면서 시를 마친다.

기도

성령의 임재를 위한 기도

이 시편의 말씀에서 하나님의 성의 영광과 모든 사람들의 근원이 하나님의 성, 시온으로부터 오는 것임을 알 수 있는 은총을 구한다.

"하나님! 주께서 사랑하시는 시온의 성의 영광을 알게 하옵소서. 모든 사람들이 하나님을 예배하기 위해서 오는 시온의 성을 거룩하고 존귀하게 하옵소서. 주님의 임재 속에서 묵상이 진행되게 하옵소서."

본문말씀 읽기와 묵상하기

1. 본문을 천천히 한 번 읽는다. 본문에 나타난 기도자의 상황을 헤아려 보면서 약간 침묵 후에 본문이 익숙해질 때까지 여러 번 반복하여 읽으면서 자신의 마음에 닿는 말씀과 자신에게 들려오는 말씀을 감지한다.

   예를 들면 "하나님의 성이여 너를 가리켜 영광스럽다 말하는도다 (셀라)"(3절).

2. 다시 한번 본문말씀을 읽으면서 자신에게 다가오는 말씀에 귀 기울인다.

   예를 들면 "나는 라합과 바벨론이 나를 아는 자 중에 있다 말하리라 보라 블레셋과 두로와 구스여 이것들도 거기서 났다 하리로다"(4절).

3. 위의 두 절의 말씀들을 마음으로 읊조리면서 묵상한다.
   - 3절과 4절의 말씀을 나는 어떻게 경험하고 있는가?
   - 이러한 나의 경험을 하나님께서는 어떻게 바라보고 계시는가?
   - 예를 들면, 나는 진실로 하나님이 계시는 성을 보고 영광스럽다고 말하고 있는가?
   - 모든 나라와 모든 백성들이 하나님의 성에서 났다고 믿고 행동하고 있는가?

4. 이제부터는 기도의 내용을 단순화하면서 기도의 주도권을 하나님께서 가지시도록 수동적으로 묵상한다. 적극적 묵상에서 기도한 주제에 대하여 하나님께서 나에게 무엇을 어떻게 말씀하시는지 귀 기울인다. 적극적 묵상에서 깨닫고 느낀 바에 대한 주님의 응답을 단순화된 형태로 맛보면서 묵상기도를 내면화한다.

   예를 들면 하나님이 거하시는 성, 즉 교회의 거룩함과 영광스러움이 내면에서 느껴지면서 하나님의 교회에 몰려오는 모든 나라들과 백성들과의 친밀함을 느낀다.

   하나님 안에서 모든 사람들이 하나로 교제되는 것을 체험하면서 영광스러운 하나님의 현존 안에 머문다.

임재 안에 머물기

이미 들려주신 주님의 말씀에 깊이 동의하면서 이성과 감성의 활동을 멈추고, 주님이 내려 주시는 고요함과 평화 가운데에서 주님 안에 머무는 경험을 해 본다. 그리고 아래와 같이 기도로 마무리한다.

"늘 저를 하나님의 교회 안에 머물게 하시는 하나님, 감사합니다. 하나님의 교회를 사랑합니다. 하나님의 이름에 합당한 영광을 돌려 드리는 하나님의 교회가 이 땅에 늘 존재하게 하시는 하나님께 감사를 드립니다. 이 땅의 모든 나라와 모든 백성들이 모두 함께 즐거워하며, 하나님의 교회에서 하나님을 찬양하고 예배하게 하옵소서."

반추 및 성찰

가능하면 기도했던 장소에서 자리를 옮긴다. 그리고 기도 시간에 경험한 내용을 돌아보면서 노트에 간단히 적는다. 이때 기도 안에서 하나님과 내 자신에 대한 전체적인 느낌을 적고, 또 영적으로 위로를 받았던 경험과 영적으로 메말랐던 경험을 적는다.

삶으로 나아가기

마음에 와 닿는 한 구절의 말씀을 선택하여 쪽지에 기록하고, 이 말씀을 수시로 꺼내어 읊조리면서 삶 속에서 기도하며 생활한다.
예를 들면 "하나님의 성이여 너를 가리켜 영광스럽다 말하는도다 (셀라)"(3절).

본문 주요내용

시편 87편은 두 부분으로 나뉜다. 첫째, 1~3절로 사랑받는 시온으로 거룩하고 존귀한 도성이다. 둘째, 4~6절로 모든 사람들을 시온에서 태어난 백성으로 설명한다. 7절은 결론으로 노래하는 자들의 고백을 담는다. 시는 다음 방식으로 불려진다. 먼저 한 사람이 "거룩한 산들 위에 하나님의 기초가 섰도다."라고 말하면, 다른 사람이 "하나님께서 시온의 문들을 사랑하시도다."라고 대답한다. 이런 방식으로 시는 계속해서 노래로 불려진다. 또한 예루살렘에서 태어난 대상을 블레셋, 두로와 구스(아프리카), 이 사람, 저 사람, 민족들 순으로 설명한다(히브리어로 율라드 샴, 거기서 태어났도다, 4절 ; 율라드 바, 시온 안에서 태어났도다, 5절 ; 율라드 샴, 거기서 태어났도다, 6절). 7절은 절기에 참가한 모든 사람들이 화답하는 모습을 보여 준다. "노래하는 자와 뛰어노는 자들이 말하기를 나의 모든 근원이 네게 있다 하리로다"(7절).

본 시편의 주요 메시지는 다음과 같다.

시온은 하나님을 예배하기 위해서 오는 모든 사람들의 고향이다. 비록 그들이 이방 사람으로 먼 나라에서 왔다고 할지라도 그들은 예루살렘 태생으로 간주하는 것이 특징이다. 이와 같은 사상은 이사야 선지자의 예언 속에서도 나타난다. "말일에 여호와의 전의 산이 모든 산꼭대기에 굳게 설 것이요 모든 작은 산 위에 뛰어나리니 만방이 그리로 모여들 것이라"(사 2 : 2). 시편 86 : 9도 같은 메시지가 기도 안에 담겨 있다. "주여 주께서 지으신 모든 민족이 와서 주의 앞에 경배하며 주의 이름에 영광을 돌리리이다"

시편 87편

> 시편 88 편

시인의 기도는 곧 나의 기도입니다

기도에 임하기

1. 몸과 마음을 가다듬고 하나님의 임재를 느끼며 기도한다.
   "하나님이여, 말씀하시옵소서. 저희가 듣겠나이다. 마음과 눈을 여시어 성령 하나님의 인도하심을 받게 하옵소서. 예수 그리스도의 이름으로 기도하옵나이다."
2. 찬송을 부른다("나의 신부야").

시편 88 : 1~18

1절 여호와 내 구원의 하나님이여 내가 주야로 주 앞에서 부르짖었사오니
2절 나의 기도가 주 앞에 이르게 하시며 나의 부르짖음에 주의 귀를 기울여 주소서
3절 무릇 나의 영혼에는 재난이 가득하며 나의 생명은 스올에 가까웠사오니
4절 나는 무덤에 내려가는 자같이 인정되고 힘없는 용사와 같으며
5절 죽은 자 중에 던져진 바 되었으며 죽임을 당하여 무덤에 누운 자 같으니이다 주께서 그들을 다시 기억하지 아니하시니 그들은 주의 손에서 끊어진 자니이다
6절 주께서 나를 깊은 웅덩이와 어둡고 음침한 곳에 두셨사오며
7절 주의 노가 나를 심히 누르시고 주의 모든 파도가 나를 괴롭게 하셨나이다 (셀라)
8절 주께서 내가 아는 자를 내게서 멀리 떠나게 하시고 나를 그들에게 가증한 것이 되게 하셨사오니 나는 갇혀서 나갈 수 없게 되었나이다
9절 곤란으로 말미암아 내 눈이 쇠하였나이다 여호와여 내가 매일 주를 부르며 주를 향하여 나의 두 손을 들었나이다
10절 주께서 죽은 자에게 기이한 일을 보이시겠나이까 유령들이 일어나 주를 찬송하리이까 (셀라)

11절 주의 인자하심을 무덤에서, 주의 성실하심을 멸망 중에서 선포할 수 있으리이까
12절 흑암 중에서 주의 기적과 잊음의 땅에서 주의 공의를 알 수 있으리이까
13절 여호와여 오직 내가 주께 부르짖었사오니 아침에 나의 기도가 주의 앞에 이르리이다
14절 여호와여 어찌하여 나의 영혼을 버리시며 어찌하여 주의 얼굴을 내게서 숨기시나이까
15절 내가 어릴 적부터 고난을 당하여 죽게 되었사오며 주께서 두렵게 하실 때에 당황하였나이다
16절 주의 진노가 내게 넘치고 주의 두려움이 나를 끊었나이다
17절 이런 일이 물같이 종일 나를 에우며 함께 나를 둘러쌌나이다
18절 주는 내게서 사랑하는 자와 친구를 멀리 떠나게 하시며 내가 아는 자를 흑암에 두셨나이다

본문배경

제목부터 수수께끼처럼 우리 앞에 해법을 구하고 있다. "고라 자손의 시 노래 - 영장에 맞추어 마할랏 레아놋에 따른 에즈라흐 사람 헤만의 마쓰킬"(교훈시, 쉬르 미즈모르 리브네이 코라흐 라메나쩨아흐 알 마할랏 레아놋 마쓰킬 레헤만 하에즈라히). 여기서 고라 자손이 먼저 강조되고 있다. 그리고는 그 가문 가운데 헤만이라는 사람이 이 시를 썼음을 밝힌다. 헤만의 가족이 설명되는데 여기서 사용되는 히브리어 형용사 '에즈라히'의 의미는 시민이라는 뜻을 가진다. 외국에서 살면서 영주권을 가졌을 때와 그렇지 못했을 때에 정부에서 대하는 태도는 180도 다르다. 영주권자는 사회보장 혜택을 받을 수 있다. 거주할 권리가 있기에 의무도 있지만, 혜택도 있다는 의미이다. 시민권자가 되면 선거권을 가지게 된다. 지도자를 선택할 권리까지 주어지며, 공적 지도자로 출마할 수도 있고, 선택될 수 있는 가능성이 열린다는 의미를 가진다. 본문 제목에서 '에즈라히'라는 말을 그냥 지나칠 수도 있지만 잠깐 가던 길을 멈추고 생각해 보면, 위의 여러 의미를 내포하지 않는가라는 의문을 품지 않을 수 없다. 혹시 하나님 나라의 시민, 계약 안에 들어온 택한 백성의 노래가 본문이 아닐까?

"너는 여호와 네 하나님의 성민이라 네 하나님 여호와께서 지상 만민 중에서 너를 자기 기업의 백성으로 택하셨나니 여호와께서 너희를 기뻐하시고 너희를 택하심은 너희가 다른 민족보다 수효가 많기 때문이 아니라 너희는 오히려 모든 민족 중에 가장 적으니라"(신 7:6-7).

역대상 6:31~39에 의하면 그핫의 손자는 고라이며, 또 그핫의 자손 중에 헤만이 있어 여호와의 집에서 찬송하는 일을 맡았고, 헤만의 형제 아삽은 헤만의 우편에서 직무를 감당하였음을 알 수 있다. '마할랏 레아놋'의 의미는 출애굽기 15:20~21에서 모

세의 누이 미리암이 홍해바다를 건넌 후, 소고를 잡고 춤추며 노래하는 모습에서 해답을 얻을 수 있다. 여기서 춤추는 행위를 뜻하는 히브리어 '메홀롯'(마할랏의 복수 형태)과 '레아놋'(히브리어로 라아놋, 화답하다, 응답하다의 뜻이다.)에서 유추하여 다음과 같이 해석할 수 있다. 즉, 마할랏 레아놋은 춤추며 화답하는 영장에 맞춘 노래일 가능성이 높다.

기 도

성령의 임재를 위한 기도

이 시편의 말씀에서 주야로 하나님께 부르짖는 기도와 두 손을 들고 주를 향하여 부르짖을 수 있는 기도의 은총을 구한다.

"하나님이시여! 나의 영혼이 곤핍하여 하나님께 부르짖습니다. 나의 생명은 죽음의 문턱에 있사오며, 나를 아는 사람들은 모두 내게서 멀리 떠나 있습니다. 나의 구원의 하나님이시여! 나를 사망의 골짜기와 혹독한 외로움으로부터 건져 주옵소서."

본문말씀 읽기와 묵상하기

1. 본문을 천천히 한 번 읽는다. 본문에 나타난 기도자의 상황을 헤아려 보면서 약간 침묵 후에 본문이 익숙해질 때까지 여러 번 반복해서 읽으면서 자신의 마음에 닿는 말씀과 자신에게 들려오는 말씀을 감지한다.
   예를 들면 "여호와 내 구원의 하나님이여 내가 주야로 주 앞에서 부르짖었사오니"(1절).
2. 다시 한번 본문말씀을 읽으면서 자신에게 다가오는 말씀에 귀 기울인다.
   예를 들면 "곤란으로 말미암아 내 눈이 쇠하였나이다 여호와여 내가 매일 주를 부르며 주를 향하여 나의 두 손을 들었나이다"(9절).
3. 위의 두 절의 말씀들을 마음으로 읊조리면서 묵상한다.
   - 1절과 9절의 말씀을 나는 어떻게 경험하고 있는가?
   - 이러한 나의 경험을 하나님께서는 어떻게 바라보고 계시는가?
   - 예를 들면, 곤란한 나의 상황으로 인하여 나는 진실로 눈이 쇠하여 있는가?
   - 곤란한 상황으로부터의 탈출을 위하여 하나님께 두 손 들고 매일 주를 향하여

기도하고 있는가?
- 혹은 고난으로부터 탈출하기 위하여 다양한 나의 방법들을 시도함으로 괴로움을 가중하고 있지는 않는가?

4. 이제부터는 기도의 내용을 단순화하면서 기도의 주도권을 하나님께서 가지시도록 수동적으로 묵상한다. 적극적 묵상에서 기도한 주제에 대하여 하나님께서 나에게 무엇을 어떻게 말씀하시는지 귀 기울인다. 적극적 묵상에서 깨닫고 느낀 바에 대한 주님의 응답을 단순화된 형태로 맛보면서 묵상기도를 내면화한다.

예를 들면 나의 영혼의 곤핍함과 생명의 위협으로부터 건져 주시는 하나님을 느끼면서 하나님의 인자하심과 구원하시는 은혜가 내면 깊숙이 경험되면서 나로부터 멀리 간 사람들이 주 안에서 품어지는 것을 온 마음으로 체험한다. 온 힘과 뜻을 다하여 주를 향하여 손을 들고, 전폭적으로 하나님께 투항하면서 자비로우신 구원의 하나님의 현존 안에 머문다.

임재 안에 머물기

이미 들려주신 주님의 말씀에 깊이 동의하면서 이성과 감성의 활동을 멈추고, 주님이 내려 주시는 고요함과 평화 가운데에서 주님 안에 머무는 경험을 해 본다. 그리고 아래와 같이 기도로 마무리한다.

"영혼의 갈급함과 생명의 위협으로부터 구원해 주신 하나님! 감사합니다. 매 순간마다 하나님의 구원하시는 손길을 느끼게 하시니 감사합니다.

범사에 하나님의 섭리를 알게 하시며, 하나님의 섭리 안에 머무는 축복을 허락하옵소서. 그리하여 이 땅에서의 저의 삶이 구원하시는 하나님을 향하여 늘 기도하는 삶이 되게 하옵소서."

반추 및 성찰

가능하면 기도했던 장소에서 자리를 옮긴다. 그리고 기도 시간에 경험한 내용을 돌아보면서 노트에 간단히 적는다.

이때 기도 안에서 하나님과 내 자신에 대한 전체적인 느낌을 적고, 또 영적으로 위로를 받았던 경험과 영적으로 메말랐던 경험을 적는다.

삶으로 나아가기

마음에 와 닿는 한 구절의 말씀을 선택하여 쪽지에 기록하고, 이 말씀을 수시로 꺼내어 읊조리면서 삶 속에서 기도하며 생활한다.

예를 들면 "여호와 내 구원의 하나님이여 내가 주야로 주 앞에서 부르짖었사오니"(1절), "곤란으로 말미암아 내 눈이 쇠하였나이다 여호와여 내가 매일 주를 부르며 주를 향하여 나의 두 손을 들었나이다"(9절).

본문 주요내용

본문은 세 부분으로 나뉜다. 첫째 부분(1-8절)은 둘로 나뉜다 : 기도를 들어주소서(1-2절), 죽은 자처럼 취급받는 시인의 절규(3-8절). 둘째 부분(9-12절)은 하루 종일 부르짖는 시인(9절)과 시인의 변론(하나님의 구원은 산 자를 위한 것이지 죽은 자에게 무슨 의미가 있나이까?, 10-12절)으로 나뉜다. 셋째 부분(13-18절)은 아침마다 부르짖는 시인(13절)과 그의 곤란한 상황과 고독을 호소하는 시인(14-18절)으로 나뉜다. 특징은 결론이 나오지 않고 절규로 끝난다는 점이다.

본문의 시인의 처절한 상황을 살펴보자.

첫째, 어릴 때부터 고난을 받아 왔다(15절). 여기서 표현하는 히브리어 '오니', '고배아'는 "가난하여 기진맥진하였다."라는 의미를 가진다.

둘째, 인생의 사형선고를 받았다. 4절과 5절에서 시인은 웅덩이로 내려가는 자처럼, 무덤에 누운 사람처럼, 자신의 영혼이 죽은 자처럼 여김을 당한다고 토로한다.

셋째, 주님이 나를 치시는 듯한 느낌이다(7절). 물질의 결핍은 견디어 낼 수 있어도 영적인 곤고함을 참아 내기는 어렵다. 왜냐하면 하나님의 외면처럼 느껴지기 때문이다.

넷째, 지인들로부터의 외면이다. 즉, 가까운 사람조차 나를 멀리하는 것이다. 왕따를 당하는 것이다.

이런 상황에 처해 있다고 가정해 보면서 본 시를 읽어 보자. 시인의 절규처럼 나도 기도할 수 있을까? 시인의 기도는 곧 나의 기도이다. 시인의 눈물은 곧 나의 눈물이다. 결론을 아직 못 얻었음에도 계속 기도할 수 있는가?

시편 88편

시편 89 편

주의 언약을 기억하소서

기도에 임하기

1. 몸과 마음을 가다듬고 하나님의 임재를 느끼며 기도한다.
   "하나님이여, 말씀하시옵소서. 저희가 듣겠나이다. 마음과 눈을 여시어 성령 하나님의 인도하심을 받게 하옵소서. 예수 그리스도의 이름으로 기도하옵나이다."
2. 찬송을 부른다("나의 신부야").

시편 89 : 1~14

1절 내가 여호와의 인자하심을 영원히 노래하며 주의 성실하심을 내 입으로 대대에 알게 하리이다

2절 내가 말하기를 인자하심을 영원히 세우시며 주의 성실하심을 하늘에서 견고히 하시리라 하였나이다

3절 주께서 이르시되 나는 내가 택한 자와 언약을 맺으며 내 종 다윗에게 맹세하기를

4절 내가 네 자손을 영원히 견고히 하며 네 왕위를 대대에 세우리라 하셨나이다 (셀라)

5절 여호와여 주의 기이한 일을 하늘이 찬양할 것이요 주의 성실도 거룩한 자들의 모임 가운데에서 찬양하리이다

6절 무릇 구름 위에서 능히 여호와와 비교할 자 누구며 신들 중에서 여호와와 같은 자 누구리이까

7절 하나님은 거룩한 자의 모임 가운데에서 매우 무서워할 이시오며 둘러 있는 모든 자 위에 더욱 두려워할 이시니이다

8절 여호와 만군의 하나님이여 주와 같이 능력 있는 이가 누구리이까 여호와여 주의 성실하심이 주를 둘렀나이다

9절   주께서 바다의 파도를 다스리시며 그 파도가 일어날 때에 잔잔하게 하시나이다
10절 주께서 라합을 죽임 당한 자같이 깨뜨리시고 주의 원수를 주의 능력의 팔로 흩으셨나이다
11절 하늘이 주의 것이요 땅도 주의 것이라 세계와 그중에 충만한 것을 주께서 건설하셨나이다
12절 남북을 주께서 창조하셨으니 다볼과 헤르몬이 주의 이름으로 말미암아 즐거워하나이다
13절 주의 팔에 능력이 있사오며 주의 손은 강하고 주의 오른손은 높이 들리우셨나이다
14절 의와 공의가 주의 보좌의 기초라 인자함과 진실함이 주 앞에 있나이다

본문배경

제목은 "에즈라히 에탄의 마스길"(교훈시, 마쓰킬 레에탄 하에즈라히)이다. 에탄은 누구인가? 역대상 6:44에 의하면 헤만의 좌편에서 일하는 사람을 에탄(에단)이라고 말한다. 즉, 그핫 자손 헤만이 중심에 서고 우편에는 게르솜 자손 아삽, 좌편에는 므라리 자손 에단이 서서 여호와의 집에서 찬송하는 일을 맡았음을 알 수가 있다. 결국 레위의 세 아들에서 나온 자손들이 찬송을 하는 것이다. "다윗이 레위 사람의 어른들에게 명령하여 그 형제들을 노래하는 자들로 세우고 비파와 수금과 제금 등의 악기를 울려서 즐거운 소리를 크게 내라 하매 레위 사람이 요엘의 아들 헤만과 그의 형제 중 베레야의 아들 아삽과 그의 형제 므라리 자손 중에 구사야의 아들 에단을 세우고…… 노래하는 자 헤만과 아삽과 에단은 놋제금을 크게 치는 자요"(대상 15:16-17, 19).

흥미로운 것은 시편의 세 번째 묶음(시 73-89편)은 처음에 아삽의 시(시 73-83편)로 시작해서 헤만(88편)에 이어 에탄(89편)으로 끝을 맺는다는 점이다. 시편 89편은 52절로 된 장문의 교훈시이다. 1~4절은 전체의 서곡이며, 52절은 합창으로 회중이 모두 소리 높여 외친다. 서곡의 내용은 다음과 같다. "하나님의 자비하심을 노래하며 주의 성실하심을 입으로 선포하리이다"(1-2절), "다윗과 맺으신 주의 언약은 영원하십니다"(3-4절). 합창으로 끝나는 52절에서는 온 회중이 여호와를 영원히 찬송하고 있다 (히브리어 원문에서는 '바룩 아도나이 레올람', 여호와는 영원히 복되시도다).

시편 89편은 주의 인자하심과 성실하심으로 이스라엘 백성과 맺으신 언약이 이스라엘 백성의 패역과 불순종으로 폐기되자, 이를 다시 상기시켜 드리는 탄원시의 형태를 가진 교훈시라고 말할 수 있다. 89편의 배경은 예루살렘이 멸망당하여 포로로 끌려간 상황에서(렘 7장의 예언이 이루어짐.) 사무엘하 7장을 읽으면서 하나님께 다윗과 맺으셨던 은혜의 언약을 다시 상기시켜 드리며 구원을 청하는 간구시라고 볼 수 있고, 이 간구시 속에 민족 역사의 뼈아픈 교훈이 담겨 있는 것이다.

기도

성령의 임재를 위한 기도

이 시편의 말씀에서 하늘과 땅에 있는 모든 것이 주님의 기이한 일을 찬양하는 것으로 충만해 있는 것을 볼 수 있게 하시는 주님의 은총을 구한다.

"하늘과 땅의 모든 것을 창조하신 하나님! 주께서 창조하신 모든 것들과 함께 창조주시며 섭리 주이신 하나님을 찬양하게 하옵소서. 우리의 불순종에도 불구하고 언제나 하나님의 언약을 지키시는 하나님의 신실하심을 경험하게 하옵소서. 그리고 하나님의 임재 안에서 묵상할 수 있도록 저의 마음을 열어 주옵소서."

본문말씀 읽기와 묵상하기

1. 본문을 천천히 한 번 읽으면서 본문의 기도자의 상황을 헤아린다. 여러 번 말씀을 반복해서 읽으면서 자신의 마음에 닿는 말씀과 자신에게 들려오는 말씀을 감지한다.
   예를 들면 "여호와여 주의 기이한 일을 하늘이 찬양할 것이요 주의 성실도 거룩한 자들의 모임 가운데에서 찬양하리이다"(5절).
2. 다시 한번 본문말씀을 읽으면서 자신에게 다가오는 말씀에 귀 기울인다.
   예를 들면 "하늘이 주의 것이요 땅도 주의 것이라 세계와 그중에 충만한 것을 주께서 건설하셨나이다"(11절), "의와 공의가 주의 보좌의 기초라 인자함과 진실함이 주 앞에 있나이다"(14절).
3. 위의 세 절의 말씀들을 마음으로 읊조리면서 묵상한다.
   - 5절과 11절, 그리고 14절의 말씀을 나는 어떻게 경험하고 있는가?
   - 이러한 나의 경험을 하나님께서는 어떻게 바라보고 계시는가?
   - 예를 들면, 하늘과 땅에 있는 모든 하나님의 창조물에 대한 나의 태도는 어떠한가?
   - 모든 하나님의 창조물을 통하여 하나님의 오묘하시고 놀라운 솜씨와 섭리를 느끼고 있는가?
   - 의와 공의가 주의 보좌의 기초라는 말씀은 무엇을 의미하며, 나와는 어떤 관련이 있는가 등을 나의 삶과 구체적으로 관련하여 하나님과 적극적으로 대화를 시도한다.

4. 이제부터는 기도의 내용을 단순화하면서 기도의 주도권을 하나님께서 가지시도록 수동적으로 묵상한다. 적극적 묵상에서 기도한 주제에 대하여 하나님께서 나에게 무엇을 어떻게 말씀하시는지 귀 기울인다. 적극적 묵상에서 깨닫고 느낀 바에 대한 주님의 응답을 단순화된 형태로 맛보면서 묵상기도를 내면화한다.

예를 들면 늘 하나님을 전폭적으로 믿으며 의지하지 못하는 저에게 한결같이 말씀으로 붙들어 주시는 신실하시고 인자하신 하나님을 경험하면서, 성경 안에서 역사하셨고 지금도 하나님의 주권적인 역사가 우리 삶의 환경과 더불어 자연 안에서 수행되고 있는 것을 신뢰하면서, 자비와 인애의 하나님의 현존 안에 머문다.

5. 위의 세 절의 말씀들에 반응하는 기도를 드린다.

예를 들면 하나님의 능력과 역사하심에 비하여 너무나도 작은 자신의 모습을 고백하면서 겸손과 감사함으로 하나님의 창조물들과 함께 창조주 하나님을 찬양하는 삶을 살 수 있는 축복된 삶을 간구한다. 그리고 언제, 어떤 상황에서든지 나로부터 자유하시고, 나를 위한 자유로 돌봐주시는 하나님의 사랑과 하나님의 언약을 늘 지켜 새로운 삶을 살도록 인도하시는 하나님의 신실하심과 긍휼히 여기심을 간구한다.

임재 안에 머물기

이미 들려주신 주님의 말씀에 깊이 동의하면서 이성과 감성의 활동을 멈추고, 주님이 내려 주시는 고요함과 평화 가운데에서 주님 안에 머무는 경험을 해 본다. 그리고 아래와 같이 기도로 마무리한다.

"만물을 창조하시고 섭리하시는 하나님! 하나님을 만물과 더불어 찬양합니다. 이 땅의 역사와 모든 하나님의 창조물 속에서 주권적으로 역사하시는 하나님의 능력과 기이한 일들을 따라서 하나님이 역사하시는 사역에 동참하는 하나님의 동역자가 될 수 있도록 도와주옵소서. 늘 하나님의 의와 공의를 드러내는 하나님의 사람이 될 수 있도록 하옵소서."

반추 및 성찰

가능하면 기도했던 장소에서 자리를 옮긴다. 그리고 기도 시간에 경험한 내용을 돌아보면서 노트에 간단히 적는다. 이때 기도 안에서 하나님과 내 자신에 대한 전체적인 느낌을 적고, 또 영적으로 위로를 받았던 경험과 영적으로 메말랐던 경험을 적는다.

삶으로 나아가기

마음에 와 닿는 한 구절의 말씀을 선택하여 쪽지에 기록하고, 이 말씀을 수시로 꺼내어 읊조리면서 삶 속에서 기도하며 생활한다.

예를 들면 "하늘이 주의 것이요 땅도 주의 것이라 세계와 그중에 충만한 것을 주께서 건설하셨나이다"(11절), "의와 공의가 주의 보좌의 기초라 인자함과 진실함이 주 앞에 있나이다"(14절).

본문 주요내용

본 시편은 서론(1-4절)과 결론(52절) 사이에 네 단락으로 나뉜다. 먼저 서론을 살펴보자 : 하나님의 인자하심이 영원하시도다, 다윗과 맺으신 언약이 영원하시도다. 첫째 단락(5-18절) : 천군 천사가 천지에 홀로 능하신 하나님을 찬양하라(5-8절), 하나님은 바다를 다스리시며, 라합을 죽이시고, 세상을 창조하시고, 의로 다스리시도다(9-15절), 여호와를 왕으로 삼은 백성은 복되도다(16-18절). 둘째 단락(19-37절) : 다윗은 세상을 다스리기 위해 택하심을 받았다(19-29절), 다윗 왕조를 향한 약속은 폐기되지 않는다(30-37절). 셋째 단락(38-45절) : 다윗에게 하신 약속이 무효화되었다. 넷째 단락(46-51절) : 주여 언제까지 노하시겠나이까?(46절), 인간의 생명은 짧고 허무하다(47-48절), 다윗에게 하셨던 약속이 어디 있나이까?(49절), 대적들이 하나님의 종들을 멸시하고 하나님과 기름 부으신 자를 훼방하나이다(50-51절). 결론은 하나님을 송축하고 있다 : 여호와는 영원토록 복되시도다. 아멘, 아멘(52절).

본문에서 주목할 만한 단어는 히브리어 '올람'이다. 이것은 영원을 의미하는데 하나님의 인자하심과 성실하심이 영원하심을 강조하기 위해서 자주 사용된다 : 내가 여호와의 인자하심을 영원히 노래하며(1절), 인자하심을 영원히 세우시며(2절), 내가 네 자손을 영원히 견고히 하며(4절), 나의 인자함을 영구히 지키고(28절), 그 후손이 궁창의 확실한 증인인 달같이 영원히 견고하게 되리라(37절), 여호와를 영원히 찬송할지어다

(52절).

또다른 단어는 병행으로 사용되는 자비(인자, 긍휼)를 뜻하는 '헤쎄드'와 믿음, 신실, 성실하심을 뜻하는 '에무나'이다. 주의 인자하심과 성실하심을(1절), 인자하심이 영원하며, 주의 성실하심을(2절), 주의 성실하심이(8절), 주의 성실하심과 인자함이(24절, 교차구조로 변화를 시도한다.), 나의 인자함을, 나의 언약을 굳게 세우며(굳게 세운다를 원문에서는 '에무나'의 동사 형태로 '네에메넨'〈성실하다, 아멘이다, 28절〉), 나의 인자함과 나의 성실함도(33절), 주여 주의 성실하심으로 다윗에게 맹세하신 이전 인자하심이 어디 있나이까?(49절)

중심 교훈을 정리해 보자. 하나님은 인자와 진실하신 분이시다. 의와 공의가 주님의 보좌의 기초이다. 주님은 언약을 맺은 백성의 힘의 영광이시다. 주의 자녀의 뿔은 하나님의 은총으로만 높아진다. 하나님의 심판을 받아 버림을 당했더라도 주의 인자하심과 성실하심에 호소하라.

시편 90 편

하나님의 사람 모세의 기도

기도에 임하기

1. 몸과 마음을 가다듬고 하나님의 임재를 느끼며 기도한다.
   "하나님이여, 말씀하시옵소서. 저희가 듣겠나이다. 마음과 눈을 여시어 성령 하나님의 인도하심을 받게 하옵소서. 예수 그리스도의 이름으로 기도하옵나이다."
2. 찬송을 부른다("나의 신부야").

시편 90 : 1~17

1절 주여 주는 대대에 우리의 거처가 되셨나이다
2절 산이 생기기 전, 땅과 세계도 주께서 조성하시기 전 곧 영원부터 영원까지 주는 하나님이시니이다
3절 주께서 사람을 티끌로 돌아가게 하시고 말씀하시기를 너희 인생들은 돌아가라 하셨사오니
4절 주의 목전에는 천 년이 지나간 어제 같으며 밤의 한순간 같을 뿐임이니이다
5절 주께서 그들을 홍수처럼 쓸어가시나이다 그들은 잠깐 자는 것 같으며 아침에 돋는 풀 같으니이다
6절 풀은 아침에 꽃이 피어 자라다가 저녁에는 시들어 마르나이다
7절 우리는 주의 노에 소멸되며 주의 분 내심에 놀라나이다
8절 주께서 우리의 죄악을 주의 앞에 놓으시며 우리의 은밀한 죄를 주의 얼굴빛 가운데에 두셨사오니
9절 우리의 모든 날이 주의 분노 중에 지나가며 우리의 평생이 순식간에 다하였나이다
10절 우리의 연수가 칠십이요 강건하면 팔십이라도 그 연수의 자랑은 수고와 슬픔뿐이요 신속

히 가니 우리가 날아가나이다
11절 누가 주의 노여움의 능력을 알며 누가 주의 진노의 두려움을 알리이까
12절 우리에게 우리 날 계수함을 가르치사 지혜로운 마음을 얻게 하소서
13절 여호와여 돌아오소서 언제까지니이까 주의 종들을 불쌍히 여기소서
14절 아침에 주의 인자하심이 우리를 만족하게 하사 우리를 일생 동안 즐겁고 기쁘게 하소서
15절 우리를 괴롭게 하신 날수대로와 우리가 화를 당한 연수대로 우리를 기쁘게 하소서
16절 주께서 행하신 일을 주의 종들에게 나타내시며 주의 영광을 그들의 자손에게 나타내소서
17절 주 우리 하나님의 은총을 우리에게 내리게 하사 우리의 손이 행한 일을 우리에게 견고하게 하소서 우리의 손이 행한 일을 견고하게 하소서

본문배경

시편 90편은 하나님의 사람 모세의 기도이다. 시편에서 기도를 제목으로 한 시편은 17편과 86편(다윗의 기도)이다. 하나님의 사람이란 칭호는 구약에서 쉽게 찾아볼 수 있는 칭호가 아니다. 유대인 주석가들은 이 칭호의 의미를 다음과 같이 해석한다. 하나님의 사람이라고 불렸다는 의미는 하나님께 가까이 가도록 허락하심을 입은 사람이며, 주님께 힘의 능력을 입었다는 것이다. 모세를 하나님의 사람이라고 부르는 출처는 아마도 모세가 죽기 전 이스라엘 백성에게 행했던 축복문 서문에서 따온 것일 가능성이 높다("하나님의 사람 모세가 죽기 전에 이스라엘 자손을 위하여 축복함이 이러하니라"〈신 33:1〉).

시는 하나님의 이름을 부르며 시작한다(히브리어로 아도나이). 이와 같은 형태를 가진 시는 시편 3, 6편이다. 특히 하나님의 이름을 부르지 않고 주님을 의미하는 '주'로 부른 까닭에 대해서 유대인 주석가는 이렇게 해석한다. "하나님의 사람 모세가 여호와 앞에 서 있다. 주님 앞에 서 있는 종을 생각해 보라." 즉, 자신의 종 됨을 강조하기 위해서이다.

본 시의 중심 메시지는 첫째, 하나님은 영원한 존재이지만, 반면에 인간은 유한한 존재라는 사실을 깨달으라는 것이다. 따라서 장르 구분상 본 시는 지혜시에 속한다. 둘째, 메시지는 하나님은 인생에게 고난을 주셔서 회개하게 하신다는 것이다. 셋째, 하나님에게 천년이 하루라는 말의 의미는 천년 동안 일어난 일일지라도 하나님께는 단 하루치 분량밖에 되지 않는다는 것을 기억하라는 것이다. 넷째, 인간에게 반드시 종말이 있음을 기억해야 하며, 인간의 생애는 마치 잠자는 것과 같음을 명심하라는 것이다. 다섯째, 지혜를 얻으라는 것이다. 12절에서 시인은 이렇게 기도한다. "우리에게 우리

날 계수함을 가르치사 지혜로운 마음을 얻게 하소서"

시의 결구는 시인의 간구이다. "주 우리 하나님의 은총을 우리에게 내리게 하사 우리의 손이 행한 일을 우리에게 견고하게 하소서 우리의 손이 행한 일을 견고하게 하소서"(17절). 즉, 하나님을 향한 모든 일이 지속되기를 바라는 것이다(17절).

기 도

성령의 임재를 위한 기도

이 시편의 말씀에서 하나님의 영원하심과 인간의 한계성을 깨닫게 하는 은총을 구한다.

"땅과 세계를 조성하시기 전부터 계신 영원하신 하나님! 어떤 개념으로 표현할 수 없는 하나님의 영원하심과 우리 인간의 한계를 알게 하옵소서. 그리고 하나님의 임재 안에서 묵상할 수 있도록 저의 마음을 열어 주옵소서."

본문말씀 읽기와 묵상하기

1. 본문을 천천히 한 번 읽으면서 본문의 기도자의 상황을 헤아린다. 여러 번 말씀을 반복해서 읽으면서 자신의 마음에 닿는 말씀과 자신에게 들려오는 말씀을 감지한다.
   예를 들면 "산이 생기기 전, 땅과 세계도 주께서 조성하시기 전 곧 영원부터 영원까지 주는 하나님이시니이다"(2절).
2. 다시 한번 본문말씀을 읽으면서 자신에게 다가오는 말씀에 귀 기울인다.
   예를 들면 "우리의 연수가 칠십이요 강건하면 팔십이라도 그 연수의 자랑은 수고와 슬픔뿐이요 신속히 가니 우리가 날아가나이다"(10절).
3. 위의 두 절의 말씀들을 마음으로 읊조리면서 묵상한다.
   - 2절과 10절의 말씀으로부터 나는 무엇을 느끼며 경험하고 있는가?
   - 이러한 나의 경험이 나 자신과 어떻게 연결되는가?
   - 예를 들면, 하늘과 땅이 조성되기 전부터 계신 영원하신 하나님을 어떻게 인지할 수 있는가?
   - 영원하신 하나님에 대비하여 나 자신에 대한 느낌은 어떤가?

나 자신과 구체적으로 관련하여 하나님과의 대화를 적극적으로 시도한다.
4. 이제부터는 기도의 내용을 단순화하면서 기도의 주도권을 하나님께서 가지시도록 수동적으로 묵상한다. 적극적 묵상에서 기도한 주제에 대하여 하나님께서 나에게 무엇을 어떻게 말씀하시는지 귀 기울인다. 적극적 묵상에서 깨닫고 느낀 바에 대한 주님의 응답을 단순화된 형태로 맛보면서 묵상기도를 내면화한다.

예를 들면 땅과 하늘이 조성되기 전부터 계신 영원하신 하나님과 대비하여 티끌로 돌아갈 수밖에 없는 우리 인간의 한계를 경험하게 하시고, 만나 주시는 하나님의 능력과 인자하심을 경험하면서 우리 인간의 연수가 길어도 팔십이나 구십을 넘지 못하는 현실 앞에서 우리의 날 계수함을 가르치시고, 또한 지혜로운 마음을 얻게 하시는 영원하신 하나님 안에 머문다.

5. 위의 두 절의 말씀들에 반응하는 기도를 드린다.

예를 들면 영원하신 하나님에 비하여 티끌처럼 너무나도 작고 한정된 시간을 갖고 있는 자신의 유한성을 인정하면서 겸손과 감사함으로 영원하신 하나님과의 깊은 교제의 삶이 늘 지속되기를 간구한다. 그리고 언제, 어떤 상황에서든지 이 땅을 떠나 하나님께로 돌아갈 그날들이 얼마나 신속히 날아가고 있는지 의식하면서 사는 날 동안의 수고와 슬픔으로부터 자유하여 하나님을 경외하는 지혜의 삶을 사는 축복의 삶을 간구한다.

임재 안에 머물기

이미 들려주신 주님의 말씀에 깊이 동의하면서 이성과 감성의 활동을 멈추고, 주님이 내려 주시는 고요함과 평화 가운데에서 주님 안에 머무는 경험을 해 본다. 그리고 아래와 같이 기도로 마무리한다.

"영원하신 하나님! 하나님의 능력과 그 영원하심을 찬양합니다. 이 땅에 사는 연수가 얼마이든지 간에 나의 사는 날 동안에 영원하신 하나님 안에 거하면서 제게 향하신 하나님의 뜻을 이루는 시간들이 될 수 있도록 축복하여 주옵소서. 늘 영원하신 하나님 안에서 저의 사는 날을 계수하는 지혜를 허락하옵소서."

반추 및 성찰

가능하면 기도했던 장소에서 자리를 옮긴다. 그리고 기도 시간에 경험한 내용을 돌아보면서 노트에 간단히 적는다. 이때 기도 안에서 하나님과 내 자신에 대한 전체적인 느낌을 적고, 또 영적으로 위로를 받았던 경험과 영적으로 메말랐던 경험을 적는다.

삶으로 나아가기

마음에 와 닿는 한 구절의 말씀을 선택하여 쪽지에 기록하고, 이 말씀을 수시로 꺼내어 읊조리면서 삶 속에서 기도하며 생활한다.

예를 들면 "산이 생기기 전, 땅과 세계도 주께서 조성하시기 전 곧 영원부터 영원까지 주는 하나님이시니이다"(2절), "우리의 연수가 칠십이요 강건하면 팔십이라도 그 연수의 자랑은 수고와 슬픔뿐이요 신속히 가니 우리가 날아가나이다"(10절).

본문 주요내용

본 시는 두 부분으로 나뉜다. 첫 단락은 1~10절까지인데, 다시 셋으로 나뉜다 : 하나님의 영원성(1-2절), 인간의 유한성(3-6절), 하나님의 심판(7-10절). 두 번째 단락은 11~17절까지로 둘로 나뉜다 : 지혜에 대한 간구(11-12절), 은혜를 구함(13-17절).

시인은 창조주 하나님의 영원하심과 견주어 인간의 삶의 짧음을 생각하면서 기도한다. 하나님은 영원하시도다(히브리어로 메올람 아드 올람, 영원부터 영원까지, 2절), 천년이 지나간 어제 같으며(히브리어로 엘렢 샤님 베에이네카 케욤 에트몰, 4절), 천년의 세월이 밤의 한순간 같다(히브리어로 아슈무라, 밤을 넷으로 나눌 때 세 번째에 해당하는 시간을 말한다).

이와는 대조적으로 인간의 삶은 70, 80년이다. 하지만 이것도 속히 지나가며, 마치 꿈꾸는 것과 같고, 깨어 보니 죽음을 맞이하는 것과 같다. 시인은 인간의 삶의 짧음을 설명하기 위해 4가지 예를 든다. 하루살이 풀, 잠깐 자는 밤 시간, 순식간(히브리어 원문에서 '헤게'를 사용한다. 의미는 한마디 표현하는 것에 걸리는 시간, 숨 한 번 내어 쉬는 시간이다.), 신속히 날아가는 시간이다.

시인은 시적 용어를 사용하여 기도를 아름답게 장식한다.

예를 들어, 땅과 세계(2절)란 표현에서 세계를 뜻하는 히브리어 '테벨'이 땅을 뜻하는 히브리어 '아레츠'와 대구를 이루는데, '테벨'이 시적 용어이다. 사람과 인생(3절)이란 표현에서 사람을 뜻하는 히브리어 '브네이 아담'과 인생을 뜻하는 '에노쉬'에서 '에노쉬'가 시적 용어이다.

시인은 하나님이 우리의 거처(히브리어로 마온)가 되셨다고 선언한다. 의미는 쉴 곳, 피난처, 도움이 되셨다는 것이다("네가 말하기를 여호와는 나의 피난처시라 하고 지존자를 너의 거처로 삼았으므로"〈시 91 : 9〉). 짧은 인생을 살아가면서 영원하신 하나님을 거처로 삼는 것이 참지혜임을 시편은 우리에게 가르쳐 준다.

시편 91편

전능자의 그늘 아래

기도에 임하기

1. 몸과 마음을 가다듬고 하나님의 임재를 느끼며 기도한다.
   "하나님이여, 말씀하시옵소서. 저희가 듣겠나이다. 마음과 눈을 여시어 성령 하나님의 인도하심을 받게 하옵소서. 예수 그리스도의 이름으로 기도하옵나이다."
2. 찬송을 부른다("나의 신부야").

시편 91 : 1~16

1절 지존자의 은밀한 곳에 거주하며 전능자의 그늘 아래에 사는 자여,
2절 나는 여호와를 향하여 말하기를 그는 나의 피난처요 나의 요새요 내가 의뢰하는 하나님이라 하리니
3절 이는 그가 너를 새 사냥꾼의 올무에서와 심한 전염병에서 건지실 것임이로다
4절 그가 너를 그의 깃으로 덮으시리니 네가 그의 날개 아래에 피하리로다 그의 진실함은 방패와 손 방패가 되시나니
5절 너는 밤에 찾아오는 공포와 낮에 날아드는 화살과
6절 어두울 때 퍼지는 전염병과 밝을 때 닥쳐오는 재앙을 두려워하지 아니하리로다
7절 천 명이 네 왼쪽에서, 만 명이 네 오른쪽에서 엎드러지나 이 재앙이 네게 가까이하지 못하리로다
8절 오직 너는 똑똑히 보리니 악인들의 보응을 네가 보리로다
9절 네가 말하기를 여호와는 나의 피난처시라 하고 지존자를 너의 거처로 삼았으므로
10절 화가 네게 미치지 못하며 재앙이 네 장막에 가까이 오지 못하리니

11절　그가 너를 위하여 그의 천사들을 명령하사 네 모든 길에서 너를 지키게 하심이라
12절　그들이 그들의 손으로 너를 붙들어 발이 돌에 부딪히지 아니하게 하리로다
13절　네가 사자와 독사를 밟으며 젊은 사자와 뱀을 발로 누르리로다
14절　하나님이 이르시되 그가 나를 사랑한즉 내가 그를 건지리라 그가 내 이름을 안즉 내가 그를 높이리라
15절　그가 내게 간구하리니 내가 그에게 응답하리라 그들이 환난 당할 때에 내가 그와 함께 하여 그를 건지고 영화롭게 하리라
16절　내가 그를 장수하게 함으로 그를 만족하게 하며 나의 구원을 그에게 보이리라 하시도다

본문배경

　시편 91편은 하나님을 신뢰하는 자에게 주시는 약속과 복에 대해 말씀한다. (영어로 본 시편을 charm, amulet psalm, 즉 재앙이나 해를 막기 위해 소원을 적어 가지고 다니는 패나 장신구 시편이라고 한다.) 본 시는 하나님을 신뢰하는 자는 재앙이나 질병에서 구원받는다는 믿음의 고백을 담고 있다. 본 시편은 모세의 노래(신 32장)와 사용 동기에 있어서 비슷하다.
　그는 반석이시니(신 32 : 4), 너를 낳은 반석(신 32 : 18), 우리의 반석(신 32 : 31)/여호와는 나의 피난처, 요새, 거처(시 91 : 2, 9) ; 마치 독수리가 자기의 보금자리를 어지럽게 하며 자기의 새끼 위에 너풀거리며 그의 날개를 펴서 새끼를 받으며 그의 날개 위에 그것을 업는 것같이(신 32 : 11) ; 전능자의 그늘 아래 사는 자여(시 91 : 1)/그가 너를 그의 깃으로 덮으시리니 네가 그의 날개 아래에 피하리로다(시 91 : 4) ; 어찌 하나가 천을 쫓으며 둘이 만을 도망하게 하였으리요(신 32 : 30)/천 명이 네 왼쪽에서, 만 명이 네 오른쪽에서 엎드러지나(시 91 : 7) ; 뱀과 독사(신 32 : 33)/독사와 뱀 (시 91 : 13) ; 화살이 피에 취하게 하고(신 32 : 42)/낮에 날아드는 화살(시 91 : 5) ; 그 대적들에게 복수하시고(신 32 : 43)/악인들의 보응을 네가 보리로다(시 91 : 8).
　다른 점은 시편 91편은 하나님을 신뢰함으로 모든 환난을 극복해 나가는 모습을 보여 주는 반면에, 모세의 노래는 하나님이 베푸신 은총을 잊어버리고 자신을 친히 구원한 반석이신 하나님을 버린 이스라엘 백성이 겪는 환난을 역설적으로 보여 준다는 것이다. 또한 시편 91편은 하나님을 사랑하고 신뢰함으로 구원을 경험하나, 모세의 노래는 여전히 패역하여 매 맞아 죽게 된 주의 백성을 은혜로 다시 구원하시는 하나님의 자비로운 모습을 강조한다.

이런 의미에서 모세의 노래는 구약 속에 담긴 신약이라고 볼 수 있다.

기도

성령의 임재를 위한 기도

이 시편의 말씀에서 하나님의 이름을 아는 것과 하나님을 신뢰하는 것이 함께 가는 것을 깨닫게 하는 은총을 구한다.

"하나님의 날개 아래서 모든 어려움과 질병으로부터 벗어나게 하시는 하나님! 하나님은 나의 피난처이시며, 평안히 거할 거처이십니다. 하나님을 사랑하오니 어둠의 재앙과 화로부터 늘 건져 주옵시고, 하나님의 이름을 알게 하시어 늘 높임을 받을 수 있게 하옵소서. 그리고 하나님의 임재 안에서 묵상할 수 있도록 저의 마음을 열어 주시옵소서."

본문말씀 읽기와 묵상하기

1. 본문을 천천히 한 번 읽으면서 본문의 기도자의 상황을 헤아린다. 여러 번 말씀을 반복해서 읽으면서 자신의 마음에 닿는 말씀과 자신에게 들려오는 말씀을 감지한다.
   예를 들면 "그가 너를 그의 깃으로 덮으시리니 네가 그의 날개 아래에 피하리로다 그의 진실함은 방패와 손 방패가 되시나니"(4절).
2. 다시 한번 본문말씀을 읽으면서 자신에게 다가오는 말씀에 귀 기울인다.
   예를 들면 "하나님이 이르시되 그가 나를 사랑한즉 내가 그를 건지리라 그가 내 이름을 안즉 내가 그를 높이리라"(14절), "그가 내게 간구하리니 내가 그에게 응답하리라 그들이 환난당할 때에 내가 그와 함께하여 그를 건지고 영화롭게 하리라"(15절).
3. 위의 세 절의 말씀들을 마음으로 읊조리면서 묵상한다.
   - 4절과 14절, 그리고 15절의 말씀으로부터 나는 무엇을 느끼며 경험하고 있는가?
   - 이러한 나의 경험이 나 자신과 어떻게 연결되는가?
   - 예를 들면, 모든 환난과 어려움, 그리고 질병으로부터 건져 주시는 하나님이 어떻게 인지될 수 있는가?
   - 하나님의 날개 아래 품어 주시고, 하나님의 이름을 알게 하시어 간구하게 하시

는 하나님에 대비하여 나 자신에 대한 느낌은 어떤가?

　이상의 질문들을 나 자신과 구체적으로 관련하여 하나님과의 대화를 적극적으로 시도한다.

4. 이제부터는 기도의 내용을 단순화하면서 기도의 주도권을 하나님께서 가지시도록 수동적으로 묵상한다. 적극적 묵상에서 기도한 주제에 대하여 하나님께서 나에게 무엇을 어떻게 말씀하시는지 귀 기울인다. 적극적 묵상에서 깨닫고 느낀 바에 대한 주님의 응답을 단순화된 형태로 맛보면서 묵상기도를 내면화한다.

　예를 들면 악한 환경과 뜻하지 않은 재앙과 질병으로부터 늘 건지시어 나의 방패가 되시는 하나님과 대비하여 한결같지 않은 나의 믿음과 하나님의 이름을 제대로 알지 못하여 우왕좌왕하는 나의 모습에도 불구하고 계속적으로 만나 주시는 하나님의 사랑을 경험하면서, 그리고 언제든지 나의 간구에 응답하시는 하나님을 전폭적으로 의뢰하게 하시는 하나님 안에 머문다.

5. 위의 두 절의 말씀들에 반응하는 기도를 드린다.

　예를 들면 어떤 어려운 환경 속에서도 함께하시어 나의 방패와 피난처가 되시는 하나님에 비하여, 힘들고 해결이 제때에 되지 않는 일을 만날 때마다 불안해 하고 하나님을 온전히 신뢰하지 못하는 자신을 인정하면서 진실하시며, 내가 영원히 거할 수 있는 나의 요새이신 하나님과의 깊은 교제의 삶이 늘 지속되기를 간구한다.

임재 안에 머물기

이미 들려주신 주님의 말씀에 깊이 동의하면서 이성과 감성의 활동을 멈추고, 주님이 내려 주시는 고요함과 평화 가운데에서 주님 안에 머무는 경험을 해 본다. 그리고 아래와 같이 기도로 마무리한다.

"피난처 되시는 하나님! 하나님을 신뢰하는 사람들과 늘 함께하시어 모든 어려움으로부터 건져 주시는 하나님의 진실하심을 찬양합니다. 하나님의 이름을 아는 만큼 하나님을 신뢰하는 줄 알게 하옵소서. '저가 내 이름을 안즉 내가 저를 높이리라'라는 말씀이 늘 내 안에 머물러 역사하시옵소서."

반추 및 성찰

가능하면 기도했던 장소에서 자리를 옮긴다. 그리고 기도 시간에 경험한 내용을 돌

아보면서 노트에 간단히 적는다. 이때 기도 안에서 하나님과 내 자신에 대한 전체적인 느낌을 적고, 또 영적으로 위로를 받았던 경험과 영적으로 메말랐던 경험을 적는다.

삶으로 나아가기

마음에 와 닿는 한 구절의 말씀을 선택하여 쪽지에 기록하고, 이 말씀을 수시로 꺼내어 읊조리면서 삶 속에서 기도하며 생활한다.

예를 들면 "하나님이 이르시되 그가 나를 사랑한즉 내가 그를 건지리라 그가 내 이름을 안즉 내가 그를 높이리라"(14절).

본문 주요내용

본 시편이 주는 교훈은 재앙이 클수록 하나님의 보호하심도 크다는 것이다. 시인이 겪는 어려움은 수를 헤아릴 수 없이 많고, 이를 해결할 능력도 없다 : 올무, 전염병, 밤의 두려움, 예측할 수 없이 날아오는 화살, 재앙, 사자와 독사, 환난. 하지만 하나님은 주님을 신뢰하는 시인에게 해결책이 되신다 : 은밀한 곳, 그늘, 피난처, 요새, 의뢰, 깃, 날개, 방패, 거처, 응답, 장수, 영화, 구원.

놀라운 사실은 시인이 겪는 고난의 수보다 하나님이 주시는 은혜의 수가 더 많다는 것이다. 이는 시인이 비록 갖은 어려움 가운데 처하나 소망이 있는 것은 그가 하나님을 신뢰하고 있기 때문이다.

시의 중심 구절은 9절과 10절에 있다. "네가 말하기를 여호와는 나의 피난처시라 하고 지존자를 너의 거처로 삼았으므로 화가 네게 미치지 못하며 재앙이 네 장막에 가까이 오지 못하리니"

한 걸음 더 나아가 시인은 하나님의 능력을 힘입어 사자와 독사, 젊은 사자와 뱀을 발로 밟아 누르는 승리를 경험하게 된다.

하나님을 신뢰함의 의미는 무엇인가? 14절에서 시인은 하나님을 사랑하고, 그의 이름을 아는 것이라고 고백한다.

본 시편에서 주요 교훈을 살펴보자.

첫째, 환난을 당할 때 주님을 신뢰하여 피난처로 삼으라.

둘째, 하나님을 사랑하고 날마다 그 이름을 경험하라.

셋째, 하나님께 기도하라.

15절 이하에 기도하는 자가 받는 복에 대해서 말씀한다.

"그가 내게 간구하리니 내가 그에게 응답하리라 그들이 환난당할 때에 내가 그와 함께하여 그를 건지고 영화롭게 하리라 내가 그를 장수하게 함으로 그를 만족하게 하며 나의 구원을 그에게 보이리라 하시도다"

시편 91편

시편 92 편

지존자여

기도에 임하기

1. 몸과 마음을 가다듬고 하나님의 임재를 느끼며 기도한다.
   "하나님이여, 말씀하시옵소서. 저희가 듣겠나이다. 마음과 눈을 여시어 성령 하나님의 인도하심을 받게 하옵소서. 예수 그리스도의 이름으로 기도하옵나이다."
2. 찬송을 부른다("나의 신부야").

시편 92 : 1~15

1절 지존자여 십현금과 비파와 수금으로 여호와께 감사하며 주의 이름을 찬양하고 아침마다 주의 인자하심을 알리며 밤마다 주의 성실하심을 베풂이 좋으니이다

4절 여호와여 주께서 행하신 일로 나를 기쁘게 하셨으니 주의 손이 행하신 일로 말미암아 내가 높이 외치리이다

5절 여호와여 주께서 행하신 일이 어찌 그리 크신지요 주의 생각이 매우 깊으시니이다

6절 어리석은 자도 알지 못하며 무지한 자도 이를 깨닫지 못하나이다

7절 악인들은 풀같이 자라고 악을 행하는 자들은 다 흥왕할지라도 영원히 멸망하리이다

8절 여호와여 주는 영원토록 지존하시니이다

9절 여호와여 주의 원수들은 패망하리이다 정녕 주의 원수들은 패망하리니 죄악을 행하는 자들은 다 흩어지리이다

10절 그러나 주께서 내 뿔을 들소의 뿔같이 높이셨으며 내게 신선한 기름을 부으셨나이다

11절 내 원수들이 보응 받는 것을 내 눈으로 보며 일어나 나를 치는 행악자들이 보응 받는 것을 내 귀로 들었도다

12절 의인은 종려나무같이 번성하며 레바논의 백향목같이 성장하리로다
13절 이는 여호와의 집에 심겼음이여 우리 하나님의 뜰 안에서 번성하리로다
14절 그는 늙어도 여전히 결실하며 진액이 풍족하고 빛이 청청하니
15절 여호와의 정직하심과 나의 바위 되심과 그에게는 불의가 없음이 선포되리로다

본문배경

제목은 "안식일 찬송 시편"이다(미즈모르 쉬르 레욤 하샤밧). 시는 찬송, 지혜, 감사가 함께 어우러져 한 편의 노래가 된다. 주의 성도들은 안식일에 여호와의 집과 뜰 안에 머물며 하나님을 찬양하며 주님을 생각한다. 특히 감사 찬양을 선곡하여 부르는 데 동원되는 악기는 십현금, 비파, 수금이다. 안식일 아침에는 주의 인자하심을 노래하며 저녁에는 주의 성실하심을 찬송한다. 이것의 의미는 아침에는 주께서 베풀어 주실 인자하심을 기대하며, 저녁에는 하루 동안 베풀어 주신 성실하신 보호에 대해 감사한다는 것이다.

또한 안식일에 주의 성도들은 지난 일주일 동안 하나님께 친히 행하신 일들로 인해 기뻐하면서 감사하며 소리 높여 외치며 찬송한다. 또한 주의 행하신 크신 일과 주의 깊으신 생각을 찬양한다.

본 시편에서 시인은 하나님의 이름을 다양하게 부름으로써 안식일의 주인공이 하나님이심을 온 천하에 선포한다 : 지존하신 하나님, 여호와 하나님, 주 되신 하나님, 정직하시고 나의 바위 되신 하나님, 그에게 불의가 전혀 없으신 하나님.

본문에서 의인과 악인이 대조적으로 묘사된다. 악인은 풀 같아서 비록 그들이 흥왕할지라도 결국에는 영원히 멸망당한다. 악인은 하나님의 원수들이기 때문에 패망하고 다 흩어지게 된다. 원수들은 반드시 보응을 받는다. 이와는 반대로, 의인은 종려나무같고 레바논의 백향목같이 번성하며 성장한다. 의인은 여호와의 집에 심기었기 때문에 그 뜰 안에서 번성한다. 의인은 늙어도 여전히 열매를 맺고 진액이 풍족하고 빛이 청청하다.

안식일의 주인은 하나님이시다. 이 노래 속에 담긴 테마는 세 가지이다.

첫째, 하나님에 대해서 관심을 집중하라. 둘째, 악인을 부러워하지 말라. 셋째, 의인으로 삶을 살아가라.

기 도

성령의 임재를 위한 기도

이 시편의 말씀에서 하나님의 행하시는 일의 깊이를 아는 것과 하나님을 떠나 자신의 생각으로 하나님과 원수 된 사람의 길이 무엇인지 뚜렷이 드러나는 분별의 은총을 구한다.

"날마다 베풀어 주시는 은혜로 새날을 맞이하게 하시는 하나님! 감사합니다. 지난 날 저의 삶 가운데서 행하신 하나님의 크신 역사를 기억하면서 감사드립니다. 하나님의 행하시는 일을 깊이 신뢰하는 이들에게 늘 성실하시고 하나님을 떠나 자신의 생각으로 치닫는 삶의 길을 패망케 하시는 하나님을 기뻐하며 찬양합니다. 하나님을 떠나 악의 길에 서지 않도록 늘 붙잡아 주시옵소서. 늙어 백발이 되도록 하나님 안에서 열매를 맺어 진액이 풍족하고 빛이 청청할 수 있는 축복을 누리게 하옵소서."

본문말씀 읽기와 묵상하기

1. 본문을 천천히 한 번 읽으면서 본문의 기도자의 상황을 헤아린다. 여러 번 말씀을 반복해서 읽으면서 자신의 마음에 닿는 말씀과 자신에게 들려오는 말씀을 감지한다.
   예를 들면 "여호와여 주께서 행하신 일이 어찌 그리 크신지요 주의 생각이 매우 깊으시니이다"(5절).
2. 다시 한번 본문말씀을 읽으면서 자신에게 다가오는 말씀에 귀 기울인다.
   예를 들면 "여호와여 주의 원수들이 패망하리이다 정녕 주의 원수들은 패망하리니 죄악을 행하는 자들은 다 흩어지리이다"(9절).
3. 위의 두 절의 말씀들을 마음으로 읊조리면서 묵상한다.
   - 5절과 9절의 말씀으로부터 나는 무엇을 느끼며 경험하고 있는가?
   - 이러한 나의 경험이 나 자신과 어떻게 연결되는가?
   - 예를 들면, 매일 아침 새날을 맞이할 때 하나님이 베풀어 주실 은혜를 기대하며, 그리고 날을 마치는 저녁에 하루 동안 베풀어 주신 하나님의 은혜를 어떻게 인지하고 있는가?

- 하나님의 행사로 기뻐하는 사람들과 이와 대비하여 하나님과 원수 된 사람들의 결과에 대한 자신의 느낌은 어떠한가?

이상의 질문들을 나 자신과 구체적으로 관련하여 하나님과의 대화를 적극적으로 시도한다.

4. 이제부터는 기도의 내용을 단순화하면서 기도의 주도권을 하나님께서 가지시도록 수동적으로 묵상한다. 적극적 묵상에서 기도한 주제에 대하여 하나님께서 나에게 무엇을 어떻게 말씀하시는지 귀 기울인다. 적극적 묵상에서 깨닫고 느낀 바에 대한 주님의 응답을 단순화된 형태로 맛보면서 묵상기도를 내면화한다.

예를 들면 늘 새로운 은혜를 베풀어 감사함으로 살게 하시는 하나님을 경험하면서, 나의 삶을 통하여 크고 깊은 일들을 행하시는 하나님으로 인하여 기뻐하면서, 자신도 모르는 사이에 하나님을 떠나 악한 생각과 행동으로 치닫고 있을 때 패망에 이르지 않게 하셨던 하나님의 자비하심과 긍휼히 여기심을 경험하면서, 그리고 하나님 안에서 열매를 맺어 삶의 진액이 풍족하고 빛이 청청케 하시는 하나님 안에 머문다.

5. 위의 두 절의 말씀들에 반응하는 기도를 드린다.

예를 들면 새로운 은혜를 베풀어 주기를 원하시는 하나님에 비하여 그날그날 해야 될 나 자신의 스케줄에 따라서 살기에 바쁘고, 피곤하고, 힘겨워하는 모습으로 하나님의 은혜의 손길로부터 멀어져 있는 자신을 인정하면서, 그리고 이제까지 나의 삶 속에서 행하신 하나님의 크고 작은 일들을 기뻐하며 자랑하면서 항상 은혜 베풀기를 기뻐하시는 하나님과의 깊은 교제의 삶이 늘 지속되기를 간구한다.

임재 안에 머물기

이미 들려주신 주님의 말씀에 깊이 동의하면서 이성과 감성의 활동을 멈추고, 주님이 내려 주시는 고요함과 평화 가운데에서 주님 안에 머무는 경험을 해 본다. 그리고 아래와 같이 기도로 마무리한다.

"매일 매일 언제든지 하나님의 은혜 가운데 머물게 하시는 은혜의 하나님! 감사합니다. 하나님을 떠나 내가 원하는 삶으로 치닫고 있을 때 그냥 버려두지 아니하시고 질병이나 고통을 통하여 돌아서게 하시는 사랑의 하나님! 감사합니다. 저의 모든 삶을 주의 손에 맡기오니 늙어 백발이 되어도 이러한 은혜 안에 늘 머물 수 있도록 도와주옵소서."

반추 및 성찰

가능하면 기도했던 장소에서 자리를 옮긴다. 그리고 기도 시간에 경험한 내용을 돌아보면서 노트에 간단히 적는다. 이때 기도 안에서 하나님과 내 자신에 대한 전체적인 느낌을 적고, 또 영적으로 위로를 받았던 경험과 영적으로 메말랐던 경험을 적는다.

삶으로 나아가기

마음에 와 닿는 한 구절의 말씀을 선택하여 쪽지에 기록하고, 이 말씀을 수시로 꺼내어 읊조리면서 삶 속에서 기도하며 생활한다.

예를 들면 "여호와여 주께서 행하신 일이 어찌 그리 크신지요 주의 생각이 매우 깊으시니이다"(5절).

본문 주요내용

히브리어 단어 '좋다'의 뜻을 가진 '토브'로 찬송시를 시작한다. 시인의 기쁨은 하나님의 선하심과 하나님의 깊으신 배려를 경험함으로써 나온다. 악인은 반드시 벌하시고 의인에게는 상을 주시는 하나님, 하나님의 의로우시고 정직하심에 대한 시인의 인식은 하나님께 대한 찬송과 감사로 이어진다. 이와 같은 감사시편은 다른 시편에서도 찾아볼 수 있다. "여호와는 살아 계시니 나의 반석을 찬송하며 내 구원의 하나님을 높일지로다…… 주께서 나를 내 원수들에게서 구조하시니"(시 18 : 46, 48). "여호와여 내가 주를 높일 것은 주께서 나를 끌어내사 내 원수로 하여금 나로 말미암아 기뻐하지 못하게 하심이니이다 여호와 내 하나님이여 내가 주께 부르짖으매 나를 고치셨나이다 주께서 나의 슬픔이 변하여 내게 춤이 되게 하시며 나의 베옷을 벗기고 기쁨으로 띠 띠우셨나이다"(시 30 : 1-2, 11). "내 원수가 나를 이기지 못하오니 주께서 나를 기뻐하시는 줄을 내가 알았나이다 주께서 나를 온전한 중에 붙드시고 영원히 주 앞에 세우시나이다 이스라엘의 하나님 여호와를 영원부터 영원까지 송축할지로다 아멘 아멘"(시 41 : 11-13).

본 시편의 중심주제는 "하나님의 의로우심에 대한 감사"이다. 그것은 의인에게는 선을 베푸시고 악인에게는 재앙을 내리시는 것으로 나타난다. 본 시편은 지혜시인 시편 73편과도 흡사하다. 시편 73편도 히브리어 '토브'로 시작한다. 하나님이 참으로 이스라엘 중 마음이 정결한 자에게 선(토브)을 행하시나니(1절), 하나님의 성소(미크데쉐이 엘-하나님의 성소들)에 들어갈 때에야 그들의 종말을 내가 깨달았나이다(17절, 하나님의 집-베이트 아도나이, 우리 하나님의 뜰-하쩨롯 엘로헤이누, 시 92 : 14, 하나님은 내 마음의 반석-쭈르 레바비, 시 92 : 26, 나의 바위-쭈리, 시 92 : 15).

다음 주제는 하나님의 지혜에 관한 것이다. 시인은 하나님이 행하신 일을 주의 깊으신 생각과 연관을 짓는다. 하나님의 지혜의 광대하심과 깊으심과 대조적으로 사람의 지혜는 어리석고 무지하다고 밝힌다. "지혜의 오묘함으로 네게 보이시기를 원하노니 이는 그의 지식이 광대하심이라…… 네가 하나님의 오묘함을 어찌 능히 측량하며 전능자를 어찌 능히 완전히 알겠느냐 하늘보다 높으시니 네가 무엇을 하겠으며 스올보다 깊으시니 네가 어찌 알겠느냐 그의 크심은 땅보다 길고 바다보다 넓으니라"(욥 11 : 6 - 9). 하나님의 의와 지혜는 세상을 다스리시는 주님의 두 법칙임을 본 시를 통해 배우게 된다.

시편 93 편

주는 영원부터 계셨나이다

기도에 임하기

1. 몸과 마음을 가다듬고 하나님의 임재를 느끼며 기도한다.
   "하나님이여, 말씀하시옵소서. 저희가 듣겠나이다. 마음과 눈을 여시어 성령 하나님의 인도하심을 받게 하옵소서. 예수 그리스도의 이름으로 기도하옵나이다."
2. 찬송을 부른다("나의 신부야").

시편 93 : 1~5

1절 여호와께서 다스리시니 스스로 권위를 입으셨도다 여호와께서 능력의 옷을 입으시며 띠를 띠셨으므로 세계도 견고히 서서 흔들리지 아니하는도다
2절 주의 보좌는 예로부터 견고히 섰으며 주는 영원부터 계셨나이다
3절 여호와여 큰 물이 소리를 높였고 큰 물이 그 소리를 높였으니 큰 물이 그 물결을 높이나이다
4절 높이 계신 여호와의 능력은 많은 물소리와 바다의 큰 파도보다 크니이다
5절 여호와여 주의 증거들이 매우 확실하고 거룩함이 주의 집에 합당하니 여호와는 영원무궁하시리이다

본문배경

본 시편은 왕의 시편이다. 이 시는 성전예배에서 사용되어지는 예식을 위한 노래로 지어졌다. 시의 원 자료는 모세의 바다의 노래(출 15 : 1-18)에서 나왔다. 본 시편은

영원히 존재하는 하나님의 나라를 찬양하는 시이다. 시인은 모세의 노래 중 하나인 바다의 노래(출 15 : 1-18)를 참고하여 왕의 대관식 노래를 작성한 것으로 보인다. 여호와여 주의 오른손이 권능으로 영광을 나타내시니이다(출 15 : 6)/여호와께서 권위를 입으셨도다. 여호와께서 능력의 옷을 입으시며(1절). 주의 콧김에 물이 쌓이되 파도가 언덕같이 일어서고 큰 물이 바다 가운데 엉기니이다(출 15 : 8)/높이 계신 여호와의 능력은 많은 물소리와 바다의 큰 파도보다 크니이다(4절). 여호와께서 영원무궁하도록 다스리시도다(출 15 : 18)/여호와께서 다스리시니, 여호와는 영원무궁하시리이다(1, 5절).

시인이 설명하는 하나님은 다음과 같다. 하나님은 영원히 왕으로 좌정하신다. 왕이신 여호와는 세상을 창조하시고 견고케 하신다. 높이 계신 여호와, 능력과 권위를 가지신 하나님, 영원부터 계시는 거룩하신 분이다. 큰 물, 많은 물소리, 큰 파도(자연의 위대함)보다 크고 높은 하나님이시다. 주의 증거들이 매우 확실하고 주의 집은 거룩하다. 하나님이 붙드시면 흔들리지 않는다.

기 도

성령의 임재를 위한 기도

이 시편의 말씀에서 영원한 왕이신 하나님의 권위와 능력이 온 세계를 창조하시고, 다스리시며, 견고케 하심을 뚜렷하게 감지하고 인식할 수 있는 은총을 구한다.

"태초부터 지금까지, 그리고 앞으로도 영원히 존재하시는 하나님! 하나님의 능력과 권위가 영원토록 무궁하심을 찬양하며 경배 드립니다. 능력의 하나님은 자연의 어떤 위대함보다 크시며 높으십니다. 이처럼 크신 능력의 하나님께서 온 세계를 창조하시고, 다스리시니 이 땅에서 하나님의 나라가 영원무궁함을 믿으면서 살아가는 복이 늘 임하게 하옵소서."

본문말씀 읽기와 묵상하기

1. 본문을 천천히 한 번 읽으면서 본문의 기도자의 상황을 헤아린다. 여러 번 말씀을 반복해서 읽으면서 자신의 마음에 닿는 말씀과 자신에게 들려오는 말씀을 감지한다.

예를 들면 "여호와께서 다스리시니 스스로 권위를 입으셨도다 여호와께서 능력의 옷을 입으시며 띠를 띠셨으므로 세계도 견고히 서서 흔들리지 아니하는도다"(1절).

2. 다시 한번 본문말씀을 읽으면서 자신에게 다가온 말씀을 음미하면서 들려오는 묵상으로 들어간다.

예를 들면 1절의 말씀 가운데 우선 '온 세계에 대한 하나님의 권위와 다스림', '세계를 견고케 하시는 하나님의 능력'으로 나눠서 말씀을 음미하며 묵상으로 들어간다.

3. 위의 구절의 말씀을 마음으로 읊조리면서 묵상한다.
   - 1절의 말씀으로부터 나는 무엇을 느끼며 경험하고 있는가?
   - 이러한 나의 경험이 나 자신의 세계와 어떻게 연결되는가?
   - 예를 들면, 하나님께서 창조하신 자연환경들과 세계를 통하여 하나님의 다스리심을 인지하는가?
   - 그리고 나 자신의 환경, 즉 나를 둘러싼 주변 세계 안에서 하나님의 다스리심을 감지하며, 능력과 권위의 하나님의 다스리심과 섭리하심에 두려움과 함께 감사와 기쁨을 느끼고 있는가?

   이상의 질문들을 나 자신과 구체적으로 관련하여 하나님과의 대화를 적극적으로 시도한다.

4. 이제부터는 기도의 내용을 단순화하면서 기도의 주도권을 하나님께서 가지시도록 수동적으로 묵상한다. 적극적 묵상에서 기도한 주제에 대하여 하나님께서 나에게 무엇을 어떻게 말씀하시는지 귀 기울인다. 적극적 묵상에서 깨닫고 느낀 바에 대한 주님의 응답을 단순화된 형태로 맛보면서 묵상기도를 내면화한다.

   예를 들면 세계의 정세나 북한의 실상, 자연환경의 변화와 위기, 그리고 나 자신의 환경 등을 통하여 고민하고 있는 나 자신뿐만 아니라 국가나 세계의 움직임을 통하여 불안함을 경험하면서, 하나님의 다스리심과 하나님의 능력으로 하나님께서 창조하시고 섭리하시는 세계가 현재로는 불투명하고 불안하지만 과거로부터 현재까지 그리고 앞으로도 계속하여 능력의 하나님의 주권으로 세계를 견고케 하시어 영원무궁토록 하나님의 나라를 세워 나가실 하나님 안에 머문다.

5. 위의 두 절의 말씀들에 반응하는 기도를 드린다.

   예를 들면 여러 가지의 원인으로 꼬여 있는 나의 주변 환경의 얽힘을 다스려 주시어 그 얽힘의 실마리를 능력의 하나님의 손안에서 주권적으로 풀어 주시는 하나님의 은혜에 감사하면서, 동시에 이와 대비된 자신의 모습, 즉 하나님의 능력과 다스리심의 영원하심과 하나님에 의하여 견고케 되고 풀어지게 될 나 자신의 환경과 국가나 세계 정세 등에 불안하여 부정적으로 반응하였던 자신을 인정하면서 능력과 권위의 하나님의 나라가 영원토록 무궁하며, 하나님 홀로 영광 받으시는 것을 소망 가운데 바라볼 수 있는 믿음의 사람이 되기를 간구한다.

임재 안에 머물기

이미 들려주신 주님의 말씀에 깊이 동의하면서 이성과 감성의 활동을 멈추고, 주님이 내려 주시는 고요함과 평화 가운데에서 주님 안에 머무는 경험을 해 본다. 그리고 아래와 같이 기도로 마무리한다.

"세계 역사와 자연의 모든 생명체, 그리고 나의 삶의 주변 환경 모두를 다스리시고 간섭하여 주시는 능력과 자비의 하나님! 감사합니다. 하나님의 뜻대로 조성되지 아니한 세계의 모든 문제들, 북한의 문제, 경제 및 생태계의 문제, 나의 고통과 어려움 등을 하나님의 의로우신 능력으로 이끄시어 해결하여 주시는 하나님께 모든 영광과 존귀를 올려 드립니다. 이 나라와 세계의 모든 일들을 주의 능력의 손에 맡기오니 하나님의 나라가 영원토록 이 땅 위에 세워지는 것을 바라보는, 소망의 삶 안에 머무는 은혜가 늘 넘치게 하옵소서."

반추 및 성찰

가능하면 기도했던 장소에서 자리를 옮긴다. 그리고 기도 시간에 경험한 내용을 돌아보면서 노트에 간단히 적는다. 이때 기도 안에서 하나님과 내 자신에 대한 전체적인 느낌을 적고, 또 영적으로 위로를 받았던 경험과 영적으로 메말랐던 경험을 적는다.

삶으로 나아가기

마음에 와 닿는 한 구절의 말씀을 선택하여 쪽지에 기록하고, 이 말씀을 수시로 꺼내어 읊조리면서 삶 속에서 기도하며 생활한다.
예를 들면 "여호와께서 다스리시니 스스로 권위를 입으셨도다 여호와께서 능력의 옷을 입으시며 띠를 띠셨으므로 세계도 견고히 서서 흔들리지 아니하는도다"(1절).

본문 주요내용

　본 시편의 주제는 하나님은 영원하시며 그의 나라(통치)도 영원하다는 것이다. 이 주제는 다음의 사실로 확증된다.
　첫째, 하나님은 능력과 권위로 세상을 다스리신다. "여호와께서 다스리시니 스스로 권위를 입으셨도다 여호와께서 능력의 옷을 입으시며 띠를 띠셨으므로 세계도 견고히 서서 흔들리지 아니하는도다"(1절). 시인은 여호와께서 다스리심의 권위를 입으셨다고 말한다(히브리어 게웃, 하나님의 위대하심과 관련되어 사용되고 히브리어의 영광〈호드〉, 찬란함〈하다르〉, 능력〈오쯔마〉의 의미를 가지며, 원형은 '가아'로 be proud of, '자랑하다'를 의미한다).
　둘째, 주의 다스리심은 영원하다. "주의 보좌는 예로부터 견고히 섰으며 주는 영원부터 계셨나이다"(2절).
　셋째, 하나님은 지으신 만물보다 크시다. "높이 계신 여호와의 능력은 많은 물소리와 바다의 큰 파도보다 크니이다"(4절). 여기서 시인은 하나님의 능력이 크심을 나타내기 위해 은유법을 사용한다. 거대한 폭포, 큰 강, 광대한 바다가 일으키는 파도보다 하나님의 능력은 더 크시다. 이사야 선지자는 시인처럼 하나님께서 바다의 용을 다스리시며 바다를 가를 수 있는 능력을 가지신 구속자이심을 상기시켜 드리면서 하나님의 구원을 호소한다. "여호와의 팔이여 깨소서 깨소서 능력을 베푸소서 옛날 옛시대에 깨신 것같이 하소서 라합을 저미시고 용을 찌르신 이가 어찌 주가 아니시며 바다를, 넓고 깊은 물을 말리시고 바다 깊은 곳에 길을 내어 구속 받은 자들을 건너게 하신 이가 어찌 주가 아니시니이까"(사 51:9-10).
　넷째, 하나님의 말씀은 확실하다. "여호와여 주의 증거들이 매우 확실하고"(5절). "여호와의 말씀은 정직하며 그가 행하시는 일은 다 진실하시도다"(시 33:4).
　다섯째, 하나님의 집은 거룩하다. "거룩함이 주의 집에 합당하니"(5절).
　여섯째, 하나님은 영원히 존재하신다. "여호와는 영원무궁하시리이다"(5절).
　흥미로운 사실은 하나님의 능력과 다스리심이 일어나는 장소가 주의 집이라는 것으로 결론을 맺는다는 점이다. "여호와여 주의 증거들이 매우 확실하고 거룩함이 주의 집에 합당하니 여호와는 영원무궁하시리이다"(5절). 즉, 창조주 하나님은 만드신 자연 만물을 붙드시고 다스리실 뿐 아니라 자연 자체보다 더 크신 분으로서 하나님을 위해

지어진 거룩한 성전 안에서 왕으로 예배를 받으신다는 점을 강조하면서, 이것은 주의 증거인 성경에 자세하고도 분명하게 담겨 있음도 밝히고 있다.

"내가 여호와께 바라는 한 가지 일 그것을 구하리니 곧 내가 내 평생에 여호와의 집에 살면서 여호와의 아름다움을 바라보며 그의 성전에서 사모하는 그것이라"(시 27 : 4).

시편 94 편

언제까지입니까?

기도에 임하기

1. 몸과 마음을 가다듬고 하나님의 임재를 느끼며 기도한다.
 "하나님이여, 말씀하시옵소서. 저희가 듣겠나이다. 마음과 눈을 여시어 성령 하나님의 인도하심을 받게 하옵소서. 예수 그리스도의 이름으로 기도하옵나이다."
2. 찬송을 부른다("나의 신부야").

시편 94 : 1~23

1절 여호와여 복수하시는 하나님이여 복수하시는 하나님이여 빛을 비추어 주소서
2절 세계를 심판하시는 주여 일어나사 교만한 자들에게 마땅한 벌을 주소서
3절 여호와여 악인이 언제까지, 악인이 언제까지 개가를 부르리이까
4절 그들이 마구 지껄이며 오만하게 떠들며 죄악을 행하는 자들이 다 자만하나이다
5절 여호와여 그들이 주의 백성을 짓밟으며 주의 소유를 곤고하게 하며
6절 과부와 나그네를 죽이며 고아들을 살해하며
7절 말하기를 여호와가 보지 못하며 야곱의 하나님이 알아차리지 못하리라 하나이다
8절 백성 중의 어리석은 자들아 너희는 생각하라 무지한 자들아 너희가 언제나 지혜로울까
9절 귀를 지으신 이가 듣지 아니하시랴 눈을 만드신 이가 보지 아니하시랴
10절 뭇 백성을 징벌하시는 이 곧 지식으로 사람을 교훈하시는 이가 징벌하지 아니하시랴
11절 여호와께서는 사람의 생각이 허무함을 아시느니라
12절 여호와여 주로부터 징벌을 받으며 주의 법으로 교훈하심을 받는 자가 복이 있나니
13절 이런 사람에게는 환난의 날을 피하게 하사 악인을 위하여 구덩이를 팔 때까지 평안을 주

	시리이다
14절	여호와께서는 자기 백성을 버리지 아니하시며 자기의 소유를 외면하지 아니하시리로다
15절	심판이 의로 돌아가리니 마음이 정직한 자가 다 따르리로다
16절	누가 나를 위하여 일어나서 행악 자들을 치며 누가 나를 위하여 일어나서 악행하는 자들을 칠까
17절	여호와께서 내게 도움이 되지 아니하셨더면 내 영혼이 벌써 침묵 속에 잠겼으리로다
18절	여호와여 나의 발이 미끄러진다고 말할 때에 주의 인자하심이 나를 붙드셨사오며
19절	내 속에 근심이 많을 때에 주의 위안이 내 영혼을 즐겁게 하시나이다
20절	율례를 빙자하고 재난을 꾸미는 악한 재판장이 어찌 주와 어울리리이까
21절	그들이 모여 의인의 영혼을 치려 하며 무죄한 자를 정죄하여 피를 흘리려 하나
22절	여호와는 나의 요새이시요 나의 하나님은 내가 피할 반석이시라
23절	그들의 죄악을 그들에게로 되돌리시며 그들의 악으로 말미암아 그들을 끊으시리니 여호와 우리 하나님이 그들을 끊으시리로다

본문배경

시편의 네 번째 묶음(90-106편)의 대부분의 시에는 제목이 없다. 제목이 있는 시는 90(하나님의 사람 모세의 기도), 92(안식일의 찬송시), 98(시), 100(감사의 시), 101(다윗의 시), 102(고난당한 자가 마음이 상하여 그의 근심을 여호와 앞에 토로하는 기도), 103(다윗의 시), 모두 7편이다.

시편 94편은 하나님의 복수를 간청하는 탄원시이다. 1절에서 두 번씩이나 복수하시는 하나님의 이름을 부른다. '복수하시는 하나님'(엘 네카못)은 세상을 심판하는 분이신데 현재는 이 지구촌에 일어나는 일에 대해 침묵하시는 것처럼 보여 시인의 애간장을 녹인다.

시인은 하나님께 호소한다. "언제까지, 언제까지입니까?"(아드 마타이) 그러면서도 시인은 하나님을 듣지 못하고 보지 못하시는 분이 아니라 듣고 보시는 분이시며(9절), 알고 계시며("여호와께서는 사람의 생각이 허무함을 아시느니라"〈11절〉), 벌하시며("뭇 백성을 징벌하시는 이"〈10절〉, "주로부터 징벌을 받으며"〈12절〉), 자기 백성을 버리지 않으시며(14절), 도움이 되어 주시며(17절), 위로하시며("주의 위안이 내 영혼을 즐겁게 하시나이다"〈19절〉), 요새, 반석이신 하나님으로 고백하고 있다("여호와는 나의 요새이시요 나의 하나님은 내가 피할 반석이시라"〈22절〉).

기 도

성령의 임재를 위한 기도

이 시편의 말씀에서 나의 상황과 국가 및 지구촌에서 일어나는 일에 침묵하시어 "악인이 언제까지 개가를 부르리이까?"라는 안타까운 심정과 동시에 악을 징벌하시어 자기 백성을 건져 위로하시는 하나님을 분별할 수 있는 은총을 구한다.

"교만하여 주의 뜻을 멸시하며 하나님을 의지하는 이를 능멸하는 이들을 사랑의 매로 징벌하시는 하나님! 나를 교만한 죄로부터 돌이키시기 위하여 사랑의 징벌로 교훈하시고 바른길에 서게 하시는 하나님을 사랑합니다. 그러하오나 긍휼과 자비를 더하사 하나님이 원하시지 않는 자리에 오랫동안 머물지 않게 하옵소서."

본문말씀 읽기와 묵상하기

1. 본문을 천천히 한 번 읽으면서 본문의 기도자의 상황을 헤아린다. 여러 번 말씀을 반복해서 읽으면서 자신의 마음에 닿는 말씀과 자신에게 들려오는 말씀을 감지한다.
   예를 들면 "세계를 심판하시는 주여 일어나사 교만한 자들에게 마땅한 벌을 주소서"(2절).
2. 다시 한번 본문말씀을 읽으면서 자신에게 다가오는 말씀에 귀 기울인다.
   예를 들면 "여호와여 그들이 주의 백성을 짓밟으며 주의 소유를 곤고하게 하며"(5절), "여호와여 주로부터 징벌을 받으며 주의 법으로 교훈하심을 받는 자가 복이 있나니"(12절).
3. 위의 세 절의 말씀들을 마음으로 읊조리면서 묵상한다.
   - 2절과 5절, 그리고 12절의 말씀으로부터 나는 무엇을 느끼며 경험하고 있는가?
   - 이러한 나의 경험이 나 자신과 어떻게 연결되는가?
   - 예를 들면, 국가적으로 교만한 사건이나 인물이 하나님의 사랑의 징벌을 받았던 것과 나 자신의 교만으로 인하여 받았던 하나님의 사랑의 매를 어떻게 인지하며 기억하고 있는가?
   - 특별히 자신이 속해 있는 직장공동체나 교회공동체에서 하나님의 뜻을 따르는 소수의 사람들을 향하여 교만하게 혹은 냉혹하게 행동하는 사람들 안에서 나 자신의 위치나 역할은 어떤 것인가?

- 하나님의 징벌로부터 교훈 받은 것을 감사하며, 또한 사랑의 매를 맞기 전에 늘 하나님의 법으로 교훈 받기를 기대하고 있는가?

이상의 질문들을 나 자신과 구체적으로 관련하여 하나님과의 대화를 적극적으로 시도한다.

4. 이제부터는 기도의 내용을 단순화하면서 기도의 주도권을 하나님께서 가지시도록 수동적으로 묵상한다. 적극적 묵상에서 기도한 주제에 대하여 하나님께서 나에게 무엇을 어떻게 말씀하시는지 귀 기울인다. 적극적 묵상에서 깨닫고 느낀 바에 대한 주님의 응답을 단순화된 형태로 맛보면서 묵상기도를 내면화한다.

예를 들면 어떤 위치에 있었는지 상관하지 않으시고 하나님의 법도를 떠나 교만하게 행동하는 것을 보응하시는 하나님을 경험하면서, 나의 삶을 통하여 사랑의 매로 하나님의 교훈을 받은 사건들과 이 사건들로 인하여 영적이나 인격적으로 성장케 하셨던 하나님을 기억하면서, 감사한 마음으로 '세계를 심판하시며', '주의 백성을 짓밟으며 주의 소유를 곤고케 하는 이들을 보응하시며', 그리고 '주의 법으로 교훈하심을 받는' 복 있게 하시는 하나님 안에 머문다.

5. 위의 세 절의 말씀들에 반응하는 기도를 드린다.

예를 들면 주의 법도 안에 머물러 사는 축복을 주시기 위하여 사랑으로 교훈하시고 보응하시는 하나님의 사랑에 비하여 하나님의 법도 밖에서 길들여진 나의 삶의 범주와 신념 안으로 반복하여 살기를 원하는 자신을 싫어하지 않을 뿐만 아니라 삶의 의미까지 부여하면서 유지하고자 하는 자신을 인정하면서, 그리고 이제까지 나의 삶 속에서 교훈하신 하나님의 오래 참으심에 감사하면서, 끊이지 아니하시고 늘 주의 법도를 가르쳐 주기를 기뻐하시는 하나님과의 깊은 교제의 삶이 늘 지속되기를 간구한다.

임재 안에 머물기

이미 들려주신 주님의 말씀에 깊이 동의하면서 이성과 감성의 활동을 멈추고, 주님이 내려 주시는 고요함과 평화 가운데에서 주님 안에 머무는 경험을 해 본다. 그리고 아래와 같이 기도로 마무리한다.

"나를 날마다 교훈하시어 주의 법도 안으로 인도하시는 하나님! 감사합니다. 시간마다 분초마다 주의 법도로 가르치시어, 주의 법도 안에 늘 머물러 살면서 하나님의 법도를 자랑하고 기뻐하며 증거하게 하시는 하나님의 은혜를 사모하며 기다립니다. 하나님의 법도를 떠난 나의 삶을 그냥 지나가지 아니하시고, 여러 모양으로 교훈하시며 오랫동안 기다려 주시는 하나님의 사랑에 감사와 찬양을 올립니다. 이러한 감사와 찬양이

늘 나의 삶에 넘치게 하시는 하나님의 은혜 안에 늘 머물게 하옵소서."

반추 및 성찰

가능하면 기도했던 장소에서 자리를 옮긴다. 그리고 기도 시간에 경험한 내용을 돌아보면서 노트에 간단히 적는다. 이때 기도 안에서 하나님과 내 자신에 대한 전체적인 느낌을 적고, 또 영적으로 위로를 받았던 경험과 영적으로 메말랐던 경험을 적는다.

삶으로 나아가기

마음에 와 닿는 한 구절의 말씀을 선택하여 쪽지에 기록하고, 이 말씀을 수시로 꺼내어 읊조리면서 삶 속에서 기도하며 생활한다.
예를 들면 "여호와여 주로부터 징벌을 받으며 주의 법으로 교훈하심을 받는 자가 복이 있나니"(12절).

본문 주요내용

시의 구성은 대칭구조로 되어 있다. 같은 표현을 두 번씩 반복함으로 시인은 자신의 탄원을 심화시켜 나간다. 예를 들어 보자.
복수하시는 하나님이여, 복수하시는 하나님이여(1절), 악인이 언제까지, 악인이 언제까지(3절), 마구 지껄이며, 오만하게 떠들며(4절), 죽이며, 살해하며(6절), 보지 못하며, 알아차리지 못하리라(7절), 어리석은 자들아, 무지한 자들아(8절), 듣지 아니하시랴, 보지 아니하시랴(9절), 징벌하시는 이, 징벌하지 아니하시랴(10절), 징벌을 받으며, 교훈하심을 받는 자(12절), 자기 백성, 자기 소유(14절), 누가 나를 위하여 일어나서, 누가 나를 위하여 일어나서(16절), 행악자들을 치며, 악행하는 자들을 칠까(16절), 요새, 반석(22절), 끊으시리니, 끊으시리로다(23절).
본 시편은 내용면으로 볼 때 하박국 1~2장과 예레미야애가서와 흡사하다. "여호와여 내가 부르짖어도 주께서 듣지 아니하시니 어느 때까지리이까 내가 강포로 말미암아 외쳐도 주께서 구원하지 아니하시나이다"(합 1 : 2), "내가 내 파수하는 곳에 서며 성루에 서리라 그가 내게 무엇이라 말씀하실는지 기다리고 바라보며 나의 질문에 대하여 어떻게 대답하실는지 보리라 하였더니"(합 2 : 1), "여호와여 보시옵소서 내가 환난을 당하여 나의 애를 다 태우고 나의 마음이 상하오니"(애 1 : 20 상), "내 심령에 이르기를 여호와는 나의 기업이시니 그러므로 내가 그를 바라리라 하도다"(애 3 : 24).

본 시편은 네 부분으로 나뉜다 : 악인을 심판하소서(1 - 2절), 약한 자를 괴롭히는 악인의 교만과 잔인함(3 - 7절), 악인의 행동에 대해 하나님은 무지하다는 생각을 하는 사람들에 대한 시인의 꾸지람(8 - 11절), 악인으로부터 주의 기업 된 백성을 구하시는 하나님(12 - 23절).

주요 교훈은 다음과 같다. 첫째, 하나님이 다 아신다. "여호와께서는 사람의 생각이 허무함을 아시느니라"(11절). 둘째, 주의 징벌을 받으며 주의 법으로 교훈을 받는 자가 복이 있다(12절). 셋째, 여호와는 자기 백성을 버리지 않으신다(14절). 넷째, 의로운 심판이 반드시 있다. "심판이 의로 돌아가리니 마음이 정직한 자가 다 따르리로다"(15절). 다섯째, 환난 날에 주의 위로와 인자하심이 있다. "내 속에 근심이 많을 때에 주의 위안이 내 영혼을 즐겁게 하시나이다"(19절). 여섯째, 여호와는 나의 요새요 반석이시다(22절). 시편 94편은 일견 탄원시처럼 보이나 하나님에 대한 굳건한 믿음을 보이는 신뢰의 시이다.

시편 95 편

굽혀 경배하며

기도에 임하기

1. 몸과 마음을 가다듬고 하나님의 임재를 느끼며 기도한다.
   "하나님이여, 말씀하시옵소서. 저희가 듣겠나이다. 마음과 눈을 여시어 성령 하나님의 인도하심을 받게 하옵소서. 예수 그리스도의 이름으로 기도하옵나이다."
2. 찬송을 부른다("나의 신부야").

시편 95 : 1~11

1절 오라 우리가 여호와께 노래하며 우리의 구원의 반석을 향하여 즐거이 외치자
2절 우리가 감사함으로 그 앞에 나아가며 시를 지어 즐거이 그를 노래하자
3절 여호와는 크신 하나님이시요 모든 신들보다 크신 왕이시기 때문이로다
4절 땅의 깊은 곳이 그의 손 안에 있으며 산들의 높은 곳도 그의 것이로다
5절 바다도 그의 것이라 그가 만드셨고 육지도 그의 손이 지으셨도다
6절 오라 우리가 굽혀 경배하며 우리를 지으신 여호와 앞에 무릎을 꿇자
7절 그는 우리의 하나님이시요 우리는 그가 기르시는 백성이며 그의 손이 돌보시는 양이기 때문이라 너희가 오늘 그의 음성을 듣거든
8절 너희는 므리바에서와 같이 또 광야의 맛사에서 지냈던 날과 같이 너희 마음을 완악하게 하지 말지어다
9절 그때에 너희 조상들이 내가 행한 일을 보고서도 나를 시험하고 조사하였도다
10절 내가 사십 년 동안 그 세대로 말미암아 근심하여 이르기를 그들은 마음이 미혹된 백성이라 내 길을 알지 못한다 하였도다
11절 그러므로 내가 노하여 맹세하기를 그들은 내 안식에 들어오지 못하리라 하였도다

본문배경

본 시편은 찬양시에 속한다. 시인은 이스라엘 민족을 향하여 하나님께 감사하고, 노래하며, 즐거이 소리쳐 부르며, 그 앞에 나아가 경배할 것을 권면한다. 찬양과 경배를 받으실 이유는 여호와는 크신 하나님이시요, 모든 신들 중에 크신 왕이시기 때문이다. 또한 하나님은 이스라엘의 하나님이실 뿐 아니라 이스라엘을 친히 기르시는 목자이시기 때문이다.

시의 구성은 우선 하나님을 송축할 것을 권면하는 것으로 시작된다. 그 후에는 찬양할 이유에 대해서 그리고 하나님이 얼마나 크신 분인지에 대한 설명이 이어지고, 결구 부분에선 과거의 불순종이 안식에 들어가지 못했음을 상기시킨다. 시작 부분에 비해 끝 부분이 미완성으로 끝나는 시가 시편 95편이다. 아마도 이렇게 끝마무리를 독자에게 맡긴 이유는 과거 이스라엘 백성처럼 불순종하여 안식에 들어가지 못하는 비극이 반복되지 않도록 할 책임이 이 시편을 애독하거나 애창하는 사람들에게 있음을 알리기 위해서인 것 같다.

이와 같은 형태의 찬송 시편은 일반 찬송 시편과 다르다. 보통 찬송시는 찬양으로 시작해서 찬양으로 끝나는 데 반해, 시편 95편은 찬양으로 시작해서 경고로 끝나는 점이 특징이다. 본 시편은 회중예배를 위해 지어진 것으로 전통시와 다른 파격을 사용하는 변화를 줌으로써 신선함을 더해 준다.

기도

성령의 임재를 위한 기도

이 시편의 말씀에서 모든 신들 중에 크시고, 왕이시며, 자기 백성을 친히 가르치시는 목자이신 하나님을 찬양하며 경배하는 것이 우리의 삶이라는 것을 알게 하는 은총을 구한다.

"상상이 되지 않게 크신 하나님! 굽혀 경배하며 하나님 앞에 무릎을 꿇습니다. 제가 하나님을 알기도 전에 지으시고 돌보시어 하나님의 음성을 듣게 하신 하나님! 사랑합니다. 이제까지 주의 손으로 저를 양육하여 주신 하나님! 사랑합니다. 완악하여 하나님의 음성 듣기를 즐겨 하지 않는 자리에 서지 않게 하옵소서. 늘 '주님, 말씀하옵소서.

제가 듣겠나이다.'라고 고백하는 자리에 머물러 있게 하옵소서."

본문말씀 읽기와 묵상하기

1. 본문을 천천히 한 번 읽으면서 본문의 기도자의 상황을 헤아린다. 여러 번 말씀을 반복해서 읽으면서 자신의 마음에 닿는 말씀과 자신에게 들려오는 말씀을 감지한다.
   예를 들면 "오라 우리가 굽혀 경배하며 우리를 지으신 여호와 앞에 무릎을 꿇자"(6절).
2. 다시 한번 본문말씀을 읽으면서 자신에게 다가오는 말씀에 귀 기울인다.
   예를 들면 "그는 우리의 하나님이시요 우리는 그가 기르시는 백성이며 그의 손이 돌보시는 양이기 때문이라 너희가 오늘 그의 음성을 듣거든"(7절), "너희 마음을 완악하게 하지 말지어다"(8절 하).
3. 위의 세 절의 말씀들을 마음으로 읊조리면서 묵상한다.
   - 6절과 7절, 그리고 8절 하반절의 말씀으로부터 나는 무엇을 느끼며 경험하고 있는가?
   - 이러한 나의 경험이 나 자신과 어떻게 연결되는가?
   - 예를 들면, 하나님이 얼마나 크시고 위대하시고 높으신가를 인지하고 느끼는가?
   - 어떤 마음과 모습으로 그 크시고 위대하신 하나님께 경배하며 무릎을 꿇고 있는가?
   - 하나님께서 기르시고 양육하시는 손길과 음성을 어떻게 느끼고 있는가?

   하나님의 말씀과 뜻에 완악하였던 과거의 삶과 현재의 삶을 감지하면서, 이상의 질문들을 나 자신과 구체적으로 관련하여 하나님과의 대화를 적극적으로 시도한다.
4. 이제부터는 기도의 내용을 단순화하면서 기도의 주도권을 하나님께서 가지시도록 수동적으로 묵상한다. 적극적 묵상에서 기도한 주제에 대하여 하나님께서 나에게 무엇을 어떻게 말씀하시는지 귀 기울인다. 적극적 묵상에서 깨닫고 느낀 바에 대한 주님의 응답을 단순화된 형태로 맛보면서 묵상기도를 내면화한다.
   예를 들면 나의 생각이나 상상으로 헤아리기 힘든 하나님의 크심과 놀라운 보살피심을 느끼면서 나 자신이 처음으로 하나님을 인지하고 경험하였던 때와 그 이후로 계속하여 하나님의 말씀으로 양육하시고, 또한 하나님의 사람들을 통하여 양육 받게 하셨던 목자이신 하나님의 사랑을 고백한다. 또한 하나님의 양육권을 다른 것으로 바꾸지는 않았지만 그 양육권으로부터 살짝 비켜서려고 하였던 것을 인정하면서 하나님께 무릎 꿇고 경배하며 그 안에 머문다.

5. 위의 세 절의 말씀들에 반응하는 기도를 드린다.

예를 들면 상상할 수도 없이 크신 하나님에 비하여 점과 같은 나를 돌보시며 음성을 들려주기 기뻐하시는 주님께 감사하면서 목자이신 하나님의 음성 듣기를 사모하며, 크고 위대하신 하나님의 돌보심에 늘 순종하며, 깊은 교제가 이 땅을 떠나 주님의 품에 안길 때까지 늘 지속되기를 간구한다.

임재 안에 머물기

이미 들려주신 주님의 말씀에 깊이 동의하면서 이성과 감성의 활동을 멈추고, 주님이 내려 주시는 고요함과 평화 가운데에서 주님 안에 머무는 경험을 해 본다. 그리고 아래와 같이 기도로 마무리한다.

"하나님의 크심과 놀라우신 돌보심과 위대하심을 경배합니다. 그 크신 하나님께 무릎 꿇어 하나님의 양육을 받게 하신 것을 감사드립니다. 하나님의 음성을 분별하여 잘 듣게 하시며, 하나님의 돌보심에 응답하는 사람으로 계속하여 자라 나가는 삶을 허락하여 주옵소서.

저의 마음이 완악하여 주의 음성 듣기를 게을리할 때 긍휼과 자비를 늘 베풀어 주시옵소서."

반추 및 성찰

가능하면 기도했던 장소에서 자리를 옮긴다. 그리고 기도 시간에 경험한 내용을 돌아보면서 노트에 간단히 적는다.

이때 기도 안에서 하나님과 내 자신에 대한 전체적인 느낌을 적고, 또 영적으로 위로를 받았던 경험과 영적으로 메말랐던 경험을 적는다.

삶으로 나아가기

마음에 와 닿는 한 구절의 말씀을 선택하여 쪽지에 기록하고, 이 말씀을 수시로 꺼내어 읊조리면서 삶 속에서 기도하며 생활한다.

예를 들면 "그는 우리의 하나님이시요 우리는 그가 기르시는 백성이며 그의 손이 돌보시는 양이기 때문이라 너희가 오늘 그의 음성을 듣거든"(7절), "너희 마음을 완악하게 하지 말지어다"(8절 하).

본문 주요내용

본 시편에서 나타나는 신학사상은 다음과 같다.

유일신앙 : 여호와는 크신 하나님이시요 모든 신들보다 크신 왕이시다(3절). 이 선언은 다른 신의 존재를 인정하는 것이 아니라 하나님만이 유일한 신이심을 고백할 때 사용하는 표현이다.

창조신앙 : 땅의 깊은 곳이 그의 손안에 있으며 산들의 높은 곳도 그의 것이로다 바다도 그의 것이라 그가 만드셨고 육지도 그의 손이 지으셨도다(4 - 5절).

인격적인 하나님 : 이스라엘과의 관계에 있어서 창조주이시며 유일하신 하나님께서 이스라엘과 목자와 양의 관계를 맺으시고, 그의 백성 이스라엘을 친히 돌보시며 기르신다(7절).

심판하시는 하나님 : 하나님의 음성에 순종하여 따르면 좋거니와 만일 과거 므리바에서처럼 하나님께 불순종하면 심판을 받아 멸망하게 된다.

시인은 하나님에 대해서 구원의 반석이며 우리를 지으신 분이라고 고백한다. 하나님께서 땅과 하늘과 산과 육지, 바다만 지으신 것이 아니라 인간도 지으셨음을 강조한다. 온 세상은 하나님이 만드신 피조물이라는 것이다. 따라서 하나님은 만드신 피조세계에서 예배를 받으시기에 합당하시다는 점을 강조한다.

시인은 세 번에 걸쳐 하나님께 경배할 것으로 청한다.

오라 우리가 여호와께 노래하며 우리의 구원의 반석을 향하여 즐거이 부르자(1절), 우리가 감사함으로 그 앞에 나아가며 시를 지어 즐거이 그를 노래하자(2절), 오라 우리가 굽혀 경배하며 우리를 지으신 여호와 앞에 무릎을 꿇자(6절).

시편 95편

시편 96 편

여호와께서 다스리시도다

기도에 임하기

1. 몸과 마음을 가다듬고 하나님의 임재를 느끼며 기도한다.
   "하나님이여, 말씀하시옵소서. 저희가 듣겠나이다. 마음과 눈을 여시어 성령 하나님의 인도하심을 받게 하옵소서. 예수 그리스도의 이름으로 기도하옵나이다."
2. 찬송을 부른다("나의 신부야").

시편 96 : 1~13

1절 새 노래로 여호와께 노래하라 온 땅이여 여호와께 노래할지어다
2절 여호와께 노래하여 그의 이름을 송축하며 그의 구원을 날마다 전파할지어다
3절 그의 영광을 백성들 가운데에, 그의 기이한 행적을 만민 가운데에 선포할지어다
4절 여호와는 위대하시니 지극히 찬양할 것이요 모든 신들보다 경외할 것임이여
5절 만국의 모든 신들은 우상들이지만 여호와께서는 하늘을 지으셨음이로다
6절 존귀와 위엄이 그의 앞에 있으며 능력과 아름다움이 그의 성소에 있도다
7절 만국의 족속들아 영광과 권능을 여호와께 돌릴지어다 여호와께 돌릴지어다
8절 여호와의 이름에 합당한 영광을 그에게 돌릴지어다 예물을 들고 그의 궁정에 들어갈지어다
9절 아름답고 거룩한 것으로 여호와께 예배할지어다 온 땅이여 그 앞에서 떨지어다
10절 모든 나라 가운데서 이르기를 여호와께서 다스리시니 세계가 굳게 서고 흔들리지 않으리라 그가 만민을 공평하게 심판하시리라 할지로다
11절 하늘은 기뻐하고 땅은 즐거워하며 바다와 거기에 충만한 것이 외치고
12절 밭과 그 가운데에 있는 모든 것은 즐거워할지로다 그때 숲의 모든 나무들이 여호와 앞에

서 즐거이 노래하리니
13절 그가 임하시되 땅을 심판하러 임하실 것임이라 그가 의로 세계를 심판하시며 그의 진실하심으로 백성을 심판하시리로다

본문배경

시편 95편과 마찬가지로 96편도 찬송시이다. 그러나 95편과 다른 점은 서론(1-3절), 본론(7-10절), 결론(11-12절)이 모두 찬송으로 이어진다는 것이다. 시편의 분위기는 기쁨(히브리어로 씸하), 주를 경외함(이르앗 아도나이), 경배(하아라짜)로 대변된다. 첫째, 기쁨에 있어서 시인은 사람뿐 아니라 자연도 하나님 앞에서 기뻐함을 강조한다. "하늘은 기뻐하고 땅은 즐거워하며 바다와 거기에 충만한 것이 외치고 밭과 그 가운데에 있는 모든 것은 즐거워할지로다 그때 숲의 모든 나무들이 여호와 앞에서 즐거이 노래하리니"(11-12절). 둘째, 경외함의 방식은 새 노래를 지어 지극히 찬양하는 것이다(원문에는 아주 놀라우신 하나님이 찬송을 극진히 받으시도록, 4절). 셋째, 경배는 하나님의 이름에 합당하게 아름답고 거룩한 예물을 가지고 떨며 예배하는 것이다(8-9절). 이와 같은 세 가지 형태를 가진 시는 하나님의 왕권을 노래하는 시편이 갖고 있는 특성 중 하나이다. 본 시는 하나님을 온 세상의 왕으로 선포한다. 온 세상의 의미는 피조세계와 온 열방을 모두 포함하는 광의의 의미를 가진다. 따라서 본 시편은 왕을 노래하는 시편으로 분류할 수 있다. 이렇게 보는 근거는 첫째, 왕이신 하나님께 노래와 복의 기원으로 예의를 갖추고(1-2절), 둘째 예물을 드리며(8절), 셋째 경배하며(9절), 넷째 왕의 심판을 받아들이고 있기 때문이다(10, 13절).

기 도

성령의 임재를 위한 기도

이 시편의 말씀에서 온 피조세계와 모든 열방이 하나님 앞에서 기뻐하며, 하나님의 이름에 합당한 영광과 거룩한 예물을 받으시는 왕이신 하나님께 예배드릴 수 있는 은총을 구한다.

"하나님이 지으신 모든 피조세계와 열방으로부터 영광 받으시기에 합당하신 하나님!

하나님을 경배하며 찬양합니다. 하나님의 영광과 하나님의 기이한 행적들을 만민들에게 기뻐하며 선포하게 하옵소서. 그리하여 만국의 족속들이 하나님의 이름에 합당한 영광을 하나님께 돌리며 예물을 갖고 떨며 주를 경배하며 예배하게 하옵소서."

본문말씀 읽기와 묵상하기

1. 본문을 천천히 한 번 읽으면서 본문의 기도자의 상황을 헤아린다. 여러 번 말씀을 반복해서 읽으면서 자신의 마음에 닿는 말씀과 자신에게 들려오는 말씀을 감지한다.
   예를 들면 "그의 영광을 백성들 가운데에, 그의 기이한 행적을 만민 가운데에 선포할지어다"(3절).
2. 다시 한번 본문말씀을 읽으면서 자신에게 다가오는 말씀에 귀 기울인다.
   예를 들면 "만국의 족속들아 영광과 권능을 여호와께 돌릴지어다 여호와께 돌릴지어다"(7절), "여호와의 이름에 합당한 영광을 그에게 돌릴지어다 예물을 들고 그의 궁정에 들어갈지어다"(8절).
3. 위의 세 절의 말씀들을 마음으로 읊조리면서 묵상한다.
   - 3절과 7절, 그리고 8절 말씀으로부터 나는 무엇을 느끼며 경험하고 있는가?
   - 이러한 나의 경험이 나 자신과 어떻게 연결되는가?
   - 예를 들면, 모든 사람들과 자연과 함께 기뻐하며 하나님을 찬양하며 하나님께 영광을 돌리는가?
   - 어떤 마음과 모습으로 왕이신 하나님을 다른 사람들과 민족들에게 선포하며, 또한 하나님을 경배하며 예배하는가?

   모든 영광과 권능을 하나님께 돌리며 어떤 예물을 갖고 하나님의 이름에 합당한 영광을 돌리고 있는가를 감지하면서 이상의 질문들을 나 자신과 구체적으로 관련하여 하나님과의 대화를 적극적으로 시도한다.
4. 이제부터는 기도의 내용을 단순화하면서 기도의 주도권을 하나님께서 가지시도록 수동적으로 묵상한다. 적극적 묵상에서 기도한 주제에 대하여 하나님께서 나에게 무엇을 어떻게 말씀하시는지 귀 기울인다. 적극적 묵상에서 깨닫고 느낀 바에 대한 주님의 응답을 단순화된 형태로 맛보면서 묵상기도를 내면화한다.
   예를 들면 모든 피조세계의 자연들, 하늘, 땅, 바다에 충만한 모든 것들의 아름다움과 웅장함으로부터 하나님을 찬양하며 기뻐하는 것을 느끼면서 나 자신의 모습과 삶이 다른 사람들과 더불어 하나님을 기뻐하며, 떨며, 경배하며, 어떤 예물을 하나님께 드리며, 하나님께 영광 돌리는 예배를 드리고 있는가를 감지하면서 부족한 자신을 고백하고 인정하며, 하나님의 이름에 합당한 영광과 기이한 행적을 보여 인지케 하시는 하나님 안에 머문다.

5. 위의 세 절의 말씀들에 반응하는 기도를 드린다.

   예를 들면 웅장하고, 위엄 있고, 어떤 때는 두려움과 아름다움을 느끼게 하는 자연들의 모습들을 상상하면서 나 자신의 모습과 삶을 통하여서도 이와 같은 하나님의 영광과 권능이 드러나도록 간구한다.

   또한 하나님의 이름에 합당한 영광을 돌릴 뿐만 아니라 다른 사람들과 열방을 향하여 성경말씀 안에 그 놀랍고 기이한 하나님의 행적들과 나를 통해 역사하신 하나님의 기이한 행적을 선포케 하시는 하나님의 크신 경륜에 머리 숙여 경배하며 "내가 죽지 않고 살아서 여호와의 행사를 선포하리라"는 주님의 말씀이 늘 내 안에서 살아 역사하기를 간구한다.

임재 안에 머물기

이미 들려주신 주님의 말씀에 깊이 동의하면서 이성과 감성의 활동을 멈추고, 주님이 내려 주시는 고요함과 평화 가운데에서 주님 안에 머무는 경험을 해 본다. 그리고 아래와 같이 기도로 마무리한다.

"주께서 창조하신 모든 피조세계와 더불어 기뻐하며 하나님을 찬양합니다. 하나님께 영광을 돌리고 있는 모든 열방의 민족들과 함께 하나님의 이름에 합당한 영광을 돌리며 하나님의 기이한 행적들을 선포하고 증거하게 하옵소서.

그리하여 다른 모든 사람들과 더불어 정성 어린 예물을 가지고 떨며 하나님을 예배하는 삶을 살 수 있도록 하나님의 자비하심과 긍휼히 여기심이 늘 제 위에 머물기를 간구하옵나이다."

반추 및 성찰

가능하면 기도했던 장소에서 자리를 옮긴다. 그리고 기도 시간에 경험한 내용을 돌아보면서 노트에 간단히 적는다.

이때 기도 안에서 하나님과 내 자신에 대한 전체적인 느낌을 적고, 또 영적으로 위로를 받았던 경험과 영적으로 메말랐던 경험을 적는다.

삶으로 나아가기

마음에 와 닿는 한 구절의 말씀을 선택하여 쪽지에 기록하고, 이 말씀을 수시로 꺼내어 읊조리면서 삶 속에서 기도하며 생활한다.

예를 들면 "그의 영광을 백성들 가운데에, 그의 기이한 행적을 만민 가운데에 선포할지어다"(3절), "여호와의 이름에 합당한 영광을 그에게 돌릴지어다 예물을 들고 그의 궁정에 들어갈지어다"(8절).

본문 주요내용

여호와는 누구신가?

첫째로, 시인은 여호와를 지구촌을 넘어서 전 우주를 다스리는 하나님으로 이해한다. 따라서 시의 스케일은 바로 앞의 찬송시인 95편보다 훨씬 크다. 예를 들어 보자. 그의 영광을 백성들 가운데 그의 기이한 행적을 만민 가운데에 선포할지어다(3절), 여호와는 위대하시니 지극히 찬양할 것이요 모든 신들보다 경외할 것임이요(4절), 만국의 모든 신들은 우상들이지만 여호와께서는 하늘을 지으셨음이로다(5절), 만국의 족속들아 영광과 권능을 여호와께 돌릴지어다(7절), 온 땅이여 그 앞에서 떨지어다(9절), 모든 나라 가운데 이르기를 여호와께서 다스리시니(10절), 하늘은 기뻐하고(11절), 그가 임하시되 땅을 심판하러 임하실 것임이라(13절).

둘째로, 예루살렘 성소에 하나님의 존귀와 위엄, 능력과 아름다움이 머물러 있다. 우주적인 하나님이 한 지역을 택하셨고, 그곳에 지어진 성소에 머무신다.

셋째로, 하나님은 공평(히브리어로 메이샤림)과 의(쩨덱)와 진실(에무나)로 세상을 다스리신다. 공평과 의는 성경의 주요 주제로써 의로운 왕과 나라가 갖추는 덕목의 대표적인 예이다. 아브라함의 경우도 하나님이 선택하신 이유가 바로 그로 하여금 의(쩨다카)와 공의(미슈파트)를 행하게 하려 함이었다(창 18 : 19). 시편에서도 이 주제는 많이 나온다. "의(쩨덱)로 세계를 심판하심이여 공평(메이샤림)으로 만민에게 판결을 내리시리로다"(시 9 : 8), 그가 의(쩨덱)로 세계를 판단하시며 공평(메이샤림)으로 그의 백성을 심판하시리로다"(시 98 : 9), "능력 있는 왕은 공의(미슈파트)를 사랑하느니라 주께서 공평(메이샤림)을 견고하게 세우시고 주께서 야곱에게 공의(미슈파트)와 의(제다카)를 행하시나이다"(시 99 : 4).

히브리어 메이샤림(공평)에 해당하는 아카드어는 misharim인데, 아카드어로 '미샤림'이 선포되면 왕에게 지불해야 할 빚이 탕감되고, 빚 때문에 종이 된 사람들이 자유를 얻으며, 군복무 의무가 면제된다. 성경에는 이에 해당되는 것이 희년(레 25장)과 성령의 강림사건(사 61장, 행 2장)으로 볼 수 있다.

시편 97편

여호와로 말미암아 기뻐하라

기도에 임하기

1. 몸과 마음을 가다듬고 하나님의 임재를 느끼며 기도한다.
   "하나님이여, 말씀하시옵소서. 저희가 듣겠나이다. 마음과 눈을 여시어 성령 하나님의 인도하심을 받게 하옵소서. 예수 그리스도의 이름으로 기도하옵나이다."
2. 찬송을 부른다("나의 신부야").

시편 97 : 1~12

1절 여호와께서 다스리시나니 땅은 즐거워하며 허다한 섬은 기뻐할지어다
2절 구름과 흑암이 그를 둘렀고 의와 공평이 그의 보좌의 기초로다
3절 불이 그의 앞에서 나와 사방의 대적들을 불사르시는도다
4절 그의 번개가 세계를 비추니 땅이 보고 떨었도다
5절 산들이 여호와의 앞 곧 온 땅의 주 앞에서 밀랍같이 녹았도다
6절 하늘이 그의 의를 선포하니 모든 백성이 그의 영광을 보았도다
7절 조각한 신상을 섬기며 허무한 것으로 자랑하는 자는 다 수치를 당할 것이라 너희 신들아 여호와께 경배할지어다
8절 여호와여 시온이 주의 심판을 듣고 기뻐하며 유다의 딸들이 즐거워하였나이다
9절 여호와여 주는 온 땅 위에 지존하시고 모든 신들보다 위에 계시니이다
10절 여호와를 사랑하는 너희여 악을 미워하라 그가 그의 성도의 영혼을 보전하사 악인의 손에서 건지시느니라
11절 의인을 위하여 빛을 뿌리고 마음이 정직한 자를 위하여 기쁨을 뿌리시는도다
12절 의인이여 너희는 여호와로 말미암아 기뻐하며 그의 거룩한 이름에 감사할지어다

본문배경

시편 97편도 신정시편으로 하나님의 다스리심을 노래한다. 본 시편에서 주목할 만한 부분은 하나님의 다스리심이 온 세상의 기쁨이 된다는 것이다. 하나님이 세상에 왕으로 임하시는 모습(신학적인 용어로 신의 현현 - theophany)은 시내 산 강림 사건 묘사와 흡사하다. 주인공은 하나님이시고 주변 배경은 구름, 흑암, 불, 번개로 이들은 하나님의 현현장면을 극대화시킨다(연기, 불, 진동, 나팔소리 - 출 19 : 18 - 19 ; 우레, 번개, 나팔소리, 연기 - 출 20 : 18).

외견상 다른 점은 시내 산 강림은 하나님을 왕으로 묘사하지는 않는다는 것이다. 하지만 그 이유가 있다. 그것은 홍해바다 도하기념 노래에서 이미 하나님의 왕 되심이 선포되었기 때문이다("여호와께서 영원무궁하도록 다스리시도다"〈출 15 : 18〉). 앞에서도 언급하였지만 신정시편의 원 자료는 모세의 홍해바다 도하기념 노래에서 나온 것 같다.

내용상 유사점을 살펴보자.

"내가 여호와를 찬송하리니 그는 높고 영화로우심이요…… 여호와는 나의 힘이요 노래시며 나의 구원이시로다 그는 나의 하나님이시니 내가 그를 찬송할 것이요 내 아버지의 하나님이시니 내가 그를 높이리로다 여호와는 용사시니 여호와는 그의 이름이시로다 여호와여 주의 오른손이 권능으로 영광을 나타내시니이다…… 여호와여 신 중에 주와 같은 자가 누구니이까 주와 같이 거룩함으로 영광스러우며 찬송할 만한 위엄이 있으며 기이한 일을 행하는 자 행하는 자가 누구니이까"(출 15 : 1 - 3, 6, 11), "여호와는 크신 하나님이시요 모든 신들보다 크신 왕이시기 때문이로다 그는 우리의 하나님이시요……"(시 95 : 3, 7), "여호와는 위대하시니 지극히 찬양할 것이요 모든 신들보다 경외할 것임이여"(시 96 : 4), "여호와는 온 땅 위에 지존하시고 모든 신들보다 위에 계시니이다"(시 97 : 9).

기 도

성령의 임재를 위한 기도

이 시편의 말씀에서 악을 미워하고, 하나님의 다스리심을 기뻐하며, 그리고 하나님의 거룩한 이름에 감사하는 의인들의 삶을 살 수 있는 은총을 구한다.

"악을 미워하는 성도들의 영혼을 악인의 손으로부터 건지시는 하나님! 감사합니다. 하나님의 거룩하신 이름에 감사하며 정직한 마음과 영을 허락하여 주옵소서. 의로우신 하나님의 빛에 따라 삶을 사는 축복과 하나님의 다스리심을 기뻐하며 즐거워하게 하옵소서."

본문말씀 읽기와 묵상하기

1. 본문을 천천히 한 번 읽으면서 본문의 기도자의 상황을 헤아린다. 여러 번 말씀을 반복해서 읽으면서 자신의 마음에 닿는 말씀과 자신에게 들려오는 말씀을 감지한다.
   예를 들면 "여호와를 사랑하는 너희여 악을 미워하라 그가 그의 성도의 영혼을 보전하사 악인의 손에서 건지시느니라"(10절).

2. 다시 한번 본문말씀을 읽으면서 자신에게 다가오는 말씀에 귀 기울인다.
   예를 들면 "의인을 위하여 빛을 뿌리고 마음이 정직한 자를 위하여 기쁨을 뿌리시는도다"(11절), "의인이여 너희는 여호와로 말미암아 기뻐하며 그의 거룩한 이름에 감사할지어다"(12절).

3. 위의 세 절의 말씀들을 마음으로 읊조리면서 묵상한다.
   - 10절과 11절, 그리고 12절 말씀으로부터 나는 무엇을 느끼며 경험하고 있는가?
   - 이러한 나의 경험이 나 자신과 어떻게 연결되는가?
   - 예를 들면, 악을 멀리할 뿐만 아니라 진실로 악을 미워하는가?
   - 악한 사람으로부터 건지시는 하나님을 의로우신 하나님을 기뻐하며 즐거워하는 삶을 살고 있는가?

   하나님의 다스리심을 기뻐하면서 말씀의 빛을 따라 정직하게 삶을 살기를 원하며, 하나님의 거룩한 이름에 감사하고 있는가를 감지하면서 이상의 질문들을 나 자신과 구체적으로 관련하여 하나님과의 대화를 적극적으로 시도한다.

4. 이제부터는 기도의 내용을 단순화하면서 기도의 주도권을 하나님께서 가지시도록 수동적으로 묵상한다. 적극적 묵상에서 기도한 주제에 대하여 하나님께서 나에게 무엇을 어떻게 말씀하시는지 귀 기울인다. 적극적 묵상에서 깨닫고 느낀 바에 대한 주님의 응답을 단순화된 형태로 맛보면서 묵상기도를 내면화한다.
   예를 들면 일상의 삶에서 악을 도모하는 사람들의 모임을 피하며, 자신의 유익을 위하여 다른 이들을 모함하는 무리 안에 서지 않을 뿐만 아니라 적극적으로 악을 미워하는 데 있어서 미흡한 자신을 인정하면서 의인을 위하여 말씀의 빛을 비추시고, 정직하게 말씀을 따라 삶을 살기

원하시는 하나님의 인도하심에 이끌리어 하나님으로 말미암아 기뻐하며, 하나님의 거룩한 이름에 감사하게 하시는 하나님 안에 머문다.

5. 위의 세 절의 말씀들에 반응하는 기도를 드린다.

    예를 들면 악을 미워하게 하시면 예수 그리스도의 이름으로 악을 대적하는 데 있어 부족한 나 자신을 용납하시고 사랑하시는 하나님의 사랑과 은혜에 감사하면서 악과 어둠의 세력을 능히 대적할 수 있는 믿음과 능력을 덧입혀 주시기를 간구하며, 성령 하나님의 인도하심을 따라 하나님의 말씀의 빛 안에서 정직한 마음과 영으로 하나님의 다스림을 받음으로 말미암아 기뻐하는 삶을 사는 은혜 안에 머물며, 하나님의 거룩한 이름에 늘 감사하는 은혜를 간구한다.

임재 안에 머물기

이미 들려주신 주님의 말씀에 깊이 동의하면서 이성과 감성의 활동을 멈추고, 주님이 내려 주시는 고요함과 평화 가운데에서 주님 안에 머무는 경험을 해 본다. 그리고 아래와 같이 기도로 마무리한다.

"악을 미워하는 삶을 살기 원하시는 하나님! 원하오니 악을 떠나 하나님의 말씀의 다스리심을 사모하는 삶을 살게 하옵소서. 하나님의 말씀의 빛으로 인도하시는 성령 하나님께 감사와 찬양을 올립니다. 정직한 마음과 영으로 하나님을 의뢰케 하는 은혜가 늘 넘치기를 소망합니다. 의로우신 하나님으로 말미암아 모든 시련과 어려움을 이기게 하시는 주님의 권능과 자비를 경험케 하시며, 동시에 하나님을 기뻐하며 자랑하는 삶의 축복이 늘 제 안에 머물기를 간구하옵나이다."

반추 및 성찰

가능하면 기도했던 장소에서 자리를 옮긴다. 그리고 기도 시간에 경험한 내용을 돌아보면서 노트에 간단히 적는다. 이때 기도 안에서 하나님과 내 자신에 대한 전체적인 느낌을 적고, 또 영적으로 위로를 받았던 경험과 영적으로 메말랐던 경험을 적는다.

삶으로 나아가기

마음에 와 닿는 한 구절의 말씀을 선택하여 쪽지에 기록하고, 이 말씀을 수시로 꺼내어 읊조리면서 삶 속에서 기도하며 생활한다.

예를 들면 "여호와를 사랑하는 너희여 악을 미워하라 그가 그의 성도의 영혼을 보전하사 악인의 손에서 건지시느니라"(10절), "의인이여 너희는 여호와로 말미암아 기뻐하며 그의 거룩한 이름에 감사할지어다"(12절).

본문 주요내용

하나님의 다스리심과 우상숭배는 뚜렷하게 구별된다.

우상숭배의 특징은 무엇인가? 조각된 신상을 섬기며 허무한 것으로 자랑하며, 그 수가 많다. 한마디로 우상숭배는 악이며, 우상숭배자는 악인이며, 궁극적으로는 하나님의 대적으로 규정한다.

시편 97편의 중심내용은 하나님은 온 땅 위에 지존자로 자신을 드러내시며 세상을 심판하시는 분이라는 점이다. 하나님의 심판의 보좌의 기초는 의와 공평이며, 구름과 흑암이 그를 둘렀다는 의미는 심판이 언제 실행될지는 아무도 모른다는 것이다. 그러나 일단 심판이 시작되면 불이 나와 대적을 불사르며, 번개가 세계를 비추어 땅이 보고, 떨며 산들이 주 앞에서 밀납같이 녹고, 우상숭배자들은 수치를 당하게 된다.

반면에 하나님을 경배하는 자들은 의인으로 하나님의 심판을 기뻐하며 노래한다. 또한 의인(짜딕)을 마음이 정직한 자(이슈레이 렙)라고 설명한다.

본 시편의 분위기는 둘로 나누어진다.

첫째, 의인들은 하나님의 다스리심을 기뻐하고 즐거워함으로 반응하지만 악인들은 수치감으로 불사름을 당하고 떨며 녹게 된다는 것이다. 따라서 본 시편에서 시인은 의인들에게 권면을 한다.

둘째, 하늘이 의를 선포하니 모든 백성이 그의 영광을 보았고, 하나님은 의인을 위하여 빛을 뿌리고 마음이 정직한 자를 위하여 기쁨을 뿌리시기 때문에 의인들은 여호와로 말미암아 기뻐하며, 그의 거룩하신 이름에 감사하라는 것이다.

시편 97편

Geneve 1562
임창복, 최윤배 편역

시편 98 편

여호와 앞에서

기도에 임하기

1. 몸과 마음을 가다듬고 하나님의 임재를 느끼며 기도한다.
   "하나님이여, 말씀하시옵소서. 저희가 듣겠나이다. 마음과 눈을 여시어 성령 하나님의 인도하심을 받게 하옵소서. 예수 그리스도의 이름으로 기도하옵나이다."
2. 찬송을 부른다("나의 신부야").

시편 98 : 1~9

1절 새 노래로 여호와께 찬송하라 그는 기이한 일을 행하사 그의 오른손과 거룩한 팔로 자기를 위하여 구원을 베푸셨음이로다
2절 여호와께서 그의 구원을 알게 하시며 그의 공의를 뭇 나라의 목전에서 명백히 나타내셨도다
3절 그가 이스라엘의 집에 베푸신 인자와 성실을 기억하셨으므로 땅 끝까지 이르는 모든 것이 우리 하나님의 구원을 보았도다
4절 온 땅이여 여호와께 즐거이 소리칠지어다 소리 내어 즐겁게 노래하며 찬송할지어다
5절 수금으로 여호와를 노래하라 수금과 음성으로 노래할지어다
6절 나팔과 호각 소리로 왕이신 여호와 앞에 즐겁게 소리칠지어다
7절 바다와 거기 충만한 것과 세계와 그중에 거주하는 자는 다 외칠지어다
8절 여호와 앞에서 큰 물은 박수할지어다 산악이 함께 즐겁게 노래할지어다
9절 그가 땅을 심판하러 임하실 것임이로다 그가 의로 세계를 판단하시며 공평으로 그의 백성을 심판하시리로다

본문배경

시편 98편은 하나님의 왕 되심을 노래하는 시이다. 하나님의 왕권의 넓이는 온 땅이며, 깊이는 바다와 그 충만한 것까지며, 높이는 산악에 다다른다. 특히 하나님의 온 세상의 왕이심을 알리는 예식을 위해 쓴 본 시편에서는 기쁨, 새 노래, 춤과 악기를 동원하여 분위기가 최고조에 도달하게 만든다. 본 시의 서론과 결론에서 시인은 왕의 두 가지 중요한 역할을 강조한다. 그것은 전쟁에서의 승리와 의로 세상을 심판하심이다. 시편 96 : 1 상반절과 본 시편 1절 상반절이 같은 표현(쉬르 라아도나이 쉬르 하다쉬, 새 노래로 여호와께 찬송하라.)으로 시작되고, 끝 부분은 한 단어를 제외하곤 동일하다("의로 세상을 판단하며 성실로 민족들을 심판하실 것이다."〈시 96 : 13〉, "의로 세상을 판단하며 공평으로 민족들을 심판할 것이다."〈시 98 : 9〉). 여기서 성실(에무나)과 공평이 대구를 이루고 있다.

시편 98편은 하나님과 자연계를 의인화한다. "하나님의 오른손과 거룩한 팔로 구원을 베푸셨도다"(1절). "큰 물(강들)이 박수하며 산악이 함께 즐거이 노래할지어다"(8절). 하나님을 찬양하는 표현도 두 가지 단어를 사용해서 시의 아름다움을 더해 준다. 시로 노래하라(히브리어로 쉬르, 개역한글성경은 '찬송하라'로 번역한다.), 악기와 목소리로 노래하라(히브리어로 자므루, 개역한글성경은 '찬양하라'로 번역한다). 이 외에 다른 소리도 등장하는데, 그것은 나팔과 양각 소리, 강들의 박수 소리, 그리고 산들의 소리들이다.

기 도

성령의 임재를 위한 기도

이 시편의 말씀에서 하나님의 왕권은 온 땅이며, 의와 공평으로 땅을 판단하며, 성실로 모든 백성들을 심판하시는 하나님의 긍휼과 자비의 은총을 구한다.

"온 땅의 왕이시며 의와 공평으로 땅의 백성들을 심판하시는 하나님! 온 땅에 베푸신 하나님의 긍휼과 자비를 인하여 감사하며 기쁨으로 즐겁게 하나님을 찬양하게 하옵소서. 이러한 기쁨의 노래를 하나님 안에서 주의 백성들과 함께 부를 수 있게 하옵소서."

본문말씀 읽기와 묵상하기

1. 본문을 천천히 한 번 읽으면서 본문의 기도자의 상황을 헤아린다. 여러 번 말씀을 반복해서 읽으면서 자신의 마음에 닿는 말씀과 자신에게 들려오는 말씀을 감지한다.

   예를 들면 "온 땅이여 여호와께 즐거이 소리칠지어다 소리 내어 즐겁게 노래하며 찬송할지어다"(4절).

2. 다시 한번 본문말씀을 읽으면서 자신에게 다가오는 말씀에 귀 기울인다.

   예를 들면 "그가 땅을 심판하러 임하실 것임이로다 그가 의로 세계를 판단하시며 공평으로 그의 백성을 심판하시리로다"(9절).

3. 위의 두 절의 말씀들을 마음으로 읊조리면서 묵상한다.
   - 4절과 9절 말씀으로부터 나는 무엇을 느끼며 경험하고 있는가?
   - 이러한 나의 경험이 나 자신과 어떻게 연결되는가?
   - 예를 들면, 온 땅의 것들과 함께 하나님의 피조물로서 하나님을 찬양하는 경험이 있는가?
   - 온 땅의 일을 하나님께서 심판하신다고 믿는가?

   하나님의 심판이 그의 백성을 의와 공평으로 다스리시는 하나님의 사랑인 것을 감지하면서, 이상의 질문들을 나 자신과 구체적으로 관련하여 하나님과의 대화를 적극적으로 시도한다.

4. 이제부터는 기도의 내용을 단순화하면서 기도의 주도권을 하나님께서 가지시도록 수동적으로 묵상한다. 적극적 묵상에서 기도한 주제에 대하여 하나님께서 나에게 무엇을 어떻게 말씀하시는지 귀 기울인다. 적극적 묵상에서 깨닫고 느낀 바에 대한 주님의 응답을 단순화된 형태로 맛보면서 묵상기도를 내면화한다.

   예를 들면 온 땅에 있는 자연 환경들과 더불어, 그리고 온 땅의 나라들이 국익을 위하여 정치, 경제 등의 정책을 수립하여 국정을 다스리지만 이 모든 나라들을 심판하시는 하나님을 바라보며, 온 땅의 하나님의 백성들을 의와 공평으로 다스리시고 심판하시는 하나님 그리고 나 자신을 하나님의 의와 공평으로 심판(아프지만 사랑의 매라고 인정케 하시는 하나님의 심판)하시어 하나님과 화친하게 하시고 사랑의 관계를 돈독케 하시는 하나님 안에 머문다.

5. 위의 두 절의 말씀들에 반응하는 기도를 드린다.

   예를 들면 나의 삶 안에서 하나님의 의와 공평으로 사랑의 매로 심판하시어 고통과 아픔의 경험들을 인정하고, 이러한 아픔을 통하여 하나님의 깊으신 뜻과 다른 모양의 사람들을 나처럼 사랑하신다는 것을 느끼게 하고, 동시에 죄 가운데 있는 것을 그냥 보고 넘기시지 않는 하나님의 오래 참으심과 사랑에 감사하면서 나뿐만 아니라 온 땅과 온 땅의 그의 백성들을 의와 공평으로 심판하시는 하나님의 사랑과 능력 안에 머무는 은혜를 간구한다.

임재 안에 머물기

이미 들려주신 주님의 말씀에 깊이 동의하면서 이성과 감성의 활동을 멈추고, 주님이 내려 주시는 고요함과 평화 가운데에서 주님 안에 머무는 경험을 해 본다. 그리고 아래와 같이 기도로 마무리한다.

"주의 법도를 떠나 죄 가운데로 치닫는 우리를 사랑으로 심판하시는 하나님! 감사합니다. 간구하오니 하나님의 뜻을 벗어나 하나님의 영을 근심케 하며 동시에 나 자신을 불안케 하는 삶의 자리에 서지 않도록 도와주옵소서. 온 땅의 역사를 주관하시고 심판하시는 하나님의 손길을 느끼게 하시며 범사에 하나님을 인정하는 삶을 살기를 소망하오니 불쌍히 여겨 주옵소서.

하나님의 공평과 사랑의 심판을 온 땅의 주의 백성들과 함께 기뻐하며 즐겁게 찬양하게 하옵소서. 하나님의 능력의 심판으로 모든 죄인들을 하나님께로 오게 하옵소서. 하나님! 이는 하나님 안에 머무는 삶으로의 초청인 줄 아오니 이러한 하나님의 임재 신앙이 늘 충만하게 하옵소서."

반추 및 성찰

가능하면 기도했던 장소에서 자리를 옮긴다. 그리고 기도 시간에 경험한 내용을 돌아보면서 노트에 간단히 적는다.

이때 기도 안에서 하나님과 내 자신에 대한 전체적인 느낌을 적고, 또 영적으로 위로를 받았던 경험과 영적으로 메말랐던 경험을 적는다.

삶으로 나아가기

마음에 와 닿는 한 구절의 말씀을 선택하여 쪽지에 기록하고, 이 말씀을 수시로 꺼내어 읊조리면서 삶 속에서 기도하며 생활한다.

"그가 땅을 심판하러 임하실 것임이로다 그가 의로 세계를 판단하시며 공평으로 그의 백성을 심판하시리로다"(9절).

본문 주요내용

시편 96편과 마찬가지로 시편 98편은 새 노래로 여호와를 노래한다. 그 이유는 무엇일까? 그것은 여호와께서 기이한 일을 행하셨기 때문이다. 기이한 일(히브리어로 니플라옷)은 보통 기묘(히브리어로 펠레)의 복수형태를 사용한다. 기묘는 삼손의 부모 마노아에게 나타난 천사의 이름(삿 13 : 18, 여기서는 펠레에 일인칭 접미어 '요드'를 결합한 형태로 '펠리', 즉 '나의 기묘'로 나타난다.)과 이사야 예언에서 나타난 메시야의 이름이 그 예이다(히브리어 '펠레' – 개역한글성경은 '기묘자'로 번역한다, 사 9 : 6, 히브리어 본문은 5절). 이 단어는 동사 수동형으로 하나님의 능력의 놀라움을 나타내는 데 사용되기도 한다. '하 이팔레 메아도나이 다바르'("여호와께 능치 못할 일이 있겠느냐?"〈창 18 : 14〉). 이 표현은 마리아에게 나타나 수태고지를 알리는 천사 가브리엘의 선언에서도 반복된다. '호티 욱 아두나테쎄이 파라 투 쎄우 판 레마'("대저 하나님의 모든 말씀은 능하지 못하심이 없느니라"〈눅 1 : 37〉).

하나님의 기이한 일은 신학적인 표현으로 하나님의 구원이라고 부르며 본 시편에서 이 단어가 사용된다(예수아토 – 그의 구원, 2절, 예수앗 엘로헤이누 – 우리 하나님의 구원, 3절). 시인은 하나님께서 구원을 베푸신 까닭에 대해서도 분명하게 밝힌다. 그것은 하나님의 인자와 성실 때문이다. 인자(헤쎄드)와 성실(에무나)은 하나님의 속성을 잘 드러내 주는 표현이다.

본 시에서 주목할 만한 표현은 '여호와 앞에서'(히브리어로 리프네이 아도나이, 9절, 라틴어로 코람 데오)이다(개역한글성경은 '여호와 앞에서'란 표현을 8절에 연결시키는데, 히브리어 본문은 9절 첫머리에 나온다). 즉, 여호와 앞에서 그분이 누구신지 잘 생각해 보라는 것이다. 여호와는 누구신가? 6절은 그 대답을 갖고 있다. 여호와는 왕이시다. 그래서 시인은 여호와 앞에서란 표현을 확장한다. "왕이신 여호와 앞에서"(리프네이 하 멜렉 아도나이).

시편 99 편

여호와 하나님은 거룩하시도다

기도에 임하기

1. 몸과 마음을 가다듬고 하나님의 임재를 느끼며 기도한다.
   "하나님이여, 말씀하시옵소서. 저희가 듣겠나이다. 마음과 눈을 여시어 성령 하나님의 인도하심을 받게 하옵소서. 예수 그리스도의 이름으로 기도하옵나이다."
2. 찬송을 부른다("나의 신부야").

시편 99 : 1~9

1절 여호와께서 다스리시니 만민이 떨 것이요 여호와께서 그룹 사이에 좌정하시니 땅이 흔들릴 것이로다

2절 시온에 계시는 여호와는 위대하시고 모든 민족보다 높으시도다

3절 주의 크고 두려운 이름을 찬송할지니 그는 거룩하심이로다

4절 능력 있는 왕은 정의를 사랑하느니라 주께서 공의를 견고하게 세우시고 주께서 야곱에게 정의와 공의를 행하시나이다

5절 너희는 여호와 우리 하나님을 높여 그의 발등상 앞에서 경배할지어다 그는 거룩하시도다

6절 그의 제사장들 중에는 모세와 아론이 있고 그의 이름을 부르는 자들 중에는 사무엘이 있도다 그들이 여호와께 간구하매 응답하셨도다

7절 여호와께서 구름 기둥 가운데서 그들에게 말씀하시니 그들은 그가 그들에게 주신 증거와 율례를 지켰도다

8절 여호와 우리 하나님이여 주께서는 그들에게 응답하셨고 그들의 행한 대로 갚기는 하셨으나 그들을 용서하신 하나님이시니이다

9절   너희는 여호와 우리 하나님을 높이고 그 성산에서 예배할지어다 여호와 우리 하나님은 거룩하심이로다

본문배경

시편 92편부터 100편까지 책의 배열을 보면 그 특징을 발견할 수 있다. 그것은 '하나님께서 통치하시도다'(아도나이 말락)와 '새 노래로 주께 노래하라'(쉬르 라 아도나이 쉬르 하다쉬)가 교대로 배치되어 있다는 점이다. 예를 들어 보자.

"지존자여 십현금과 비파와 수금으로 여호와께 감사하며 주의 이름을 찬양하고"(시 92 : 1), "여호와께서 다스리시니 스스로 권위를 입으셨도다"(시 93 : 1), "오라 우리가 여호와께 노래하며 우리의 구원의 반석을 향하여 즐거이 외치자"(시 95 : 1), "새 노래로 여호와께 노래하라 온 땅이여 여호와께 노래할지어다"(시 96 : 1), "여호와께서 다스리시나니 땅은 즐거워하며 허다한 섬은 기뻐할지어다"(시 97 : 1), "새 노래로 여호와께 찬송하라"(시 98 : 1), "여호와께서 통치하시니 만민이 떨 것이요"(시 99 : 1).

시편 99편은 하나님의 거룩하심을 주제로 왕의 통치를 송축하며 '거룩'(카도쉬)을 기준으로 셋으로 나뉜다. 1~3절 여호와의 통치하심을 찬송함으로 받아들이라(3절, 그는 거룩하시도다). 4~5절 왕이신 하나님께 공평과 공의와 의가 충만하도다(5절, 그는 거룩하시도다). 6~9절 하나님의 신실한 종들의 간구를 들으시는 하나님만 높이고 경배하라(9절, 대저 여호와 우리 하나님은 거룩하시도다).

여기서 세 번씩이나 거룩을 강조하는 것은 이사야의 취임환상을 기록하는 이사야 6장과 같다. "서로 불러 이르되 거룩하다 거룩하다 거룩하다 만군의 여호와여 그의 영광이 온 땅에 충만하도다"(사 6 : 3).

왕과 거룩이 함께 나오는 것은 성경의 독특한 사상이다. 일반적으로 왕에게는 위대함과 높음, 큼, 두려움, 공평, 정의, 의의 개념이 있다. 따라서 사람들은 이러한 왕들에게 경배하며 예물을 드린다.

그런데 여기서 시편 기자는 세상 왕들이 가지고 있는 이러한 이미지 외에 거룩의 요소를 첨가해서 왕이신 하나님은 본질적으로 세상 왕과 다름을 강조한다. 거룩하신 왕, 거룩하신 하나님, 여호와 우리 하나님은 거룩하시도다. 이 하나님 앞에 꿇어 엎드려 그분께만 경배할 것을 주문한다.

기 도

성령의 임재를 위한 기도

이 시편의 말씀에서 종들의 기도를 들으시고, 행한 대로 갚으시나 용서하시는 하나님, 그리고 우리의 예배를 받으시는 거룩하신 하나님의 은총을 구한다.

"종들의 기도를 들으시는 하나님! 감사합니다. 종들이 행한 대로 보응하시나 늘 그 잘못을 용서하시는 하나님을 높이고 찬양합니다. 주의 크고 두렵고 거룩하신 이름에 경배하며 하나님의 발등상 앞에 엎드려 드리는 묵상에 함께하옵시며, 늘 이와 같이 신령과 진정으로 하나님의 말씀을 묵상하며 읊조리는 삶을 살게 하옵소서."

본문말씀 읽기와 묵상하기

1. 본문을 천천히 한 번 읽으면서 본문의 기도자의 상황을 헤아린다. 여러 번 말씀을 반복해서 읽으면서 자신의 마음에 닿는 말씀과 자신에게 들려오는 말씀을 감지한다.
   예를 들면 "여호와 우리 하나님이여 주께서는 그들에게 응답하셨고 그들의 행한 대로 갚기는 하셨으나 그들을 용서하신 하나님이시니이다"(8절).
2. 다시 한번 본문말씀을 읽으면서 자신에게 다가오는 말씀에 귀 기울인다.
   예를 들면 "너희는 여호와 우리 하나님을 높이고 그 성산에서 예배할지어다 여호와 우리 하나님은 거룩하심이로다"(9절).
3. 위의 두 절의 말씀들을 마음으로 읊조리면서 묵상한다.
   - 8절과 9절 말씀으로부터 나는 무엇을 느끼며 경험하고 있는가?
   - 이러한 경험이 나 자신과 어떻게 연결되는가?
   - 예를 들면, 사유하기를 기뻐하시는 거룩하신 하나님을 온 마음으로 경배하며 찬양하는가?
   - 기도를 들어 응답하시는 하나님께 감사하며, 늘 하나님의 긍휼에 의지하는 삶을 살고 있는가?

   나의 기도에 귀 기울이시고 나의 잘못을 지적하시고 수정하시는 거룩하신 하나님을 감지하면서 이상의 질문들을 나 자신과 구체적으로 관련하여 하나님과의 대화를 적극적으로 시도한다.
4. 이제부터는 기도의 내용을 단순화하면서 기도의 주도권을 하나님께서 가지시도록 수동적으로 묵상한다. 적극적 묵상에서 기도한 주제에 대하여 하나님께서 나에게 무엇을 어떻게 말씀하시는지 귀 기울인다. 적극적 묵상에서 깨닫고 느낀 바에 대한 주님의 응답을 단순화된 형태로 맛보면서 묵상기도를 내면화한다.
    예를 들면 나의 간구에 큰 것으로부터 작은 것에 이르기까지 응답하신 하나님의 사랑을 회상케 하시며, 잘못한 생각과 행동들을 인정케 하시고, 크고 작은 허물들을 용서하시는 하나님의 긍휼하심을 느끼며, 하나님의 거룩하심과 세심히 돌보시는 자비하심에 무릎을 꿇어 경배하고 찬양하게 하시는 하나님 안에 머문다.
5. 위의 두 절의 말씀들에 반응하는 기도를 드린다.
    예를 들면 나의 삶 안에서 하나님의 자비와 긍휼로 잘못한 것들을 구체적으로 지적하시고 수정해 주실 뿐만 아니라 용서해 주시는 하나님의 사랑의 경험들을 고백하고, 작은 소리의 간구와 바람(소원)도 간과하지 않으시고 응답하시는 하나님의 살뜰한 보살핌을 감지하며, 이러한 하나님의 사랑과 자비에 두렵고, 경배하는 심령으로 엎드리게 하시는 하나님의 거룩하심 안에 머무는 은혜를 간구한다.

임재 안에 머물기

이미 들려주신 주님의 말씀에 깊이 동의하면서 이성과 감성의 활동을 멈추고, 주님이 내려 주시는 고요함과 평화 가운데에서 주님 안에 머무는 경험을 해 본다. 그리고 아래와 같이 기도로 마무리한다.

"신실하시고 거룩하신 하나님을 신뢰하며 간구하는 소리에 응답하시는 하나님! 감사합니다. 그릇된 길로 가기에 익숙해 있는 저를 한결같은 자비로 하나님의 품에 늘 품어 새롭게 조성해 주시는 하나님께 찬양과 경배를 드립니다.
온 마음과 힘을 다하여 하나님을 높이고 싶습니다. 삶으로 하나님을 높이고, 하나님을 찬양하고, 하나님을 예배하는 사람으로 날마다 변화되는 축복을 받아 누리게 하옵소서. 거룩하신 하나님 안에 늘 머물 수 있도록 예수 그리스도의 피로 날마다 씻김을 입게 하옵소서."

반추 및 성찰

가능하면 기도했던 장소에서 자리를 옮긴다. 그리고 기도 시간에 경험한 내용을 돌아보면서 노트에 간단히 적는다. 이때 기도 안에서 하나님과 내 자신에 대한 전체적인 느낌을 적고, 또 영적으로 위로를 받았던 경험과 영적으로 메말랐던 경험을 적는다.

삶으로 나아가기

마음에 와 닿는 한 구절의 말씀을 선택하여 쪽지에 기록하고, 이 말씀을 수시로 꺼내어 읊조리면서 삶 속에서 기도하며 생활한다.

예를 들면 "여호와 우리 하나님이여 주께서는 그들에게 응답하셨고 그들의 행한 대로 갚기는 하셨으나 그들을 용서하신 하나님이시니이다"(8절).

본문 주요내용

왕이신 하나님께 최대한의 예의를 갖추는 것을 신학적으로 예배라고 부른다. 본 시편에서는 다양한 요소가 한데 어우러져 예배가 이루어지고 있다.

첫째 찬송이다. 주의 크고 두려운 이름을 찬송할지니 그는 거룩하심이로다(3절). 둘째, 높여 경배하는 것이다. 너희는 여호와 우리 하나님을 높여 그의 발등상 앞에 경배할지어다 그는 거룩하시도다(5절). 너희는 여호와 우리 하나님을 높이고 그 성산에서 예배할지어다 여호와 우리 하나님은 거룩하심이로다(9절). 셋째, 거룩한 예배를 드려야 한다. 3, 5, 9절에서 세 번씩 하나님의 거룩하심을 강조한다. 예배는 거룩하신 하나님께 드리는 최상의 거룩한 예식이다.

또 하나의 신학적 주제는 시온에 계시는 하나님에 대해서이다. 시인에게 시온은 어떠한 곳인가? 그것은 성산이다(하르 코드쇼, 그의 거룩한 산). 시온은 가장 위대하시고 높으신 여호와께서 계시는 곳이다. 진심으로 예배하는 자는 누구인가? 시인은 제사장들의 대표격인 모세와 아론, 선지자의 대표인 사무엘을 그 예로 든다. 거룩하신 하나님께 예배드릴 수 있는 자는 주의 증거와 율례를 지키는 사람들로 삶과 예배는 분리할 수 없음을 밝히고 있다. "여호와께서 구름 기둥 가운데서 그들에게 말씀하시니 그들은 그가 그들에게 주신 증거와 율례를 지켰도다"(7절).

본 시편에서 주는 교훈을 정리해 본다.

예배를 받는 분은 누구신가? 그분은 능력 있는 왕으로 공평과 정의와 의를 행하시는 하나님으로 거룩하신 분이다. 누가 예배자가 될 수 있는가? 하나님의 제사장들과 주의 크고 두려운 이름을 부르는 자들이다. 어떠한 자세로 예배해야 하는가? 주의 성소로 나아가 그의 발등상 앞에 엎드려 경배와 찬양을 드려야 한다.

시편 100 편

감사하라

기도에 임하기

1. 몸과 마음을 가다듬고 하나님의 임재를 느끼며 기도한다.
 "하나님이여, 말씀하시옵소서. 저희가 듣겠나이다. 마음과 눈을 여시어 성령 하나님의 인도하심을 받게 하옵소서. 예수 그리스도의 이름으로 기도하옵나이다."
2. 찬송을 부른다("나의 신부야").

시편 100 : 1~5

1절 온 땅이여 여호와께 즐거운 찬송을 부를지어다
2절 기쁨으로 여호와를 섬기며 노래하면서 그의 앞에 나아갈지어다
3절 여호와가 우리 하나님이신 줄 너희는 알지어다 그는 우리를 지으신 이요 우리는 그의 것이니 그의 백성이요 그의 기르시는 양이로다
4절 감사함으로 그의 문에 들어가며 찬송함으로 그의 궁정에 들어가서 그에게 감사하며 그의 이름을 송축할지어다
5절 여호와는 선하시니 그의 인자하심이 영원하고 그의 성실하심이 대대에 이르리로다

본문배경

　시편 100편은 감사의 노래(미즈모르 레토다)이다. 시인은 하나님께 대한 감사를 다음과 같이 표현한다. '나팔을 불며', '기쁨으로 섬기며', '입술로 노래하면서', 즉 예물로

드리는 감사보다 오케스트라를 동원한 찬양과 기쁨, 섬김으로 표하는 것의 중요성을 강조한다. 감사의 이유에 대해서도 명확하게 밝히고 있다. 첫째, 하나님이 우리 하나님이시다. 둘째, 하나님은 우리를 만드셨다. 셋째, 하나님은 우리의 소유주이시다. 넷째, 하나님은 왕이시다. 다섯째, 하나님은 우리의 목자이시다.

시인은 위의 사실에 너무 감격한 나머지 주님의 성호를 송축하면서 성전 안으로 뛰어 들어가 감사의 제사를 드린다. 이 부분은 훗날 사도 베드로와 요한에 의해서 예수 그리스도의 이름으로 고침을 받아 걷게 된 앉은뱅이가 성전으로 뛰어 들어가면서 하나님을 송축하는 장면과 흡사하다. "뛰어 서서 걸으며 그들과 함께 성전으로 들어가면서 걷기도 하고 뛰기도 하며 하나님을 찬송하니"(행 3 : 8).

시의 결구는 송영(Doxology)이다. "여호와는 선하시니 그의 인자하심이 영원하고 그의 성실하심이 대대에 이르리로다"(5절).

선함으로 번역한 히브리어는 '토브'인데, 의미는 '좋다는 것'이다. 즉, 하나님은 좋으신 분이라는 뜻이다. 그의 인자하심은 히브리어 '헤쎄드'를 사용하는데 그의 자비, 사랑, 긍휼을 모두 포함한다. 즉, 하나님은 자비로우신 분이며 그 긍휼히 영원하시다는 뜻이다. 그의 성실하심은 히브리어 '에무나'를 사용한다. 의미는 하나님은 믿을 만한, 신뢰할 만한 분이라는 뜻이다.

기 도

성령의 임재를 위한 기도

이 시편의 말씀에서 좋으시고, 인자하시고, 영원하시고, 성실하신 하나님을 기쁨으로 섬기며 노래하는 은총을 구한다.

"자비로우시며 긍휼히 영원하신 하나님을 기뻐하며 노래하나이다. 생명을 다 드려 신뢰할 만하신 하나님! 하나님의 성실하심을 찬양하며 좋으신 하나님을 기쁨으로 섬기나이다. 나를 만드시고, 조성하시고, 여기까지 긍휼과 자비로 인도하신 나의 목자이신 하나님! 사랑합니다. 하나님의 영원하신 섭리 안에 감사와 기쁨으로 안겨 살게 하옵소서."

본문말씀 읽기와 묵상하기

1. 본문을 천천히 한 번 읽으면서 본문의 기도자의 상황을 헤아린다. 여러 번 말씀을 반복해서 읽으면서 자신의 마음에 닿는 말씀과 자신에게 들려오는 말씀을 감지한다.

   예를 들면 "기쁨으로 여호와를 섬기며 노래하면서 그의 앞에 나아갈지어다"(2절).

2. 다시 한번 본문말씀을 읽으면서 자신에게 다가오는 말씀에 귀 기울인다.

   예를 들면 "여호와는 선하시니 그의 인자하심이 영원하고 그의 성실하심이 대대에 이르리로다"(5절).

3. 위의 두 절의 말씀들을 마음으로 읊조리면서 묵상한다.
   - 2절과 5절 말씀으로부터 나는 무엇을 느끼며 경험하고 있는가?
   - 이러한 경험이 나 자신과 어떻게 연결되는가?
   - 예를 들면, 좋으시고, 자비하시고, 긍휼이 영원하신 하나님을 기뻐하며 섬기고 있는가?
   - 하나님 앞으로 노래하면서 기쁨으로 나아가는 삶을 살고 있는가?

   하나님의 성실하심과 인자하심을 감지하면서 이상의 질문들을 나 자신과 구체적으로 관련하여 하나님과의 대화를 적극적으로 시도한다.

4. 이제부터는 기도의 내용을 단순화하면서 기도의 주도권을 하나님께서 가지시도록 수동적으로 묵상한다. 적극적 묵상에서 기도한 주제에 대하여 하나님께서 나에게 무엇을 어떻게 말씀하시는지 귀 기울인다. 적극적 묵상에서 깨닫고 느낀 바에 대한 주님의 응답을 단순화된 형태로 맛보면서 묵상기도를 내면화한다.

   예를 들면 나의 하나님이시며, 나의 목자이신 하나님의 자비하심과 인자하심을 경험하면서, 그러나 하나님의 영원하신 긍휼 앞에 있는 나 자신의 성실하지 못한 삶과 행동들을 인정하면서 언제나 한결같이 하나님의 성실하심으로 변치 않고 늘 돌봐 주시는 은혜를 느끼며, 선하시고 좋으신 하나님을 향하여 큰 소리로 사랑의 고백과 찬양을 하게 하시는 하나님 안에 머문다.

5. 위의 두 절의 말씀들에 반응하는 기도를 드린다.

   예를 들면 나의 삶 안에서 목자로서 인도하시는 하나님의 자비와 긍휼히 여기심을 감사하며, 좋으신 하나님을 향하여 손을 들고 찬양하며 기뻐하면서 하나님의 성실하심에 비하여 성실하지 못한 자신을 고백하고, 영원토록 대대로 베풀기를 기뻐하시는 하나님의 선하심 안에 머무는 은혜를 간구한다.

임재 안에 머물기

이미 들려주신 주님의 말씀에 깊이 동의하면서 이성과 감성의 활동을 멈추고, 주님이 내려 주시는 고요함과 평화 가운데에서 주님 안에 머무는 경험을 해 본다. 그리고 아래와 같이 기도로 마무리한다.

"자비하시고 성실하신 하나님! 하나님을 기뻐하며 섬기기 원합니다. 도와주옵소서. 온 마음과 힘과 정성을 다하여 좋으신 하나님을 노래하며 어떤 환경에서도 늘 신뢰하게 하옵소서. 저를 향한 하나님의 긍휼하심 안에 영원히 거하기를 간구합니다. 신실하신 하나님의 영원하신 돌보심 위에 저의 영을 의탁하옵니다."

반추 및 성찰

가능하면 기도했던 장소에서 자리를 옮긴다. 그리고 기도 시간에 경험한 내용을 돌아보면서 노트에 간단히 적는다. 이때 기도 안에서 하나님과 내 자신에 대한 전체적인 느낌을 적고, 또 영적으로 위로를 받았던 경험과 영적으로 메말랐던 경험을 적는다.

삶으로 나아가기

마음에 와 닿는 한 구절의 말씀을 선택하여 쪽지에 기록하고, 이 말씀을 수시로 꺼내어 읊조리면서 삶 속에서 기도하며 생활한다.
예를 들면 "여호와는 선하시니 그의 인자하심이 영원하고 그의 성실하심이 대대에 이르리로다"(5절).

본문 주요내용

5절의 짧은 시편이고, 제목 또한 "감사의 노래"로 전달하고자 하는 메시지가 분명하다. 하나님께 감사로 노래하라는 것이다. 감사는 기쁜 마음으로 주를 섬기며 주의 이름을 송축하면서 주 앞에 나아감으로 표현된다.

본 시는 교육 목적으로도 쓰였다. 열방을 향하여 혹은 다음 세대에게 하나님이 감사의 제사로 예배하는 사람들과 어떤 관계를 가지고 있는지 밝히며 결단을 촉구한다. 이를 위해서 시의 서술형태로 명령형을 사용한다. 악기를 사용하여 소리를 내어라(히브리어로 하리우), 섬겨라(이브두), 오라(보우), 알라(데우), 나아가라(보우), 감사하라(호두), 송축하라(바라쿠).

송영의 내용은 이어 나오는 할렐루야 시편 106편의 서곡으로 등장한다(호두 라 아도나이 키 톱 키 레올람 하쓰도, "여호와께 감사하라 그는 선하시며 그 인자하심이 영원함이로다"〈1절〉). 또한 시편의 다섯 번째 묶음의 첫 시편인 107편, 그 후의 시편 118편의 서곡으로도 사용되고, 특히 시편 136편에서는 이 표현이 모든 절에 사용되어 시 자체가 여호와의 선하심과 인자하심을 노래하는 감사 시편이 되게 한다.

말씀으로 기도하기 3
시편 2(1~100편 중 50편)

초판인쇄 2010년 6월 1일
초판발행 2010년 6월 10일
지 은 이 한국기독교교육교역연구원
펴 낸 곳 사) 한국기독교교육교역연구원
주   소 471-030 / 경기 구리시 수택동 873-5 금호프라자 1차 상가 402호
전   화 (031) 567-5325 / 팩스 (031) 567-5325

총 판 처 비전북
전   화 (031) 907-3927
등   록 No.17-427(2005. 4. 7.)
ISBN 978-89-93377-09-5 / Printed in Korea
     978-89-93377-08-8(세트)

값 18,000원

이 책에 수록된 시편 찬송가는 한국기독교교육교역연구원 홈페이지(www.kcemi.or.kr)에서 다운받아 사용하실 수 있습니다.

※ 이 출판물은 저작권법에 의해 보호를 받는 저작물이므로 무단전재와 무단복사를 할 수 없습니다.